入門テキスト

金融の基礎

第2版

Fujiki Hiroshi
藤木 裕
著

東洋経済新報社

はじめに

大学１年生の皆さん、ご入学おめでとうございます。

皆さんは勉強だけでなく、クラブ活動や、留学や、様々な経験を大学では積んでいこうと希望に燃えておられると思います。大学時代に何を勉強しておいたらよいか、考え方は人それぞれだと思いますが、いまの皆さんを取り巻く環境を考えると、金融の知識もおすすめです。皆さんの保護者の方は50歳代の方が多いと思いますが、「大学では金融の勉強した？」と聞いてみてください。たぶん多くの方は勉強されたことはなく、実生活でも困っておられないと思います。しかし、大学１年生の皆さんには、保護者の方の経験はあてはまらないと思います。なぜでしょうか。

皆さんが育った2000年以後、日本では銀行預金の金利（お金を預けた時に銀行からもらえる手数料）は、ほとんどゼロです。銀行にお金を預けておけば、お金は増える時代は終わっています。物の値段はあまり上がっていませんが、お給料もあまり増えていません。働いていればそのうちお給料は増えるだろうから、貯蓄も増えるだろう、という時代は終わっています。自分で意識して財産を増やす努力をしないと、将来のたくわえは作れない時代になっているのです（いますでに財産がある方、将来遺産が見込める方は別です）。

将来のたくわえは、国と会社が用意してくれるのでは？　そう思いますよね。確かに、国が用意してくれている公的年金制度のキャッチフレーズは「100年安心」です。ただし、100年安心なのは公的年金制度です。100年安心な理由は、将来国に支払ってもらえる年金は、国が払える範囲でしか支払われないからです。あなたの将来もらえる年金給付金額が自分の支出を100年賄う分だけもらえます、という意味での安心ではありません。どれくらい年金給付金がもらえるのか、調べてみたほうがよいとは思いませんか？

国が無理でも、会社は頼りになるのでは？　保護者の方がもうじき会社から企業年金をもらえる方もおられますよね。2000年ごろまでは企業年金によって、会社が従業員の将来のために資金を出すだけでなく、資産運用もしてくれて、将来の支払金額を約束していました。2020年３月現在では、そうした確定給付型企業年金（将来の支払金額が確定しているのでそう呼ばれます）に加入している人は940万人です。一方、会社は資金を出してくれますが、その運用の責任は従業員にあるという仕組みである企業型確定拠出年金に加入している人は723万人に達します。この仕組みは皆さんが生まれる少し前の2001年に法制度化され、2002年には10万人しかいなかった加入者は、2020年には723万人まで急激に増加しています。企業型確定拠出年金のある会社に入った場合は、就職してすぐ、老後の資産運用をどうするか決めないといけなくなります。知識がないので、安全第一に銀行の定期預金に預けますか？　定期預金は、一定の期日（満期と言い、１カ月から10年の期間です）まで預け入れた時に約束された金利が適用されますから、将来自分の預金が何円になるか預けた段階で確実にわかります。繰り返しますが、日本では銀行預金の金利は、この20年間ほとんどゼロです。漫然と安全第一、定期預金でコツコツためていても、資産はほとんど増えません。かといって、よくわからない商品で運用したら手数料を取られたあげく、損が出るかもしれません。

自分で意識して財産を増やす努力をするには、金融の知識が必要です。金融の知識がないことによる損失は、就職して１年目に限れば大した損失ではないかもしれません。でも、20年、30年と大きく損失が積み上がっていくかもしれません。大学にいるうちに、自分自身の資産運用についての考え方を持てる知識を得ることは、あなたの人生を豊かにする一つの条件です。ですから、金融を勉強してみませんか。

社会人の皆さんは、大学時代に金融論はとっつきにくい科目だと思っておられませんでしたか？　お金の話をするのは下品だ、自分はもの造りが好きだ、金融論は数学を使うらしいし面倒だ、といった様々な理由で、金融論を学ばずに大学を卒業してしまわれた方も多いと思います。そして、皆さんは社会人になられて、以下のような疑問を持たれたことはありませんか。

○給与振込を会社からしてもらう銀行はどうやって選んだらよいのでしょ

うか？

○企業型確定拠出年金の運用では、どんな商品プランを選んだらよいのでしょうか？

○結婚資金を貯めたいが、貯蓄をするには銀行と証券会社と、どちらがよいのでしょうか？

○結婚して子供ができたので、一戸建てに住みたくなりました。住宅資金を銀行から借りたいのですが、将来の住宅ローン金利は上がるのでしょうか？　下がるのでしょうか？　もし住宅ローン金利が下がるのだったら、いま借りるのは損なのでしょうか？

○子供の成長までには時間がかかるので、自分に万一のことがあった時の備えとして、生命保険商品も購入しておいたほうがよいのでしょうか？

○新聞を見ると、日本銀行の金融政策に関する決定の後、円相場が大きく変化した、とあります。円相場とは外国の通貨と日本の通貨である円の交換比率ですが、円相場はそもそもどんな要因で決まっているのでしょうか？　金融政策に関する決定のために、なぜ円相場が変化するのでしょうか？

実は、こうした疑問に対してご自分なりの答えを見つける際に役に立つのが金融論の基礎知識です。金融論の基礎知識を得るだけのためにもう一回大学1年生に戻るわけにはいかないでしょうが、代わりに本書を手に取ってみてください。一読していただければ、きっと自分なりの答えが見つかる。見つからないまでも、どう考えればよいのか、その筋道がおわかりになると私は思います。

本書では、金融論の基礎知識として、金融取引の解説からはじめて、家計と企業の金融資産・負債選択、金融システムと金融機関、代表的な金融商品、金融政策、国際金融に関する話題を5部構成で説明していきます。

第1部では、金融取引と金融市場の概要を説明した後に、資金循環統計という統計を用いて誰が誰に対してお金を流しているのかを概観します。金融資産・負債選択に関する基礎理論の理解に必要な金利計算の方法については、高校数学の復習をします。

第2部では、家計と企業の金融資産・負債選択に関する基礎理論と現状を学びます。家計の場合は、貯めたお金をどんな資産に分けて、どの程度の危険を冒せば増えていくのか、という問題が中心になります。企業の場合は、お金をどうすればなるべく安く借りてこられるのか、という問題が中心になります。特に、第2部の家計の金融資産・負債選択に関する基礎理論では、資産運用に関する標準的な考え方を説明しています。標準的な考え方の一つは、現金や定期預金だけではなく、投資信託への投資も勧めます。投資信託とは、多くの投資家から拠出されたお金を大きな資金にまとめ、資産運用の専門家があらかじめ定めた金融商品でその資金を運用し、その運用から得られた利益を投資家が拠出した金額に応じて分配する仕組みの金融商品です。資産運用に関する標準的な考え方の一つは、現金や定期預金だけではなく、投資信託の中でも、現在市場で購入することができる株式の全種類に投資・運用してくれる商品を、自分自身が許容できる将来の資産総額の変動幅に応じて買う、というものです。

第3部では、金融取引を成り立たせる制度である金融システムについて説明します。主な金融機関である銀行、保険会社、証券会社、の機能を説明します。老後の備えにかかわる、投資信託の仕組み、日本の公的年金、企業年金を含む私的年金の仕組みを解説し、なぜ老後の備えが必要か説明します。

第4部では、代表的な金融商品市場の現状と金融商品価格の決まり方を説明します。まず、国債を中心とした債券市場について説明した後に、株式市場、デリバティブ市場について説明します。第4部の話がわかると、金融商品の価格がどのようにして決まるのかが理解できるようになります。

第5部では、グローバル経済と金融政策について説明します。まず、日本経済、そしてグローバル経済と日本経済との取引を記述する統計である国民経済計算と国際収支について説明したうえで、外国為替市場、為替レート（外国の通貨と日本の通貨である円の交換比率）の決定理論、中央銀行の業務、金融政策の目標・手段・効果について説明し、日本の中央銀行である日本銀行が、現行の日本銀行法に従って業務を行うようになった1998年以降の金融政策に関する説明をします。金融政策は自分の生活には関係ないと思われるでしょうが、金融商品の卸売市場にあたる市場の金利を統制しているのは日本銀行です。日本銀行の金融政策次第で、卸売市場にあたる市場の金利が変化すると、例えば住宅ローンの金利などにも影響が及びますので、金融政策はご自分の生活にも密接にかかわるのです。

本書は、中央大学商学部スタンダード科目である「マネー＆ファイナンス入門」での筆者の講義録に基づいています。2020年度から「マネー＆ファイナンス入門」は中央大学商学部金融学科の教員が分担して担当する科目となり、筆者以外の教員が担当した講義の内容についても筆者なりの理解で盛り込んであります。中央大学商学部スタンダード科目は、商学部の学生が学科の専門分野を乗り越えて学習することにより幅広く基礎知識を吸収する目的で2015年度から開講されています。

本書のもとになる講義の性格から、本書で提供する金融論の基礎知識は類書と比べると、具体例が豊富であること、取り扱う分野が社会人として必要な金融に関する基礎知識である「金融リテラシー」を意識して選択されていること、社会人の基礎知識として必要な高校数学の復習をしていること、という三つの大きな特徴があります。

第一に、金融商品を実際に購入した経験が乏しい大学生を念頭に、本書では極力、金融商品の具体例を出すようにしています。大学時代に多くの学生が金融論を食わず嫌いになる大きな原因は、金融商品になじみがないことだと思われます。社会人になっていきなり様々な金融商品の使い方を学ぶよりも、大学生のうちから金融商品の性質を知っておくほうがよいでしょう。

第二に、「マネー＆ファイナンス入門」は、商学部金融学科１年生の必修科目であると同時に、他学科の例えば会計や経営を専門としようとする大学生が卒業までに一度だけ履修する金融関係の科目になる可能性があります。そこで本書では、社会人として必要な金融リテラシーのうち、「金融知識及び金融経済事情の理解と適切な金融商品の利用選択」に関する基礎知識を提供しています。[1)]具体的には、金融経済教育において基礎となる重要な事項である金利、インフレとデフレ、為替、リスクとリターン、金融商品への理解、分散投資、といった内容を幅広くカバーするように工夫されています。

第三に、金融論の基礎知識のうち、金融商品の価格を理解するためにはどうしても複利計算に関する数学の知識が必要です。複利計算がわからないと、どの商品に投資すればどのくらいの早さで資産が増えるのか、といった疑問に答えることができません。そこで、本書では第3章から第4章で高校数学を復習しながら複利計算の説明をしています。この復習をすると、例えば、「金融リテラシー」の中にある「72の法則」（預けたお金が2倍になるまでの年数は、72を利子率〈%〉で割った値に近い）を理解していただけるようになります。

マイクロソフト社の表計算ソフトウエアExcelの組み込み関数を使えば複利計算は簡単にできます。数学が嫌いな方も、少しだけ我慢してお付き合いいただき、必要に迫られた時には、学生時代とは違った気持ちで、Excelを使って複利計算ができるようになっていただけることを期待しています。

本書の執筆にあたっては、多くの書籍を参照しました。それらの書籍と本書との違いについては、本書の最後にある参考書の解説をご覧ください。

2016年に執筆した初版は幸いにも多くの読者を得て、今回第2版を執筆する機会をいただきました。第2版では、図表のデータを最近時点まで更新したうえで、以下の点が大きく変更されています。

初版の4部構成から、第2版では5部構成になりました。

第2版の第1部は、初版の第1部にあった金融取引の説明、資金循環統計の説明に初版の第2部にあった複利計算、収益率などの数学的な説明をあわせて再構成しました。

第2版の第2部は、初版の第2部の残りの部分である家計と企業の資産運用、資金調達に関する説明になりました。

第2版の第3部は、金融システムを支える金融機関の説明に再構成しました。初版の第1部の後半にあった銀行、証券会社、保険会社に関する章の内容のほか、保険会社の章には、年金制度の説明を追加しました。証券会社の章は、資本市場で活動する金融機関の章に改め、初版の第3部にあった投資信託

1）年代別に必要とされる具体的な金融知識の例は金融広報中央委員会から公表されています。
金融広報中央委員会「金融リテラシー・マップ」。
http://www.shiruporuto.jp/teach/consumer/literacy/（2021年8月19日アクセス）

の説明を加えました。さらに、初版では説明していなかったクレジットカード会社などのノンバンク、資金移動業者、暗号資産交換業について、その他の金融機関と題する章を追加して説明しました。金融機関への規制について、初版では業界ごとに書いていましたが、第２版では第３部の最後の章でまとめて説明しています。

第２版の第４部は、初版の第３部を引き継いだ内容です。第２版では、債券市場で金利がマイナスになる背景の説明を追加したほか、デリバティブ取引の具体例を増やしています。

第２版の第５部は、初版の第４部を引き継いだ内容です。中央銀行の業務の章では、中央銀行デジタル通貨、日本銀行の財務の説明を増やしました。それ以外の章では、初版出版直前に始まったマイナス金利政策以後の日本銀行の金融政策運営についての説明も追加しています。こうした改訂の結果、本書は大幅増頁となり、一部の進んだトピックスや詳細な制度の説明はWeb付録として別途提供させていただく形をとりました。Web付録は東洋経済新報社ブックストアサイト（https://str.toyokeizai.net/books/）における本テキスト『入門テキスト　金融の基礎』（第２版）より閲覧が可能です。

本書第２版の執筆に際しては、石坂元一、奥山英司、小野有人、塩路悦朗、高見澤秀幸、戸村肇、原田喜美枝の先生方に草稿の一部をお読みいただき、貴重なコメントをいただきました。児嶋隆先生からご指摘いただいた初版の誤りは初版増刷と第２版、戸村肇先生と小野寺敬先生からご指摘いただいた初版の誤りは第２版で訂正させていただきました。2020年度、2021年度に中央大学で「マネー＆ファイナンス入門」を分担された鯉渕賢先生、根本忠宣先生の講義資料も参考にさせていただきました。厚くお礼を申し上げます。

残された誤りがもし本書にあれば、それは筆者の責任によるものです。なお、本書では統計の出所についてはアクセスした日付けを示していますが、本書の出版後にウェブサイトが変更されている可能性がある点についてはご理解をいただくようにお願いします。

最後に、本書の改訂を勧めてくださり、編集の労をとってくださった東洋経済新報社の村瀬裕己氏に感謝します。

2022年２月

藤木　裕

目　　次

序章 入門テキスト 金融の基礎の概要

読者は以下のような疑問を持たれたことはないだろうか。

「銀行預金の金利（お金を預けた時に銀行からもらえる手数料）は、ほとんどゼロなので貯蓄を増やすのには向いていません。貯蓄を増やしたかったら、収益率が良いと評判の投資信託を買いませんか」、と友人から勧められた。収益率とは、1単位のお金を投資した時に、その金融商品からどのくらいのお金が一定期間に見返りとして得られるかを計算した比率だそうだ。同じ金融商品なら収益率が高いほうがよいに決まっているが、収益率は経済情勢次第で変動するらしい。安心して買ってもよい商品なのだろうか？

少し調べてみたら、投資信託とは、多くの投資家から拠出されたお金を大きな資金にまとめ、資産運用の専門家があらかじめ定めた商品でその資金を運用し、その運用から得られた利益を投資家が拠出した金額に応じて分配する仕組みの金融商品だそうだ。銀行でも、証券会社でも買えるようだ。実際には、どの金融機関で買えばよいのだろうか？

会社に入って早々、「当社の企業年金は確定拠出年金です。あなたの老後のために、会社とあなたご自身が拠出したお金を運用する責任は従業員にある仕組みなので、ご自分でどの商品で拠出金の運用をするか、以下のプランの中から選んでくださいね」と言われた。年金は国営で国が責任をもって運用してくれており、100年安心だと聞いていたが、企業年金とは何だろうか？ それに、会社は老後に責任を持ってくれないのか？ このプランの中にも投資信託があるが、老後の資金をこんな商品で運用して大丈夫なのか？ どんな商品で運用すれば大丈夫なのだろうか？

会社では、「生命保険会社が出している保険商品を団体契約で買いませんか？」、というパンフレットが毎年配布されている。若い自分にも生命保険は必要なのだろうか？

生命保険会社をインターネットで検索すると、インターネット専業の保険会社もたくさんあるようだ。生命保険商品も簡単にインターネットで買えるようだが、外資系保険会社から買った保険商品は、万一その保険会社が破綻した時も大丈夫なのだろうか？

一戸建てに住みたいので住宅資金を銀行から借りたい。銀行に相談に行ったら、「固定金利で借りるのと、変動金利で借りるのと、どちらがよいか？」、と聞かれた。どうやってこの2種類の金利から選んだらよいのだろうか？

日本銀行による金融政策に関する決定以後、円相場は円安になった、と報道されている。円相場とは外国の通貨と日本の通貨である円の交換比率だそうだが、円相場はそもそもどんな要因で決まっているのだろうか。なぜ金融政策が円相場に影響するのだろうか？

このような疑問に答えるには、金融論の基礎知識が必要である。以下では、上記のような疑問を念頭に置きながら、本書で提供する基礎知識の概要を第1部から第5部に分けて説明していく。

第1部　「金融取引・金融市場・金融商品の収益率」の狙い

日本の代表的な民間金融機関である銀行・証券会社・保険会社は、1980年代以後日本の金融市場の自由化、国際化を日本政府が進めてきたため、1990年代以後、海外の金融機関も含めた自由競争の時代に入っている。いまの日本では、銀行でも子会社を作れば証券会社を経営することができるし、証券会社であっても子会社を作れば銀行を経営することができる。民間金融機関が取り扱う商品も似通っており、銀行でも投資信託が買えるし、証券会社が経営するインターネット銀行では定期預金を買うことができる。保険の分野でも、従来の生命保険商品、損害保険商品以外に、がん保険商品など、様々な分野の保険商品が外資系を含む保険会社によって販売されている。販売チャネルも、対面販売の店舗以外に、インターネットでの販売が普及している。

本書の第1部では、まず第1章において、金融取引とは何であるのかを説明する。金融取引とは、現在のお金と、将来時点でお金を提供するという約束を交換する取引のことである。金融取引には約束の仕方により様々な形態があり、金融取引で売買対象になる約束を金融商品と言う。次に金融取引を提供してくれる、金融機関の種類について説明する。

金融取引を通してできあがったお金の運用者と調達者の関係を、日本の金融機関、企業、政府、家計、海外等のグループに分けて整理したのが、第２章で学ぶ資金循環統計である。資金循環統計を見ると、日本経済で、誰から誰にお金が流れているかを理解することができる。

今日の日本では、金融商品の価格は、金融市場における金融機関の自由競争によって決まっている。したがって、金融機関の自由競争を通して金融商品の価格がどのように決まっているか、という点に関する基本的な知識なしには、金融商品をうまく選択することは難しい時代になっている。

金融商品の価格がどのように決まるかを理解するには、高校数学で勉強する金利の複利計算への理解が欠かせない。そこで、第３章では複利計算の復習を行う。ただし、複利計算をするといっても、中学生・高校生時代のように手計算で苦労する必要はまったくない。実際の複利計算は表計算ソフトウエアExcelを使えば簡単にできるので、本書では複利計算の必要最小限の数学的背景を説明する。複利計算の応用問題として、「72の法則」がある。72の法則によると、預けたお金が２倍になるまでの年数は72を利子率〈％〉で割った値に近いことが知られている。こうした金利と時間の関係についての便利な法則を理解し、ご自身の意思決定に使ってみてはいかがであろうか？

72の法則を理解するには高校数学の複利計算に関する復習が必要であるが、理屈さえわかってしまえば、複利計算自体は表計算ソフトウエアExcelを使えば簡単にできる。

例えば、100万円を利率（利子の元本に対する割合のこと）6.33％の定期預金で12年運用した時の複利計算の利子と、元本（収益を生み出すもとになる元金のことで、ここでは定期預金を作るために預けた100万円）の合計であれば、ExcelのFVという組み込み関数を使えば簡単に計算できる。Excelのヘルプ画面によると、FV関数は「一定の利率を基に投資の将来価値を計算します」、とあるので、ここでは100万円の投資金額を利率6.33％で運用した場合の価値をFV関数で計算すればよい。FVという組み込み関数を使うには以下の数値を指定する必要がある。

FV（利率, 期間, 定期支払額, [現在価値], [支払期日]）

ただし、利率は投資期間を通じて一定の利率で、この場合には6.33%。期間は投資期間全体での支払回数の合計で、この場合には12回。定期支払額は投資期間中の定期支払額で、この場合にはゼロ。［現在価値］は現在投資する金額で、この場合にはマイナス100万円。［支払期日］は、0が期末払いで1が期首払いなので、この場合には0である。以上の必要事項を入力してやると、

¥2,088,669.70＝FV（6.33%, 12,0,－1000000,0）

と答えが出てくる。Excelの画面上では以下のように見える。

エクセルシートの例
計算結果　　　入力式
¥2,088,669.70＝FV（6.33%,12,0,－1000000,0）

このように、100万円を年利6.33%で運用すると、12年後には約209万円と倍増していることが簡単に確認できる。

理屈を覚えたら細かい計算はExcelにお願いすることにすればよいので、本書では必要最小限の数学的背景の説明にとどめる。自動車の運転をするのに、多くの人は（筆者だけかもしれないが……）ブレーキを踏めば車が止まることは知っているはずだが、なぜブレーキが車を止めるのか、車の中でどんな機械が動いているのかは知らないはずである。複利計算についても、Excelの使い方がわかれば、必要な答えは出てくる。自動車教習と同じだと思って、最初だけは数学的な理屈にもおつきあい願いたい。

第4章では収益率の定義と、割引現在価値の求め方を説明する。収益率は、1単位のお金を投資すると、その金融商品からどのくらいのお金が一定期間に見返りとして得られるかを計算した比率である。割引現在価値を求めるということは、将来の1円が現時点で何円に相当するのか、言い換えると、どのくらい将来の1円を割り引けばいまの金銭価値になるのか、を計算することである。将来から現在に向かって時間をさかのぼる操作は難解に思われるかもしれない。しかし、現在から将来に向かって商品を運用した時間の流れを逆に見て

いるのだ、と考えるとわかりやすいかもしれない。

第2部 「家計と企業の金融資産・負債選択の理論と実際」の狙い

銀行預金と投資信託の大きな違いは以下のとおりである。まず、銀行預金は低いながらも金利が確定しており、安全性が高く、いつでも換金可能（流動的だとも言う）である。一方、収益率は投資信託のほうが高い可能性があるものの、収益率は経済情勢次第で上下し、最悪の場合には元本割れするかもしれない。売却したいと思っても予定した値段では売却できない可能性もある。

安全で、流動性も高く、収益率が高い金融商品があれば、金融論など勉強不要であろう。例えば、1990年10月には、国営の郵便局で提供されていた定額郵便貯金という安全・確実な商品の金利は、預入期間が３年以上の定額郵便貯金だと6.33％だった。第１部のExcelの計算の紹介で使われた金利はこの値をとったものである。[1)]金利が6.33％という水準だと、100万円の貯金が200万円に倍増するまでの期間は、先ほど紹介した「72の法則」によれば約12年である。

残念ながら、その後、日本の金融機関は自由競争状態になったために、私たちが現在購入できる金融商品には、安全・確実でしかも金利が高いというかつての定額郵便貯金のような金融商品はおそらくない。例えば、2021年８月時点の預入期間が３年以上の定額郵便貯金の金利は0.002％なので、100万円の貯金が200万円に倍増するまでの期間は約36,000年かかってしまう。このように、安全で流動性が高い商品は、収益性は低い可能性が高い。逆に、収益性を求めるためには、安全性と流動性を犠牲にしないといけない可能性が高い。したがって、金融資産に投資する場合には、どのくらいの割合で収益性を求め、ど

1) データ出所は以下による。
日本銀行「郵便貯金金利（2003年３月まで）」。
https://www.boj.or.jp/statistics/stop/post_rate/index.htm/
ゆうちょ銀行「金利一覧」。
https://www.jp-bank.japanpost.jp/kinri/kinri.html
（ともに2021年８月26日アクセス）

のくらいの割合で流動性、安全性を求めるのかを自分で決めていかなければいけない。

さらに、金融資産に投資をするべきかどうかの決定は、金融商品の安全性、流動性、収益性のほかにも、将来の所得・支出の予想にも影響される。例えば、保険商品の選択であれば、収益率だけではなく、将来の病気や怪我のリスクをどのくらい補いたいのかという自身の希望も合わせて考える必要がある。住宅ローンを借りるにしても、借入金利の水準だけではなく、将来の収入・貯蓄・予期せぬ支出の予想も合わせて考えていくことになるだろう。

企業の資金運用に関する意思決定はより複雑である。例えば、財務部門にお勤めの方なら、どのくらいの収益が将来得られる投資プロジェクトならば、借金してこれを実行しても採算にのる、と判断したらよいのか。あるいは、仮に借金するとして、資金調達を株式の新規発行、社債の新規発行、銀行からの新規借入、のいずれで賄うべきか、その際の選択基準は何なのか、といった問題に日々頭を悩ませておられるであろう。

本書の第2部では、上記のような疑問、つまり、家計と企業が金融資産と金融負債をどのくらい持つのか。持つとしたら、どのような金融商品に金融資産と金融負債を配分すればよいのか、という疑問を解決するための目安となる基礎的な理論と、金融資産・負債選択の実際を説明している。

第2部では、日本の家計はこれまでは金融商品の安全性と流動性を重視する資産運用を行っていたが、持続する低成長、人口高齢化、低金利環境の中でこうした資産運用のやり方は見直しを迫られつつあることを指摘する。金融商品をうまく組み合わせた分散投資法を用いることで、リスクを軽減する可能性があることを説明し、ある理論的前提の下では、好ましい資産運用方法は、現金や預金のような安全資産に加えて、株式市場で買い入れ可能な全部の銘柄を対象に時価総額比率で加重平均した株価指数に収益率が連動するような投資信託を購入することであることを説明する。

企業に関しては、企業が外部から資金調達する時に、株式と社債の両方の調達手段をどのように使い分けたらよいか、という問題に関する理論的説明の後、民間非金融法人企業の金融負債の推移をデータにより確認し、金融機関からの借入れ額は1990年代半ばから2000年代半ばにかけて減少した一方で、株式からの資金調達が徐々に上昇していることを説明する。

第3部 「金融システムと金融機関」の狙い

第1部では、日本の家計は、銀行預金、生命保険商品・損害保険商品、株式、投資信託などを主な金融資産の運用先としていることを学ぶ。これらの金融商品を備えていれば、老後に十分なのだろうか？ 国と会社が、サラリーパーソンの老後については面倒を見てくれるのではないのか？ こうした疑問に答えるために、第3部では、金融システムと金融機関の機能、金融機関への規制について説明する。最初に金融システムを定義したのちに、金融システムを構成する金融機関の機能と、規制について説明する。

第9章では、銀行の業務とリスクについて説明する。まず、銀行の業務は、大きく分けて、預金の受け入れ、貸出の実行、為替業務（銀行預金を用いた振込のように、隔地者間で直接現金を輸送せずに資金を移動する仕組みを利用して資金を移動することを内容とする依頼を受けて、これを引き受けること、またはこれを引き受けて遂行すること）の3種類であることを説明し、銀行の直面するリスクが、信用リスク、市場リスク、流動性リスクに大別されることを説明する。

第10章では、銀行が貸出と預金を同時に増やし、経済活動に必要な資金を供給するメカニズムである信用創造について説明し、信用創造がどのように行われているのかを知るためには、マネーストックという統計を利用することが有益であることを説明する。

第11章では、保険と年金基金について説明する。まず、どんな条件ならば保険商品を買うメリットがあるのかについての理解を深め、「職場で皆が買っているから」というような理由で保険商品を買わないですむ知識をつける。次に、国が提供する公的年金制度についての説明を行い、さらに企業が提供する年金のうち企業が提供する企業年金、特に企業型確定拠出年金と呼ばれる仕組みの特徴を説明する。企業型確定拠出年金の場合、老後の備えについて、従業員と会社が資金を拠出し、運用の責任は従業員にある。運用の収益率の小さな差であっても、会社に長く勤めているうちに、どんどん運用成績に差がついていく可能性がある。納得がいく資産運用を行えるように、公的年金制度、企業年金制度の理解と、金融知識を身につける必要がある。その際には、第２部で説明された理論的に望ましい資産運用の一つの案は、株式市場で買い入れ可能な全部の銘柄を対象に時価総額比率で加重平均した株価指数に収益率が連動するような株式投資信託を預貯金と組み合わせて保有することであることが参考になろう。

第12章では、株式や債券に投資を行う投資信託を販売している証券会社、投資信託を運用している会社、投資信託の種類、といった点について理解を深める。

近年の金融技術革新に伴い、消費者の支払手段は多様化している。第13章では、そうしたサービスを提供している金融機関について説明する。

第14章では、第３部で説明してきた金融サービス提供者に対する規制について説明する。消費者保護に関する規制に関しては、銀行についての預金保険制度、さらに保険会社、証券会社についての消費者保護の仕組みについて説明する。こうした知識をつけたうえで、新しい金融サービスや金融商品について検討していただきたい。

第４部　「代表的な金融商品市場の現状と金融商品価格の理論」の狙い

1980年代後半の日本では株価（株式の価格）がおおいに上昇した。図表0-1に示されている日本で代表的な株価指数である日経225（日本経済新聞社が東京証券取引所上場株式から選定した225銘柄の株価を平均したもの。詳細は第17章３節を参照）は1986年１月末に13,024円（終値ベース、以下同じ）だったが、1989年12月末の日経225は38,915円まで上昇し、およそ４年で３倍ぐらいになった。その後株価は大暴落し、2003年４月28日には7,607円と、ピーク時の５分の１程度になってしまった。その後株価は持ち直し、2007年まで米国の株高とともに上昇するが、2008年の世界金融危機で再び大暴落する。株価はその後に低迷するが、2013年以後は久々に上昇に転じる。2020年には新型コロナウイルス感染症の影響でいったん下落するが、その後の株価は堅調である。

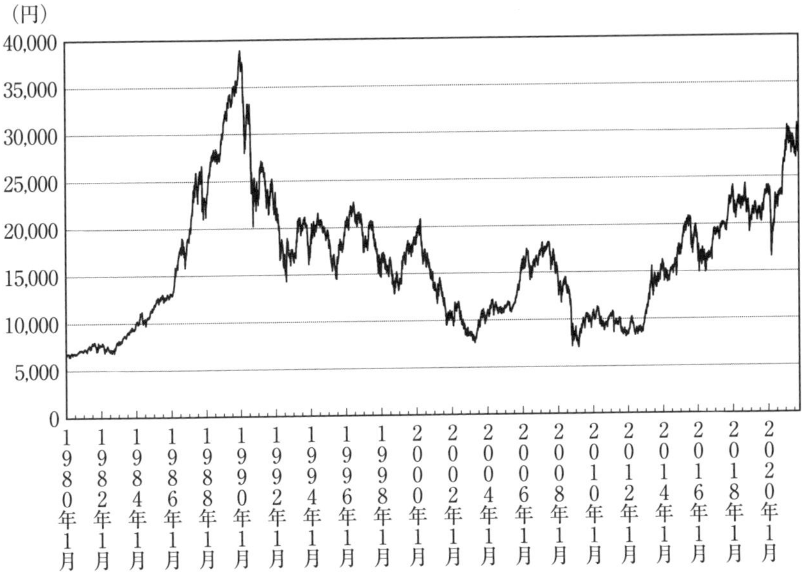

図表 0-1　日経225の推移：1980年１月４日～2021年10月21日

（出所）　米国セントルイス連邦準備銀行データベース
https://fred.stlouisfed.org/series/NIKKEI225（2021年10月22日アクセス）

一方、図表 0-2 に示されている日本の10年物国債利回り（債券の１年当たりの収益率をパーセント表示したもの）も1990年７月から11月にかけて、７％を上回っていた。その後10年物国債利回りは長く低下傾向にあり、2003年に0.4%台のボトムを付けた後、2014年末には0.2%台まで低下し、2016年と2019年にはマイナスの値を記録している。

図表 0-1、図表 0-2 を見ると、株価や10年物国債利回りは大きく変化することがわかる。また、10年物国債利回りについて見ると、日本では2000年以後は２％を下回り、2016年と2019年にはマイナスの時さえある。つまり、10年物国債のような安全確実な長期資産への投資からは有利な利回りは得られない時代であったことがわかる。むしろ、株式を2008～2013年ごろに購入していたら、2021年時点では値上がり益が享受できたかもしれない。

このように、株式の価格（株価）や長期国債利回りは時代により大きく変化しているが、これらはいったいどのようにして決まるのだろうか？

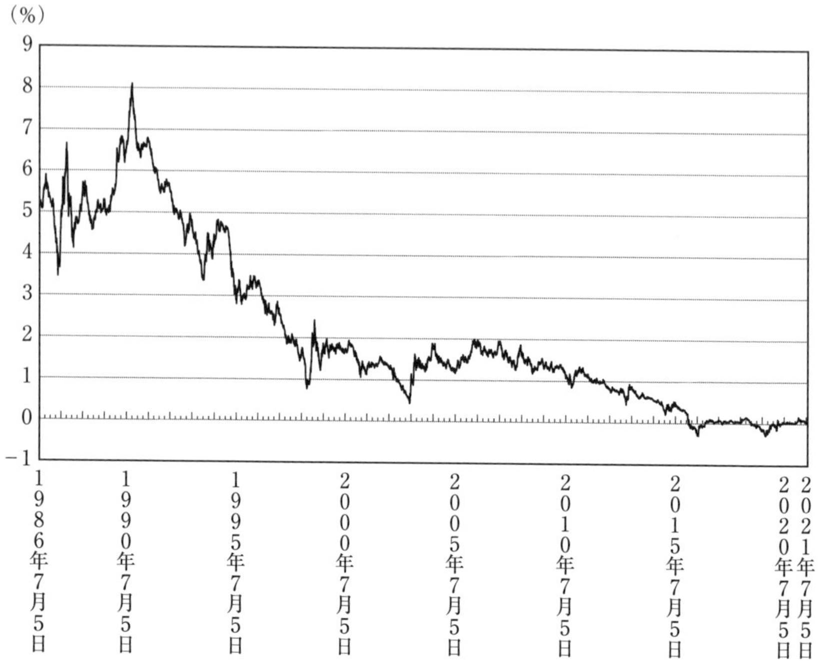

図表 0-2　日本の10年物国債利回りの推移：1986年 7 月 5 日～2021年 7 月30日
（出所）　財務省「国債金利情報」
https://www.mof.go.jp/jgbs/reference/interest_rate/index.htm（2021年 8 月 4 日アクセス）

第 1 部から第 3 部の基礎知識を応用しながら、第 4 部では株価と債券価格、債券利回りに関する理解を深める。株価は、企業の将来の利益に対する取り分の値段であるから、企業の予想利益を現在の価値に換算したものが株価になる。ここで、現在の価値に換算する、という作業をする際には金利の複利計算の知識が必要になる。例えば10年後の100円には、現在の100円の価値はない。なぜなら、いま100円を持っていれば、それを定期預金などで運用すれば利息がついて、100円を上回る金額に10年後にはなるはずである。だから、100円から10年間で得られる利息の合計を差し引いた（この差し引く操作を「割り引く」と言う）金額だけの元手がいまあれば、10年後の100円と同じ価値になるはずである。この利息の合計額は、複利計算の応用をすれば得ることができる。もちろん、企業の予想利益は景気次第では外れることもあり、確実に実現するとは限らない。だから、定期預金の金利よりも高い予想収益率が得られないと、100円を定期預金ではなく、株式に投資する、という気にはならないだろう。したがって、企業の予想利益を現在価値に割り引く場合に用いる予想収益率は、その実現可能性の不確かさに見合う分だけ、定期預金の金利よりも高くなるだろう。

長期国債の価格についても同様に、将来その長期国債が何円の利息と元本を払ってくれるかを現在の価値に換算する、という計算によって求めることができる。その際にも、金利の複利計算の知識が必要になる。また、長期国債の価格は、その長期国債の利回りが上昇すると低下するという関係があることについても説明する。こうした必要に鑑みて、第1部では金利の複利計算についてやや詳しく説明した。また、将来の国債利回りを決める様々な要因の一つは日本銀行の金融政策の動向である。その詳細は第5部で説明される。

第5部 「グローバル経済と金融政策」の狙い

経済がグローバル化したために、外国から提供される商品やサービスなしには我々の生活は成り立たない。報道でよく目にする円/ドル・レートは、1米国ドルが何円と等しいかを示した日本円と米国ドルを交換する比率である。外国の財や金融商品は外国通貨建てで価格設定がされているため、その円建ての価格については、通貨同士の交換比率である名目為替レート（以下、本書では誤解のない限り為替レートと略す）の変動による影響を無視することはできない。為替レートの変動によって将来の支払金額が変化することを回避する一つの方法は、将来支払いを行う時点で一定額の外国通貨を受け取れる商品である外国為替先渡取引（為替予約）を使い、現時点で支払い時点の外国通貨に対する円建ての支払額を確定させることである。また、為替レートの変動を説明することは非常に難しいが、内外の金利動向や、インフレ率の格差等の要因と為替レートの動きは関係する、と言われている。グローバル経済のなかで、為替レートはどう決まるのか、そして、金融政策の為替レートに与える影響は何か、といった内容が本書第5部前半で扱われる。

図表0-2で示したように、いまの日本は空前の低金利であり、住宅ローンを

組むのに非常に有利な状況である。住宅ローンを組む際に、固定金利と変動金利はどちらが得なのだろうか？　その一般的な答えは、将来金利は上がると思うならば、固定金利のほうが魅力的になる、というものである。それでは、将来の金利はどうやって決まるのだろうか？

日本の金利のうち、金融機関同士が１日単位で貸し借りを行う、といった非常に期間の短い金利は、景気の動向やインフレ率の動向を見ながら、日本銀行が決めている。より期間の長い金利、例えば長期国債の利回りは、将来どれくらいインフレになるか、あるいは、将来どれくらい景気が良くなるか、といった予想も加味して、債券市場での取引を通して決まってくると考えられている。ところで、１カ月単位の取引をいまから２カ月間のうちに２回繰り返すことによる収益と、２カ月単位の取引をいま行うことによる収益は、経済に不確実性がなく、金融取引に手数料や税金がかからなければ同じになるはずである。したがって、期間の長い金利には、将来の期間の短い金利に対する予想に関する情報（この例の場合は、１カ月後に１カ月単位の取引を行う金利）が含まれている。このため、日本銀行が将来の期間の短い金利をどう決めるか、という予想を通して、日本銀行の金融政策は期間の長い金利にも影響を及ぼす。本書の第５部後半では、こうした話題を取り扱う。

本書の読み方

本書を通読する際には、できれば最初から順番にお読みいただきたい。金融論は基礎知識の積み重ねという色彩が強い学問だからである。数学的な説明、制度の詳細、時事問題などはWeb付録におさめることで読みやすさにも配慮した。

第1部

金融取引・金融市場・金融商品の収益率

概　要

第1部では、前半の第1章、第2章で金融取引と金融市場の概要を説明した後に、日本の金融取引を資金循環統計によって鳥瞰する。金融商品の価格は、金融市場における自由競争によって決まる。そこで、第1部後半の第3章、第4章では、金融商品の価格を決定する際に用いられる基礎概念である複利計算、金融商品の収益率、割引現在価値などについて説明する。

第1部前半の概要は以下のとおりである。

第1章では、第一に、金融取引について説明する。金融取引とは、現在のお金と、将来時点でお金を提供するという約束を交換する取引であり、金融取引で売買対象になる約束が金融商品である。金融取引には、資金の移転、リスクの移転という有益な効果がある。金融取引を円滑に行うためには、金融機関による審査（約束をするに足る相手かどうかを確認する）と履行（約束を守っているか）の監視が必要である。

第二に、金融取引の形態は、金融商品の売買方法によって、市場取引と相対《あいたい》取引に分類することができる。市場取引で競争売買取引が円滑に行われる条件は、金融商品の特徴がわかりやすく、規格化されていることである。知名度が高く監視の必要性が低い資金調達者は、規格化された証券を市場で発行する。相対《あいたい》取引は、特徴が複雑で、規格化されていないために評価が難しい金融商品を売り手と買い手の交渉によって売買する取引である。例えば、知名度が低く監視の必要性が高い中小企業のような資金調達者は、銀行と相対《あいたい》取引をし、銀行貸出を受ける。

第三に、金融市場は、市場取引の市場と相対《あいたい》取引の市場に大きく分けられることを説明する。金融市場において金融取引を仲介することを主要業務とする機関のことを、金融機関と言う。

最後に、日本の金融市場で活動する金融機関について説明する。

第2章では、資金循環統計を用いて、日本の金融市場における取引の全体像を把握する。まず、経済主体（生産、流通、消費といった経済活動を営むグループ）を、金融機関、企業、政府、家計、海外といったグループに分ける。次に、それらのグループがどのような金融資産・金融負債を保有しているかを調べる。例えば、日本の家計が全体としてどのような金融商品で資産運用を行っているのかを調べる。さらに、金融資産は必ず誰かの金融負債になっているので、資金循環統計を用いるとグループ間の資金の流れも調べることができる。例えば、現在の日本では、企業と家計が資金運用超、政府が資金調達超になっている。

第１部後半の概要は以下のとおりである。

金融商品の価格がどのように決まるかを理解するには、高校数学で勉強する金利の複利計算への理解が欠かせない。そこで、第３章では複利計算の復習を行う。複利計算は表計算ソフトウエア Excel を使えば簡単にできるので、本書では複利計算を理解するために必要最小限の数学的背景を説明する。

第４章では収益率の定義と、割引現在価値の求め方を説明する。収益率は、１単位のお金を投資すると、その金融商品からどのくらいのお金が一定期間の後に見返りとして得られるかを計算した比率である。割引計算とは、投資から得られる収益が実現する時点は商品ごとにバラバラであることが多いので、バラバラな将来時点の収益を現在の時点のお金の価値という共通の尺度に換算して比較できるようにする手法である。割引現在価値を求めるということは、将来の１円がいまの何円に相当するのか、言い換えると、どのくらい将来の１円を割り引けばいまの金銭価値になるのか、を計算することである。

最後に、金融商品間でその収益率を比べる時には、収益率の平均的な傾向、収益率の変動の大小傾向、商品間の収益率の変動の類似性などがわかると便利である。このような金融商品の収益率の性質を知るうえで有益な統計のツールである期待値、分散、共分散について説明する。

1章 金融取引・金融市場・金融機関

本章では金融取引、金融市場、金融機関について説明する。

まず第一に、金融取引の概要について説明する。金融取引の効果は、お金が余っている人から、足りない人にお金を移転し、お金が足りない人に十分な支出をさせてあげることである点を説明する。さらに、金融取引で売買対象となる金融商品の特徴を説明し、金融取引を可能とするために、金融取引の参加者に約束を守らせるように促すため必要とされる制度的背景について、金融機関による審査と履行の監視を中心に説明する。

第二に、金融取引の形態は、金融商品の売買方法によって市場取引と相対《あいたい》取引に分類できることを説明する。

第三に、金融機関による審査と履行の監視の必要性の度合いにより、市場取引と相対《あいたい》取引のどちらが実行されやすいかが決まることを説明する。

第四に、金融市場は金融取引の形態に応じて市場取引の市場と相対《あいたい》取引の市場に分けられることを説明する。

最後に、金融取引を行う金融機関の定義と種類を説明する。

1．金融取引の概要

金融取引とは、現在のお金と、将来時点でお金を提供するという約束とを交換する取引のことである。言い換えると、「将来Xという状況が起きたら、Y円を支払う」という約束がお金と取引されるのが金融取引である。金融取引で売買の対象になる約束を**金融商品**と言う。つまり、金融商品を売買するのが金融取引である。

金融商品には、大きく分けて**負債契約**と**持分契約**がある。負債契約とは、将来提供される金額が確定している契約のことである。[1] 持分契約は、将来提供される金額が変化する契約のことである。

負債契約の身近な例は、固定金利の個人向け国債である。固定金利の個人向け国債は、個人向けに発行されている国の借金であり、購入時点で将来いくらのお金が返ってくるかがわかっている（個人向け国債の詳細な説明は第15章1節を参照）。

持分契約の代表例は、株式である。株式は企業の利益に対する請求権であり、企業の業績が良いとたくさんのお金がもらえるが、業績が悪いとお金はもらえないかもしれない（株式市場の詳細な説明は第17章を参照）。

2．金融取引の効果

金融取引の効果は、お金が余っている人から、足りない人にお金を移転し、お金が足りない人に十分な支出をさせてあげることである。

金融論では、お金が余っている人、つまり、支出が所得よりも少ない人を**黒字主体**と言う。一方、お金が足りない人、つまり、支出が所得よりも多い人のことを**赤字主体**と言う。

ところで、支出は消費と投資の合計であり、所得は消費と貯蓄の合計であることに注意すると、

支出－所得＝(消費＋投資)－(消費＋貯蓄)＝投資－貯蓄

となることがわかる。つまり、支出と所得の差額は、投資と貯蓄の差額に等しくなる。

赤字主体では、支出が所得よりも多いから、投資が貯蓄を上回る。黒字主体は、支出が所得よりも少ないから、投資が貯蓄を下回る。

いま、金融取引が一切ないとしよう。その場合には、支出は所得以上にはできないことになる。もしも金融取引が可能であれば、赤字主体は黒字主体から資金を移転してもらうことで、所得以上の支出が可能になる。このようにし

1）　ここでは、以下に説明する個人向け国債のような固定金利の負債契約を念頭に置いて説明している。変動金利の負債契約はこの限りではない。固定金利と変動金利の違いは第3章1節参照。

て、所得を得るタイミングと支出をするタイミングをずらすことによって、赤字主体と黒字主体の生活を改善することができる。

第一の例として、若年層は中高年層に比べて多くの場合に所得や貯蓄残高が低いが、子供の教育などに多額の支出をする。そこで、若年層は中高年層から借入れを行うことができれば、子供の教育費を所得に制約されずに支出することができる。このような機能を、金融取引による**資金の移転**と言う。第二の例として、多くの黒字主体から少額の資金を融通してもらい、それを集めて投資する赤字主体は、黒字主体一人ではリスクが大きいので実行できなかったような投資も実行できるようになる可能性がある。例えば、自動車保険契約のように、多くの運転者が少額の資金を出し合い、事故にあった運転者に金銭を支出する、という仕組みを作ることも可能になる（自動車保険契約に代表される損害保険会社が扱う商品の説明は第11章５節を参照)。このような機能を、金融取引による**リスクの移転**と言う。

3．金融取引における審査と履行の監視

以上に見たように、金融取引のおかげで、資金を黒字主体から赤字主体に移転することで、①所得を得るタイミングにしばられずに支出をすることが可能になる、②リスクの移転ができる、という二つの有益な効果が社会にもたらされることがわかった。

ただし、このように有益な金融取引が行われる前提は、約束が守られることである。約束を守らせることを通して金融取引を支える仕組みを**金融制度**と言う。まず、「将来Ｘという状況が起きたら、Ｙ円を支払う」という約束が信用に足るかどうか、という点を金融取引を始める前に確認することを**審査**と言う。次に、金融取引を始めた後に実際に約束が守られるか（**履行**されるのか）を監視する。これらの機能を果たすのが金融機関である。

4．金融取引の形態――市場取引と相対取引

金融取引の形態は、金融商品の売買方法によって、市場取引と相対《あいたい》取引に分

類することができる。

第一に、**市場取引**とは、不特定多数の取引参加者が金融商品について売買の条件（主に価格）を提示し、取引相手にとって望ましい条件を出した売買から優先的に実行される取引のことで、競争売買市場取引とも言われる。

第二に、**相対《あいたい》取引**とは、特定の売り手と特定の買い手が個別に行う金融商品の売買のことで、価格や数量の取引条件を個別に交渉し、双方の折り合う条件の下で行う取引のことである。

金融取引の形態は、資金調達を行う経済主体に対して、審査と履行の監視の必要性が低いか、高いかによって選ばれることが多いことを以下説明する。

第一に、市場取引において競争売買市場取引が円滑に行われる条件は、金融商品の特徴がわかりやすく、規格化されていることである。さもないと、取引に多数の参加者を確保できないであろう。したがって、市場取引は一般投資家によく知られており、審査や履行の監視の必要性が低い経済主体が行う。具体的には、そのような経済主体は証券を幅広い投資家に対して発行することで市場から資金調達できる。例えば、大企業、東京都、日本政府などは、資金提供に関する将来の見返りを約束した券（**証券**）を発行して市場から資金調達を行っている。証券が新しく発行される市場を**発行市場**と言う。証券発行に際して、信用格付業者は約束が不履行になる可能性について投資家に情報を提供する（信用格付業者の詳細は第12章５節参照）。証券発行の方法には相手先に応じて２種類あり、不特定多数から資金調達するものを公募発行、少数の投資家ないしは金融機関をはじめとする投資の専門家だけから資金調達するものを私募発行と言う。証券の特徴は、借り手の信用が明確なので、その証券を転売することが容易なことである。証券が転売される市場を、**流通市場**と言う。

第二に、相対《あいたい》取引では、１名の売り手と１名の買い手が取引条件に合意すれば取引が可能であるため、多くの取引希望者がいない、特徴が複雑で規格化されていないために評価が難しい金融商品でも取引が合意される可能性がある。したがって、一般投資家によく知られておらず、審査や履行の監視の必要性が高い経済主体であっても、金融商品の売り手と買い手が合意できれば取引が成立する可能性がある。具体的には、そのような経済主体は特別な審査能力を持つ金融機関と相対《あいたい》取引し、資金調達する。例えば、中小企業や個人などの資金調達の際には、銀行が審査を行い、一定基準以上の借り手に対してだけ貸出を行い、返済まで履行を監視する。相対《あいたい》取引の場合は、借り手は銀行だけを説得すればよいので、証券発行の際に信用格付業者の手助けを受けるといった市場取引の場合には必要となる費用を借り手は節約できる。ただし、その銀行以外は借り手の信用力を評価できないので、銀行が貸出を誰かに転売しようと思っても、証券ほど簡単に転売することはできない。

5．金融取引の形態――直接金融と間接金融

金融取引の形態は、直接金融と間接金融の２種類の方法に整理することもできる。

直接金融とは、調達者（例えば国）が発行する金融商品（例えば個人向け国債）を、最終的な運用者である個人投資家が直接購入する、という方法である。**間接金融**とは、調達者（例えば企業）と運用者（例えば個人）の間に金融仲介機関（例えば銀行）が介在する方法である。例えば、銀行が企業の発行する借入証書を取得し、個人に対して預金証書を発行するという方法である。

直接金融と間接金融は、金融取引における調達者と運用者の都合の違いを折り合わせる方法としても理解できる。調達者の都合としては、なるべく低金利で長期の資金を調達したいだろうし、投資が失敗したら、それに応じて運用者への支払いも減らしたいだろう。一方で、運用者の都合としては、なるべく安全確実で、利回りも良い運用がしたいだろう。

上記のような調達者と運用者の都合の違いを、直接金融と間接金融は以下のようにして折り合わせる。

第一に、直接金融とは、調達者と最終的な運用者の都合の違いを市場価格の調整を通して直接折り合いをつける形態である。例えば、調達者と運用者が価格、利回りや期間に関する希望を市場で調整する金融商品として、株式や社債がある。具体的には、証券会社が資金調達を行いたい企業の依頼を受けて、株式や社債を最終的な運用者である個人に売る場合が直接金融に該当する。

第二に、間接金融とは、調達者と最終的な運用者の都合の違いを、間に金融機関が入って折り合いをつける形態である。例えば、調達者と最終的な運用者

の間に金融機関が介在し、両方に都合の良い商品を提供する取引としては、銀行が預金を集めて、貸出を行う取引が行われる場合が間接金融に該当する。

金融技術の高度化により、今日では、直接金融の代表例である株式・社債も、金融機関を通して間接的に最終的な運用者が保有しているケースが多くなっている。このような金融取引の形態を、**市場型間接金融**と言う。例えば、**投資信託**が代表的な事例である（詳細は第12章４節を参照）。投資信託においては、まず、多くの投資家から資金を集め、信託銀行がその資金を保管する。次に、専門家（投資信託委託会社、運用会社とも言う）がその資金をあらかじめ選んだ証券で運用し、得られた利益を投資家に還元する。投資信託は証券会社や銀行などの販売会社で購入できる。最終的な運用者である個人は、運用対象に株式や社債が含まれた投資信託を購入することによって、間接的に調達者の発行する株式や社債を保有しているのである。

6．金融市場

第４節で説明したように、金融取引には市場取引と相対《あいたい》取引があり、それぞれの取引に応じた**金融市場**が成立している。

市場取引の市場は、取引の期間に応じて、１年以内の**短期金融市場**と、１年を超える**資本市場（長期金融市場）**に分けられる。資本市場には、債券市場と株式市場があり、それぞれ発行市場と流通市場がある。債券市場については第15章、株式市場については第17章で詳しく説明する。短期金融市場には、金融機関だけが参加する**インターバンク市場**と、金融機関と一般の企業、公共団体や個人が参加する**オープン市場**がある。インターバンク市場の中心は、金融機関同士が１日から１週間程度の期間の短期資金を融通しあうコール市場である（詳細は第10章１節で説明する）。オープン市場には、事業法人等が私募形式で１年未満の短期資金を調達する場であるコマーシャル・ペーパー（CP）市場、国が定期的に公募入札で１年以内の資金を調達する場である国庫短期証券市場、債券と資金を相互に融通する現金担保付債券貸借（現担レポ取引）市場、買戻条件付債券売買（債券現先）市場がある。このほか、大口の預金市場である譲渡性預金（CD, negotiable certificate of deposit の略）市場がある。CD は第三者に譲渡可能な定期預金証書のことで、金融機関と保険、年金基金や大企業との間の相対《あいたい》取引で発行されることが多い。短期金融市場の詳しい解説は、東短リサーチ株式会社（2019）を参照のこと。

相対《あいたい》取引の市場の代表例は、企業向けの銀行貸出の市場である。

7. 金融機関

金融機関とは、金融資産や金融負債を保有して、金融仲介を主要業務とする機関、および金融仲介に密接に関係するサービスの提供を主要業務とする機関のことである。金融機関の定義は、日本銀行の「資金循環統計の解説（2021年５月）」による（資金循環統計の詳細は第２章を参照）。

資金循環統計では、金融機関を、中央銀行、預金取扱機関、証券投資信託、保険・年金基金、その他金融仲介機関、非仲介型金融機関、公的専属金融機関の７種類に分けている。

以下では、これらの７種類の金融機関について順番に説明する。

第一に、**中央銀行**とは、通貨の発行、金利や通貨・信用の調整などを行う金融機関であり、日本銀行のことである。

第二に、**預金取扱機関**とは、一般の投資家から預金や預金類似商品を受け入れることを通して、金融仲介活動を行う金融機関のことであり、銀行等と合同運用信託がある。

銀行等とは、預金や貯金を受け入れることで金融仲介活動を行う機関であり、国内銀行、在日外銀、農林水産金融機関（農林中央金庫、信用農業協同組合連合会、農業協同組合、信用漁業協同組合連合会、漁業協同組合）、中小企業金融機関等（信金中央金庫、信用金庫、商工組合中央金庫、全国信用協同組合連合会、信用組合、労働金庫連合会、労働金庫、郵政民営化後に発足したゆうちょ銀行）が含まれる。

このうち、**国内銀行**は都市銀行、地方銀行、第二地方銀行、信託銀行、その他の銀行に分けられる。**都市銀行**は大都市に本店があり、全国に支店網を持つ大銀行で、三菱 UFJ 銀行、みずほ銀行、三井住友銀行が３大銀行と言われる。**地方銀行**は地域の大都市に本店があり、本店所在地を中心に支店網を持つ銀行である。**第二地方銀行**は1989年に中小企業貸出を行っていた相互銀行が転換した銀行である。**信託銀行**は銀行業務、信託業務、併営業務を行っている銀行のことである。信託業務とは、信託銀行等の信託兼営金融機関や信託会社が、個人や企業などの法人が持つ財産を信託の設定により受託者に移転させて、その財産を管理・運用する業務である。併営業務とは、遺言の保管や遺言執行業務などの相続関連業務、企業の株主の名簿を管理する業務などの証券代行業務、不動産の売買の仲介業務などである。**その他の銀行**には、通信会社や流通会社の子会社の銀行が含まれる。

在日外銀は、預金の受け入れを通じて、金融仲介活動を行う機関のうち、外国銀行が日本に開設した支店である。

農林水産金融機関、中小企業金融機関は構成員の相互扶助を目的とし、農業関係者や零細中小企業への金融円滑化に貢献するための組織であり、設立目的に対応して営業地域、預金受入先、貸出先が限定される。例えば、ゆうちょ銀行では、国営の郵便貯金が民営化されて2007年10月に開業した経緯から民間銀行にはない業務制限があるが、今後は規制緩和で業務が広がる可能性がある。

合同運用信託とは、一般の投資家に対する信託商品の販売により資金を受け入れ、合同して資金運用を行う信託勘定のことであり、信託銀行で販売されている合同運用金銭信託などが該当する。

第三に、**証券投資信託**とは、投資信託受益証券の発行によって投資家から資金を集め、その資金を各種金融商品に投資する投資信託委託会社のことである。なお、投資信託委託会社は信託銀行に資産運用を指示し、管理させる。

第四に、**保険・年金基金**とは、保険・私的年金の加入者から受け入れた資金を運用することを通して金融仲介活動を行う機関である。

このうち、保険とは、生命保険や非生命保険（損害保険、傷害保険、再保険、信用保険、定型保証など）の契約を提供する機関であり、民間の生命保険会社、民間の損害保険会社、共済保険（例えば全国労働者共済生活協同組合連合会など）がある。

年金基金とは、年金・退職一時金給付のために積み立てられた基金の運用主体であり、企業年金とその他年金がある。企業年金とは、企業や企業グループを単位に、企業と従業員が共同拠出して積み立てられた年金基金の運営主体であり、確定拠出型年金、確定給付型年金が含まれる。その他年金とは、自営業者や中小企業の従業員のために年金基金の運営を行う経済主体であり、国民年金基金、個人型確定拠出年金、勤労者退職金共済機構などである。

第五に、**その他金融仲介機関**には、ノンバンク、公的金融機関、ディーラー・ブローカーが含まれる。ノンバンクとは、預金・預金類似商品以外の方法で資金を調達し、貸出等により資金運用をする機関であり、ファイナンス会社（例えばクレジットカード会社、貸金業者、ベンチャーキャピタル）が中心である。公的金融機関には、財政投融資と政府系金融機関（例えば日本政策投資銀行など）が含まれる。ディーラー・ブローカーは金融商品の販売、勧誘、引き受けをする証券会社や、短期金融市場のブローカーである短資会社が含まれる。

第六に、**非仲介型金融機関**とは、金融仲介に関連した業務を行っているが、自らは金融仲介をしない金融機関のことであり、金融持ち株会社（本社機能を有する持ち株会社のうち子会社の主たる事業が金融であるもので、国内銀行を傘下に持つ持ち株会社など）が含まれる。それ以外に、証券取引所（東京証券取引所など）や金融商品の保証を行う機関（預金保険機構など）なども非仲介型金融機関に含まれる。

第七に、**公的専属金融機関**とは、資金調達先が専ら政府等特定の経済主体であり、例えば日本高速道路保有・債務返済機構や地方公共団体金融機構などが含まれる。これらの機関は市場経由での調達が予定されていない機関や、資金調達は市場からも行っているが運用先が限られている（例えば地方公共団体金融機構は地方公共団体の18種類の事業向けにしか貸出をしない）機関である。

Key Word　金融取引、金融商品、負債契約、持分契約、黒字主体、赤字主体、資金の移転、リスクの移転、金融制度、審査、履行、市場取引、相対《あいたい》取引、証券、発行市場、流通市場、直接金融、間接金融、市場型間接金融、投資信託、金融市場、短期金融市場、資本市場（長期金融市場）、インターバンク市場、オープン市場、金融機関、中央銀行、預金取扱機関、国内銀行、都市銀行、地方銀行、第二地方銀行、信託銀行、その他の銀行、合同運用信託、証券投資信託、保険・年金基金、その他金融仲介機関、非仲介型金融機関、公的専属金融機関

1章まとめ――金融取引・金融市場・金融機関

❶金融取引とは、現在のお金と、将来時点でお金を提供するという約束を交換する取引であり、金融取引で売買対象になる約束が金融商品である。

❷金融商品には、負債契約と持分契約がある。

❸金融取引の効果は、資金の移転とリスクの移転である。

❹金融取引を円滑に行うためには、金融機関による審査と履行の監視が必要である。

❺金融取引の形態は、金融商品の売買方法によって、市場取引と相対《あいたい》取引に分類することができる。市場取引で競争売買取引が円滑に行われる条件は、金融商品の特徴がわかりやすく、規格化されていることである。相対《あいたい》取引は、特徴が複雑で、規格化されていないために評価が難しい金融商品を売り手と買い手の交渉で売買する取引である。

❻金融機関による審査や履行の監視の必要性が相対的に低い、一般投資家によく知られている資金調達者は、証券を市場発行して一般投資家に直接販売することによる資金調達が可能である（直接金融）。金融機関による審査や履行の監視の必要性が相対的に高い、一般投資家によく知られていない中小企業のような資金調達者は、銀行と相対《あいたい》取引し、銀行貸出を受け、銀行が一般投資家から預金として集めた資金を間接的に調達する（間接金融）。最近では、金融機関の市場取引が広がり、市場型間接金融が増えている。

❼金融市場には大きく分けて、市場取引の市場と、相対《あいたい》取引の市場がある。市場取引の市場には、短期金融市場（取引の期間が1年以内）と資本市場（取引の期間が1年より長い）がある。相対《あいたい》取引の市場には、例えば企業向けの

銀行貸出の市場がある。

❽ 金融機関とは、金融資産や金融負債を保有して、金融仲介を主要業務とする機関、および金融仲介に密接に関係するサービスの提供を主要業務とする機関のことである。

❾金融機関は大きく分けて、中央銀行、預金取扱機関、証券投資信託、保険・年金基金、その他金融仲介機関、非仲介型金融機関、公的専属金融機関の7種類に分類される。

【参考文献】

池尾和人『現代の金融入門』（新版）、筑摩書房、１章、2010年

内田浩史『金融』有斐閣、２章、2016年

東短リサーチ株式会社編『東京マネー・マーケット』（第８版）、有斐閣、2019年

日本銀行「資金循環統計の解説（2021年５月）」
https://www.boj.or.jp/statistics/outline/exp/exsj01.htm/（2021年７月３日アクセス）

堀江康熙・有岡律子・森祐司『テキスト金融論』（第２版）、新世社、２章、2021年

2章 日本の金融取引と資金循環統計

本章では、日本国内で行われる資金調達と資金運用を記録することにより、日本の金融取引の全体像が把握可能となる資金循環統計について説明する。

金融取引の特徴は、誰かが資金調達をすれば、それは必ず誰かの資金運用になっている、と言うことである。資金循環統計は、金融市場で活動する経済主体（生産、流通、消費といった経済活動を営むグループ）を、金融機関、企業、政府、家計、海外といったグループに分ける。次に、それらのグループがどのような金融資産や金融負債を保有しているかを調べることで、グループ間の資金の流れを明らかにする。

資金循環統計は、ある期間の取引額を記録した金融取引表（フロー表）、取引の結果として保有された金融資産・負債残高を記録した金融資産・負債残高表（ストック表）、調整表の三つの統計表からなる。これらの統計表を分析すると、例えば日本の家計が安全性の高い金融商品を中心として資産運用を行っていること、あるいは、現在の日本では、企業と家計が資金運用超、政府が資金調達超になっている、といった興味深い事実を明らかにすることができる。以下では、資金循環統計の概要、統計表の詳細について説明する。

1．資金循環統計の概要

資金循環統計とは、日本における金融取引と、金融取引に伴って保有されていく金融資産・負債残高を、部門・金融商品別に記録した統計であり、四半期ごとに日本銀行が発表している。

資金循環統計を見ると、資金調達が資金運用より多い部門はどこなのか、家計の金融資産残高はいくらなのか、日本企業の資金調達はどのような金融商品でなされているのか、といった質問に答えることができる。このように、資金循環統計は大変有益な統計である。

金融取引と金融資産・負債残高を記録するにあたっては、金融機関、企業、政府、家計、海外といった経済主体（以下、部門）を横方向に、預金や株式といった金融商品（以下、取引項目）を縦方向に取ったマス目上に、金融取引額あるいは金融資産・負債残高を記入する。ここで、経済主体とは、生産、流通、消費といった経済活動を営むグループのことを指す。

部門は、金融機関、非金融法人企業（財・サービスの生産を行う経済主体で、民間非金融法人企業と公的非金融法人企業）、一般政府（中央政府、地方政府に社会保障基金を足したもの）、家計（消費・生産活動を行う小集団で個人事業主も含む）、対家計民間非営利団体（学校法人や社会福祉法人等）、海外（国際機関、外国政府、外国企業を含む非居住者）に分けられる。

取引項目は、現金・預金、財政融資資金預託金、貸出、債務証券（国債や事業債）、株式等・投資信託受益証券、保険・年金・定型保証（保険の積立金のうち加入者の持分に相当する部分のほか、年金基金の年金受給権や対年金責任者債権など）、金融派生商品・雇用者ストックオプション、預け金、企業間・貿易信用、未収・未払金、対外直接投資、対外証券投資、その他対外債権債務、その他、資金過不足、合計に分けられる。

資金循環統計には、金融取引表（フロー表）、金融資産・負債残高表（ストック表）、調整表の三つの表がある。

金融取引表（フロー表）は、ある期間の取引額を記録したものである。金融資産・負債残高表（ストック表）は、取引の結果として保有される金融資産・負債の残高を期末の時価評価（金融資産・負債の取得時点の価格ではなく、統計を作成する期末時点の市場価格で評価すること）で記録したものである。最後に、調整表は、前期末残高と今期末残高の差額と、今期の取引額との乖離額を記録したものである。以下では、これら三つの表の特徴について具体例を交えながら説明していく。

2．金融取引表（フロー表）

金融取引表（フロー表）は、ある期間の資金取引（フロー、ある期間の資金の調達と運用）を記録したものである。以下では、資金循環統計2021年1～3月期（速報）の金融取引表の全体表を抜粋した図表2-1を見ることにする。

図表2-1は、部門を横方向に、取引項目を縦方向にとって、2021年1～3月期の資金フローを示している。なお、以下本書では非金融法人企業部門については、分析対象として重要な民間非金融法人企業についてのみ掲載している。取引項目についても、内訳項目（例えば、A現金・預金には現金や流動性預金など6つの内訳項目がある）を省略している。

5列目にある家計の資金フローを見ると、行Aからは家計の現金・預金による運用（資産）が8,415億円減少し、行Eからは家計の株式等・投資信託受益証券の運用（資産）が1兆8,341億円増加したことがわかる。

金融取引表からは、ある期間の部門別の資金の運用（資産）と資金の調達（負債）の差額が計算でき、この差額を**資金過不足**と言う。資金過不足は、どの部門が全体として運用超過なのか、あるいは調達超過なのかを示しており、マイナスなら**資金不足**、プラスなら**資金余剰**と言う。上記の家計の場合、行Yに示されているように、資金過不足は8兆3,098億円の資金不足である。これは運用（資産）が4兆9,364億円減少、調達（負債）が3兆3,734億円増加（A～Nの合計）なので、その差の8兆3,098億円が資金過不足で、家計は資金不足である。なお、第1章2節で説明した黒字主体、赤字主体との関係で見ると、黒字主体は支出が所得を下回り、運用（資産）が調達（負債）を上回るはずなので、資金余剰になる。逆に、赤字主体は資金不足になる。

各年の四半期データを合計し、家計以外の部門についても資金過不足を計算して1980年度から2020年度までの折れ線グラフにしたのが図表2-2である。

図表2-2を見ると、2000年代に入って以後、日本で資金余剰なのは家計（一点破線）と民間非金融法人企業（実線）である。資金不足なのは、一般政府（破線）と海外（点線）である。2020年度の家計の場合、資産増加（運用）54.9兆円、負債増加（調達）8.6兆円、両者の差の46.3兆円が資金過不足（家

（単位：億円）

	金融機関		民間非金融法人企業		一般政府		家計		対家計民間非営利団体		海外	
	資産(A)	負債(L)	資産(A)	負債(L)	資産(A)	負債(L)	資産(A)	負債(L)	資産(A)	負債(L)	資産(A)	負債(L)
A 現金・預金	232,123	235,648	124,693	0	-102,200	0	-8,415	0	7,846	0	-1,946	12,882
B 財政融資資金預託金	-3,311	24,408	-1,525	0	29,244	0	0	0	0	0	0	0
C 貸出	310,814	324,088	7,930	2,956	-2,540	-4,251	288	23,390	-186	-832	55,025	13,922
D 債務証券	73,794	123,294	-8,768	-27,390	-1,571	-38,100	1,225	0	-3,693	0	-3,229	0
E 株式等・投資信託受益証券	22,775	69,551	-1,611	10,577	44,634	27,652	18,341	0	276	0	19,433	0
F 保険・年金・定型保証	-3,105	-9,911	0	-2,733	0	0	-9,539	0	0	0	0	0
G 金融派生商品･雇用者ストックオプション	0	0	0	21	0	0	64	0	0	0	0	0
H 預け金	18,074	3,972	-757	-40,527	-39,894	-33	-602	0	0	0	-1,507	12,226
I 企業間・貿易信用	-261	-562	43,490	45,130	-266	2,480	84	-2,399	0	0	255	-1,601
J 未収・未払金	15,228	37,068	-14,822	43,348	82,652	-59,045	-47,132	12,012	-1,406	-41	45,883	58,563
K 対外直接投資	11,422	0	41,477	0	0	0	0	0	0	0	0	52,647
L 対外証券投資	36,200	-8,471	-18,130	0	485	0	-4,304	0	0	0	0	-9,617
M その他対外債権債務	0	0	-8,928	1,348	657	-988	0	0	0	0	-8,111	27,929
N その他	101,370	21,918	2,951	2,583	5,805	86,506	626	731	302	366	0	0
Y 資金過不足	0	5,290	0	132,169	0	2,785	0	-83,098	0	3,646	0	-61,148
Z 合計	826,293	826,293	167,525	167,525	17,006	17,006	-49,364	-49,364	3,139	3,139	105,803	105,803

図表 2-1　金融取引表：2021年 1 ～ 3 月期の資金フロー

（出所）　日本銀行「資金循環統計（2021年第 1 四半期速報）」https://www.boj.or.jp/statistics/sj/sj.htm/（2021年 6 月25日アクセス）

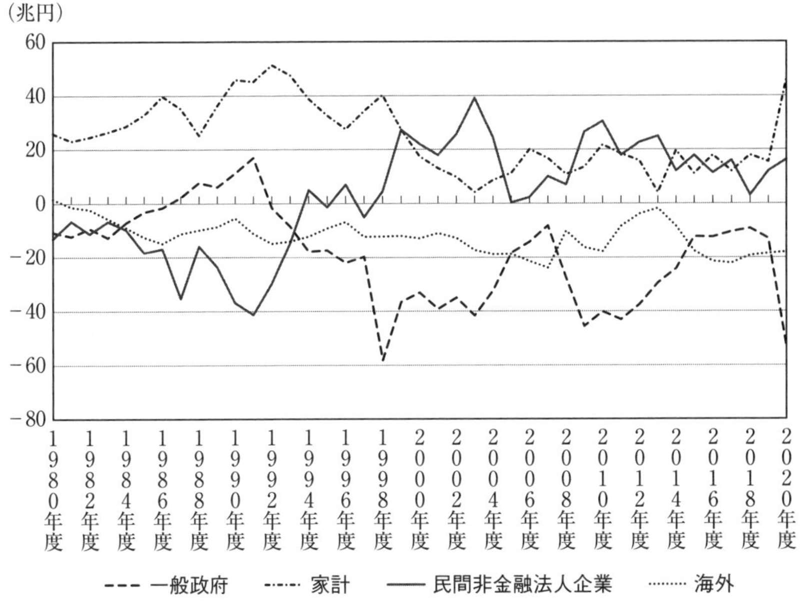

図表 2-2　部門別の資金過不足：1980年度〜2020年度

（出所）　日本銀行「資金循環統計（2021年第１四半期速報）」
https://www.boj.or.jp/statistics/sj/sj.htm/（2021年６月25日アクセス）

計は資金余剰）である。資金余剰が46.3兆円と高水準に達したのは、新型コロナウイルス感染症の拡大による消費活動の低迷や、住民基本台帳に記録されている者１人につき2020年４月27日以後に10万円が支給された特別定額給付金の一部が貯蓄に回ったためだと推測される。一方、一般政府は新型コロナウイルス感染症の拡大対応の大規模財政支出の影響もあって資金不足が53.2兆円となっている。

図表 2-2 の年度ベースの数字で見ると、資金余剰主体のうち家計は、老後の備えや住宅購入のために全体として見れば運用が調達を上回っているため、資金余剰となるのは自然であろう（図表 2-1 では、家計は資金不足だが、それは2021年１〜３月に限った結果である）。民間非金融法人企業は、わかりやすく言えば銀行などの金融機関以外の民間企業である。民間企業は、多くの人からお金を集め、事業を行っているわけだから、運用よりも調達が上回ると予想されるが、図表 2-2 に示されるように、民間非金融法人企業は2000年代以後は資

金余剰である。この背景については、第８章２節で説明する。

次に、資金不足主体のうち、一般政府が資金不足なのは、国全体として見ると借金をしている、ということを示している。国の借金がいつごろから、なぜ増えたのか、という点については第15章３節で説明する。海外が資金不足だということは、日本全体として見ると海外に金融資産を保有している、ということを意味している。この点については、第20章３節で説明する。

3．金融資産・負債残高表（ストック表）

金融資産・負債残高表（ストック表）は、ある時点における部門ごとの金融資産・負債の残高、内訳を期末の時価で記録したものである。以下では資金循環統計2021年１～３月期（速報）の金融資産・負債残高表の全体表を抜粋した図表 2-3 を見る。なお、取引項目の行 Y には、金融取引表（フロー表）にあった資金過不足の代わりに、金融資産・負債差額が加わっている。この項目は、部門単位で取引項目の計数を集計した際に生じる資産側と負債側の集計値の差額を示す。５列目にある、家計部門の金融資産残高の数字を見ると、行 Z にある合計は1,946兆円である。その内訳は、1,056兆円（54%）が行 A の現金・預金、533兆円（27%）が行 F の保険・年金・定型保証、279兆円（14%）が行 E の株式等・投資信託受益証券である。[1)]家計がどのようにして金融商品から預金や保険等の好みの商品を選んでいくかは、第５章と第６章で説明する。

日本の人口は１億2,557万人（2021年１月）なので、家計の1,946兆円の金融資産という数字は、国民１人当たりにすると約1,550万円あることになる。読者は自分の家にはこのような金額の金融資産はない、と思われるかもしれない。読者に疑問が生じる理由は二つある。第一の理由は、平均値の性質によるものである。金融資産の保有状況は個人ごとの違いが大きく、極端に資産の多い人が少数いると平均値が高く出る、という傾向がある。例えば、金融広報中央委員会が2020年に全国の２名以上世帯を対象に行った金融資産保有残高調査では、平均値は1,436万円だが、中央値（世帯の保有残高を多い順にならべて

---

1)　資金循環統計では、企業年金、その他年金、個人年金が、家計の金融資産の対象となる（詳細は第11章３節、９節参照）。

（単位：兆円）

	金融機関		民間非金融法人企業		一般政府		家計		対家計民間非営利団体		海外	
	資産（A）	負債（L）	資産（A）	負債（L）	資産（A）	負債（L）	資産（A）	負債（L）	資産（A）	負債（L）	資産（A）	負債（L）
A 現金・預金	783	2,314	320	0	113	0	1,056	0	44	0	11	25
B 財政融資資金預託金	8	29	0	0	21	0	0	0	0	0	0	0
C 貸出	1,613	709	58	457	19	152	0	345	3	16	220	169
D 債務証券	1,245	331	36	81	66	1,168	26	0	9	0	207	0
E 株式等・投資信託受益証券	421	429	381	1,042	176	17	279	0	6	13	279	0
F 保険・年金・定型保証	14	534	4	17	0	0	533	0	0	0	0	0
G 金融派生商品·雇用者ストックオプション	64	66	2	5	0	0	1	1	0	0	33	28
H 預け金	19	26	40	42	7	7	17	0	0	0	4	8
I 企業間・貿易信用	1	2	210	183	2	18	3	6	0	0	3	9
J 未収・未払金	34	34	5	10	21	10	4	6	0	0	18	22
K 対外直接投資	43	0	156	0	0	0	0	0	0	0	0	200
L 対外証券投資	389	0	11	0	253	0	22	0	0	0	0	675
M その他対外債権債務	39	47	3	1	24	2	0	0	0	0	50	60
N その他	58	33	23	25	4	28	4	4	2	2	0	0
Y 金融資産·負債差額	0	176	0	-615	0	-696	0	1,584	0	32	0	-371
Z 合計	4,729	4,729	1,247	1,247	706	706	1,946	1,946	63	63	824	824

図表 2-3　金融資産・負債残高表：2021年 3 月末の金融資産・負債残高

（出所）　日本銀行「資金循環統計（2021年第 1 四半期速報）」
https://www.boj.or.jp/statistics/sj/sj.htm/（2021年 6 月25日アクセス）

上位50％にあたる世帯の保有残高）は650万円である。[2)]

第二の理由は、資金循環統計における家計の金融資産の定義が、家計の金融資産として通常は考えられているものより広いことである。日本銀行の「資金循環統計のFAQ」[3)]によれば、第一に、資金循環統計の定義上、金融資産の中には、企業年金・国民年金基金等に関する年金準備金、預け金（ゴルフ場預託金等）、未収・未払金（預貯金の経過利子等）などの、通常は個人が必ずしも金融資産とは認識していない金融商品が含まれている。第二に、家計の金融資産には、個人事業主（個人企業）の事業性資金も含まれている。

これらの二つの理由から、資金循環統計の家計部門の金融資産残高を総人口で割ることで求められる家計の金融資産残高の平均値の金額は読者の実感よりも多めに出ている可能性が高い。

次に、図表2-3の3列目を見ると、民間非金融法人企業の資金調達残高を示す金融負債は、1,247兆円である。このうち、行Cにある借入が457兆円、行Eにある株式等・投資信託受益証券が1,042兆円である。[4)]民間非金融法人の資金調達の内訳はどのようにして決まるのだろうか。この問題については、第7章と第8章で説明する。

4．調　整　表

第2節では、金融取引表（フロー表）は、ある期間の金融取引額を記録したものであり、第3節では金融資産・負債残高表（ストック表）は、取引の結果として保有される金融資産・負債の残高を期末の時価で記録したものであることを説明した。

2）　詳細は「家計の金融行動に関する世論調査　2020年　二人以上世帯調査」参照。
https://www.shiruporuto.jp/public/data/survey/yoron/futari/2020/pdf/yoronf20.pdf（2021年3月16日アクセス）

3）　詳細は日本銀行「資金循環統計のFAQ」参照。
http://www.boj.or.jp/statistics/outline/exp/faqsj.htm/#p1-04、3-2（2021年3月16日アクセス）

4）　資金循環統計では資金調達を金融負債と呼んでいるが、第1章1節で説明したように株式は持分契約であって負債契約ではない。混乱しないように注意してほしい。

フロー表とストック表の関係については、前期末残高に今期の取引額を加えると、今期末残高になるので、前期末のストックと今期のフローの合計が今期末のストックだと予想される。例えば、先月末の預金残高（先月末のストック）に、今月の引き出し・預け入れの合計を足す（今月のフローの合計）と、今月末の預金残高（今月末のストック）になっているはずである（預金に対する利子の支払いの影響は考えないとする）。

ところが、ストック表では株式などのように価格が変動する金融商品を期末の時価評価で記録しているため、上記のような関係は成り立たないことがある。このような問題に対処するために、**調整表**では、前期末残高と今期末残高の差額と、今期の取引額との乖離額を記録している。以下では資金循環統計2021年1～3月期（速報）の調整表の全体表を抜粋した図表2-4を見ていく。なお、取引項目の行Yにある調整差額は、部門単位で取引項目の計数を集計した際に生じる、資産側と負債側の集計値の差額である。

行Eには、株式等・投資信託受益証券の調整額が示されている。株式の場合、調整表に記載されるのはある期間における株価の変化額に相当する。具体的には、時価ベースの残高の前期末計数と当期末計数の差額と取引フローとの間の差額が記載されている。この差額の中には、株式の売却などで確定した損益（実現損益）も含まれ、いわゆる含み損益の変化額とは異なる。家計の場合、2020年12月末の家計の株式等・投資信託受益証券の残高は262兆円であるが、これに図表2-1の家計の2021年1～3月期の資産1.8兆円を加え、図表2-4の調整表の家計部門に記録されている株式等・投資信託受益証券の金額15.2兆円を加えると、262＋1.8＋15.2＝279兆円となり、図表2-3にある2021年3月末の家計の株式等・投資信託受益証券の残高279兆円に一致する。2020年12月末と2021年3月末を比較すると、家計の株式等・投資信託受益証券の運用（資産）は17兆円増加しているが、運用増加は1.8兆円にとどまり、保有していた株式等・投資信託受益証券の値上がり等を反映した15.2兆円が大半を占めているのである。

行Cの2列目にある金融機関貸出の調整額は、貸出金の実質価値の毀損額が含まれる。この中には、企業会計上では、貸出金に関する損失として計上される直接償却額（間接償却からの振替額を控除）と個別貸倒引当金純繰入額の合

（単位：億円）

	金融機関		民間非金融法人企業		一般政府		家計		対家計民間非営利団体		海外	
	資産(A)	負債(L)	資産(A)	負債(L)	資産(A)	負債(L)	資産(A)	負債(L)	資産(A)	負債(L)	資産(A)	負債(L)
A 現金・預金	4,608	3,968	0	0	8,218	0	0	0	0	0	3,577	12,435
B 財政融資資金預託金	0	0	0	0	0	0	0	0	0	0	0	0
C 貸出	34,377	49,127	-3,211	-11,928	0	0	0	-1,325	0	-241	55,885	51,418
D 債務証券	-51,566	7,928	-54	2,401	-3,590	-56,167	-336	0	358	0	9,289	0
E 株式等・投資信託受益証券	228,229	227,657	179,396	586,707	54,383	0	151,672	0	2,878	0	204,228	0
F 保険・年金・定型保証	-32,667	16,869	0	-27,225	0	0	22,311	0	0	0	0	0
G 金融派生商品・雇用者ストックオプション	-94,691	-94,801	-2,335	-5,256	1,658	-519	68	-166	0	0	-37,233	-31,791
H 預け金	0	0	-329	0	0	0	0	0	0	0	0	-329
I 企業間・貿易信用	0	0	-31,083	-33,506	103	0	0	0	0	0	1,525	4,051
J 未収・未払金	0	0	0	0	0	0	0	0	0	0	0	0
K 対外直接投資	18,100	0	70,323	0	0	0	0	0	0	0	0	88,423
L 対外証券投資	100,843	0	14,676	0	132,253	0	6,868	0	0	0	0	254,640
M その他対外債権債務	-12,264	32,700	-6,055	-845	20,306	1,008	0	0	0	0	32,863	-873
N その他	3,408	322	0	3,042	0	0	-44	0	0	0	0	0
Y 調整差額	0	-45,393	0	-292,062	0	269,009	0	182,030	0	3,477	0	-107,840
Z 合計	198,377	198,377	221,328	221,328	213,331	213,331	180,539	180,539	3,236	3,236	270,134	270,134

図表 2-4 調整表：2021年 3 月末

（出所） 日本銀行「資金循環統計（2021年第 1 四半期速報）」
https://www.boj.or.jp/statistics/sj/sj.htm/（2021年 6 月25日アクセス）

計額が含まれる。[5] さらに、調整表には、基礎統計の不突合も含まれている。

Key Word 資金循環統計、金融取引表（フロー表）、資金過不足、資金不足、資金余剰、金融資産・負債残高表（ストック表）、調整表

2章まとめ——日本の金融取引と資金循環統計

❶資金循環統計には、金融取引表（フロー表）、金融資産・負債残高表（ストック表）、調整表の三つの統計表がある。

❷ 金融取引表（フロー表）は、ある期間の金融取引額を記録している。資金運用と調達の差額を、資金過不足と言う。

❸ 金融資産・負債残高表（ストック表）は、取引の結果として保有される金融資産と金融負債の残高を期末の時価で記録している。

❹ 調整表は、前期末残高と今期末残高との差額と、今期の取引額との乖離額を記録している。

【参考文献】

内田浩史『金融』有斐閣、第11章、2016年

日本銀行「資金循環統計の解説」(2021年５月)
https://www.boj.or.jp/statistics/outline/exp/exsj01.htm/（2021年７月３日アクセス）

日本銀行「資金循環統計のFAQ」
https://www.boj.or.jp/statistics/outline/exp/faqsj.htm（2021年７月３日アクセス）

5) 直接償却と間接償却については、第９章３節を参照のこと。

3章 複利計算

本章では金融商品価格の計算を行うための基礎知識である複利計算について、必要最小限の高校数学の復習を行いながら説明する。

まず、複利運用と単利運用の違いと、同一期間、同一利子率なら1年を超えると複利運用のほうが単利運用よりも利子と元本の合計金額が大きくなるという性質を説明する。

次に、実際に複利運用の計算をする際には、煩雑な手計算ではなく、表計算ソフトウエアExcelの組み込み関数を用いれば簡単に計算できることを具体例を交えながら説明する。

最後に、72の法則と言われる

(利子率〈%〉)×(預けたお金が2倍になるまでの年数 t) は72に近い

という便利な性質について説明する。

1. 利子・利率

我々に最もなじみ深い金融商品の一つは、銀行の普通預金であろう。普通預金とは、期間の定めがなく、預入や引出が自由にできる預金である。銀行からお金を預けた対価としてもらえるお金が**利子**である。なお、借り手が支払うお金を利子、貸し手が受け取るお金を**利息**と区別することもある。**利率**とは、銀行に預け入れた資金の金額に対して約束された(普通は1年当たり)利子の割合のことである。また、利率のことを**利子率**、あるいは**金利**とも言うが、本書ではこの三つの用語は同じ意味で用いられる。なお、通常の金融商品の取引で用いられる利子率は物価の変動を無視していることが多く、こうした利子率を**名目利子率**と言う。これに対して、物価の変動を考慮したお金の購買力を示すのが**実質利子率**と言い、詳細は第24章３節で説明される。

利率は各金融機関が任意に設定している。日本銀行は代表的な銀行預金の利率の調査を行っており、例えば、2021年５月19日現在の普通預金の平均年利率は、0.001％である。[1)]

普通預金の次になじみ深い金融商品の一つは、銀行の定期預金であろう。定期預金とは、満期期間の定めがある預金（１カ月から10年）のことであり、預入時の金利が満期日まで適用される。先ほどの日本銀行の銀行預金の利率の調査を見ると、2021年５月19日現在の預入金額が300万円未満の１年物定期預金の年利率は0.003％である。１年物定期預金の年利率のように、市場の金利の変動にかかわらず一定の金利が満期日まで適用される場合を**固定金利**と言う。これに対して、市場金利の変動に応じて適用される金利が変化する場合を**変動金利**と言う。以下では、この年利率を例として用いて利息の計算をしてみよう。読者が100万円を1年間銀行の定期預金に預けると、年利率は0.003％であるとしよう。したがって、１年後に銀行から読者がもらえる利息は以下になる。

$$100\text{万円} \times \frac{0.003}{100} = 1\text{万円} \times 0.003 = 30\text{円}$$

残念ながら、実際に読者の手に入る利息はこれより少ない。なぜなら、預金利子からの所得には、一律に税率20.315％（所得税・復興特別所得税15.315％、住民税５％）が課税されることになっているからである。すなわち、課せられる税金は以下になる。

$$30\text{円} \times \frac{20.315}{100} = 6.0945\text{円}$$

税金の計算では１円以下は切り捨てるので、課せられる税金は６円である。よって、100万円を１年間銀行の定期預金に預けた読者が銀行から税金を差し引いた後で手に入れる利息は、以下になる。

$$30\text{円} - 6\text{円} = 24\text{円}$$

1)　詳細は日本銀行「預金種類別店頭表示金利の平均年利率等について」参照。
http://www.boj.or.jp/statistics/dl/depo/tento/（2021年５月23日アクセス）

2．単利と複利

読者が100万円の１年物定期預金を購入すると、１年後に満期になった時点で利息がもらえることを説明した。１年後になると、**元本**（収益を生み出すもとになる元金のことで、この場合には定期預金として預けた100万円）は、特に定めを設けなければ解約され、普通預金に移し替えられることが一般的である。

ところで、１年後の満期を迎えた後も、定期預金で運用を継続したいと思う場合もあるだろう。そのような場合には、定期預金を自動継続という扱いにすることができる。すなわち、定期預金が満期を迎えると、自動的に新しい定期預金を銀行が作成してくれるサービスを銀行が提供するのが自動継続という扱いである。

自動継続には、利息を元本に組み入れて新しい定期預金にするか否かで二つの異なる扱いがある。第一に、元本だけを継続にして利息部分を受け取る方式がある。この方法を、**単利**と言う。第二に、元本に利息を組み入れる形で継続する方式がある。この方法を、**複利**と言う。単利と複利には、どんな違いがあるのだろうか？

例えば、１年物定期預金の運用を２年間連続したら、受け取ることができる利息はどうなるのだろうか。簡単のために、元本100万円、１年物定期預金の金利が今年も来年も１％であり、税金は支払わなくてよいことにする。

単利の場合の利息（金利は１％）は、以下である。

$$\text{１年目の利息：100万円} \times \frac{1}{100} = \text{１万円}$$

$$\text{２年目の利息：100万円} \times \frac{1}{100} = \text{１万円}$$

利 息 の 合 計：１万円＋１万円＝２万円

複利の場合の利息（金利は１％）は、以下である。

$$\text{１年目の利息：100万円} \times \frac{1}{100} = \text{１万円}$$

$$2\text{年目の利息：}(100+1)\text{万円}\times\frac{1}{100}=1\text{万}100\text{円}$$

利 息 の 合 計：１万円＋１万100円＝２万100円

よって、２年間運用する場合には、単利と複利の受取利息合計の差は100円である。

次に、３年間運用する場合の例をあげてみよう。金利は３年目も１％だとする。

単利の場合の利息は、以下になる。

$$1\text{年目の利息：}100\text{万円}\times\frac{1}{100}=1\text{万円}$$

$$2\text{年目の利息：}100\text{万円}\times\frac{1}{100}=1\text{万円}$$

$$3\text{年目の利息：}100\text{万円}\times\frac{1}{100}=1\text{万円}$$

利 息 の 合 計：１万円＋１万円＋１万円＝３万円

複利の場合の利息は、以下になる。

$$1\text{年目の利息：}100\text{万円}\times\frac{1}{100}=1\text{万円}$$

$$2\text{年目の利息：}(100+1)\text{万円}\times\frac{1}{100}=1\text{万}100\text{円}$$

$$3\text{年目の利息：}(100+1+1.01)\text{万円}\times\frac{1}{100}=1\text{万}201\text{円}$$

利 息 の 合 計：１万円＋１万100円＋１万201円＝３万301円

３年間運用する場合には、単利と複利の受取利息合計の差は301円となる。

手計算でこのような複利計算を行うのは大変面倒だが、表計算ソフトウエアExcelを用いればパソコンで簡単に複利計算をすることができる。例えば、Excelにある組み込み関数であるFV関数を用いると、100万円を１％で３年複利運用する場合の元本と利息の合計は簡単に計算できる。

Excelのヘルプ画面によると、FV関数は「一定の利率を基に投資の将来価値を計算します」とある。さらに、FVという組み込み関数を使うには以下の数値を指定する必要があることが記されている。

FV（利率, 期間, 定期支払額,［現在価値］,［支払期日］）

利率は、投資期間を通じて一定の利率であり、この場合には1％。

期間は、投資期間全体での支払回数の合計で、この場合には3回。

定期支払額は、投資期間中の定期支払額であり、この場合には0。

［現在価値］は、現在投資する金額であり、この場合にはマイナス100万円。

［支払期日］は、0が期末払いで1が期首払いなので、この場合には0である。

したがって、FV関数を使って、上記の100万円を1％で3年複利運用する場合の元本と利息の合計は、

¥1,030,301＝FV（1%, 3, 0, －1000000, 0）

となり、元本と利息の合計は103万301円であることが確認できるので、利息の合計は元本100万円を差し引いた3万301円であるとわかる。

より一般的な例として、図表3-1は、10年間金利1％で100万円を運用する時、元本と利息の合計（**元利合計**）が複利の場合と単利の場合に、それぞれいくらになるか、その差はいくらかを示している。図表3-1からは、複利のほうが、2年目以後の元本と利息の合計額が大きいことがわかる。

年	(A)複利 元利合計	(B)単利 元利合計	(A)－(B)
0	1,000,000	1,000,000	
1	1,010,000	1,010,000	0
2	1,020,100	1,020,000	100
3	1,030,301	1,030,000	301
4	1,040,604	1,040,000	604
5	1,051,010	1,050,000	1,010
6	1,061,520	1,060,000	1,520
7	1,072,135	1,070,000	2,135
8	1,082,857	1,080,000	2,857
9	1,093,685	1,090,000	3,685
10	1,104,622	1,100,000	4,622

図表3-1　100万円を1％の金利で複利運用・単利運用した時の元本と利息の合計額

（出所）筆者作成

3．連続的に利息が支払われる場合の複利計算

図表3-1の例を一般化して、100万円をN年間、金利R%で運用する場合を考えよう。

元本と利息の合計は、以下である。

$$\text{単利の場合：100万円} \times \left(1+\frac{NR}{100}\right)$$

$$\text{複利の場合：100万円} \times \left(1+\frac{R}{100}\right)^N$$

複利計算はExcelの組み込み関数であるFV関数を用いることにより、簡単に計算できる。しかし、コンピューターが開発される以前は、面倒な複利計算を行うにあたっては、1円を年利率$r=R(\%)/100$でt年預金すると元本と利息の合計がほぼe^{rt}円となる性質が用いられていた（ここで、eはネイピア数と呼ばれている）。この性質を用いると、日常生活でも有益な「**72の法則**（預けたお金が倍増するのにかかる期間は、72を預金金利（%）で割った期間に近い）」を得ることができる。この性質に関する詳しい説明は、第3章Web付録（補論）にある。数学的な詳細な説明に興味のない読者は、いますぐ4節に読み進んでいただきたい。

4．72 の 法 則

自分の手持ち資金を10年間で2倍にしたい、という目標を持ったとしよう。どれくらいの利子率の金融資産で複利運用すれば、この目標は達成できるだろうか？　この問いに簡便な答えを与えるのが、

（利子率〈%〉）×（預けたお金が2倍になるまでの年数t）≒72

という「72の法則」である。ここで≒は、ほとんど等しいことを示す記号である。この法則を用いると、上記の例の場合は預けたお金が2倍になるまでの年数tが10年なので、利子率7.2%の資産で複利運用すればよいことがわかる。

72の法則を用いると、いま投資可能な金融商品で、元本と利息の合計が2倍

になるのに何年かかるかも計算できる。例えば、2021年４月30日の日本の40年物国債の利回りは0.7％であった。[2] 仮に国債の利回りが0.7％だとすると、２倍になるまでの年数は 72/(0.7)＝102.9年（小数点２桁を四捨五入）となることがわかる。借入金利が15％で、借金を返せずにいると、72/15＝4.8年 で元利合計は倍になる。昭和初期の東北の農村では15％をさらに超えるような複利の貸出が横行し、農民が窮乏していたという（詳細は横山［2016］、10章）。

同様の計算は、国の経済規模を10年間で２倍にするために実現しなければならない成長率とか、会社の規模を10年で２倍にするために達成しなければならない成長率、といった日常生活でよく出てくる問題に応用可能である。

Key Word　利子、利息、利率、利子率、金利、名目利子率、実質利子率、固定金利、変動金利、元本、単利、複利、元利合計、72の法則

３章まとめ――複利計算

❶複利運用は、利息と元本の合計を繰り返し投資する運用方法である。
❷単利運用は、元本だけを繰り返し投資する運用方法である。
❸複利運用と単利運用を比較すると、同一期間・同一利子率ならば１年を超えると複利運用のほうが利息と元本の合計額が大きくなる。
❹複利運用の結果は、表計算ソフトウエア Excel の組み込み関数である FV 関数によって簡単に計算できる。
❺72の法則とは、(利子率〈%〉)×(預けたお金が２倍になるまでの年数 t)≒72、という性質のことである。

【参考文献】

尾山大輔・安田洋祐『改訂版　経済学で出る数学――高校数学からきちんと攻める』日本評論社、３章、2013年
齊藤誠『父が息子に語るマクロ経済学』勁草書房、第１講、2014年

---

2)　日本相互証券調べの新発債利回り（終値）。詳細は、日本相互証券株式会社「主要年限レート」参照。
https://www.bb.jbts.co.jp/ja/historical/main_rate.html（2021年５月23日アクセス）

横山和輝『マーケット進化論——経済が解き明かす日本の歴史』日本評論社、10章、2016年

4章 収益率・割引現在価値・期待値・分散・共分散

本章では、金融商品価格の計算に必要な概念である収益率、割引現在価値、期待値、分散、共分散について、必要最小限の高校数学の知識を復習しながら説明する。

収益率とは、金融商品への一定期間の投資から得られる収益、その収益を生み出すもとになる元金（元本）に対する割合として示す指標である。投資家は、収益率の大小を見ながら、資金を様々な金融商品に割り振る。

金融商品への投資から得られる収益が実現する時点は、商品ごとにバラバラである。バラバラな将来時点の収益を、すべて現在の時点のお金の価値という共通の尺度に換算して比較できるようにする手法が割引計算であり、割引計算された価値を割引現在価値と言う。

金融商品の価値を商品間で比べる時には、金融商品の価値の平均的な傾向、価値の変動が大きいか、小さいかといった傾向、また金融商品間の価値の変動の類似性などがわかると便利である。こうした分析を行うために使うツールが期待値、分散、共分散である。以下では、これらについて説明する。

1. 収　益　率

（1）　収益率の概念

金融商品にお金を一定期間投資して得られる収益を、投資の元手である元本との対比で示したものが**収益率**である。投資期間が１年間の時の定義は、以下のとおりである。

C 円の金融商品を買うと、１年後に $C1$ 円が得られるとしよう。この金融商品の場合、1年間投資して得られる収益は $(C1-C)$ 円であり、投資の元手は C 円である。したがって、1年間投資して得られる収益を、投資の元手である元本との対比で示した収益率は

$$\text{収益率}=\frac{C1-C}{C}=\frac{C1}{C}-1$$

と等しい。以上をまとめると、この金融商品の1年間の収益率は、以下の(1)式を満たす。

$$1+\text{収益率}=\frac{C1}{C} \tag{1}$$

以下では(1)式をいくつかの金融商品に関して応用してみよう。

(2)　銀行預金の収益率

利子率が $r=R(\%)/100$ の銀行預金に C 円を預金したら1年後に得られる利息と元本の合計は $C1=C(1+r)$ 円である。(1)式にこの結果を代入すると、以下を得る。

$$1+\text{収益率}=\frac{C1}{C}=\frac{C(1+r)}{C}=1+r$$

したがって、銀行預金の利子率と収益率はともに r である。

(3)　割引債券の収益率

割引債券とは、購入する時に利子率が示されていない代わりに、1年後に返済される金額（額面と言う）が決まっており、普通の経済環境であれば額面よりも安く現在購入できる債券のことを言う。例えば、国が1年以内で返済することを約束している借用証書である国庫短期証券の利払い方式は、償還価格を100円とした割引債券方式で発行されており、普通の経済環境では償還価格当たり100円以下の価格で投資家が購入することができる（これに反する事例は第16章1節参照）。なお、国庫短期証券は、2009年2月から用いられている割引短期国債と政府短期証券の統一名称である（詳細は第15章1節参照）。

市場価格が P 円で、1年後に額面 $P1$ 円が返済される割引債券の収益率を求めるため、(1)式を用いると以下となる。

$$1+\text{収益率}=\frac{P1}{P}=\frac{P+(P1-P)}{P}=1+\frac{(P1-P)}{P}$$

したがって、割引債券の収益率は以下となる。

$$\frac{(P1-P)}{P}$$

割引債券の収益率は、現在の市場価格 P 円が、どの程度、返済額である額面 $P1$ 円よりも低く割り引かれているか次第であり、大きく割り引かれている（P が小さい）ほど、収益率が高いことになる。なお、債券の1年当たりの収益率をパーセント表示したものを利回りと言う。

（4） 利付債券の収益率

利付債券とは、額面に加えて利子も支払われる債券である。利子は購入時点で決まっているものと、変動するものがある。例えば、財務省が発行している個人向け国債という商品には、2021年7月現在で、金利が満期まで固定されている固定金利で5年満期、3年満期の商品と、半年ごとに適用する金利が変動する変動金利で10年満期の商品とがある。

いま、利付債券の市場価格が P 円だとする。市場価格である P 円を投資すると、1年後に額面 $P1$ 円と、固定された利子（クーポンと言う）$E1$ 円が戻ってくる利付債券の収益率を求めるため(1)式を利用すると以下となる。

$$1+\text{収益率}=\frac{P1+E1}{P}=\frac{P+E1+(P1-P)}{P}=1+\frac{E1}{P}+\frac{(P1-P)}{P}$$

したがって、この利付債券の収益率は以下となる。

$$\frac{E1}{P}+\frac{(P1-P)}{P}$$

固定金利の利付債券の収益率は、クーポン $E1$、そして額面 $P1$ と市場価格 P との差の合計の市場価格に対する大きさによって決まってくる。

（5） 株式の収益率

株式とは、企業が資金調達に用いる金融商品の一つであり、無期限、無利息の資金調達方法で、その企業があげた利益は、株式を持っている投資家に配当という形で分配していくことを約束した金融商品である。

株式の1年間の収益率は以下のように定義できる。1年前に P 円で購入した株式から、1年間に受けた配当が $D1$ 円であり、この株式を市場価格 $P1$ 円でいま売却するとしよう。この場合の収益率を求めるため(1)式を利用すると以下となる。

$$1+\text{収益率}=\frac{D1+P1}{P}=\frac{P+D1+(P1-P)}{P}=1+\frac{D1}{P}+\frac{(P1-P)}{P}$$

したがって、株式の収益率は以下となる。

$$\frac{D1}{P}+\frac{(P1-P)}{P}$$

$D1/P$ の部分は第18章2節で説明する配当利回りと呼ばれる収益率である。$(P1-P)/P$ の部分は株価の変動から得られた利益（または損失）であり、キャピタル・ゲイン（またはキャピタル・ロス）と言う。配当部分はゼロ以上であるが、キャピタル・ゲインの部分は常にプラスであるとは限らないことには注意が必要である。

配当利回りの部分は、（4）で説明した利付債券の $E1/P$ と似ているが、負債契約である固定利付債券の $E1/P$ はクーポンが固定された金額なので、この利付債券を購入した時点で金額が確定している。一方、配当利回りの部分は1年前にこの株式を購入した時点では金額が確定しておらず、1年を経過して初めて金額が確定するという違いがある。これは、株式が持分契約の商品であることによって発生する違いである。

2．割引現在価値

（1）　割引現在価値の概念

割引現在価値は、金融商品の価格を理解するうえで最も重要な概念である。読者が金融商品を買うと、いまの1円を犠牲にする見返りに、将来の何円かが戻ってくる。いまの1円を犠牲にする価値があるかどうかは、いまの1円とその金融商品が返済を約束している将来の何円かが少なくとも同じ価値になっていないといけない。割引現在価値という概念は、将来の何円かが、いまの何円に相当するかを判定するために用いる概念である。

例えば、「①いま C 万円をもらう、②1年後に1万円をもらう、という二つの選択肢のどちらを選択しますか」と質問されたとする。この質問に答えるには、①、②でお金が得られるタイミングが違うので、現在時点、あるいは1年後の時点のいずれかに合わせて、①と②の金額のどちらが大きいかを検討しなければいけない。検討にあたっては、銀行預金の利子率が $r=R(\%)/100$ だとする。

①を選択した場合、いま C 万円をもらって、銀行預金をすると、1年後には $C(1+r)$ 万円が手元に戻ってくる。

②を選択した場合、1年後にもらえるお金は1万円である。

1年後にもらえるお金の大小を比べると、第一に、$C(1+r)>1$ ならば、1年後に1万円をもらうよりも、いま C 万円をもらって預金し、1年後に $C(1+r)$ 万円にするほうが得である。

第二に、$C(1+r)<1$ ならば、いま C 万円をもらって預金するよりも、1年後に1万円を受け取るほうが得である。

第三に、$C(1+r)=1$ なら、いま C 万円をもらって預金し、1年後に $C(1+r)$ 万円にするのと、1年後に1万円をもらうのと、どちらも同じである。

上記の計算では、①でもらえるいまの C 万円の1年後の価値を計算し、②の1年後の1万円の価値と比較した。第三の例から、$C(1+r)=1$ であれば、1年後の1万円と、いまの C 万円を1年間運用して $C(1+r)$ 万円とした1年後の価値が同じであることがわかった。

そこで、$C(1+r)=1$ という式を C について解くと、$C=1/(1+r)$ である。この $C=1/(1+r)$ 万円は、1年後の1万円と同じ価値を持ついまの金額である。これは、$C=1/(1+r)$ 万円を利子率 r で運用すれば、1年後には1万円となることから確認できる。確認のための計算式は以下である。

$$C(1+r)\ \text{万円}=\frac{1}{(1+r)}(1+r)\ \text{万円}=\ 1\ \text{万円}$$

つまり、いまの $1/(1+r)$ 万円が1年後の1万円になることが確認できる。

いま、利子率が5％だとしよう。1年後の1万円の割引現在価値 C は、

$$C=\frac{10{,}000}{1+r}=\frac{10{,}000}{1+0.05}\fallingdotseq 9{,}524$$

である（≒は、第3章4節で説明したほとんど等しいことを示す記号である）。つまり利子率が5％なら、1年後の1万円の割引現在価値は9,524円程度で、1万円よりも低くなっている。この例を応用すると、利子率が5％の世界であれば、1年後に1万円を返済する、と申し出てくる人に、1万円を貸す必要はない。そうするぐらいなら、銀行預金をして利子を5％稼いだほうがよい。貸しても損をしない金額は、1万円ではなく、9,524円以下である。

以上に説明したようにして、将来の利益（この例だと1年後の1万円）を現在の価値に換算することを**割引計算**と言い、割引換算された価値（利子率5％の例だと9,524円）を割引現在価値と言う。割引計算に使われた利率（ここでは5％）を**割引率**と言い、割引計算に使う $1/(1+r)$ を**割引因子**と言う。割引因子のことを $\delta=1/(1+r)$ と書き換えることが多い。

（2）　割引現在価値の金融商品価格への応用

経済に不確実性がない場合には、金融商品の価値はその商品が将来生み出す収入の割引現在価値と等しくなる。この性質を用いることで、割引計算の考え方は金融商品価格の理論に応用できる。

第1章1節では、金融取引を現在のお金と、将来時点でお金を提供するという約束とを交換する取引であると定義した。このような約束のうち、現在のお金と、将来時点で提供されるお金の割引現在価値を比べた時、現在のお金のほうが大きければ、誰もこのような金融商品は買わないだろう。逆に、現在のお金のほうが小さければ、誰もこのような金融商品を売らないだろう。したがって、金融市場で取引されている商品であれば、現在の金融商品価格がその金融商品が提供する将来の収入の割引現在価値に一致しないと取引が成立しないことになる。具体例として、以下では割引債券の価格を考えよう。

いま、取引にかかる費用や、税金が一切ないものとする。銀行預金の利子率が $r=R(\%)/100$ で一定だとする。この時、1年後に $P1$ 円の額面が返済される割引債券の価格 P は、現在はいくらになるだろうか？

いま、割引債券を購入する資金に P 円を充てることができる投資家は、そ

の P 円を銀行に預金すれば１年後には $P(1+r)$ 円を得ることができる。この収益率は、割引債券を買う時の収益率と同じになるはずである。したがって、この割引債券の収益率を求めるため、(1)式を用いると以下を得る。

$$1+\text{収益率}=\frac{P(1+r)}{P}=\frac{P1}{P}$$

この式から、$(1+r)=P1/P$ であるので、割引債券の価格 P は以下となる。

$$P=\frac{P1}{(1+r)}=\delta P1$$

このように、割引債券の価格 P は、１年後に受け取る額面の金額 $P1$ に割引因子 δ を掛けた割引現在価値と一致していることがわかる。

(3)　複数回ある支払いの割引現在価値の合計

１年物の割引債券価格は、１年後に受け取る額面の割引現在価値と等しいことがわかった。それでは、数年にわたって支払いがあるような債券の価格はどうやって求めたらよいのだろうか？

例えば、１年目から T 年目までに、毎年初に w_t 円の収入があるような債券の割引現在価値はどう決まるのだろうか。この問題に答えるには、１年目の初め、２年目の初め（１年目の終わり）、３年目の初め（２年目の終わり）、……、T 年目の初め（$T-1$ 年目の終わり）の収入１円は、それぞれいまの何円と等しいかを考えてそれを合計すればよい。

いま、取引にかかる費用や、税金が一切ないものとする。銀行預金の利子率が年率で T 年間 $r=R(\%)/100$ のままで一定だとする。

その場合、w_1 は現在時点でもらえる金額なので、割り引く必要はない。しかし、２年目の初め（１年目の終わり）以後にもらえる金額は、そのまま w_1 と合計できない。なぜなら、それらの金額は、将来時点の価値であるから、w_1 と合計するためには現在時点の価値に換算したうえで合計しなければならない。

２年目の初め（１年目の終わり）に１円を得るために必要な元手である元本は、利子率 r で１年間運用できるので、$1/(1+r)$ である。よって、２年目の初め（１年目の終わり）にもらえる w_2 円の割引現在価値は $w_2/(1+r)$ である。

3年目の初め（2年目の終わり）に1円を得るためにいま必要な元手である元本は、利子率rで2年間複利運用できるので、$1/(1+r)^2$でよい。この点は、$1/(1+r)^2$円を利子率rで2年間複利運用した結果を求める以下の式から確認できる。

$$\frac{1}{(1+r)^2}(1+r)(1+r)=1$$

よって、3年目の初め（2年目の終わり）にもらえるw_3円の割引現在価値は$w_3/(1+r)^2$である。

同様にして、4年目の初め（3年目の終わり）に1円を得るためにいま必要な元手である元本は、$1/(1+r)^3$円でよい。よって、4年目の初め（3年目の終わり）にもらえるw_4円の割引現在価値は$w_4/(1+r)^3$である。

したがって、毎年初にw_t円の収入があるような債券からの収入の割引現在価値は、各年の収入の**割引現在価値の合計**であり、以下のようにあらわせる。

T年初までの収入の割引現在価値の合計

$$=w_1+\frac{w_2}{(1+r)}+\frac{w_3}{(1+r)^2}+\frac{w_4}{(1+r)^3}+\cdots+\frac{w_T}{(1+r)^{T-1}}$$

$$=w_1+\delta w_2+\delta^2 w_3+\delta^3 w_4+\cdots+\delta^{T-1}w_T$$

w_1は、いますぐもらえる金額なので、割り引く必要はない。それ以外の将来の収入は、それぞれいますぐもらったらいくらか、という割引現在価値に換算しているので、いますぐもらう金額であるw_1と合計することができる。

この式は一見使いにくそうだが、毎年の収入が一定の値wである場合は、より簡単な以下の(2)式となる。

T年初までの収入の割引現在価値の合計

$$=w(1+\delta+\delta^2+\delta^3+\cdots+\delta^{T-1})=w\frac{(1-\delta^T)}{1-\delta} \tag{2}$$

なお、二つ目の等号は、等比数列の和の公式を用いている。この結果は、$(1+\delta+\delta^2+\delta^3+\cdots+\delta^{T-1})(1-\delta)=1-\delta^T$、となることから確かめられるだろう。

図表4-1は、(2)式にしたがい、毎年初の収入が一定額の50,000円であり、それが何年間か継続する場合の各年初の収入の割引現在価値と、2年目以後の各

(1)　利子率が８％の場合

時　間	収　入	割引現在価値	年初までの収入の割引現在価値の合計
1年目	50,000	50,000	
2年目	50,000	46,296	96,296
3年目	50,000	42,867	139,163
4年目	50,000	39,692	178,855
5年目	50,000	36,751	215,606
6年目	50,000	34,029	249,635
7年目	50,000	31,508	281,143
8年目	50,000	29,175	310,318
9年目	50,000	27,013	337,331
10年目	50,000	25,012	362,343
100年目	50,000	25	674,693
1,000年目	50,000	0	675,000

(2)　利子率が１％の場合

時　間	収　入	割引現在価値	年初までの収入の割引現在価値の合計
1年目	50,000	50,000	
2年目	50,000	49,505	99,505
3年目	50,000	49,015	148,520
4年目	50,000	48,530	197,050
5年目	50,000	48,049	245,099
6年目	50,000	47,573	292,672
7年目	50,000	47,102	339,774
8年目	50,000	46,636	386,410
9年目	50,000	46,174	432,584
10年目	50,000	45,717	478,301
100年目	50,000	18,670	3,182,958
1,000年目	50,000	2	5,049,759

図表4-1　割引現在価値の合計
（出所）筆者作成

年初の収入の割引現在価値の合計を、(1)利子率が8%の場合と、(2)利子率が1%の場合について示している。すなわち、(2)式において w=50,000、r は(1)では0.08、(2)では0.01である。

図表4-1(1)の２行目には、３列目に２年目初めの収入の割引現在価値、４列目に２年初までの収入の割引現在価値の合計が示されている。すなわち、２年目初めの収入５万円の割引現在価値は、利子率８％で割り引くと46,296円であり、２年初までの収入の割引現在価値の合計は１年目の５万円、２年目の46,296円の合計である96,296円であることがわかる。６年初までの収入の割引現在価値の合計は、６年目の行に示されているように、１～６年目までの各年の５万円の収入を複利計算で割り引いた現在価値の合計で、249,635円となる。この金額は、割引計算をしていない、50,000円×６年分＝300,000円、という金額よりもだいぶ低い。

次に、利子率が８％の(1)の場合と、利子率が１％の(2)の場合を比べると、利子率が低い(2)の場合のほうの割引現在価値が各年について大きくなることがわかる。例えば、６年初までの収入の割引現在価値の合計は292,672円であり、割引計算をしていない、50,000円×６年分＝300,000円、とした金額にかなり近い。

何年か先までの年初の収入の割引現在価値の合計を求めるために、実際にはこのような計算を、手計算やスプレッドシートの項目を合計して計算する必要はない。例えば、毎年はじめに50,000円の収入が６年目まであり、利子率が８％のケースであれば、表計算ソフトウエアExcelの組み込み関数であるPV関数を使って割引現在価値を出すことができる。Excelのヘルプ画面によると、PV関数は「一定利率に基づいて、ローンまたは投資の現在価値を計算します」と説明されている。PV関数を使うには以下の数値を指定する必要がある。

PV（利率, 期間, 定期支払額, [将来価値], [支払期日]）

ただし、利率は期間中の利子率であり、この場合には８％である。

期間は投資期間全体での支払回数の合計で、この場合には６である。

定期支払額は毎回の支払額であり、この場合は支払いではなく、受取りなので、−50,000になる。

[将来価値]は最後の支払いを行った後に残る現金の収支であり、この場合にはゼロ（０）である。

[支払期日]はこの場合には各期の期首なので１になる。

そこで、以下のとおり必要事項を入力する。

＝PV(８％, 6, −50000, 0, 1)

その結果、以下の答えを得る。

249,635＝PV(８％, 6, −50000, 0, 1)

つまり、利子率８％で割り引いた６年初までの収入の割引現在価値の合計は249,635円であるとわかる。この結果は、図表4-1⑴の６年目の行に示された結果と同じである。

いま、Tの値が非常に大きいならば、割引因子は１より小さな値であるので、１より小さな値を非常に大きな回数かけ合わせた数であるδ^Tはゼロに接近していく。したがって、⑵式は簡潔な⑶式となる。

$$T\text{年初までの収入の割引現在価値の合計}(T\text{が大きい場合})=\frac{w}{1-\delta} \quad (3)$$

例えば、無限の将来にわたって w 円を毎年初に払ってくれるような債券の割引現在価値は $w/(1-\delta)$ になる。

毎年初に50,000円支払う先ほどの債券の例ならば、利子率が８％の場合には、(3)式から得られる答えは以下である。

$$\frac{50,000}{1-\left(\frac{1}{1.08}\right)}=675,000$$

一方、Excel の PV 関数で、収入が得られる期間を非常に長く、例えば1,000年先にして得られる答えは以下である。

PV(８％, 1000, −50000, 0, 1)＝675,000

この結果は、図表 4-1(1)の1,000年目の行に示された結果と同じである。

このように、T 年初までの収入の割引現在価値の合計の近似計算式である(3)式は利子率が８％の場合には非常に正確である。図表 4-1(1)の1,000年目の行で、1,000年目の50,000円の割引現在価値がゼロであることから、δ^T は T が1,000年目ではほとんどゼロに接近していることがわかる。

一方、利子率が１％と低い場合には、図表 4-1(2)の1,000年目の行で、1,000年目でも50,000円の割引現在価値が２円残っていることからわかるように、近似計算式である(3)式から得られる答えである5,050,000円は PV 関数から求まる5,049,759円をまだ上回っている。

(3)式の結果は、英国政府などが発行している**永久債**という商品の価格を求めることに応用できる。永久債は、償還期限の定めがない債券、つまり元本の償還がない債券であり、毎年一定金額を２年目の初めから永久に支払う商品である。永久債の２年目の初め以後の支払いが w だとすると、その永久債の価格は、(3)式から余計に含まれている１年目の初めの利払い $w_1=w$ を引いた以下の(4)式となる。

$$永久債の価格=\frac{w}{1-\delta}-w=w\left(\frac{1}{1-\delta}-1\right)=w\left(\frac{\delta}{1-\delta}\right)=w\left(\frac{\frac{1}{1+r}}{\frac{r}{1+r}}\right)=\frac{w}{r} \qquad (4)$$

割引現在価値の考え方は実生活にも応用されている。重要な例は、交通事故被害者の死亡による逸失利益の計算方法への応用である。

死亡による逸失利益とは、現在働いている人が交通事故で死亡した場合、就労可能な年齢まで働いて得られたはずの収入のことであり、加害者に対して被害者の遺族が賠償請求することが認められている。実際の賠償請求に当たっては、生活費などで消費してしまうであろう分を除いた将来の年収の合計が請求される。

いま、死亡した被害者が2021年から2025年まで働く見込みがあり、その間生活費などで消費してしまうであろう分を除いた将来の年収が毎年1,000万円だったとしよう。2021年に被害者の遺族は年収1,000万円の５年分に相当する5,000万円を加害者に請求できそうに思えるが、ここで割引現在価値の考え方が役に立つ。被害者の遺族は2021年から2025年にかけての将来収入を2021年時点でまとめて賠償請求しているのであるから、2022年から2025年の収入はそれぞれ割引現在価値に換算し、合計した金額を賠償請求するのが正しいと思われる。

実際に、裁判所では複利計算による死亡逸失利益の割引現在価値換算を行っている（ライプニッツ係数と呼ばれる中間利息控除係数を用いる）。割引に適用される利子率は法定利率と言われ、民法改正（債権関係）（2020年４月１日施行）により３％（2020年４月〜2023年３月）となっている。なお、法定利率は３年ごとに１％の刻みで見直しされることになっている。[1)]

3．期待値・分散・共分散

（1）　期待値

算術平均値は、データの出方の特徴を表す値の一つである。例えば、サイコロには１から６までの６つの目があり、サイコロの出目の算術平均は出目の合計を目の数である６で割ればよいから、

1）　詳細は以下の法務省資料参照。
http://www.moj.go.jp/content/001319703.pdf（2021年３月16日アクセス）

$$\frac{1+2+3+4+5+6}{6}=3.5$$

である。

本書では、これまで収益率の計算にあたり、1年後の金融資産の価値が一定の値をとることが事前にわかっていると仮定していた。しかし、実際の金融資産の1年後の価値は様々な値をとるので、その金融資産の収益率も様々な値をとることになる。しかし、収益率が事前に正確にわからなくても、どんな値をとりそうかが予想できれば、予想される収益率の平均値を用いることで収益率の平均的な予想ができそうに思える。

金融資産の価値を計算するうえで有益な平均値は、将来どのくらいの確率で、いくらの価値が得られるか、という不確実性を考慮した加重平均値であり、**期待値**と言う。例えば、サイコロを振って、出目の数だけのお金がもらえるとしたら、その期待値はいくらだろうか？　期待値の計算にあたっては、どのくらいの頻度でそのような目が出るかを予想し、その頻度をウエイトにして、出目の大きさを加重平均すればよい。ゆがみがないサイコロである限り、どの目も出る頻度は6回に1回で確率は(1/6)であるから、期待値は、

$$1\times\frac{1}{6}+2\times\frac{1}{6}+3\times\frac{1}{6}+4\times\frac{1}{6}+5\times\frac{1}{6}+6\times\frac{1}{6}=3.5$$

である。

以上に見たように、加重平均値である期待値と算術平均値はサイコロの場合には同じであるが、出目の合計を目の数である6で割るという操作が、それぞれのサイコロの目が出る確率である(1/6)をウエイトに加重平均を取る操作とたまたま等しいからこのような結果が得られただけである。一般に、期待値(加重平均値)と算術平均値が等しくなるとは限らない。なお、本書では混乱のない限り算術平均値を平均値と記載している。

(2)　分散

金融商品の平均的な価値を予想するには、期待値を用いることが有益であることを説明した。しかし、同じ期待値の価値が得られる金融商品であっても、実現する価値のばらつきが大きいものと、小さいものがあるだろう。例えば、

100万円を１年間運用する対象として、以下の三つの定期預金、債券、株式があるとする。

(A)　１年後に必ず105万円になる定期預金

(B)　１年後に確率0.5で104万円になり、確率0.5で106万円になる債券

(C)　１年後に確率0.9で106万円になり、確率0.1で96万円になる株式

これら金融商品の１年後の価値の期待値は

(A)　$1 \times 105 = 105$

(B)　$0.5 \times 104 + 0.5 \times 106 = 105$

(C)　$0.9 \times 106 + 0.1 \times 96 = 105$

であり、どれも105万円である。

しかし、これら３つの金融商品は、同じ期待値ではあるが、(A)はいつも同じ価値で、(B)と(C)は１年後に受け取る価値が異なり、ばらつきがある。同じ期待値なら受け取る価値の平均的なばらつきが小さいほうが好ましいと考える人にとっては、(B)と(C)から受け取る価値の平均的なばらつきを示す指標があれば便利である。こうした目的のために、価値のばらつきが期待値から平均的にどれくらい離れているかを見る指標が**分散**である。具体的にはそれぞれの事象が生じた場合に、商品価値が期待値から乖離する幅の２乗を、それぞれの事象が発生する確率で加重平均した指標が分散である。乖離する幅は、プラスにもマイナスにもなるので、そのまま加重平均するとプラスとマイナスの変動が打ち消しあってしまい、ばらつきを計るのに不都合である。そこで、乖離幅を２乗してばらつきをすべてプラスにしてから加重平均を取るのである。ただし、分散は価値のデータを２乗してしまっているので、単位が１万円の２乗になっている。そこで、分散の平方根をとって、もとになる価値と同じ単位で比較できるようにしたのが**標準偏差**である。上記の例であれば、標準偏差の単位は１万円である。

先ほどの金融商品の価値の分散を求めると以下のとおりである。

(A)　$1 \times (105 - 105)^2 = 0$

(B)　$0.5 \times (104 - 105)^2 + 0.5 \times (106 - 105)^2 = 1$

(C)　$0.9 \times (106 - 105)^2 + 0.1 \times (96 - 105)^2 = 9$

上の金融商品の価値の分散の結果を用いて、金融商品の価値の標準偏差を求

めると以下のとおりである。

(A)　0

(B)　1

(C)　3

このように、商品価値の期待値が同じ金融商品でも、分散（標準偏差）が大きく異なることがある。同じ期待値であっても、分散（標準偏差）が大きいほど、1年後になって実現する収益にばらつきがある。この例では（C）の株式が三つの金融商品の中では最も分散（標準偏差）の大きさで評価した価値の変動が大きいという意味でリスクが高い商品だと理解できる。

(3)　共分散

共分散は、二つの金融商品の価値がどのくらい同じ方向にそれぞれの期待値から乖離して変動するかを計るための指標である。具体的には、それぞれの事象が生じた場合に、二つの金融商品の価値がそれぞれの期待値から乖離する幅を掛け合わせ、それぞれの事象が発生する確率で加重平均して求める。

そして、共分散を二つの金融商品の価値の標準偏差で割ったものを、**相関係数**と言う。

例えば、1年後に経済は3つの状態になると予想されており、それぞれの状態になる確率は0.1、0.4、0.5だとする。債券Dと債券Eは、その3つの状態で以下の金額を支払う債券だとする。すなわち、

(D)　価値が1年後に確率0.1で2万円、確率0.4で12万円、確率0.5で18万円になる債券D

(E)　価値が1年後に確率0.1で16万円、確率0.4で6万円、確率0.5で4万円になる債券E

があるとしよう。債券Dと債券Eから得られる価値は、3つの状態で逆方向に動いて、債券Dで儲かる時には債券Eで損をする、という状態になる特徴がある。この特徴はどんな金融商品を併せ持つべきか、という点と関係して重要になってくるので、本節の最後で説明する。

まず、債券Dの商品価値の期待値を求めると、以下のとおり14万円である。

$$0.1\times2+0.4\times12+0.5\times18=14$$

次に、債券Ｄの商品価値の分散を求めると、以下のとおり24である。

$$0.1\times(2-14)^2+0.4\times(12-14)^2+0.5\times(18-14)^2=24$$

次に、債券Ｅの商品価値の期待値を求めると、以下のとおり６万円である。

$$0.1\times16+0.4\times6+0.5\times4=6$$

次に、債券Ｅの商品価値の分散を求めると、以下のとおり12である。

$$0.1\times(16-6)^2+0.4\times(6-6)^2+0.5\times(4-6)^2=12$$

債券Ｄと債券Ｅの共分散は、それぞれの価値が実現する確率をウエイトに、それぞれの状態での価値が期待値から乖離する幅を加重平均することで求まる。

まず、確率0.1で１年後の債券Ｄの価値が２万円、１年後の債券Ｅの価値は16万円であるから、金融商品の価値が実現する確率の0.1をウエイトとしてかけ、それぞれの状態での金融商品の価値がそれぞれの金融商品の期待値から乖離する幅を期待値の14万円と６万円からの差に直すと、以下である。

$$0.1\times(2-14)\times(16-6)$$

次に、確率0.4で１年後の債券Ｄの価値が12万円、１年後の債券Ｅの価値は６万円であるから、金融商品の価値が実現する確率の0.4をウエイトとしてかけ、それぞれの状態での価値がそれぞれの金融商品の期待値から乖離する幅を期待値の14万円と６万円からの差に直すと、以下である。

$$0.4\times(12-14)\times(6-6)$$

最後に、確率0.5で１年後の債券Ｄの価値が18万円、１年後の債券Ｅの価値は４万円であるから、金融商品の価値が実現する確率の0.5をウエイトとしてかけ、それぞれの状態での価値がそれぞれの金融商品の期待値から乖離する幅を期待値の14万円と６万円からの差に直すと、以下である。

$$0.5\times(18-14)\times(4-6)$$

以上の結果を合計すると、債券Ｄと債券Ｅの共分散は以下になる。

$$0.1\times(2-14)\times(16-6)+0.4\times(12-14)\times(6-6)+0.5\times(18-14)\times(4-6)=-16$$

次に、相関係数を求めるには、共分散をそれぞれの金融商品の価値の標準偏差（分散の平方根）を掛けたもので割ればよい。共分散の大きさの単位は金融商品単位の２乗であるが、相関係数は共分散をそれぞれの商品価値のばらつき（大きさの単位は価値と同じ）を掛けたもので相対化することにより、−１から１までの間の単位に依存しない値を取るように変換する機能があり、様々な金融商品の価値がばらつく傾向についての比較が簡単になるというメリットがある。

債券Ｄと債券Ｅの価値の場合は、共分散が－16で、分散は債券Ｄが24、債券Ｅが12であるから、相関係数は、以下である。

$$\frac{-16}{\sqrt{24}\times\sqrt{12}}=\frac{-16}{\sqrt{2\times 12}\times\sqrt{12}}=\frac{-16}{\sqrt{2}\times\sqrt{12}\times\sqrt{12}}=\frac{-16}{\sqrt{2}\times 12}=\frac{-4}{\sqrt{2}\times 3}$$

$$=\frac{-2\sqrt{2}}{3}\fallingdotseq -0.943$$

なお、最後の結果は、小数点４桁を四捨五入した。

相関係数がマイナス0.943という状態は、二つの金融商品からの収益が経済に発生する三つの状態で逆方向に動いて、債券Ｄで儲かる時には債券Ｅで損をする、という状態になることを意味する。実際、上記の例では、債券Ｄと債券Ｅは、一方が高い価値の時には、もう一方は低い価値になっている。したがって、債券Ｄと債券Ｅを１単位ずつ併せ持っていれば、両方の金融商品の価値の変動が打ち消しあい、債券Ｄと債券Ｅのいずれか一方の金融商品にだけ投資することによる金融商品の価値の分散の高まりを抑制できる可能性があることがわかる。この考え方が、第５章２節で説明する分散投資の考え方の基礎となる。

Key Word　収益率、割引債券、利付債券、株式、割引現在価値、割引計算、割引率、割引因子、割引現在価値の合計、永久債、死亡による逸失利益、期待値、分散、標準偏差、共分散、相関係数

４章まとめ――収益率・割引現在価値・期待値・分散・共分散

❶収益率とは、一定期間の投資によって得られる収益の投資の元本に対する割合である。

❷割引計算とは、将来のお金の価値を現在のお金の価値に割引因子によって換算することである。

❸割引換算された価値を割引現在価値と言う。

❹割引計算に使われた利率 r を割引率と言う。
❺金融商品の価値を計算するうえで有益な平均値は、将来どのくらいの確率で、いくらの価値が得られるか、という不確実性を考慮した加重平均であり、期待値と言う。
❻金融商品の価値が発生する事象によって変化するとする。それぞれの事象が生じた場合に金融商品の価値がその金融商品の期待値から乖離する幅の２乗を、それぞれの事象が発生する確率で加重平均した指標が分散である。同一の期待値であれば分散が高いほど価値の変動が激しいという意味でリスクが高い危険な金融資産である。分散の平方根を標準偏差と言う。
❼共分散とは、二つの金融商品の価値がどのくらい同じ方向にそれぞれの期待値から乖離して変動するかを計るための指標である。共分散を二つの金融商品の価値の標準偏差で割ったものを、相関係数と言う。
❽金融商品を複数持つと、それらの金融商品の価値の相関係数がマイナスの場合、金融商品の価値の変動が打ち消しあい、それぞれの商品を単独に持つ場合に発生する金融資産の価値の変動を軽減できる可能性がある。

【参考文献】

尾山大輔・安田洋祐『改訂版　経済学で出る数学――高校数学からきちんと攻める』日本評論社、３～４章、2013年
ブリーリー、リチャード/スチュワート・マイヤーズ/フランクリン・アレン著、藤井眞理子・國枝繁樹監訳『コーポレートファイナンス（第10版）』上巻、日経BP社、２章、2014年

第2部

家計と企業の金融資産・負債選択の理論と実際

概　要

第２部では、家計と企業の金融資産・負債選択に関する基礎的な理論と実際の状況を統計データも交えて説明する。

第５章では、家計の金融資産の選択について説明する。まず、金融商品の安全性、流動性、収益性のバランスをどう取るかを説明する。次に、金融商品をうまく組み合わせた分散投資法を用いることによって、リスクを軽減する可能性があることを説明する。さらに、一定の理論的前提の下での好ましい資産運用は、現金や預金のような安全資産に加えて、株式市場で買い入れ可能な全部の銘柄を対象に時価総額比率で加重平均した株価指数に価値が連動するような投資信託を購入することで達成できることを説明する。

第６章では、日本の家計が実際にどのような金融商品を保有しているのかを、資金循環統計、家計調査を用いて説明する。これらの統計によると、日本の家計はこれまでは金融商品の安全性と流動性を重視する資産運用を行っていた。また高齢層の株式保有比率が若年層よりも高いことが説明される。そのうえで、安全性と流動性を重視する金融資産選択は、持続する低成長、人口高齢化、低金利環境の中で見直しを迫られつつあることを指摘する。

第７章では、企業の投資と資金調達の理論について説明する。まず第一に、株式会社制度について説明した後、企業活動に必要となる資金需要を説明する。第二に、企業が資金需要を満たすために用いる資金調達手段を、外部資金と内部資金に分けて説明する。第三に、企業活動を要約する財務諸表である貸借対照表、損益計算書、キャッシュ・フロー計算書について説明する。第四に、企業が設備投資を行う際に、外部から資金調達をしてその設備投資の費用を賄うことが合理的であるか否かを判定するための意思決定基準を説明する。最後に、企業が外部から資金調達する時に、株式と社債の両方の調達手段をどのように使い分けたらよいか、という問題に関する理論的解答を説明する。解答を先取りすると、金融市場が完全であるという極端な仮定の下では、同じ収益をあげると予想される企業の総価値は、調達手段の選択とは無関係である。

第８章では、日本の企業の資金調達の実際について説明していく。資金循環統計によると、日本の民間非金融法人企業は、1990年代はじめまでは資金不足であったが、1990年代終わりから資金余剰となっている。資金循環統計は時価ベースの統計なので、株式のように時価評価している金融商品の場合、その商品の価格変化の影響が資金調達額には含まれる。そこで、資金循環統計の簿価・額面ベースの参考計数（時価評価している金融商品で企業が行った資金調達額の累積額に相当）で、民間非金融法人企業の金融負債の内訳比率の推移を見ると、金融機関からの借入れの比率は1990年代半ばから2000年代半ばにかけて低下した一方で、株式等・投資信託受益証券からの調達の比率は徐々に上昇している。民間非金融法人企業の金融資産の内訳比率の推移を時価ベースで見ると、対外証券・直接投資の比率が上昇している。

5章 家計の金融資産選択の理論

本章では、家計の金融資産選択の理論について説明する。

金融資産の選択にあたっては、金融商品の安全性、流動性、収益性に注目して検討する必要がある。

おおかたの場合、収益性の高い商品は、価格変動が大きいなどの理由から安全性は低いことが多い。つまり、予想される収益率の変動（リスク）と予想される収益率の期待値（リターン）の関係で見ると、追加的にリスクを負わないでリターンを高めることは難しい。

しかし、金融商品をうまく組み合わせた分散投資法を用いることで、リスクを軽減できる可能性があることが金融理論では指摘されている。株式投資の場合であれば、株式分散投資には個別会社の事情に応じた株価収益率の変動に伴うリスク（個別リスクと言う）を削減する効果があり、投資する株式の銘柄数を多くすると個別リスクは低下していく。しかし、どんなに多数の会社の株式を買い集めて分散投資をしても、買い集めた株式のそれぞれの銘柄の収益率が市場全体の動向に応じて変動することに伴うリスク（市場リスクと言う）を削減することはできない。

それでは多数の会社の株式を買い入れる場合、投資家は、どのような比率で株式銘柄を買い入れたらよいのだろうか？ 一定の理論的前提の下では、投資家は自分の資産のうち、まず、預金と株式の間に配分する割合を自分のリスクの好みに応じて選ぶ。次に、買い入れる株式の銘柄に関しては、自分のリスクの好みにかかわらず、すべての投資家が市場の時価総額に比例して市場で流通する株式のすべての銘柄を買い入れるように資金を割り振るのが適切である、という結果が知られている。市場で流通する株式のすべての銘柄を買い入れることは、一般の個人投資家には不可能に思える。そこで、ここで推奨される個別銘柄の買い入れ比率を個人投資家が達成するためには、株式市場で買い入れ可能な全部の銘柄を対象に時価総額比率で加重平均した株価指数に価値が連動するような投資信託を購入すればよいことが示される。本章では、これらの点について順番に説明していく。

1．金融商品の選び方

預金、株式、債券などのいろいろな金融商品が、銀行や証券会社では売られている。金融商品の選択にあたっては、まずは安全性、流動性、収益性の観点から点検を始めることになる。

安全性の観点からは、金融商品から得られる収益が変動するのか、金融商品の価格は変動するのか、金融商品の発行体は安全か、といった点を確認し、予想外に資金が目減りしないかどうかを確認する必要がある。

流動性の観点からは、満期はあるのか、中途解約はできるのか、すぐに売れるのか、といった点を確認し、どのくらい自由に現金に戻せるかを確認する必要がある。

収益性の観点からは、どのくらいの配当や利子収入が見込めるのか、値上がり利益が見込めるのか、といった点を考える必要がある。

例えば、銀行窓口で容易に買える定期預金、10年物変動金利の個人向け国債、外貨預金について、安全性、流動性、収益性を比べてみよう。定期預金は安全性と流動性は申し分がないが、第３章１節で見たように収益性（利子率）が低い。

変動金利の個人向け国債は中途解約ができて流動性があり、2021年10月発行の10年物変動金利の個人向け国債の金利は0.05％なので、収益性は銀行の定期預金よりは高い。[1)] ただし、変動金利商品なので、今後10年間に金利はどう変化するかわからないので、その意味での安全性は定期預金よりは落ちる。

外貨預金の収益性は、利子率が英国のポンドやスイスのフラン建てならば0.001％程度なので、利子率だけに注目すれば第３章１節で見た日本の定期預金と同程度で低い。しかし、外貨預金の場合は、第22章２節で説明するように、

1）　金利データの詳細は、財務省「変動10年（第139回）の発行条件」を参照。
https://www.mof.go.jp/jgbs/individual/kojinmuke/main/issue/hendou10/No_139.html
（2021年10月10日アクセス）

外国為替相場が変化すれば、円建てに換算した利子と元本の合計額が当初投資した円資金の元本に比べて、満期日になって増加する場合も、減少する場合もありうるので、収益性の評価は難しく、安全性には疑問符が付く。[2)]流動性については、中途解約ができるものの、その時点の外国為替相場次第では、当初投資した円資金の元本に比べて損失を被るかもしれないので評価が難しい。

以上の例からもわかるように、安全性、流動性、収益性をすべて満たすような商品はなく、仮に収益性を追求するならば、安全性や流動性は犠牲にせざるをえないことが多い。

安全性、流動性、収益性のどれを重視すればよいかは、投資をいつするのか、何の目的でするのか、といった目的次第で大きく異なってくる。余裕資金の範囲で投資するならば、たとえ元本が目減りする可能性があっても収益性を追求することは可能だろう。しかし、老後の備えのようになくなってしまっては困る資金の投資であれば、安全性を重視すべきだろう。

2．リスクとリターン

金融商品の選択にあたっては、いつ、何にいくら使いたいか、という支出計画を決め、その計画を達成するために、いま使える元手を前提にして、自分の将来の収入を予想したうえで適切な金融商品を選択するのが一つのやり方である。

金融商品の選択にあたっては、安全性、流動性、収益性はそれぞれ大切な便益だが、**リターン**（収益率）を得るには**リスク**（具体的には、収益率の変動）を取る必要があるため、安全性と流動性は犠牲になることが多い。

何らかの理由で、リターンを得るためにリスクの高い金融商品を購入しない

2)　ここで紹介した外貨定期預金の金利は、三菱 UFJ 銀行、住信 SBI ネット銀行の2021年10月９日現在の英国ポンド建て１年物定期預金金利、スイス・フラン建て１年物定期預金金利である。
https://www.bk.mufg.jp/ippan/kinri/list_j/kinri/gaikayokin.html
https://www.netbk.co.jp/contents/lineup/gaika/teiki/kawase/
（ともに2019年10月９日アクセス）

といけない場合もあるだろう。その場合にリスクの一部を削減する方法として、分散投資法が知られている。

分散投資法とは、金融商品、通貨、投資期間などに関して分散を行い、たくさん持っている金融商品の中のどれかで損失を被っても、ほかの金融商品からの収益で取り返し、全体の収益を安定させる、という投資法である。

例えば、株式だけを買う場合であっても、一つの会社の株式を買うよりも、その会社とは業績が反対方向に動く会社の株式を組み合わせて買うことが分散投資法の一例として考えられる。

いま、アイスクリーム屋とおでん屋の株式を組み合わせて買う例を考えよう。暑い夏はアイスクリーム屋の株式収益率が高く、寒い夏はおでん屋の株式収益率が高いとしよう。この場合には、夏の温度を予想して、暑い夏にはアイスクリーム屋の株式、寒い夏にはおでん屋の株式を持っているのが資産の価値を最大化するためには理想的だが、夏の温度を正確に予想するのは難しいとしよう。

以下の図表5-1にある収益率の例で考えよう。アイスクリーム屋とおでん屋の株式からの収益率は、暑い夏ならそれぞれ6％と2％、寒い夏なら2％と4％だとする。また、暑い夏と寒い夏は確率2分の1で発生するものとする。以下では表記の簡単化のため％は略す。

第4章3節で説明したように、将来ある金融商品から得られる収益率に不確実性がある場合は、その金融商品の収益率の期待値で収益性を評価する（期待値なので、**期待収益率**、**期待リターン**とも言う）のが一般的で、収益率の期待値が高いほうが収益性は高いと考えられる。

そこで、アイスクリーム屋とおでん屋の株式からの収益率の期待値を求めると以下である。

アイスクリーム屋の株式からの収益率の期待値：$\frac{1}{2}\times 6+\frac{1}{2}\times 2=4$

おでん屋の株式からの収益率の期待値：$\frac{1}{2}\times 2+\frac{1}{2}\times 4=3$

金融商品の安全性に関しては、収益率の分散か、その平方根である標準偏差で評価するのが一般的である。同じ収益率の期待値が得られる金融商品の中で

	暑い夏$\left(確率\frac{1}{2}\right)$	寒い夏$\left(確率\frac{1}{2}\right)$	期待値	分　散	標準偏差	共分散	相関係数
アイス屋	6%	2%	4%	4	2	−2	−1
おでん屋	2%	4%	3%	1	1		
アイス屋$\left(\frac{1}{3}\right)$とおでん屋$\left(\frac{2}{3}\right)$	$\frac{10}{3}$%	$\frac{10}{3}$%	$\frac{10}{3}$%	0	0		

図表 5-1　アイスクリーム屋とおでん屋の株式からの収益率
（出所）筆者作成

は、収益率の期待値の分散ないし標準偏差が大きいほどリスクが高い、という意味で安全性が低いと考えられる。

アイスクリーム屋とおでん屋の株式からの収益率の分散と標準偏差は以下である。

アイスクリーム屋の株式からの収益率の分散：$\frac{1}{2}\times(6-4)^2+\frac{1}{2}\times(2-4)^2=4$

アイスクリーム屋の株式からの収益率の標準偏差：$\sqrt{4}=2$

おでん屋の株式からの収益率の分散：$\frac{1}{2}\times(2-3)^2+\frac{1}{2}\times(4-3)^2=1$

おでん屋の株式からの収益率の標準偏差：$\sqrt{1}=1$

したがって、アイスクリーム屋の株式のほうがおでん屋の株式よりも収益性は高い（収益率の期待値、すなわち期待リターンが高い）が、安全性は低い（分散と標準偏差が大きい、すなわちリスクが大きい）ことになる。

次に、アイスクリーム屋とおでん屋の株式の収益率の共分散と相関係数を求めてみよう。共分散と相関係数は、第４章３節の定義を用いて以下になる。

共分散：$\frac{1}{2}\times(6-4)\times(2-3)+\frac{1}{2}\times(2-4)\times(4-3)=-2$

相関係数：$\frac{-2}{\sqrt{4}\times\sqrt{1}}=\frac{-2}{2\times1}=-1$

第４章３節では、収益率の相関係数がマイナスの株式を保有することで、資産全体としての分散が削減される可能性があることを指摘した。そこで、1単位の資金ごとに、アイスクリーム屋の株式を (1/3) 単位、おでん屋の株式を (2/3) 単位の割合で組み合わせて投資する場合の分散の削減効果を検討してみよう。ここで、複数の金融商品を集めて1つの投資単位にしたもののことを**ポートフォリオ**と呼ぶので、以下ではアイスクリーム屋の株式を (1/3)、おでん屋の株式を (2/3) の割合で組み合わせた株式のポートフォリオについて検討しよう。

このポートフォリオからの収益率は、ポートフォリオからの収益率を暑い夏の場合と寒い夏の場合のそれぞれについて求め、これらの収益率を暑い夏と寒い夏が発生する確率で加重平均すればよいので、以下の手順で求められる。

暑い夏の場合のポートフォリオからの収益率：$\frac{1}{3}\times 6+\frac{2}{3}\times 2=\frac{10}{3}$

寒い夏の場合のポートフォリオからの収益率：$\frac{1}{3}\times 2+\frac{2}{3}\times 4=\frac{10}{3}$

ポートフォリオからの収益率の期待値：$\frac{1}{2}\times\frac{10}{3}+\frac{1}{2}\times\frac{10}{3}=\frac{10}{3}$

次に、ポートフォリオからの収益率の分散、標準偏差を求めると以下である。

ポートフォリオからの収益率の分散：

$$\frac{1}{2}\times\left(\frac{10}{3}-\frac{10}{3}\right)^2+\frac{1}{2}\times\left(\frac{10}{3}-\frac{10}{3}\right)^2=0$$

ポートフォリオからの収益率の標準偏差：0

このポートフォリオからの収益率の期待値は、アイスクリーム屋の株式からの収益率の期待値には及ばないが、収益率の標準偏差はアイスクリーム屋の株式からの収益率の標準偏差よりも低い。また、このポートフォリオとおでん屋の株式を比べると、このポートフォリオのほうがおでん屋の株式よりも収益率の期待値が高く、収益率の標準偏差が低いので、安全性と収益性を重視する投資家にとってはおでん屋の株式だけを保有するよりもこのポートフォリオのほうが有利である。このように、複数の株式を巧妙な割合で保有することで、分散を低下させる、という意味で安全性を高めることが可能になることがわかった。

なお、図表5-1はポートフォリオからの収益率の標準偏差がゼロになる非常にまれな場合である。この背景は、おでん屋の株式からの収益率とアイスクリーム屋の株式からの収益率が夏の気温の高低に応じてまったく反対方向に動く（相関係数が−1）からである。一般にはこの性質が満たされるとは限らない。次に、株式の保有割合によってもポートフォリオからの収益率の分散が削減できる効果は影響される。分散ゼロという結果は、アイスクリーム屋の株式を(1/3)、おでん屋の株式を(2/3)以外の割合で組み合わせた場合には得られない。例えば、アイスクリーム屋の株式を(1/2)、おでん屋の株式を(1/2)の割合で組み合わせたポートフォリオから得られる収益率の期待値は3.5でその分散は0.25となる。すなわち、先ほどのアイスクリーム屋の株式を(1/3)、おでん屋の株式を(2/3)で組み合わせたポートフォリオよりも、収益率の期待値は(10/3)から3.5と高まるが、収益率の分散も0から0.25に高まってしまう。

第3節では、以上の結果を一般化して説明する。

3．分散投資の効果

アイスクリーム屋の株式とおでん屋の株式を任意の割合で組み合わせた場合のポートフォリオから得られる収益率の期待値と分散の計算結果について一般的に説明すると、以下のとおりである。

株式Aと株式Bの収益率の期待値がE_a、E_b、分散がV_a、V_b、標準偏差がS_a、S_b、共分散がσ_{ab}、相関係数がρとする。

この時、株式Aの保有割合をW_a、株式Bの保有割合をW_bとしたポートフォリオから得られる収益率の期待値E_Pは以下の(1)式である。

$$E_P = W_a \times E_a + W_b \times E_b \tag{1}$$

ただし、$W_b = 1 - W_a$である。

次に、ポートフォリオから得られる収益率の分散V_Pは以下の(2)式である。

$$V_P = {W_a}^2 \times V_a + {W_b}^2 \times V_b + 2 \times W_a \times W_b \times \rho \times S_a \times S_b \tag{2}$$

(2)式は、相関係数の定義$\rho = \dfrac{\sigma_{ab}}{S_a \times S_b}$を用いて最後の項を変形して(3)式としても表現できる。

$$V_P = {W_a}^2 \times V_a + {W_b}^2 \times V_b + 2 \times W_a \times W_b \times \sigma_{ab} \tag{3}$$

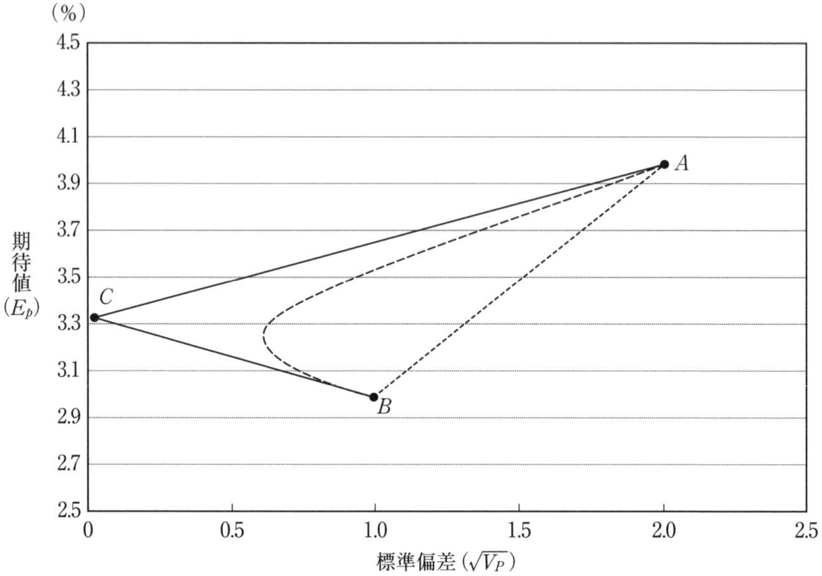

図表 5-2　ポートフォリオから得られる収益率の期待値と標準偏差
（出所）　筆者作成

最後に、ポートフォリオから得られる収益率の標準偏差は $\sqrt{V_P}$ である。

図表 5-1 の例で、アイスクリーム屋の株式を株式 A、おでん屋の株式を株式 B としたポートフォリオから得られる収益率の期待値と標準偏差について、W_a を動かしながら計算した結果が図表 5-2 の実線 ACB で示される。

図表 5-2 の実線 ACB で、$(\sqrt{V_P}, E_P)=(2, 4)$ となる点 A は、$W_a=1$ でアイスクリーム屋の株式だけのポートフォリオ、$(\sqrt{V_P}, E_P)=(1, 3)$ となる点 B が $W_a=0$ でおでん屋の株式だけのポートフォリオ、$(\sqrt{V_P}, E_P)=(0, 10/3)$ となる点 C が図表 5-1 で説明した $W_a=1/3$ で、アイスクリーム屋の株式を (1/3)、おでん屋の株式を (2/3) の割合で組み合わせたポートフォリオの場合である。図表 5-2 からは、一般にポートフォリオから得られる収益率の標準偏差がゼロになるとは限らないこと、二つの株式のうち収益率の標準偏差が低いおでん屋の株式の割合がある割合以下（ここでは 2/3 以下）になると、ポートフォリオからの収益率の期待値を上昇させるにはポートフォリオから得られる収益率の標準

偏差も上昇させる必要がある、ということがわかる。

実線 ACB の数値例は、資産収益率の相関係数が−1の場合に求められた。より一般に、資産収益率の相関係数が1に接近するほど、同じ期待値の水準におけるポートフォリオから得られる収益率の標準偏差が大きくなり、両者の関係は弓形の破線 AB から点線 AB（相関係数が1の場合）に接近していく（詳しくは、大村［2010］の7章を参照）。

読者は、ポートフォリオから得られる収益率の分散（標準偏差）が特別な場合以外はゼロにならない理由は、投資対象が2つの株式に限られていたからではないかと思われるかもしれない。そこで、市場で購入できる株式銘柄数が大きな値の N である場合、その N 個の会社の株式に投資したポートフォリオから得られる収益率の分散がどうなるか考えてみよう。(3)式を一般化した N 個の会社の株式に投資するポートフォリオから得られる収益率の分散は以下(4)式である。

$$\sum_{i=1}^{N}\sum_{j=1}^{N} W_i W_j \sigma_{ij} \tag{4}$$

ここで、W_i と W_j は、市場で購入できる N 個の会社の株式のうち、i 番目の会社の株式（以下、株式 i）と j 番目の会社の株式（以下、株式 j）の投資ウエイトを示し、σ_{ij} は株式 i と株式 j の共分散である。

もし、i と j が同じ場合、例えば、σ_{11} と σ_{22} は、それぞれ株式1と株式2の分散を示す。$\sigma_{12}=\sigma_{21}$ であることに注意すると、先ほどの2資産のポートフォリオから得られる収益率の分散の定義の(3)式は、株式1、株式2がそれぞれ株式Aと株式Bである場合の2社の株式に投資する(4)式の特殊ケースであることが確かめられる。

いま、W_i が N 個の会社の株すべてについて等しい値である（$1/N$）を取るとき、このポートフォリオから得られる収益率の分散である(4)式は以下となる。

$$\frac{1}{N}(N\text{個の会社の株式の分散の平均})+\left(1-\frac{1}{N}\right)(N\text{個の会社の株式の共分散の平均})$$

一つ目の $\frac{1}{N}(N\text{個の会社の株式の分散の平均})$ は、ゼロに接近する。なぜなら、非常に多くの数の株式に投資することで N が大きな値を取る時には、$\frac{1}{N}$ がゼロに接近し、株式の分散はゼロ以上の正の値だからである。

二つ目の $\left(1-\frac{1}{N}\right)$($N$個の会社の株式の共分散の平均) は、1×($N$個の会社の株式の共分散の平均) に接近する。なぜなら、N を非常に多くの数の株式に投資することで大きな値にすることによって、$\frac{1}{N}$ がゼロに接近する時、$\left(1-\frac{1}{N}\right)$ が1に近くなるからである。

したがって、N個の会社の 株式の共分散の平均がゼロになるように株式を選ぶことができれば、ポートフォリオから得られる収益率の分散もゼロに接近しそうである。残念ながら多くの銘柄の株式は市場の動向に合わせて一斉に値上がりしたり、一斉に値下がりしたりすることから、実際に投資家が購入できる株式の共分散はプラスのことが多いので、N個の会社の 株式の共分散の平均がゼロになるように株式を選ぶことはまず無理である。

したがって、どんなに多くの会社の株式に分散投資しても、ポートフォリオから得られる収益率の分散をゼロにするのは難しい。つまり、ポートフォリオから得られる収益率の分散の中には、分散投資によって削減できる部分と、できない部分があるのである。

この結果を理論的にさらに分析していくと、以下の結果が知られている。すなわち、分散投資にはアイスクリーム屋とおでん屋の株式のような、個別の会社の事情に応じた株価の変動に伴うリスク（**個別リスク**）を削減する効果があり、投資する株式の数を多くすると個別リスクは低下していく。しかし、どんなに多くの会社の株式を買い集めたポートフォリオを作って分散投資をしても、市場全体の動向に応じてそれぞれの株式が変動することに伴うリスク（**市場リスク**）を削減することはできない。

分散投資の効果を資産形成に生かすため、投資家は市場で購入可能な資産をどのように組み合わせればよいのだろうか。この点については以下の理論的結果が知られている。

1. 投資家は収益率の期待値に関して、収益率の期待値が大きくなるにつれてそこから追加的に得られる満足度（以下、効用）が減っていくと考える。このような投資家は、リスク回避的であると言われる。

2. いま、投資家が一定の安全な金利で借入れまたは貸付けができ、一定の安全な金利を提供できる安全資産（例えば短期国債）があり、投資に関する情報は完全で、投資に費用はかからないとする。リスク回避的な投資家は、用意できる元手が許す範囲で、自分の効用を最大にするような収益率の期待値、標準偏差の組み合わせを達成できるような割合で、株式と安全資産に自分の元手を配分する。
3. 1と2の前提のもとでは、投資家の効用を最大にする安全資産と株式への投資配分比率は以下の4、5、のように決めることができる。
4. 投資家はまず、リスク回避の度合いに応じて、安全資産と株式への投資配分比率を決める。リスク回避の度合いの高い投資家は安全資産の割合を高めに、リスク回避の度合いが低い投資家は安全資産の割合を低めにする。
5. 投資家は、4で決定した株式に対して投資する資金を、株式市場で買い入れ可能なすべての銘柄について、その銘柄の時価総額（＝その銘柄の株価×発行済株式数）が市場全体の時価総額（市場で買うことができる全銘柄の時価総額の合計）に占める比率で配分する。この配分比率は、リスク回避の度合いにかかわらず、すべての投資家で共通になる。
6. 上記の株式への投資配分比率を日本の一般投資家が実践する一つの方法は、第17章3節で説明する東京証券取引所市場第一部上場全銘柄を対象として時価総額の比率で加重して算出された東証株価指数（TOPIX）に収益率が連動するような投資信託を買い、東京証券取引所市場第一部上場全銘柄に分散投資するのと同等な効果を享受することである。

6の結果については、第6章4節で説明するとおり、ある程度リスクを取って投資信託などに長期的な分散投資を行うことを金融庁が推奨していることの背景となっている。第5章 Web 付録（補論）では上記の結果の説明を行うが、やや数学的な議論になるので、詳細に興味のない読者はこのまま第6章に進んで差し支えない。逆に、さらに詳しい数学的な議論に関心のある読者は、大村［2010］、新井他［2016］、ブリーリー他［2014］などを参照してほしい。

Key Word　安全性、流動性、収益性、リターン、リスク、分散投資法、期待収益率、期待リターン、ポートフォリオ、個別リスク、市場リスク

5章まとめ――家計の金融資産選択の理論

❶金融商品の選択にあたっては、安全性、流動性、収益性を比較することが望ましい。

❷安全性、流動性、収益性の3特性のすべてに関して有利な商品はない（例：安全で流動的な商品の収益性は低いことが多い）。

❸金融商品の選択にあたっては、自分自身で、どんなリスクを取って、リターンを高めるか、をよく考えて選ぶ。

❹分散投資法とは、金融商品、通貨、投資期間などに関して分散を行い、たくさん持っている金融商品の中のどれかで損失を被っても、ほかの金融商品からの収益で取り返し、全体の収益を安定させる、という投資法である。

❺複数の金融商品を集めてひとつの投資単位にしたもののことをポートフォリオと呼ぶ。

❻分散投資した株式のポートフォリオを保有することによって、個別の会社の事情に応じた株価収益率の変動に伴うリスク（個別リスクと言う）を削減する効果が得られる。ただし、どんなに多数の会社の株式を買い集めたポートフォリオを作って分散投資をしても、買い集めた株式のそれぞれの銘柄の収益率が市場全体の動向に応じて変動することに伴うリスク（市場リスクと言う）を削減することはできない。

❼一定の理論的前提の下での好ましい資産運用の一例は、現金や預金のような安全資産に加えて、東京証券取引所市場第一部上場全銘柄を対象として時価総額の比率で加重して算出された東証株価指数（TOPIX）に価値が連動するような投資信託を買い、東京証券取引所市場第一部上場全銘柄に分散投資するのと同等な効果を享受することである。現金や預金のような安全資産とこの投資信託をどれほどの比率で保有するかは、投資家がこの投資信託保有に伴って生じる収益率変動というリスクに耐えられる程度によって決まる。

【参考文献】

新井富雄・高橋文郎・芹田敏夫『コーポレート・ファイナンス　基礎と応用』中央経済社、4章、2016年

内田浩史『金融』有斐閣、7章、2016年
大村敬一『ファイナンス論——入門から応用まで』有斐閣、6～7章、2010年
金融広報中央委員会『金融商品なんでも百科』第1部：金融商品の選び方・組合せ方（2015年3月）
https://www.shiruporuto.jp/public/document/container/hyakka/（2021年5月25日アクセス）
ブリーリー、リチャード/スチュワート・マイヤーズ/フランクリン・アレン著、藤井眞理子・國枝繁樹監訳『コーポレートファイナンス（第10版）』上巻、日経BP社、7～8章、2014年
堀江康熙・有岡律子・森祐司『テキスト金融論』（第2版）、新世社、6章、2021年

6章 家計の金融資産選択の実際

本章では、家計の金融資産選択の実際について、資金循環統計と家計調査という統計を見ながら説明していく。

まず、資金循環統計を用いて、日本の家計の金融資産残高と負債残高の傾向を概観し、日本の家計は安全資産であり、流動性の高い現金・預金の保有比率が高いこと、米国の家計と比べると株式の保有比率が低いことを説明する。次に、家計の金融資産残高に関する年齢別の違いを見るために、家計調査という別の統計から、世帯主年齢別の収入・貯蓄残高・負債残高の傾向を概観し、高齢層の株式保有比率が若年層よりも高いことを説明する。最後に、日本の家計がこれまで行ってきた安全性と流動性を重視する金融資産選択は持続する低成長、人口高齢化、低金利環境の中で、特に老後の備えに関して見直しを迫られつつあることを指摘する。

家計の金融負債については、内訳の多くが借入れであり、借入れのうち住宅目的が多いことを指摘する。

1．家計の金融資産残高

(1) 家計の金融資産残高

第2章3節では、資金循環統計を用いて、2020年度末の家計の金融資産残高が1,946兆円であることを説明した。1981年度から2020年度までの家計の金融資産残高の前年度比は、2000、2002、2007、2008、2018、2019年度を除くとプラスである。1981～90年度、1991～2000年度、2001～10年度、2011～20年度の間の前年度比の平均は、10.6%、3.2%、1.2%、2.3%で、1980年代に比べると近年の増加率は低い。

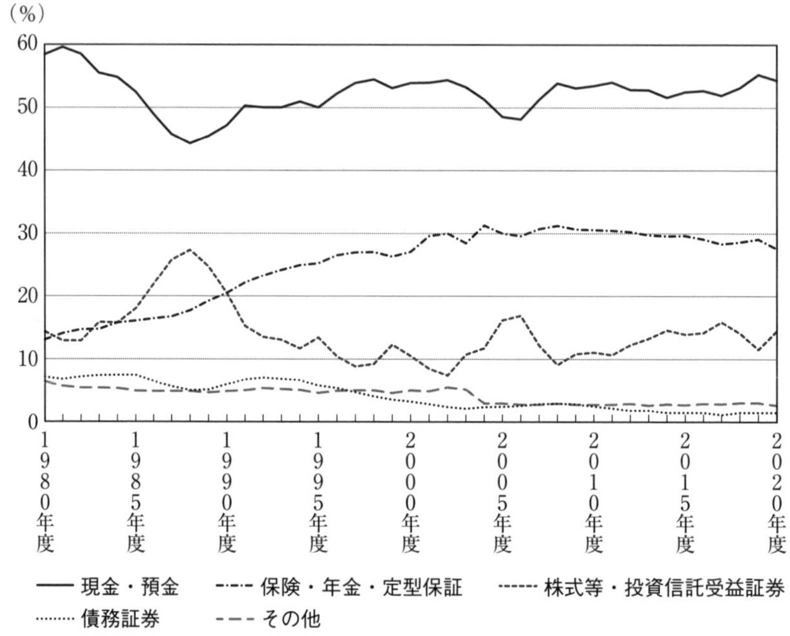

図表6-1　家計の金融資産残高の内訳：1980年度～2020年度

（出所）　日本銀行「資金循環統計（2021年第1四半期速報）」
https://www.boj.or.jp/statistics/sj/sj.htm/（2021年6月25日アクセス）
（注）2003年度以前は93SNAベース、2004年度以降は08SNAベース、株式等・投資信託受益証券の2003年度以前は93SNAベースの「株式・出資金＋投資信託受益証券」。債務証券の2003年度以前は93SNAベースの「株式以外の証券－投資信託受益証券」。

図表6-1は1980年度～2020年度の家計の金融資産残高の内訳比率を示している。太実線で示した現金・預金は多くの時期で50%～60%を占めており、日本の家計の資産選択の特徴は、**安全性と流動性の重視**であることがわかる。その次が一点破線で示した保険・年金・定型保証であり、高齢化社会の到来とともに、徐々に比率が上昇し、2000年代以後は30%程度になっている。短い破線で示した株式等・投資信託受益証券の比率は、1980年代後半のバブルの時期に27.1%（1987年度）に達したが、その後低下して2002年度には7.5%になった後、再び上昇に転じて2006年度には16.8%となるが、その後は10～16%程度である。

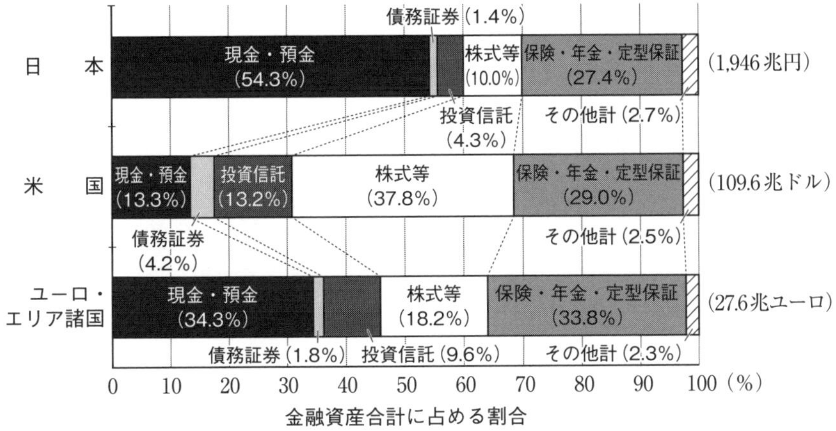

図表 6-2　家計の資産構成の国際比較（2021年 3 月末）

（出所）　日本銀行「資金循環の日米欧比較」
https://www.boj.or.jp/statistics/sj/sjhiq.pdf（2021年 8 月20日アクセス）
（注）「その他計」は、金融資産合計から、「現金・預金」、「債務証券」、「投資信託」、「株式等」、「保険・年金・定型保証」を控除した残差。

（2）　家計の金融資産構成の国際比較

日本家計の金融資産残高のうち、現金・預金と保険・年金・定型保証が大きなウエイトを占めていることがわかった。欧米諸国の家計はどのような金融商品の資産残高が大きいのだろうか？　図表 6-2 は、日本、米国、欧州諸国のうち共通通貨ユーロを採用しているユーロ・エリア諸国の資金循環統計を用いた家計の金融資産残高の構成比率を国際比較している。[1)]

図表 6-2 を見ると、日本家計は米国家計と比べて現金・預金の構成比率が高く、株式等、投資信託の構成比率が低い。日本家計とユーロ・エリア諸国家計を比べると、ユーロ・エリア諸国のほうが現金・預金の構成比率は低く、株式等、投資信託、保険・年金・定型保証の構成比率が高い。以上に見たように、日本の家計の金融資産残高を米国とユーロ・エリア諸国の家計と比較した特徴

1）　2021年 7 月時点でのユーロ・エリア諸国は、以下の19カ国である。オーストリア、ベルギー、キプロス、エストニア、フィンランド、フランス、ドイツ、ギリシャ、アイルランド、イタリア、ラトビア、リトアニア、ルクセンブルク、マルタ、オランダ、ポルトガル、スロバキア、スロベニア、スペイン。

は、現金・預金の構成比率が高く、株式等、投資信託の構成比率が低いことである。

2．家計の金融負債残高

家計の金融負債残高について、資金循環統計の1980年度～2020年度データを示したのが図表6-3である。図表6-3を見ると、実線で示した負債の多くは破線で示した借入れであり、借入れの中でも、棒線で示した民間・公的金融機関からの住宅向け借入れが多いことがわかる。

家計が住宅向け借入れを行う先として、かつては政府系金融機関である住宅金融公庫の占める割合が高かった。同公庫の直接融資が新規住宅ローンに占める割合は1994年度には44.6%に達して国内銀行の32.8%を上回り、官業による民業圧迫との批判が高まった（ここでの議論は、新規住宅ローンの残高についてであり、図表6-3の過去に実行された住宅ローンの残高も含む残高とは異なる）。そこで、2007年に住宅金融公庫が**住宅金融支援機構**へと組織替えされ、住宅金融支援機構は災害復旧目的などのごく一部の民間銀行が担えない分野を除く直接融資から撤退し、民間銀行と提携した**フラット35**の販売を行うようになり、2019年度末時点では新規住宅ローンの70%程度を国内銀行が扱っている。[2)]

フラット35は、住宅金融支援機構が民間金融機関の最長35年長期固定金利住宅ローン提供を支える仕組みであり、2001年に住宅金融公庫が始めた仕組みを引き継いでいる。フラット35の下で、35年間固定金利で住宅ローンを家計に提供した民間金融機関は、この住宅ローンを住宅金融支援機構に売る。住宅金融支援機構はその住宅ローンを担保とする債券（貸付債権担保住宅金融支援機構債券）を**機関投資家**（第三者から資金の提供を受けて、その運用管理を行うことを主な業務とする法人投資家のことであり、年金基金や保険会社、投資信託

---

2)　詳細は住宅金融支援機構「業態別の住宅ローン新規貸出額及び貸出残高の推移」を参照。
https://www.jhf.go.jp/about/research/loan_zandaka.html（2021年7月1日アクセス）

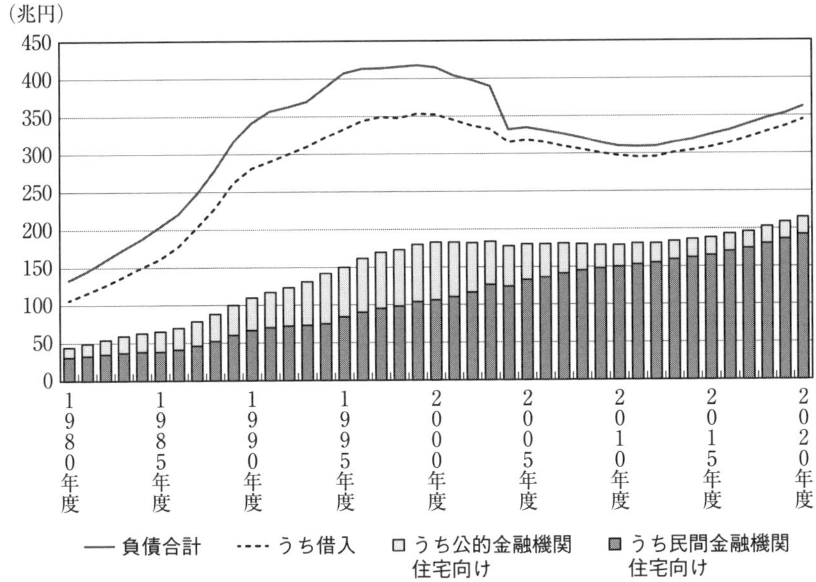

図表 6-3　家計の金融負債残高：1980年度～2020年度

（出所）　日本銀行「資金循環統計（2021年第１四半期速報）」
https://www.boj.or.jp/statistics/sj/sj.htm/（2021年６月25日アクセス）
（注）2003年度以前は93SNA ベース、2004年度以降は08SNA ベース。

などが該当する。詳細は大村・俊野［2014］12章を参照）に販売して長期資金を調達することで、民間金融機関による長期固定の住宅ローン提供をサポートしている。フラット35は、民間金融機関から見ると、資産圧縮、売却資金の入手、元利金回収事務からの手数料が得られるなどのメリットがある。機関投資家から見ると、住宅金融支援機構の保証が付いた安全な債券に投資できるメリットがある。個人にとっては、長期の固定金利で住宅ローンを組むことができるメリットがある。

フラット35は、住宅ローン担保証券発行を通して長期の資金調達を行う**証券化**の一例である。証券化とは、ある企業が保有資産を貸借対照表（貸借対照表の説明は第７章４節参照）から切り離し、特別目的事業体に資産を集め、集めた資産から発生するキャッシュフローを裏付けに新しい証券を発行する手法のことを指す。住宅金融支援機構の発行する住宅ローン担保証券は日本の証券化商品の主力となっている。2020年度の証券化商品発行額5兆1,711億円のうち3兆1,473億円が住宅ローン担保証券で、そのうち住宅金融支援機構が発行した分は1兆9,144億円を占めている。[3)]

3．世帯主年齢別の家計の収入・貯蓄・負債の特徴

資金循環統計では、日本の家計全体の金融資産・金融負債の動向はわかるが、世帯主年齢別の家計の金融資産・金融負債の特徴をつかむことができない。そこで以下では、総務省が実施している家計調査の貯蓄・負債編統計を用いて、2人以上の世帯の貯蓄・負債の動向を世帯主年齢別に見てみよう。2020年調査では、6,100世帯に関する年間収入、貯蓄、負債のデータが利用可能である。貯蓄の内訳は、通貨性預金と貯蓄性預金、生命保険など（民間保険会社が販売する生命保険、損害保険のほか、農協の共済、郵便局の簡易保険[4)]も含む）、有価証券（株式や公社債）などに分類されている。

図表6-4は、世帯主年齢別に見た家計の年間収入、貯蓄の総額と内訳、負債の総額の平均値を示している。

図表6-4の1行目は、家計の平均年間収入を世帯主年齢別に見たものである。収入のピークは50～59歳であり、その後収入は低下していく。

2行目は貯蓄の総額を見たものである。貯蓄の総額のピークは60～69歳、70歳以上である。このピークまでは、年齢層が上がるごとに貯蓄の総額が増えていく様子がわかる。

3行目は負債の総額を見たものである。負債の総額のピークは30～39歳、40～49歳あたりで、その後は徐々に低下していく。

1行目～3行目を見ると、収入、貯蓄、負債が一番大きくなる年代は異なっ

3）詳細は、日本証券業協会「証券化市場の動向調査」2020年度とりまとめを参照。https://www.jsda.or.jp/shiryoshitsu/toukei/doukou/files/2020doukou2b.xls（2021年7月1日アクセス）

4）2007年の郵政民営化以前に郵便局が販売した生命保険商品。郵政民営化後は、かんぽ生命が類似の商品を販売している。

	29歳以下	30〜39歳	40〜49歳	50〜59歳	60〜69歳	70歳以上
年間収入（万円）	564	675	786	869	592	441
貯蓄の総額（万円）	376	760	1,081	1,703	2,384	2,259
負債の総額（万円）	690	1,330	1,231	699	242	86
貯蓄のうち預金の割合（%）	75.3	70.8	63.7	59.4	63.8	67.5
貯蓄のうち生命保険の割合（%）	14.1	17.8	22.9	23.4	21.0	17.4
貯蓄のうち株式・投資信託の割合（%）	5.6	7.5	7.6	11.5	11.3	12.3

図表 6-4　世帯主年齢別に見た家計の収入・貯蓄・負債

（出所）　総務省「家計調査」貯蓄・負債編
https://www.e-stat.go.jp/stat-search/file-download?statInfId=000032087777&fileKind=0（2021年7月1日アクセス）

ており、住宅や子供の教育費などへの支出が多い30歳代から40歳代の負債が多く、その後は収入が高まって徐々に負債が減り、引退間際まで貯蓄が増えていくことが推察される。

4行目は、家計の貯蓄のうち預金で運用されている割合を示している。資金循環統計から予想されるように、家計の貯蓄のうち半分以上は預金である。預金の割合は、29歳以下の75%がピークで、年齢層が上がると低下するが、60歳以上になると再び上昇している。

5行目は、家計の貯蓄のうち生命保険で運用されている割合を示している。資金循環統計で家計の資産運用で二番目に割合が高かったのが保険・年金・定型保証であったことから予想されるように、家計の貯蓄のうち生命保険で運用されている割合は世帯主年齢別ごとに14%〜23%とばらつきはあるものの、働き盛りの40〜49歳、50〜59歳を中心に多くの家計に生命保険は保有されている。また、世帯主が高齢化するほどニーズが減り、保有割合も徐々に減っていくことがわかる。

6行目は、家計の貯蓄のうち株式・投資信託で運用されている割合を示している。株式・投資信託で運用されている割合は資金循環統計から予想されるようにあまり高くなく、2020年調査の場合、最高の70歳以上でも12%にすぎない。ただし、世帯主年齢が上がるほど、株式・投資信託で運用されている割合が上がっている。

6行目の結果から、高齢層の世帯主は若年層の世帯主よりも株式・投資信託

（以下、株式）保有が好きだ、と言えるのだろうか？　そのような解釈には慎重であったほうがよいだろう。なぜなら、金融資産保有におけるリスクの許容度は収入・貯蓄総額が高まるとともに高まると考えられる。年齢層が高くなると、収入と貯蓄総額が上昇することが１行目、２行目から示されていた。したがって、年齢にかかわらず、収入が高い家計ほどより株式を持つ傾向があるのかもしれない。その場合は、高齢層の世帯主の平均収入が高いため、株式で運用している比率も若年層よりも高く見えるだけかもしれない。つまり、高齢層、若年層とも株式をまったく持っていない世帯主はたくさんいるが、高齢層のほうが高収入の世帯が多く、したがって株式を持っている世帯主も多く、保有金額も平均的に高いため、平均的に見ると高齢層のほうが若年層よりも株式で運用している比率が高くなっているだけかもしれない。言い換えると、高齢になれば誰もが株式を持つというわけではなく、平均値がそのまま全部の家計にあてはまるわけではない。このように、年代別のデータから読み取れる傾向の解釈にあたっては、慎重な判断が求められる。

4．家計の金融資産選択の現状——老後の備えと金融知識

人生の三大資金として、**住宅資金**、**子供の教育資金**、**老後資金**が知られている。住宅、子供の教育で資金が必要になる時期は30～40歳ごろであるのに対して、３節で見たように収入のピークは50歳代であるので、遺産相続などで十分な資金が手元にある場合を除くと、30～40歳ごろに借入れを利用する家計が多くなっている。このうち、住宅資金に関しては、２節で説明した住宅ローンの仕組みが利用できる。また、老後の資金については法律で強制加入が義務づけられている公的年金（第11章８節で説明する）と、家計が自発的に加入する私的年金（保険会社が販売している個人年金保険が著名な商品で、第11章２節、９節で説明する）がある。老後の資金について、公的年金はどれくらい頼りになるのだろうか？　2019年６月３日に発表された「高齢社会における資産形成・管理」と題する金融庁金融審議会市場ワーキング・グループ報告書は、「年金だけが収入の無職高齢夫婦（夫65歳以上、妻60歳以上）の家計収支は平

均で月約５万円の赤字である。まだ20～30年の人生があるとすれば、毎月の不足額の総額は単純計算で1,300万円～2,000万円となり、それだけの貯蓄を取り崩さなければならない」という試算を含むと報道された。この試算を例示しながら、報告書が公的年金制度だけに頼った生活設計では平均的な無職高齢夫婦は資金不足に陥ること、したがって、長期・分散型の資産運用が重要であることを強調したため、「老後2,000万円問題」として国民から大反響を呼ぶことになった。あまりの反響の大きさから、麻生太郎金融担当大臣（当時）がこの報告書を「世間に対して不安や誤解を与えており、政府のスタンスと違う」と述べ、これを正式な報告書として受け取らないという異例の事態となったが、この報道が家計の老後の備えの必要性に関する関心を高めたであろうことは想像に難くない。

現在の低金利の下では、序章で説明したように、預貯金などの安全資産にいくら投資しても老後の備えはほとんど増加しない。そこで、ある程度リスクを取って、投資信託などに長期的な分散投資を行うことを金融庁は推奨している。例えば、金融庁は公的年金制度とは別に、少額からの**長期・積立・分散投資**を支援するための個人投資家向け非課税制度であるつみたてNISA（2018年１月）を導入した。同制度では、年間40万円を上限に、長期の分散投資に適した手数料の低い投資信託を保有している間に得た分配金と、値上がりした後に売却して得た利益が購入した年から数えて20年間非課税になる。

非課税枠での資産蓄積を行ううえで、第３章２節で説明した複利運用の成果を享受するためには、各自の資産と所得状況に応じて、ある程度のリスクのある資産への長期間の投資が必要な時代になりつつある。こうした金融商品の購入にあたっては、十分な**金融知識**を備え、資産全体の中に占める金融商品の安全性、収益性、流動性の３つのバランスを考えていくことがますます重要になってきている。2022年度から高校の新学習指導要領には**資産形成**が組み込まれ、稼いだお金を賢く使う知識だけではなく、賢く増やす知識も必要な時代になっている。[5)]

近年の情報技術革新の結果、家計の資産運用と財産管理にも変革が起こりつつある。賢く増やすという観点からは、資産運用の分野では人工知能によって個人の資産運用を行う**ロボアドバイザー**と呼ばれるサービスが広まっている。

顧客の投資金額、運用期間、目標とする収益率、許容できる収益率の変動、投資経験などに応じて、人工知能が顧客にお勧めの投資プランを作成し、もし顧客が了解すれば実際に資産運用を行うサービスである。賢く使う、という観点からは、レシートをスマートフォンで読み取り家計簿を自動作成し、銀行預金やクレジットカードの利用データと合わせて財産の管理ができる**個人財務管理**という便利なサービスも生まれている。こうしたサービスを使うためにも、金融知識は欠かせない。家計の金融知識の深まりとともに、日本の家計の金融資産選択の特徴が安全性と流動性重視である状況が変化していくかもしれない。

Key Word　安全性と流動性の重視、住宅金融支援機構、フラット35、機関投資家、証券化、人生の三大資金、住宅資金、子供の教育資金、老後資金、長期・積立・分散投資、金融知識、資産形成、ロボアドバイザー、個人財務管理

6章まとめ――家計の金融資産選択の実際

❶資金循環統計、家計調査から見ると、日本の家計は安全で流動性の高い現金・預金の保有比率が高い。
❷米国家計と比べると、日本の家計の株式等の保有比率は低い。
❸世帯主年齢別の金融商品選択の内訳を見ると、株式・投資信託については高齢層の保有比率が高い。
❹上記の事実の解釈として適切なのは「高齢層は株式・投資信託が好き」ではなく、「高齢層は相対的に収入と貯蓄総額が高いから株式・投資信託の保有比率が高い」かもしれない。
❺日本の低金利のもとでは、預貯金などの安全資産にいくら投資しても老後の備えはほとんど増加しない。ある程度リスクを取って、投資信託などに長期的な分散投資を行うためには、金融知識が必要である。
❻家計の金融負債の内訳の多くが借入れであり、借入れのうち住宅目的が多い。

5)　時代の要請に即した金融教育の重要性は、日本では古くから認識されていた。例えば、明治大正期の小学校の算術の授業では、複利計算をはじめとする金融知識を扱う演習問題が出されていた。日本における金融教育の時代背景については横山［2016］の10～11章が詳しい。

【参考文献】

大村敬一・俊野雅司『証券論』有斐閣、12章、2014年

金融庁金融審議会市場ワーキング・グループ報告書「高齢社会における資産形成・管理」

https://www.fsa.go.jp/singi/singi_kinyu/tosin/20190603/01.pdf（2021年6月3日アクセス）

厚生労働省「公的年金の仕組み」

https://www.mhlw.go.jp/stf/seisakunitsuite/bunya/nenkin/nenkin/zaisei01/index.html（2021年6月3日アクセス）

年金積立金管理運用独立行政法人「年金積立金の運用とは」

https://www.gpif.go.jp/gpif/（2021年6月3日アクセス）

家森信善『金融論』（第2版）、中央経済社、11～13章、2019年

横山和輝『マーケット進化論――経済が解き明かす日本の歴史』日本評論社、10～11章、2016年

7章 企業の投資と資金調達の理論

本章では企業の投資と資金調達の理論について説明する。

まず第一に、株式会社制度について説明する。

第二に、企業活動に必要となる資金需要について説明する。

第三に、企業が資金需要を満たすために調達する資金の性質について、外部資金と内部資金に分けて説明する。

第四に、資金提供者に対する事業報告のため、企業が作成する会計報告書（財務諸表）のうち、本書の理解のために重要な貸借対照表、損益計算書、キャッシュ・フロー計算書について説明する。

第五に、企業が設備投資を行う際に、外部から資金調達をしてその設備投資の費用を賄うことが合理的であるか否かを判定するための意思決定基準である資本計画を説明する。

第六に、企業が外部から資金調達する時に、株式と社債の両方の調達手段をどのように使い分けたらよいか、という問題に関する理論的解答を説明する。解答を先取りすると、金融市場が完全であるという極端な仮定の下では、同じ収益をあげると予想される企業の総価値は、調達手段の選択とは無関係である。ただし、より現実的な場合、例えば法人税が課せられ社債の支払利子は経費として扱える場合、あるいは企業倒産に伴う費用が高額な場合、には結論が変更されることを説明する。

1. 株 式 会 社

企業とは、商品やサービスを生産・販売することで利潤を得ることを目的としている経済主体である。企業のうち、その活動の元手を株式発行により多くの人から集めるために作られた会社のことを**株式会社**と言い、株式会社に資金提供をする人を**株主**と言う。[1)]

株主は、資金提供の証明書である株券を受け取り、保有する株券の枚数に応じて会社の一部を所有できる（ただし、第17章1節で説明するように、株券といっても紙の券面がもらえるわけではない）。株主には、以下の権利と責任が生じる。

まず第一に、株主には議決権がある。具体的には、会社の経営方針や、経営者である取締役を決める株主総会に出席し、議案に対して賛成・反対の投票をすることができる。

第二に、株主には剰余金配当請求権がある。具体的には1年に1～2回程度、株式会社が得た利益の中から、配当という形で利益の分配を受ける。実際に配当がもらえるかどうかは、株主総会で決める。

第三に、株主には残余財産分配請求権がある。具体的には、会社が事業活動をやめる時には、借金を全部返した後に、残っていた財産を持ち分に応じて受け取れる。なお、会社が倒産して借金が返せなくなった場合も、株主は自分の持つ株券の価値がゼロになるだけで、会社の借金の肩代わりはしないでよい。この制度を**株主の有限責任**と言う。

企業は株主からの出資によって成立するが、出資額が事業遂行に不足する場合は銀行など外部から借入れを行って十分な資金を準備する。株主が出資した資金を**自己資本**、あるいは資本と言い、銀行など外部から調達した資金を**他人資本**、あるいは負債と言う。企業は、自己資本と他人資本を用いて、商業の場合なら商品などの事業に必要な資産を購入する。

2．企業の資金需要

企業が商品やサービスを生産・販売するには、資金が必要となる。企業が必要とする資金は、自分の手持ちの資金よりも多い場合が多く、企業は借入れをしなくてはならない。

企業が必要とする資金は、用途別に運転資金、設備資金、その他資金に分けられる。このうち、その他資金とは、従業員にボーナスを払うための賞与資金

1）日本における株式会社の制度的背景や資金調達についての概説書には、神田［2015］がある。

や決算期に配当を払うための配当資金などの、季節的な資金のことを言う。以下では、運転資金と設備資金について説明する。

(1) 運転資金

運転資金とは、企業が生産・販売を行って売上げを受け取る前に支払わなければならない資金など、企業の通常の営業活動に伴って発生する資金のことである。運転資金には以下のような資金が含まれる。

まず、原材料の仕入れ、従業員の給与など、事業継続のための資金である経常運転資金が該当する。次に、販売のための在庫保有の費用である在庫資金が含まれる。さらに、販売後に売上げを回収するまでの資金なども含まれる。運転資金は売上げによって返済すべき資金なので、普通は短期の借入れで賄うことが多い。

運転資金がどれくらい必要になるかは、売掛金、受取手形、在庫、買掛金、支払手形の金額で決まってくる。

まず第一に、**売掛金**とは、製品を販売したが売上金がもらえていない状態のことである。売掛金が発生するのは、企業同士が何回も取引をする場合、取引の都度支払いをするのではなく、例えば月末にまとめて請求し、翌月10日に支払う、といった商習慣に由来する。売掛金ではなく、現金で代金を回収できていればその資金は営業活動に使えたはずなので、売掛金が増えると運転資金需要は増える。

第二に、**受取手形**とは、製品を販売した代金が銀行振込や即座に現金化できる小切手ではなく、例えば3カ月先に支払いをする、といった約束をした証文である手形で受け取った状態である。受取手形ではなく、現金で代金を回収できていれば、その資金は営業活動に使えたはずなので、受取手形が増えると運転資金需要が増える。

第三に、**在庫**は製品販売に備えて商品を手元に置いている状態である。在庫は企業が集めてきた資金を運用して作った資産の一部であるから、在庫が多いほど運転資金需要が増える。

第四に、**買掛金**とは、材料を仕入れたが、代金を支払っていない状態のことである。買掛金は、仕入代金の請求を月末にまとめてしてもらい、翌月10日に支払う、といった商習慣から発生する。売掛金とは逆に、買掛金が増えると運転資金需要はその分だけ少なくてすむ。

第五に、**支払手形**とは、仕入れ先への代金支払いを現金ではなく例えば3カ月後に支払うという手形で行う状態である。受取手形とは逆に、支払手形が増えると運転資金需要はその分だけ少なくてすむ。

以上の説明から、運転資金の総額は

（売掛金＋受取手形）＋在庫－（買掛金＋支払手形）

によって計算することができる。

（2）　設備資金

企業が商品やサービスを生産するには、工場や機械設備が必要になることが多い。こうした工場や機械設備を保有する目的で行われる投資を設備投資と言い、そのために必要な資金が**設備資金**である。設備資金の調達にあたっては、金額が大きく、しかも回収に時間がかかるという設備資金の性質上、返済期間が1年を超える長期の資金を借り入れることが多い。

3．企業の外部資金と内部資金

企業が資金を調達する方法には、大きく分けて外部資金と内部資金がある。**外部資金**とは、企業の外から市場取引か相対《あいたい》取引を用いて調達する資金である。**内部資金**とは、企業の日々の営業活動から生まれてくる自分で作り出した資金である。以下では、外部資金と内部資金に該当する資金調達手段を具体的に説明する。

（1）　外部資金

企業の外部資金は大きく分けて、株式、社債、借入れ金、企業間信用がある。

まず第一に、**株式**は株式市場で発行され、無期限であり、利益が上がった時には配当によって利益を株主に分配することを約束した証券である。会社が設立される時に株式を発行することを新規発行、すでに設立されている会社が資金調達のために株式を追加発行することを増資と言う。

第二に、**社債**は、資本市場で発行され、期限までに借入れ額に利子を付けて返済することを約束した債券である。

第三に、**借入れ金**は、相対《あいたい》取引で行われる銀行などの金融機関からの借入れのことであり、借入れ期間が１年以内の短期の借入れと借入れ期間が１年を超える長期の借入れがある。借入れ金は、期限までに借入れ額に利子を付けて返済することを約束した金融契約である。借入れ金の金利のうち、優良企業向けに貸し出す際に使われる金利はプライムレートと呼ばれる。信用力が劣る企業の場合には、プライムレートより高い金利が要求される。金融機関は借り手企業が返済不能となる場合に備えて、借り手企業から担保（例えば不動産）を提供させる約束をしたり、保証人による返済をさせる約束をしたりする。

第四に、**企業間信用**とは、金融機関ではない企業同士が取引を行うことによって発生する企業間の貸し借りのことである。ある企業にとって、商品や原材料を仕入れたのにまだ代金を支払っていない買掛金と、仕入れ代金を手形で払った支払手形の合計額である買入債務は、仕入れ先から無利子の借入れをしているのと同じである。また、ある企業にとって、商品や原材料を売ったのにまだ代金を受け取っていない売掛金と、売上代金を手形で受け取った受取手形の合計額である売掛債権は、販売先に無利子で貸付けをしているのと同じである。企業間信用は自分で作りだした資金ではないので外部資金に分類される。大企業から中小企業に対しての貸し借り全体を合計すると、貸出し超過になる場合が多い。つまり、大企業が中小企業に取引関係の中で信用を供与している形になる。

以下では、借入れ金という言葉で、金融機関からの借入れと企業間信用の両方を指すことにする。

（2）　内部資金

企業の内部資金は、内部留保等と減価償却費からなる。

まず、**内部留保等**とは、企業の当期利益から税金、配当金、役員賞与などを支払った残りの資金で、企業の儲けから社外に支払った分を除いた金額になる。内部留保等は本来株主のものだが、期中の利益を株主に再度投資してもらったものと考えられる。

減価償却とは、企業が保有している建物や機械などの有形固定資産の経済価値が年々減少していく分を**減価償却費**という名称の費用として計上する一方で、その資産の貸借対照表上の価額を同額だけ減少させていく、という会計の約束である。例えば耐用年数が4年の20万円の機械を購入した場合には、その支出を買った年だけにまとめて20万円の全額を費用計上するのではなく、4年間に分けて費用計上する会計的手続きのことである。現在の税法では、2007年4月1日以後に利用を開始した新規取得資産については耐用年数経過時の残存価額をゼロとし、備忘価額1円まで償却可能である。そこで、耐用年数4年で20万円の機械の費用は、例えば1年目から3年目には毎年5万円の減価償却費、4年目は49,999円の減価償却費として、4年かけて計上される。この間、資産側ではこの機械を、1年目には15万円、2年目には10万円、3年目には5万円、4年目は1円（この1円を備忘価額と言い、会社に機械が物理的に残っていることを示すため残された価格である）、と記録する。この会計的手続きによれば、その機械を買った1年目に企業の手持ち現金が20万円減るが、費用計上は5万円だけになる。減価償却費を計上するのは会計上の約束であって、実際に毎期5万円ずつのお金が支出されるわけではない。利益は収益と費用（含む減価償却費）の差なので、実際には毎年利益と減価償却費の合計額だけ資金が企業に残っていることになる。したがって、減価償却費は内部資金の構成要素とされている。

4．企業の財務諸表

企業は運転資金、設備資金、その他の資金を、内部資金と外部資金を組み合わせて調達し、事業活動を行っていることを説明してきた。企業は、資金を提供してくれた利害関係者に対してその資金をどのように利用して事業活動を行っているかを報告するために、会計報告書を作成する。会計報告書の一連の書類は**財務諸表**と言われ、以下では、貸借対照表、損益計算書、キャッシュ・フロー計算書の概要を今後の本書の理解に必要な範囲で説明する。実際の財務諸表の作成にあたっては、必要に応じてこれら3つの書類以外にも追加の書類が必要になる。

（1） 貸借対照表

図表7-1の**貸借対照表**（バランスシート）とは、ある一時点における財産の状態を示す計算書のことであり、左側に資産、右側に資産を手に入れた方法を記録する。

左側の**資産**は、1年以内に現金化できる現金・預金、売掛金、受取手形、**棚卸資産**（在庫のこと）などの流動資産、1年を超えて企業の生産活動に使われる建物などの有形固定資産と特許権やソフトウエアのように目に見えない財産的権利からなる無形固定資産を合計した固定資産、繰延資産の3種類にわけて記載される。[2]

右側の資産を手に入れる方法は、負債（他人から借りたもの）と、出資者が拠出した資本に分けて記載する。

負債に関しては、1年以内に返済される買掛金や支払手形、短期の借入れ金などの流動負債と、1年を超えて返済期日が来る長期の借入れ金や社債などの

貸借対照表

2021年3月31日現在　（単位：百万円）

資　産		負債・純資産	
流動資産		流動負債	
	現金・預金		買掛金
	売掛金		支払手形
	受取手形		短期借入金
	棚卸資産		
	その他流動資産		
		固定負債	
固定資産			長期借入金
	有形固定資産		社債
	無形固定資産	純資産	
繰延資産			株主資本
			資本金
			資本剰余金
			利益剰余金
			評価・換算差額等
			新株予約権
資産合計		負債・純資産合計	

図表7-1　貸借対照表のひな型（抜粋）

（出所）　筆者作成

固定負債に分けて記載される。

資本に関しては、株主が最初に拠出した資本のほかに、利益は最終的には株主のものになることから事業活動を通して会社があげた利益が含まれる。

貸借対照表の左側と右側は必ず等しくなるように作られており、資産＝負債＋資本という関係が成り立つ。資産＝負債＋資本という関係から、資産と負債の差額は資本となる。しかし、株式会社の場合は、資産と負債の差額は資本ではなく、**純資産**として貸借対照表に記載される。純資産は株主の持ち分であり、(1)株主が出資した拠出資本、(2)留保された利益である利益剰余金からなる（前節で説明した内部留保）。個人事業主が会社形態をとらずに事業を行っている個人企業の場合は、(1)、(2)はいずれも出資者のものなので区別する必要はないが、株式会社の場合は企業内に維持される部分と、株主に配当されるなどして企業外に流出する可能性がある部分を区別しなければならない。なぜなら、株主の有限責任制度の下にある株式会社では、銀行などの債権者の権利は会社の資産によって保障されているからである。その他の純資産には評価・換算差額等といまだに株主になっていないものが保有している新株予約権の評価額などが含まれる。[3)]

（2）　損益計算書

図表7-2にある勘定式の**損益計算書**は、会社が利益を上げた原因を示している。勘定式の損益計算書では、ある期間中の営業活動によって達成された収益

2）　繰延資産とは、すでに代価の支払いが完了するか支払い義務が確定し、これに対応する役務の提供を受けたものの、その効果が将来に発現すると期待されるため、その支出額を効果が及ぶ将来期間に費用として計上するために、経過的に貸借対照表に資産として計上された項目のことである。詳細は桜井［2021］9章を参照。

3）　純資産のうち、(1)の拠出資本は、①資本金、②資本剰余金に分けられる。②資本剰余金は、株主の拠出資本のうち、資本金を超える分である。②資本剰余金は、②(i)資本準備金、②(ii)その他の資本剰余金に分かれる。会社に払い込まれた全額を資本金とするのが原則だが、会社に払い込まれた金額の半分までは、資本金に組み入れず、資本準備金として扱い、繰越損失を分配可能な財源で補填できない時には残額補塡に利用できる。

(2)の利益剰余金は留保利益とも言われ、①利益準備金と任意積立金、②その他利益剰余金、に分かれる。①のうち利益準備金は、配当の一定割合を会社に留保するものである。

損益計算書

（自　2020年４月１日　至　2021年３月31日）　　（単位：百万円）

費　用	収　益
売上原価	売上高
販売費及び一般管理費	
営業外費用	営業外収益
特別損失	特別利益
法人税等	
当期純利益（当期純損失）	

図表 7-2　損益計算書のひな型（抜粋）

（出所）　筆者作成

を右側に、その成果を得るために費やした努力を金銭表示した費用を左側に記録する。

収益と費用を記録するに際しては、本業に由来するもの、本業を遂行する資金手当てなどの金融・財務活動に由来するもの、それ以外の臨時的な出来事に由来するものに分ける。

収益に関しては、本業に由来する売上高、金融・財務活動に由来する営業外収益、それ以外の特別利益が記録される。

費用に関しては、本業に由来する売上原価、販売費及び一般管理費、金融・財務活動に由来する営業外費用、それ以外の特別損失、法人税等が記録される。

収益が費用を上回れば（下回れば）その差額が当期純利益（当期純損失）として記録され、勘定式の損益計算書では左側の費用の一番下に書く。なお、当期純利益以外にも、本業に由来する利益だけを記録した営業利益（＝売上高－売上原価－販売費及び一般管理費）、営業利益に金融・財務活動に由来する利益を加えた経常利益（＝営業利益＋営業外収益－営業外費用）も企業の利益の内容を見るうえで有益な概念である。

純資産のうち、⑴①資本金、⑴②(i)資本準備金、⑵①のうち利益準備金は、責任財産として会社に拘束され、純資産の残りの部分は剰余金として分配財源にする。詳細は桜井［2021］11章を参照。

（3）キャッシュ・フロー計算書

図表7-3にある**キャッシュ・フロー計算書**（間接式）は、ある期間中の現金（手元現金といつでも払い戻し可能な預金）と現金同等物（容易に換金可能で価値変動が小さい短期投資）からなるキャッシュの受取（インフロー）と支払（アウトフロー）を記録し、企業の手元にあるキャッシュの増減を企業の活動に関係づけながら見るための財務諸表である。

損益計算書では当期純利益がプラスの会社でも、負債の返済ができずに最悪の場合には倒産する（黒字倒産）ことがある。黒字倒産が起こる一つの理由は、損益計算書は発生主義（収益と費用が発生した時点で計上）で作成されているためである。例えば、ある企業が商品を販売したが決算日に売掛金になっている場合、この取引は損益計算書上では売上に貢献し、当期純利益を押し上げているものの、この利益分の現金は企業の手元にはない。この手元にはない利益分の現金と決算日に手元にあった現金の合計以下ではあるが、決算日に手元にあった現金を上回る支払い（例えば買掛金の決済が必要）が決算日の翌日にあると、この企業は決算日翌日の支払いができなくなってしまう。これに対して、キャッシュ・フロー計算書は現金主義（現金が支払われた時点で計上）で作成されるので、黒字倒産の可能性を検知するなど、資金繰りの観点から企業の安全性を評価する情報が得られる。

キャッシュ・フロー計算書

（自　2020年4月1日　至　2021年3月31日）　（単位：百万円）

営業活動	
	当期純利益
	減価償却費
	運転資金の増加（△は増加）
投資活動	
	新規設備投資
財務活動	
	新規銀行借入
	社債償還
現金及び現金同等物の増減額（△は減少）	
現金及び現金同等物の期首残高	
現金及び現金同等物の期末残高	

図表7-3　キャッシュ・フロー計算書のひな型（抜粋）

（出所）筆者作成

キャッシュ・フロー計算書は、以下の6項目を中心に作成される。

第一に、営業活動によるキャッシュ・フローである。営業活動とは企業が主に営む事業に関連する活動であり、インフローは売上、アウトフローには商品の仕入れ、人件費や販売管理費の支出がある。ただし、営業活動によるキャッシュ・フローを直接記録していくよりも、発生主義による当期純利益から出発し、収益と収入、費用と支出の違いを調整して、現金主義の収支差額を計算することが多い。具体的には、損益計算書の税引き後当期純利益に、現金支出を伴わない費用である減価償却費を加える。さらに、そこから運転資金の増加額を引く。運転資金の総額は、

(売掛金＋受取手形)＋在庫－(買掛金＋支払手形)

＝(売掛債権)＋棚卸資産－(買入債務)

である。運転資金の期中の増加分は、売り上げがあるのに入ってこない現金と在庫に費やした費用からまだ支払っていない現金を差し引いた合計の増加分に該当する。

第二に、投資活動によるキャッシュ・フローである。投資活動は設備投資、証券投資、融資の3活動からなり、インフローには中古設備の売却、有価証券の売却、貸付け金の回収が、アウトフローには固定資産への投資、有価証券購入のための支出、新規の貸付けなどがある。

第三に、財務活動によるキャッシュ・フローである。財務活動は資金の調達と返済からなり、インフローは新規の借入れや社債の発行、増資がある。アウトフローには、借入れの返済、社債の償還などが含まれる。

現金及び現金同等物の増減額は、上記3種類のキャッシュ・フローの合計であり、これを現金及び現金同等物の期首残高に加えることによって、現金及び現金同等物の期末残高が求められる。

5．企業の資本計画

企業のキャッシュ・フローに大きな影響を与えるのは、企業の投資活動、なかでも設備資金の調達に伴う支出である。企業が設備資金を調達する基準でよく用いられるのは、以下に説明する**資本計画**という基準である。

いま、ある機械を買って、財の生産を増やしたいとする。機械は、現在I円で買える。この機械を買うと、t年目にはCF_t円のキャッシュ・フローが$t=1,\cdots$、N年末にかけて得られるとする。ここで言うキャッシュ・フローは、会計上の利益ではなく、税引き後当期利益に減価償却費を加えたものである。資本計画では投資支出を減価償却費として期間中に按分するのではなく、投資実行時点での投資支出と、その結果生じる将来の正味の収入の現在価値を比較する。資本計画によれば、「いま支払うI円の費用が$t=1,\cdots,N$年に得られるキャッシュ・フローの割引現在価値の和よりも小さいならば機械を買う」というのが資金調達の基準である。

数学的には、$1,\cdots,N$年末のキャッシュ・フローを利回りkで割引現在価値に換算した合計額がIよりも大きい、という以下の(1)式が成り立てば、投資を行い、機械を買う、という基準である。

$$I<\frac{CF_1}{(1+k)}+\frac{CF_2}{(1+k)^2}+\cdots+\frac{CF_N}{(1+k)^N} \tag{1}$$

(1)式の基準は、$1,\cdots,N$年末のキャッシュ・フローを利回りkで割引現在価値に換算した合計額から投資額Iを引いた**正味現在価値**（Net Present Value、**NPV**）がプラスになるなら機械を買う、という(2)式に書き換えることもできる。

$$0<-I+\frac{CF_1}{(1+k)}+\frac{CF_2}{(1+k)^2}+\cdots+\frac{CF_N}{(1+k)^N}=NPV \tag{2}$$

(2)式で$NPV=0$となる割引率のことを**内部収益率**（Internal Rate of Return、IRR）と言う。NPVがプラスになる、という条件は、内部収益率が割引に用いる利回りkより大きい、とも表現できる。

資本計画において、割引に用いる利回りkは企業がこの機械を買うために借入れを行う際に投資家が要求する収益率であり、**資本コスト**（Cost of Capital、CC）と言う。

資本コストとは、投資家が他のプロジェクトに投資していたら得られていただろう収益を犠牲にして、この機械を買うというプロジェクトに投資することによって得ることを要求する収益率のことである。企業は投資家から預けられた資金を投資家に代わって設備投資に使っているのだから、この設備投資からの収益率は投資家の要求する資本コストを上回らなければならない。

例えば、企業が全額銀行借入れで投資をする場合は、投資家である銀行が他の企業に貸出しを行って得られる利回りがkになるから、資本コストkは銀行貸出し金利に一致する。資本計画によれば、同じ投資額I円と、同じキャッシュ・フローCF_t円であれば、資本コストkが低いほど、キャッシュ・フローの割引現在価値が投資額を上回る可能性が高まり、設備投資が実行されやすいことがわかる。例えば、企業が全額銀行借入れで設備投資をする場合は、銀行貸出し金利が低いほど設備投資が実行されやすいことになる。

実際には、企業は銀行だけではなく、株主や社債投資家からも資金調達を行っている。この場合は、それぞれの資金提供者が要求する資本コストをそれぞれ資金提供者の出資した資金の比率で加重平均した**加重平均資本コスト**（Weighted Average Cost of Capital、WACC）が用いられる。

6．企業が資金調達する方法と企業価値の関係

企業が資金調達する方法には、例えば株式の新規発行を行って自己資本を増やす方法と、社債を新規発行して負債（他人資本）を増やす方法の二つがある。では、どのような割合で、株式と負債を組み合わせるのが企業にとって有利なのだろうか？

この問いに関する非常に極端な仮定の下での理論的解答は、**モディリアニ=ミラーの定理**が与えてくれる。モディリアニ=ミラーの定理によると、金融市場が円滑に機能している場合、同じ収益をあげると予想される企業の総価値は、総資本の構成（資金調達の方法）とは関係ない、という結果が知られている。なぜこのような結果が得られるのか、以下で説明する。

まず、モディリアニ=ミラーの定理が成立するには、以下のような条件がそろう必要がある。

第一に、企業経営者は企業の発行済み株式価値を最大化するように行動しているとする。

第二に、金融市場は完全競争的で、債券を売買する手数料などは一切かからないとする。

第三に、企業総価値 V は、その企業の株式の価値 S と、その企業の負債の価値 B の合計であるとする。ここで、株式の価値 S と負債の価値 B は時価総額で評価する。貸借対照表に記録した簿価の資産（簿価の負債と純資産の合計）を企業価値とするのではなく、株式と負債の時価総額を用いる理由は以下のとおりである。貸借対照表が記録しているのは、企業が負債と株式によって資金を調達し、その資金で事業に使う資産を買った結果である。企業はその資産を使って本業を行い、将来にわたって収益をもたらす。金融論では企業の価値をその企業が将来にわたってもたらす収益で評価する。将来もたらす収益を、株主が出資した分について株主の資本コストで割り引いた割引現在価値が株式時価総額、債権者が出資した分について債権者の資本コストで割り引いた割引現在価値が負債の時価総額となる。よって、企業価値は株式時価総額と負債の時価総額の合計になる。

第四に、企業 U と企業 L があり、二つの企業が将来得る収益は同じだとする。

いま、企業 U は、全部株式で資金調達を行う企業で、その企業価値 V_U は株式の価値 S_U と等しく、以下の関係が成り立つ。

$$V_U = S_U$$

次に、企業 L は、株式と社債で資金調達を行う企業で、その企業価値 V_L は株式と負債の価値の合計であり、以下の関係が成り立つ。

$$V_L = S_L + B_L$$

以上の条件の下で、モディリアニ=ミラーの定理によれば、企業 U と企業 L の収益が同じならば、以下の関係が成り立つ。

$$V_U = V_L$$

すなわち、金融市場が円滑に機能している場合には、同じ収益をあげると予想される企業の総価値は、総資本の構成（資金調達の方法）とは関係なく同じ値になる、という結果が得られる。

定理が成立する理由は、以下のとおりである。いま、企業 U と企業 L の将来得る収益は同じであることがわかっている。もしどちらかの企業価値のほうが高ければ、企業価値が割高になっている企業の株式と社債を売って、その資金で割安な企業の株式と社債を買うことで、同じ収益を得たうえに、追加的な売買利得が得られることになる。ところが、金融市場の情報が完全であり、債券の売買に何の手数料もかからない、という完全競争の仮定があるので、このような確実に収益が得られる機会を投資家は見逃さない。したがって、割安な企業の株式と社債には買い注文が殺到して値上がりし、割高な企業の株式と社債には売り注文が殺到して値下がりする。このような取引は、両方の企業の株式と社債の価値が等しくなるまで継続するはずである。

言い換えると、企業価値という観点から評価して、金融市場が競争的で、税制や取引費用が無視できるのであれば、新株を発行しても、社債を発行しても、企業は同じ資金調達コストを払わないといけない。したがって、企業 U と企業 L の利益が同じならば、$V_U=V_L$ となる。この結論を、モディリアニ=ミラーの定理の第一命題と言う。

企業価値が負債比率と無関係であることから、全額株式で資金調達を行う企業 U の株式からの期待収益率（資本コスト）r_u は、株式と社債で資金調達を行う企業 L の株式と負債を全部保有した時の期待収益率と等しいはずである。

r_S を企業 L の株式資本コスト、r_L を企業 L の負債の資本コストだとすると、5節で定義した企業 L の加重平均資本コスト $r_S\dfrac{S_L}{B_L+S_L}+r_L\dfrac{B_L}{B_L+S_L}$ は企業 U の株式からの期待収益率 r_u に等しいから、

$$r_S\frac{S_L}{B_L+S_L}+r_L\frac{B_L}{B_L+S_L}=r_u$$

となり、これを変形して、

$$r_S=\frac{B_L}{S_L}(r_u-r_L)+r_u$$

となる。株式のほうが社債よりリスクが高く、$r_S>r_L$ で、r_u は r_S と r_L の間の値をとるから、r_u-r_L はプラスである。よって、負債がある企業 L の株式資本コスト r_S は、全額株式調達の企業 U の資本コスト r_u よりも、時価で計算した負債の比率 B_L/S_L に比例して、r_u-r_L の大きさに応じて高くなる。つまり、資本コストが低い負債の比率を上げると、それに応じて株式の資本コストが上昇し、加重平均した資本コストは一定である、という結果が得られる。この結論を、モディリアニ=ミラーの定理の第二命題と言う。

以上の結果は、金融取引に何の規制もない場合の結論である。もしも政府が

企業に**法人税**を課した場合には、定理の結論は、企業 U と企業 L の収益が同じなら $V_L > V_U$ である、と変更される。

結論が変更される理由は、法人税の課税に際して、支払利子は経費として控除できるが、配当は経費として控除できないからである。つまり、同じ利益をあげていて、同じ法人税率を課税されても、企業 U は全部の利益に課税された後に配当を支払うのに対して、企業 L は、社債の利子を支払った後の利益に課税される。したがって、支払う税金は企業 U より企業 L が少額ですみ、企業価値は企業 L のほうが大きくなるのである。

現実の社会では法人税が存在するので、モディリアニ=ミラーの定理に従うと、社債からの調達比率を100%とし、株式からの調達比率をゼロにするのが望ましい、ということになるのだろうか？　答えは、企業倒産の危険と、その費用が大きいならば、株式からの調達比率をゼロにするのは望ましくない、というものである。その理由は以下のとおりである。

仮にある企業が社債だけに頼って資金調達を行うと、その企業は収益が低くなった時でも社債を返済しなければならない。その企業には、株式を発行していれば可能である、株式配当を削減することで資金流出を食い止める、という手段が使えなくなってしまう。したがって、同じ収益をあげていても、株式だけで資金を調達している企業よりも、社債だけで資金を調達している企業のほうが倒産の危険は高いと考えられる。さらに、倒産に伴う費用（例えば、弁護士、会計士、コンサルタントに支払う手数料など）が生じる可能性まで考えると、社債だけで資金を調達しようとするのは現実的ではなく、株式と社債の両方で資金調達するほうがよい、という結論が得られる。

Key Word　株式会社、株主、株主の有限責任、自己資本、他人資本、運転資金、売掛金、受取手形、在庫、買掛金、支払手形、設備資金、外部資金、内部資金、株式、社債、借入れ金、企業間信用、内部留保等、減価償却費、財務諸表、貸借対照表、資産、棚卸資産、負債、純資産、損益計算書、キャッシュ・フロー計算書、資本計画、正味現在価値（NPV）、内部収益率、資本コスト、加重平均資本コスト、モディリアニ=ミラーの定理、法人税

7章まとめ——企業の投資と資金調達の理論

❶企業のうち、その活動の元手を株式発行によって多くの人から集めるために作られた会社のことを株式会社と言う。

❷企業が調達した資金には、株主が出資した自己資本（資本）と、銀行など外部から調達した資金である他人資本がある。

❸企業が必要とする資金は、用途別に運転資金、設備資金、その他資金に分けられる。

❹運転資金は企業の通常の営業活動に伴って発生する資金のことで、その総額は

（売掛金＋受取手形）＋在庫－（買掛金＋支払手形）

によって計算する。

❺設備資金は、工場や機械設備を保有する目的で行われる設備投資のために必要な資金である。

❻企業の資金調達の方法には、外部資金と内部資金がある。外部資金には、株式、社債、借入れ金、企業間信用がある。内部資金には、内部留保等と減価償却費がある。

❼資本計画とは、投資から将来得られる税引後利益と減価償却費の合計を資本コストで割り引いた現在価値が費用より大きな投資を実行せよ、という設備投資資金調達に関する行動基準のことである。この行動基準は、内部収益率が資本コストよりも大きければ投資を実行せよ、とも表現できる。

❽理論的には、金融市場が完全であるという極端な仮定の下では、同じ収益をあげると予想される企業の総価値は、資金調達手段の選択とは無関係である。資本コストが低い負債の比率を上げると、それに応じて株式の資本コストが上昇し、加重平均した資本コストは一定である。

❾もしも法人税が課せられ、社債の支払利子は経費として扱えるのであれば、同じ収益をあげると予想される企業の総価値は、株式と負債の両方で資金調達をしている企業のほうが株式だけで資金調達している企業よりも高くなる。

❿もっとも、負債だけで資金調達する企業は、同じ収益をあげると予想される企業で株式だけで資金調達している企業と比べると、いかなる業績であっても利子の支払いを迫られるという負債調達の性質により倒産の可能性が高まる。もしも倒産に伴う費用が大きいのならば、負債による資金調達比率を100％にすることは得策とは言えなくなる。

【参考文献】

新井富雄・高橋文郎・芹田敏夫『コーポレート・ファイナンス　基礎と応用』中央経済社、3章、5章、6章、2016年

大村敬一『ファイナンス論――入門から応用まで』有斐閣、14章、2010年

神田秀樹『会社法入門』(新版)、岩波書店、1～3章、2015年

桜井久勝『財務会計講義』(第22版)、中央経済社、2章、4章、8章、11章、2021年

内藤文雄『会計学エッセンス』(第3版)、中央経済社、5～7章、2018年

中島真志『入門 企業金融論――基礎から学ぶ資金調達の仕組み』東洋経済新報社、1～8章、2015年

ブリーリー、リチャード/スチュワート・マイヤーズ/フランクリン・アレン著、藤井眞理子・國枝繁樹監訳『コーポレートファイナンス(第10版)』上巻、日経BP社、16～19章、2014年

堀江康熙・有岡律子・森祐司『テキスト金融論』(第2版)、新世社、17～19章、2021年

8章 企業の投資と資金調達の実際

本章では企業の投資と資金調達の実際について説明する。

実際の金融市場は、第7章6節で説明したモディリアニ=ミラーの定理が前提とする完全競争的な金融市場ではなく、不完全な金融市場である。こうした状況の下では、負債の調達比率をどの程度にすればよいか、という問題は検討する価値があることになる。

そこで以下では、日本の民間非金融法人企業の資金調達と資金運用の特徴について説明していく。第一に、日本の民間非金融法人企業は、1990年代はじめまでは資金不足、1990年代終わりからは資金余剰である。第二に、民間非金融法人企業の金融負債の内訳比率の推移を見ると、金融機関からの借入れの比率が高い。第三に、民間非金融法人企業の金融資産の内訳比率を見ると、対外証券・直接投資の比率が上昇している。最後に、外部資金の利用は、経営者を規律づける一つの方法であること、また、日本のような銀行中心の金融システムと、米国のような資本市場中心の金融システムとでは、外部資金の利用を通した経営者への規律づけのあり方は異なることを説明する。

1. 金融市場の不完全性

以下では、**金融市場の不完全性**の事例を二つあげ、モディリアニ=ミラーの定理の機械的な現実経済への適用には注意が必要であることを説明する。

(1) 株主の有限責任

金融市場の不完全性の第一の事例は、株主の有限責任という制度に伴う金融市場の不完全性である。

株主は、企業が倒産した場合も、自分の持つ株式の価値がゼロになるという以上の損失は免れる。したがって、倒産の危機に瀕した企業が危険な投資をすれば、株主にとって見ると、企業の収益が増えて株価が上がる可能性は高まる一方で、自分の損失は一定以上には増えない。そこで株主には、企業経営が苦しくなると、一発逆転を狙って収益を回復させるような危険な投資に賛成する誘因がある。

一方、社債への投資家は、どれだけ企業収益が回復しようとも、受け取る元本と利息は同じであるから、このような危険な投資には反対する。しかし、社債への投資家が企業活動を日々監視するのは難しいので、株主の利益を重視する経営者は、社債への投資家が反対する可能性が高い危険な投資をこっそり実行する可能性がある。

このように、株主の有限責任と、企業経営者の行動を日々監視することが難しいことを考慮すると、金融市場は完全競争的にはならない。この時、モディリアニ=ミラーの定理にしたがって法人税がある場合に社債調達比率を高めることは、社債への投資家の利益を必ずしも高めるとは限らないことがわかる。

(2)　信用割り当て

金融市場の不完全性の第二の事例は、銀行貸出しにおける**信用割り当て**である。

銀行は融資を専門にしており、借り手のうち何割ぐらいは貸倒れリスクが高いという意味で悪い借り手であるかを経験的に知っている。しかし、初めて銀行に融資を希望してきた複数の借り手から、貸倒れリスクが低い良い借り手と、貸倒れリスクが高い悪い借り手を区別することは、新規の借り手の情報が不十分であるために一般には難しい。そこで銀行は、貸倒れリスクが高い悪い借り手に誤って融資をする可能性も経験に基づいて考慮したうえで、新規の借り手には貸出しを行う。つまり、銀行は、貸倒れリスクが低い良い借り手と、貸倒れリスクが高い悪い借り手とを区別できないので、万が一貸倒れリスクが高い悪い借り手に融資してしまったとしても採算が合うように、そのリスク負担にみあう追加的な金利（**リスク・プレミアム**）を加算した高めの金利をすべての新規の借り手に対して提示する。

銀行が、このリスク・プレミアムを加算した金利を貸倒れリスクが低い良い借り手に要求してしまったとしよう。この場合には、貸倒れリスクが低い良い借り手は、プロジェクトの採算以上の金利を要求されて銀行からの融資を受けられないことが起こるかもしれない。その一方で、高い金利を払ってでも融資を受けることをいとわない借り手の中には、事業に失敗する可能性が高くて返済の可能性は低いものの、成功した場合には大きな利益を得られるような、貸倒れリスクの高い悪い借り手が増えてしまう。その結果、銀行はせっかくリスク・プレミアムを加味して高めの金利を提示したのに、かえって貸し倒れが増えて、銀行の収益が悪化するような状況が生まれることがある。この時銀行がリスク・プレミアムを引き下げると、貸倒れリスクが低い良い借り手のうち、収益性が比較的高い借り手は融資を受けることができるので、銀行の収益が改善する。銀行は収益を最大にするようなやや低い金利をすべての借り手に提示することになる。しかし、このやや低い金利では資金需要が資金供給を上回るため、一部の借り手は銀行から融資を受けられない状況が生まれる。こうした状況を信用割り当てが発生していると言う。信用割り当てが発生していると、モディリアニ=ミラーの定理が想定するような、一定の金利で誰もが自由に銀行借入れ、社債発行、株式発行を行える、という仮定は成立しない。

企業の信用に関する情報が不完全ならば、リスク・プレミアムが発生するために、企業は同じ資本コストで資金調達をすることができない可能性がある。このような状況を前提として、企業は、リスク・プレミアムが小さく、安価な資金調達手段から実際には利用する、と主張するのが**ペッキング・オーダー仮説**である。この仮説の下では、安価な資金調達手段は、内部資金であり、高価な資金調達手段は、リスク・プレミアムの付く外部資金である。外部資金のうち、負債は株式よりリスク・プレミアムが小さく安価な資金調達手段なので、負債、株式の順に資金調達するのが適切になる。さらに、同じ収益をあげると予想される企業同士であっても、内部資金が少ない企業のほうが、外部資金の調達コストが高いため、設備投資を抑制する可能性が高い。このように内部資金の量が十分でなく、投資が自由にできない状況を、**流動性制約**が生じた状態だと言う。

2．民間非金融法人企業の金融資産・金融負債の選択の実際

1節では、金融市場に不完全性がある場合には、負債調達比率を考える意味があることを説明した。そこで、本節では、資金循環統計を用いて、日本の民間非金融法人企業の資産構成と負債構成を検討していく。

(1) 民間非金融法人企業の資金過不足

1980年度～2020年度の日本の民間非金融法人企業の資金過不足は、第2章図表2-2に示されている。

図表2-2を見ると、日本の民間非金融法人企業は、1993年度までは資金不足であり、1991年度に記録したマイナス41兆円が資金不足のピークである。その後、資金不足幅は減少し、1994年度にはじめてプラス5兆円となり、1998年度以後は資金余剰に転じ、2003年度にはプラス39兆円に達した。こうした変化は、バブル崩壊と1997～98年の金融危機による企業の投資抑制の影響が大きい。金融危機が一段落すると再び資金余剰幅は低下したが、2008年のリーマン・ショック後には再び資金余剰幅は拡大して、2010年度にはプラス31兆円となり、その後徐々に低下している。民間非金融法人企業が資金余剰である、ということは、追加で借入れをしなくても、日々の業務で稼いだ資金の蓄積で設備投資などを賄える、ということを意味している。

(2) 民間非金融法人企業の金融負債残高

第2章図表2-3を見ると、2020年度末の日本の民間非金融法人企業の金融負債残高は1,862兆円（合計から金融資産・負債差額を引いた金額）である。この数字は時価ベースなので、例えば株式のように時価評価している金融商品の場合、金融資産・負債残高表の計数を用いて資金調達額を計算しようとすると金融商品の価格変化の影響が含まれてしまう。そこで、資金循環統計では、参考計数として民間金融機関貸出（簿価ベース）、株式等・投資信託受益証券（簿価ベース）の負債、債務証券（額面ベース）の負債の残高を報告している。

この参考計数は、企業がこれらの金融商品で資金調達して得た金額の累積額に相当するので、企業の資金調達を分析するという本章の趣旨からは簿価・額面ベースの統計を見ていくことが望ましい。

簿価・額面ベースの統計で民間非金融法人企業の金融負債残高を見ると、2020年度末残高は989兆円である。同残高の前年度比を見ると、1981年度～90年度の前年度比の平均は９％増加だったが、1996年度～2012年度はほとんどの年で前年度比がマイナスであった。2013年度以後の前年度比は2019年度を除いて小幅のプラスであった。

図表 8-1 は、民間非金融法人企業の1980年度～2020年度の金融負債残高（簿

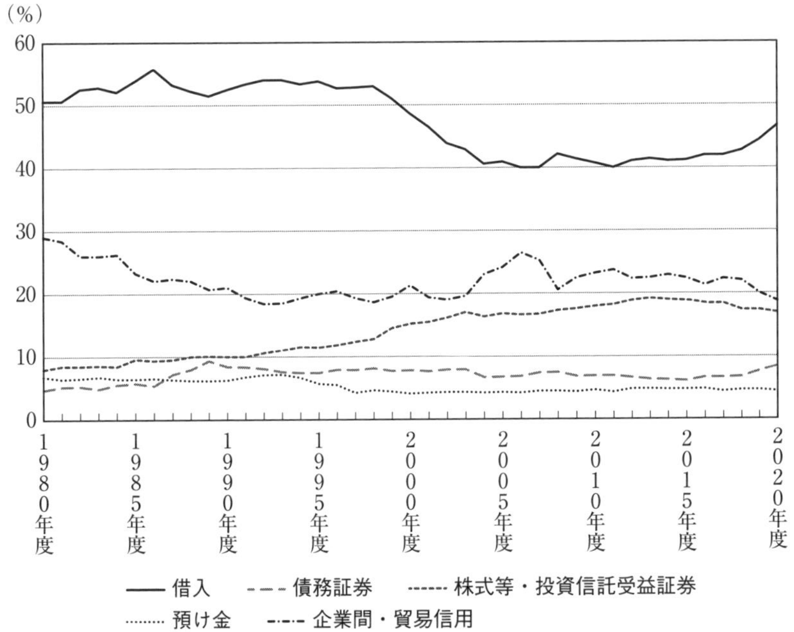

図表 8-1　日本の民間非金融法人企業の金融負債残高（簿価・額面ベース）：1980年度～2020年度

（出所）　日本銀行「資金循環統計（2021年第１四半期速報）」
https://www.boj.or.jp/statistics/sj/sj.htm/（2021年６月25日アクセス）
（注）その他は「保険・年金・定型保証」「金融派生商品・雇用者ストックオプション」「未収・未払金」「その他対外債権債務」「その他」の合計であるが、このグラフには表示されていない。

価・額面ベース）の内訳比率である。図表 8-1 を見ると、実線で示した借入れの比率が50％台から40％台へと低下し、銀行の融資態度に大きな変化があったことがうかがわれる。一点波線で示した企業間・貿易信用はやや低下して20％程度となり、短い破線で示した株式等・投資信託受益証券の調達額は10％程度から20％程度へと徐々に上昇している。

簿価・額面ベースの統計を用いることの背景を理解するために、図表 8-2 では民間非金融法人企業の金融負債残高の内訳比率（時価ベース）を示している。実線で示した金融機関からの借入れは、2000年度以前の40％程度から2020年度にかけて総じて見ると30％程度に低下している。一方、短い破線で示した

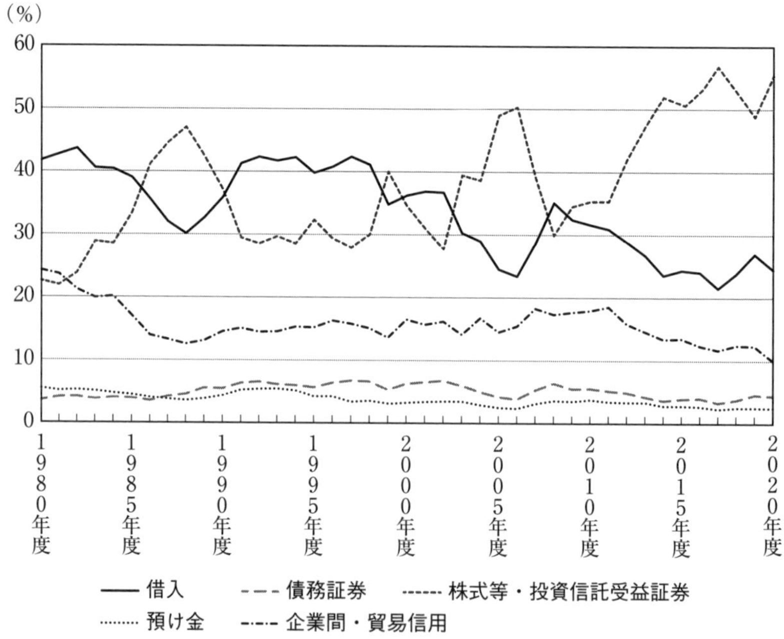

図表 8-2　日本の民間非金融法人企業の金融負債残高の内訳（時価ベース）：1980年度〜2020年度

（出所）　日本銀行「資金循環統計（2021年第 1 四半期速報）」
https://www.boj.or.jp/statistics/sj/sj.htm/（2021年 6 月25日アクセス）
（注）　その他は図表 8-1 と同じく、「保険・年金・定型保証」「金融派生商品・雇用者ストックオプション」「未収・未払金」「その他対外債権債務」「その他」の合計であるが、このグラフには表示されていない。

株式等・投資信託受益証券は株価の動向次第で変動が大きい。例えば、日本の資産価格バブル崩壊後に株価が暴落したため、同比率は1988年度の47％から1990年代初めに25％～30％程度に下落するが、米国住宅バブルの影響で株高になった2006年には50.5％に達した。2008年度に発生したリーマン・ショック以降低下するが、2012年度にアベノミクスが開始されてからは再度上昇して、2017年には57.1％を記録している。

図表 8-2 のデータにおける株式等・投資信託受益証券の比率の変化は発行済み株式の時価評価額の増減を反映しているところが多く、この比率が上がっても、実際に株式調達が同じだけの比率で増えているとは限らないため、民間非金融法人企業の資金調達の累計を見るには図表 8-1（簿価・額面ベース）を見ることが望ましい。

図表 8-3 は、民間非金融法人企業の金融負債構成比率（時価ベース）を日本、米国、ユーロ・エリア諸国で比較したものである。日本の企業とユーロ・エリア諸国の企業は、どちらも株式等が約55％、債務証券が４％、借入れが25％程度である。米国企業は借入れが５％程度と日本とユーロ・エリア諸国の

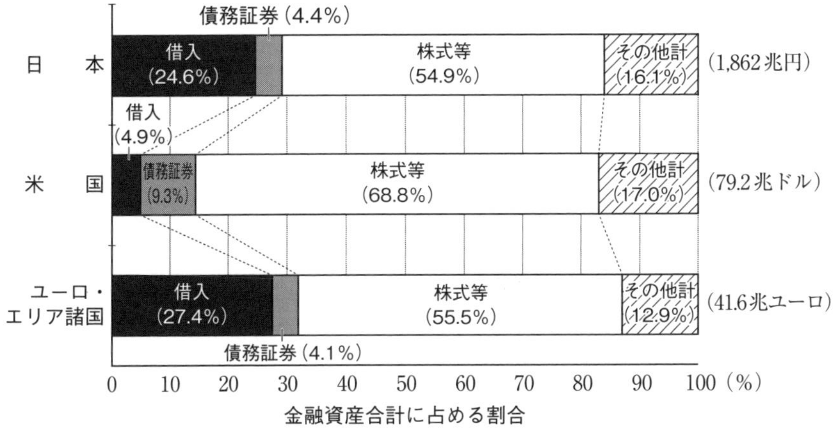

図表 8-3　民間非金融法人企業の資金調達比率の国際比較（時価ベース、2021年３月末）

（出所）　日本銀行　「資金循環の日米欧比較」
https://www.boj.or.jp/statistics/sj/sjhiq.pdf（2021年８月20日アクセス）
（注）「その他計」は、金融負債合計から、「借入」、「債券」、「株式・出資金」を控除した残差。ユーロ・エリア諸国は、民間非金融法人企業および公的非金融法人企業を含む、非金融法人企業の負債構成を示している。

企業よりも低く、70％程度が株式等で、債務証券が10％と、いずれも日本とユーロ・エリア諸国の企業より高い。

（3） 民間非金融法人企業の金融資産残高

第2章図表2-3を見ると、2020年度末の日本の民間非金融法人企業の金融資産残高（時価ベース）は1,247兆円である。同残高の前年度比を見ると、1981年度～1990年度の前年度比を平均すると11％の増加であったが、1991年度からは内外金融危機の影響もあって一進一退となり、2013年度以後は株価が上昇した年には前年度比がプラスになっている。

図表8-4は、民間非金融法人企業の1980年度～2020年度金融資産残高の内訳比率を示している。

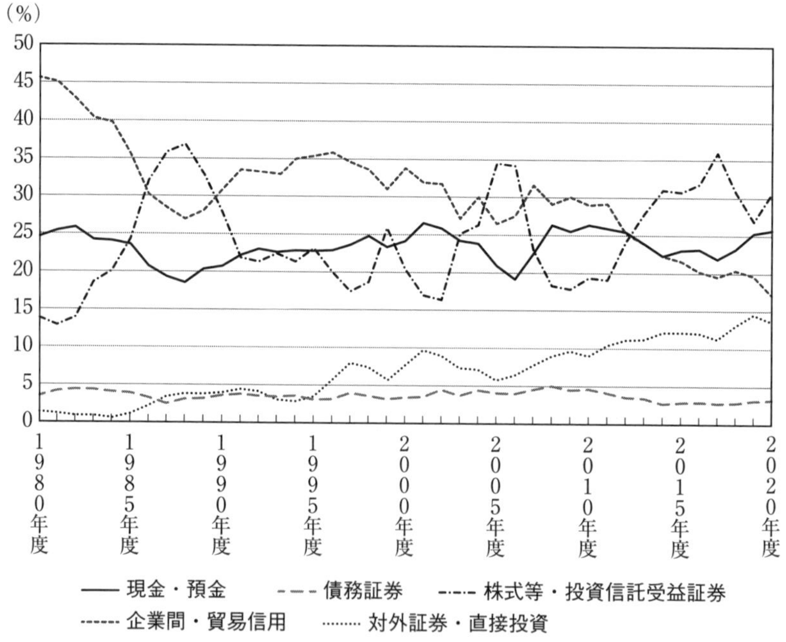

図表8-4　日本の民間非金融法人企業の金融資産残高の内訳（時価ベース）：1980年度～2020年度

（出所） 日本銀行「資金循環統計（2021年第1四半期速報）」
https://www.boj.or.jp/statistics/sj/sj.htm/（2021年6月25日アクセス）

実線で示した現金・預金の比率は比較的安定しており、20%～25%程度である。破線で示した企業間・貿易信用の比率は1980年代前半の40%台から2020年度には20%程度に低下している。点線で示した対外証券・直接投資の比率は、1980年度には1.2%だったが徐々に増加して2020年度には13.4%となった。これは日本の企業の国際化の影響を反映していると思われる。

3. 経営者の規律と資金調達

銀行借入れ、株式発行、社債発行は、いずれも外部資金調達を通して経営者を監視する仕組みであると理解できる。もし企業の資金調達手段が内部資金ばかりだと、経営者が株主の利益を顧みず、自分の名声につながるような投資だけをするかもしれない。このような株主の利益が経営者の利益とは一致しない状況を**利益の相反**があると言い、それに伴って発生する費用（例えば経営者のためにはなるが、株主のためにはならない投資を行ってしまう費用）を**エージェンシー費用**と言う。

利益の相反を改善するには、外部資金の利用を通した**経営者の規律づけ**が一つの方策になる。

株式市場から経営者の過大投資を防止する規律としては、株主総会の株主議決権行使、株主代表訴訟（会社役員が職務怠慢などにより会社に対して損害を与えたが、会社がその会社役員の責任を追及しない場合、株主自らが会社にかわってその会社役員の責任を追及する訴訟を提起できる制度)、敵対的買収(取締役会の了解を得ないで買収を仕掛けること）がある。

銀行も、企業と長期的な貸出し関係を結び、貸出し後のモニタリングを行うことで、経営者の過大投資を防止できる。例えば、長期の貸出しをするのではなく、あえて短期の貸出しを繰り返して、経営者の過大投資をチェックすることができる。

ところで、図表8-3で見たように、米国とユーロ・エリア諸国、日本においては、銀行借入れと株式・債券市場調達のウエイトが大きく異なっている。これは、企業統治のあり方と関係していることを以下では説明する。[1)]

企業統治とは、企業経営がどのように指揮されるべきか、という問題である。効率的な経営のためには、企業経営者が独走しないように規律づける必要があるが、規律づけの仕方は、金融市場の発展の違いに応じて異なってきたという事情がある。大きく分けて日本、欧州大陸国（ユーロ・エリア諸国中のドイツ等）のような規律づけの仕方と、英国、米国のような規律づけの仕方に分けられる。図表8-3から予想されるように、日本とドイツは銀行中心の金融市場であり、英国と米国は資本市場中心の金融市場であった。

金融市場の発展の違いによって、規律づけを確保する主体は変わってくる。日本やドイツでは、主な資金調達手段が銀行借入れであり、規律づけの主体は銀行であった。モニタリングの担い手は、事業開始前、開始後、資金返済時に至るまで、銀行であった。一方、英国と米国では株式、社債市場が主な資金調達手段であり、規律づけを確保する主体は株主と債券保有者であった。モニタリングの担い手については、事業開始前は信用格付機関、開始後は社外取締役、資金返済時は公認会計士や監査法人である。

それでは、日本で支配的な銀行中心の金融システムの長所と短所はどのようなものだろうか？

銀行中心の金融システムの長所は、情報の非対称性がある下で、銀行が継続的な融資を行い企業の情報を収集し、効率的な経営が可能になることである。例えば、日本では、**メイン・バンク**がそうした役割を果たしてきたと言われている。メイン・バンクとは、企業が親密な関係にある銀行のことで、通常は最大の借入れ先がメイン・バンクだとされる。日本のメイン・バンクは、貸出し先企業の株式保有、役員派遣を通した監視、経営危機時の企業救済等により、貸出し先企業に効率的な経営を促したと言われている。

銀行中心の金融システムの短所は、第一に、日本のバブル崩壊以後の経験に見られたように、銀行監督が常に十分とは言えず、銀行経営が悪化する可能性があることである。第二に、メイン・バンクが貸出し先企業の情報を独占するので、その企業がメイン・バンク以外の銀行から借入れを受けることが困難になってしまう可能性があることである。例えば、メイン・バンクがある企業の評価を低下させた場合には、この企業は他の銀行から借入れを受けるのは難し

1）　以下の説明は福田［2020］を参考にした。

いので、不利な条件でメイン・バンクからの借入れを継続するしかない。

では、どういった経済条件の下で異なる金融システムの長所が発揮されるのだろうか？　例えば、経済発展に欠かせない技術導入という面から評価すると、銀行貸出しは定型的な技術導入の資金調達に向いているが、株式市場は最先端の技術導入の資金調達に向いていると考えられる。なぜなら、技術の使用例がある場合には、これを効率的に経営に生かすよう銀行がチェックすれば十分である。実際、日本とドイツは後発の工業国だった。一方、技術が最先端で、銀行がその技術を評価できないような場合は、幅広い投資家層が危険を負担して技術導入を進めたほうがよいと思われる。実際、技術開発の最先端は英国と米国だった。

日本の金融危機を経て、メイン・バンクの力の限界が認識された状況下、2010年代半ばから日本企業の体質や行動、企業統治を改める試みが始まった。代表的なものは、機関投資家向けと企業経営者向けの以下の二つの行動規範の策定である。

第一に、「『責任ある機関投資家』の諸原則～投資と対話を通じて企業の持続的成長を促すために～《**日本版スチュワードシップ・コード**》」は、機関投資家が、顧客・受益者と投資先企業の双方を視野に入れ、責任ある機関投資家としてスチュワードシップ責任を果たすにあたり有用と考えられる諸原則を定めたもので、2014年２月に公表された後、2017年５月29日、2020年３月24日に改訂されている。スチュワードシップ責任とは、機関投資家が、投資先企業やその事業環境等に関する深い理解のほか運用戦略に応じたサステナビリティ（ESG要素を含む中長期的な持続可能性[2)]）の考慮に基づく建設的な目的を持った対話（エンゲージメント）などを通じて、当該企業の企業価値の向上や持続的成長を促すことにより、顧客・受益者の中長期的な投資リターンの拡大を図る責任を意味する。

2014年２月に、金融庁は、日本版スチュワードシップ・コードを受け入れる

2）ESGは、環境（Environment）、社会（Social）、ガバナンス（Governance）の頭文字で、持続可能な世界の実現のために、企業の長期的成長に重要な３つの観点を表す。国連が2006年に「責任投資原則」を提唱してから世界的にESGが投資で重視されるようになった。

機関投資家に対して、コードの各原則に基づく公表項目（実施しない原則がある場合には、その理由の説明を含む）を自らのウェブサイトで公表し、毎年、見直し・更新を行うこと、公表を行ったウェブサイトのアドレスを通知することを期待する、と発表した。2020年３月現在でスチュワードシップ・コードの受入れを表明した機関投資家は280を超え、その中には、年金積立金の運用を行う日本最大の機関投資家である年金積立金管理運用独立行政法人（GPIF、詳細は第11章８節を参照）も含まれている。

第二に、日本の証券取引所上場企業へ適用された「**コーポレートガバナンス・コード**～会社の持続的な成長と中長期的な企業価値の向上のために～」は、会社が株主をはじめ顧客・従業員・地域社会等の立場を踏まえたうえで、透明・公正かつ迅速・果断な意思決定を行うための仕組みを整備するものである。2015年６月に日本の証券取引所上場企業へ適用された後、2018年６月、2021年６月に改訂されている。

コーポレートガバナンス・コードの五つの基本原則は、①株主の権利・平等性確保、②株主以外のステークホルダーとの適切な協業、③適切な情報開示と透明性の確保、④取締役会等の責務、⑤株主との対話、からなる。

こうした取り組みによって、機関投資家は企業と建設的な対話を行うとともに、基本原則①が少数株主、外国人株主への配慮を求めていることから、企業からは外国人株主にも理解しやすい情報開示が行われる、といった結果がもたらされ、日本企業の持続的成長と中長期的な企業価値の向上のための自律的な対応が図られることを通じて、会社、投資家、ひいては経済全体の発展にも寄与することが促されることが期待されている。

このほか、持続的な成長と中長期的な企業価値の向上に向けた機関投資家と企業の対話において、重点的に議論することが期待される事項を取りまとめた「投資家と企業の対話ガイドライン」が上記二つのコードの附属文書として2018年６月に策定され、2021年６月に改訂されている。

近年の情報技術革新によって銀行中心の資金調達を変革する動きとして、**クラウドファンディング**がある。クラウドファンディングは、事業者の進めるプロジェクトに共感する不特定多数がインターネットを通して資金提供をするシステムである。クラウドファンディングの中で融資型と呼ばれるものは、資金調達を支援するプラットフォーマーが設立したインターネットのウェブサイトで資金を募集し、多数の出資者は資金を貸し出し、プロジェクト終了後に金銭的なリターン（その利回りは確定ではない）の分配と元本の返済（プロジェクトの進捗次第で損失が出ることもある）を受ける仕組みである。資金調達者にとっては銀行が融資を躊躇するようなプロジェクトであっても、関心を持っている一般投資家から資金を集められるメリットがある。一般投資家も、自分が関心のある分野の投資で銀行預金よりも高い収益率が得られる可能性がある。

Key Word　金融市場の不完全性、信用割り当て、リスク・プレミアム、ペッキング・オーダー仮説、流動性制約、利益の相反、エージェンシー費用、経営者の規律づけ、企業統治、メイン・バンク、日本版スチュワードシップ・コード、コーポレートガバナンス・コード、クラウドファンディング

8章まとめ――企業の投資と資金調達の実際

❶金融市場が不完全な場合は、モディリアニ=ミラーの定理が成立せず、企業の負債構成を考える意味がある。
❷金融市場が不完全になる原因として、株主の有限責任、新規借り手の信用に関する情報が不完全なことがあげられる。
❸企業の信用に関する情報が不完全ならば、リスク・プレミアムが発生するために、企業は同じ資本コストで資金調達をすることができない可能性がある。
❹ペッキング・オーダー仮説によれば、企業はリスク・プレミアムが小さく、安価な資金調達手段から順番に資金調達を行う。その順番は、内部資金、負債、株式である。
❺内部資金の量が十分でなく、投資が自由にできない状況を、流動性制約が生じた状態だと言う。
❻日本の民間非金融法人企業は、1990年代はじめまでは資金不足、1990年代終わりからは資金余剰である。
❼民間非金融法人企業の金融負債残高の内訳比率を簿価・額面ベースで見ると、金融機関からの借入れの比率が高い。株式等・投資信託受益証券の比率は徐々に上昇している。
❽民間非金融法人企業の金融資産残高の内訳比率を見ると、対外証券・直接投

資の比率が上昇している。

❾企業統治とは、企業経営がどのように指揮され、規律づけられるべきか、という問題である。外部資金の利用は、経営者を規律づけ、利益の相反によって発生するエージェンシー費用を低下させる一つの方法であると理解できる。

❿銀行中心の金融システムと、資本市場中心の金融システムとでは、企業統治のあり方は異なる。

【参考文献】

内田浩史『金融』有斐閣、4章、10章、2016年
大村敬一『ファイナンス論――入門から応用まで』有斐閣、15章、18章、2010年
神田秀樹『会社法入門』（新版）、岩波書店、2章、5章、2015年
中東正文・白井正和・北川徹・福島洋尚『会社法』有斐閣、2章、2015年
福田慎一『金融論――市場と経済政策の有効性』（新版）有斐閣、5～6章、2020年

第3部

金融システムと金融機関

概　要

第3部では、金融システムと金融機関の機能、金融機関への規制について説明する。

金融システムとは、黒字主体から赤字主体に資金が金融機関を通して仲介され、債権・債務関係（人がある人に対して一定の財貨を要求したり、ある人から一定の財貨を要求される関係）が決済されることを可能にする仕組みのことを指す。効率的な金融システムの下では、リスクを社会全体で分担し、支払い・決済を通して社会に流動性が供給されることが期待される。金融システムには、金融機関だけではなく、支払い・決済が安全に行われるようにするための制度や、金融機関の行動を規制する諸制度も含まれる。

金融機関については、資金循環統計の分類に従い、預金取扱機関と非預金取扱機関に分けて説明を行う。第一に、預金取扱機関については、銀行について説明する。第二に、家計の金融資産残高が預金に次いで大きい保険と年金基金を説明する。第三に、資本市場で活動する金融仲介機関として、証券会社と証券投資信託を説明する。第四に、その他の金融機関であるノンバンク、公的金融機関、ディーラー・ブローカーのうち短資会社を説明する。さらに、金融サービス仲介業者と、銀行ではないが送金サービスを実行する業者について説明する。最後に、第3部で取り上げた金融機関への規制を説明する。なお、中央銀行に関しては第5部で説明する。

第3部の各章の具体的な内容は以下のとおりである。

第9章では、銀行の業務と銀行の直面するリスクについて説明する。銀行の業務は、大きく分けて、預金業務、貸出業務、為替業務（顧客から、隔地者間で直接現金を輸送せずに資金を移動する仕組みを利用して資金を移動することを内容とする依頼を受けて、これを引き受けること、またはこれを引き受けて遂行すること）の3種類である。そこで第9章ではまず、これら3つの業務について説明する。このうち、為替業務に関しては、近年の規制緩和によりノンバンクの参入が起こっている。為替業務の円滑な遂行は、銀行間ネットワークを通した銀行預金を用いた振込や口座振替により、様々な取引に伴う資金の決済ができることで可能となっている。近年のノンバンクの参入を受けて、銀行間ネットワークにも変化が見られることを説明する。

銀行は資金運用収益と資金調達費用の差から収益をあげているが、業務に由来するリスクも負っている。第９章では、銀行の直面するリスクが、信用リスク、市場リスク、流動性リスクに大別されることを説明する。また、銀行は直面するリスクから発生することが予想される損失を試算し、これが自己資本でカバーできる範囲かどうかを点検しているので、この点も説明する。

第10章では、銀行が貸出と預金を同時に増やし、経済活動に必要な資金を供給するメカニズムである信用創造について説明する。お金を貸すことは銀行以外の金融機関にも可能だが、信用創造は銀行だけが可能である。信用創造が行える理由は、銀行が預金を発行できること、預金は銀行券といつでも一対一に交換できること、この特性ゆえに、預金は支払いに用いられ、支払いを決済する制度が存在する、ということを前提に、貸出の多くが現金として引き出されず、銀行に預金としてとどまることから始まる。貸出に見合った借り手の預金の増加分は、その預金が事業に使われていったんは減るが、借り手の事業が成功し、売上げが増えることで借り手の預金の増加につながり、貸出は利息とともに返済され、銀行の利益につながっていく。第10章の後半では、信用創造の様子を定量的に把握するためには、マネーストックという統計を利用することが有益であることを説明し、信用創造の理論が実際のデータにどの程度あてはまるかを説明する。

第11章では、保険と年金基金について説明する。保険については、まず保険契約の考え方を説明する。保険契約とは、大勢の人が保険料を負担しあい、それを財源に保険事故が起きた時に保険金・給付金を受け取る仕組みであり、対象になる保険事故に応じて、生命保険契約と損害保険契約の２種類の金融商品がある。次に、民間の生命保険会社と損害保険会社について、提供する保険契約商品、保険料の決まり方、収益構造を説明する。年金基金については、公的年金制度についての説明を行ったうえで、企業年金のうち確定給付型企業年金、企業型確定拠出年金を説明し、その他年金のうち国民年金基金と個人型確定拠出年金を説明する。

第12章では、資本市場で活動する金融機関のうち、証券会社と投資信託市場で活動する金融機関の役割を説明する。証券会社については、業務内容と収益状況を説明する。次に、投資信託委託会社が投資信託受益証券を他の多くの金融機関と役割を分担しながら投資家に供給していく仕組みを説明する

第13章では、その他の金融機関について説明する。まず、ノンバンクのうち、クレジットカード会社や貸金業者について説明する。公的金融機関については、財政投融資について説明する。ディーラー・ブローカーについては、短期金融市場のブローカーである短資会社を取り上げる。金融仲介機関ではない金融サービス事業者としては、金融サービス仲介業者と、銀行ではないが送金サービスを実行する業者（前払式支払手段業者、資金移動業者）と暗号資産交換業者について説明する。

第14章では、第３部で説明してきた金融機関に対する規制を説明する。銀行については、銀行規制が必要となる理由を説明した後、自己資本比率に即した早期是正措置や、預金保険制度の枠組みを説明する。銀行以外の金融機関についてはまず、保険会社と証券会社については早期是正措置と、破綻時の消費者保護の仕組みについて説明する。次に、金融サービス仲介業者への規制について説明する。最後に、プリペイドカードなどの前払式支払手段業者、資金移動業者、暗号資産交換業者について、各々が取り扱う商品の特徴に応じて、どのような利用者保護の規制があるかを説明する。クレジットカード会社については、割賦販売法による規制の特徴を説明する。

9章 銀行の業務とリスク

2021年3月末の資金循環統計速報において、家計の金融資産残高の54%を占めるのは現金・預金であった。そこで、本章では、預金を提供する預金取扱機関のうち、銀行に焦点を絞って説明していく。

本章ではまず第一に、貨幣が経済で果たす、価値の尺度、価値の貯蔵、交換手段という三つの機能を説明する。

第二に、銀行預金は貨幣の持つ三つの機能のうち、価値の貯蔵と、交換手段の二つの機能を果たすことを説明する。

第三に、銀行の三つの業務である預金業務、貸出業務、為替業務について銀行の貸借対照表を参照しながら説明する。

第四に、人々が銀行預金を用いて為替取引（振込）を行うことが可能となるための制度的枠組みである銀行間ネットワークにより、どのように銀行同士の貸借が決済されるかを説明する。ここで言う決済とは、取引によって発生した債権・債務のうち、お金にかかわる部分をお金（この場合は銀行預金）の受渡により解消することを言う。近年の情報技術革新の結果、為替取引が銀行以外の業者にも条件付きで認められ、これに伴い銀行間ネットワークにも変化が生じているので、その点も説明する。

第五に、銀行の損益計算書を説明し、銀行の収益はどの業務から生じているのかを検討する。

第六に、銀行業務にはどのようなリスクがあり、将来生じうる損失の可能性をどのように銀行が評価しているかを説明する。

1. 貨幣の機能

私たちは日々何気なく貨幣という言葉を使っているが、貨幣とは何かを定義することは必ずしも容易ではない。そこで、経済学では以下の三つの機能を果たすものを貨幣と呼んでいる。[1)]第一に、共通の単位となり商品の価値を示す機能、第二に、価値を貯蔵する機能、第三に、交換手段となる機能、である。これら三つの機能は伝統的に金・銀のような貴金属や銀行券が果たしてきた。現在の日本における貨幣の代表は、法的に強制通用力のある決済手段の代表である日本銀行券と硬貨（額面の20倍までを限度に通用）である。以下では、**貨幣の三つの機能**を説明する。

（1）価値の尺度

貨幣があるおかげで、様々な財・サービスの価格を共通の円という単位で示すことができる。円以外に複数の単位が共存していても、慣れの問題を除けば経済取引は可能だが、単一の単位による取引には簡潔でわかりやすいというメリットがある。

（2）価値の貯蔵

貨幣があるおかげで、いったん手にした１万円は、何年経っても１万円の価値がある。貨幣以外の物でも貯蔵はできるが、傷んでしまったりすれば価値を安定させることができないし、貯蔵の場所も貨幣よりは広い場所が必要になるかもしれないというデメリットがある。

（3）交換手段

貨幣があるおかげで、取引がスムーズにできる。もし貨幣がなかったら、例えばパンを買いに行く時にパン屋さんが欲しいものを持っていき交換しなければならない。パン屋さんが欲しいものを事前に調べるのは手間である。

2．預　金　通　貨

私たちの身の回りの支払いには、日本銀行券と硬貨からなる**現金通貨**が用い

1）　ここでの貨幣は硬貨の意味ではない。学説史的な詳細に関心がある読者は内田［2016］の１章１節、古川［2014］の１章４節などを参照。

られている。しかし、私たちは、クレジットカードやデビットカードで買い物をしたり（支払いの後あるいは支払いと同時に預金が引き落とされる）、電子マネーを用いて鉄道に乗る（事前に鉄道会社が発行する電子マネーに現金でチャージしておくか、後日クレジットカードから引き落とす）、といった形で、現金通貨を使うことなく支払いを行っている。このように考えてみると、日常生活では、交換手段としては、現金通貨以外にも、出し入れ自由な預金（**預金通貨**）が幅広く使われている。また、銀行に預金することで、現金と同様に価値の貯蔵も可能となる（ただし、その銀行が預金の払い戻しに応じるかぎりであるが）。預金通貨の主な提供者は銀行である。そこで以下では、銀行の機能について説明する。

3．銀行の三つの業務と貸借対照表

第1章7節で説明した預金取扱機関には銀行のほか、農林水産金融機関、中小企業金融機関などが含まれる。これらの金融機関は銀行と営業目的や顧客の範囲が異なるが、果たす機能は銀行とほぼ同じである。そこで、以下では銀行について説明する。銀行は大きく分けて以下の三つの業務を行っている。[2)]

第一に、**預金業務**である。銀行預金は、預金者の重要な資金の運用手段である。銀行は、預金を原資に企業に融資するなどして運用し、収益をあげ、預金者には利息を提供している。

第二に、**貸出業務**である。銀行貸出は、個人の住宅建築や企業の設備投資に際して重要な資金調達手段となっている。銀行は預金を原資に個人や企業、国・地方公共団体に融資を行い、利子を得ている。

第三に、**為替業務**である。為替業務とは、隔地者間で直接現金を輸送せずに資金を移動する仕組みを利用して資金を移動することを内容とする依頼を受け

2）　銀行法第二条は、銀行業は次に掲げる行為のいずれかを行う営業をいうと規定している。

　一　預金又は定期積金の受入れと資金の貸付け又は手形の割引とを併せ行うこと。

　二　為替取引を行うこと。

一が預金業務と貸出業務、二が為替業務に相当する。

て、これを引き受けること、またはこれを引き受けて遂行することである。為替取引のうち、銀行は、預金口座を介した資金移動業務として**振込**、公共料金やクレジットカードの利用代金などの**口座振替**（自動引き落とし）を行っている。これ以外に、預金口座を介することなく、小切手等を用いて資金を送付する**送金**、**代金取立**（顧客が自分の取引銀行に小切手や手形の取り立てを依頼すること）を銀行は行っている。

預金業務、貸出業務、為替業務の三つは銀行の固有業務と言われ、銀行はこれ以外にクレジットカード、債務保証、手形引受け、貸金庫などの付随業務を自ら行うことが可能である。

以下では、預金、貸出、為替を主業務とする銀行業の業務の全体像を説明するため、全国銀行の2020年度決算における貸借対照表を図表 9-1 に示した。[3)]

第一に、預金業務については、貸借対照表の負債の部にある預金にあらわれる。2020年度では、負債の７割程度が預金であり、銀行の資金調達の中心であることがわかる。負債の４％は譲渡性預金（CD）で、これは保険、年金基金や大企業との相対《あいたい》取引による銀行の資金調達である。コールマネーは、銀行が日々の資金過不足を調整するため短期資金の貸借を行うコール市場からの資金調達である（第10章１節で詳細を説明する）。

第二に、貸出業務については、資産の部にある貸出金にあらわれる。2020年度では、銀行の資産運用の46％を貸出金が占めている。貸出金のうち、コールローンは、コール市場での資金運用である。貸倒引当金とは、ある貸出金が返ってこない可能性があると判断された場合に、その貸出金を資産に残したまま、将来の資産減少額を見積もり、これを資産から控除するための項目である。このような会計処理を間接償却と言う。[4)] 貸倒引当金には、融資を正常に返済している貸出し先を主な対象として過去の貸倒実績率に基づいて引き当て

3）　全国銀行は、都市銀行５行、地方銀行62行、第二地方銀行38行、信託銀行４行（三菱 UFJ 信託銀行、みずほ信託銀行、三井住友信託銀行、野村信託銀行）および新生銀行、あおぞら銀行の合計111行の計数である。

4）　間接償却していた貸出し先が倒産した場合には、銀行はこの貸出し先への貸出を資産から減額し、損失を計上する直接償却を行う。直接償却を行うと、貸出額から、担保の売却などで回収した金額と、貸倒引当金としてすでに損失計上していた金額とを引いた分が銀行の新たな損失になる。

〈資産の部〉	(兆円)	構成比(%)	〈負債の部〉	(兆円)	構成比(%)
現金預け金	347	26.3	預金	924	69.8
(うち預け金)	340		譲渡性預金	56	4.2
有価証券	259	19.6	コールマネー	12	0.9
(うち国債)	90		その他	274	20.8
貸出金	612	46.2	負債の部合計	1,266	95.7
(うちコールローン)	7		〈純資産の部〉		
貸倒引当金	−4	−0.3	資本金	10	0.8
その他	109	8.2	資本剰余金	12	0.9
			(うち資本準備金)	7	
			利益剰余金	26	1.9
			(うち利益準備金)	2	
			その他	10	0.7
			純資産の部合計	57	4.3
資産の部合計	1,323	100.0	負債及び純資産の部合計	1,323	100.0

図表 9-1　全国銀行の貸借対照表：2020年度

(出所)　全国銀行協会「全国銀行財務諸表分析」2020年度決算
https://www.zenginkyo.or.jp/fileadmin/res/abstract/stats/year2_02/account2020_terminal/sogo32.xls
(2021年8月17日アクセス)

(注)　純資産の部に記載された数字の合計は、四捨五入の関係で純資産の部合計の数字とは一致しない。

る一般貸倒引当金と、ある特定の貸出し先の財務状態が悪化しているような場合に、その貸出し先の状況に応じて引き当てる個別貸倒引当金があり、引当額は貸倒引当金繰入額という勘定科目で、損益計算書に費用（損失）計上される。

貸出金以外の銀行の主要な資産は、有価証券と現金預け金である。有価証券は資産の20％を占めており、日本と外国の株式や債券への投資がなされているが、その3分の1程度は日本国債への投資である。現金預け金は、主に日本銀行当座預金と手持ち現金の合計で、前者は預け金という勘定科目に分類されている。

第三に、為替業務の主力である銀行預金を利用した振込は現金預け金の中の日本銀行当座預金を使って行われる。銀行Xに口座を持っているあなたが銀行Yに口座を持っている友人に振込を行う場合には、あなたから振込の依頼を受けた銀行Xは銀行Yへ為替通知を発信する。この為替取引に伴って、銀行Xは銀行Yにあなたの振込金額に相当する資金を支払う。この為替取引のために用いられているのが、預金取扱機関が参加し、一般社団法人全国銀行資金決済ネットワーク（**全銀ネット**）が運営している**全銀システム**と、各民間銀行が日本銀行に保有している**日本銀行当座預金**である。為替業務の詳細は、本章6節「銀行預金による決済」で説明する。また、日本銀行当座預金を銀行が保有する理由については第10章1節で説明する。

最後に、銀行の貸借対照表の純資産の部は、資産と負債の差額である。純資産は株主の持ち分であり、株主が出資した拠出資本（資本金と資本剰余金の合計）と、留保された利益である利益剰余金からなる。その他の純資産には評価・換算差額等と新株予約権が含まれる。

2020年度の貸借対照表を1990年代半ば以降の貸借対照表と比較すると、負債については預金の比率が上昇していること、資産については貸出金の比率が低下し、有価証券と現金預け金の比率が上昇していることがわかる。この点について、国内銀行の負債と、その内訳について1994年度から2020年度まで示したのが図表9-2である。[5] 第一に、1994年度から2020年度の期間中、国内銀行の負債は増加している（例外は1999、2000、2002、2003、2006年度）。第二に、この間、負債の6割強から7割強が預金であり、コールマネーの減少に伴い預金の比率が上昇してきたことがわかる。コールマネー減少の背景には、第26章で説明する1998年以後の日本銀行の金融緩和政策による潤沢な資金供給の結果、銀行間資金調達の必要性が低下したことが関係している。

次に、国内銀行の資産と、その内訳について1994年度から2020年度まで示したのが図表9-3である。2列目の資産合計と3列目のその前年度比を見ると、1999年度から2006年度にかけて資産合計は減少する年度が多かったが、2007年度以後は増加している。4列目にある貸出は、1997年度～98年度以後は減少に転じた後、2006年度以後は再び増加し、2010年度に減少するが、2012年度以後は毎年度2～3％程度増加している。5列目の資産合計に占める貸出の比率は、1994年度には65％だったが、2020年度には45％まで低下している。一方、7列目にある資産合計に占める有価証券の比率は1994年度から増加し、2012年度の31％がピークとなるが、その後は低下して2020年度に18％となっている。

5）国内銀行とは、銀行本体の設立根拠が国内法に準拠している銀行のことで、内訳としては都市銀行、地方銀行、第二地方銀行、信託銀行、その他の銀行からなる。詳細は第1章7節を参照。

年度	負債合計		うち預金		うちコールマネー		うち譲渡性預金	
	(兆円)	(前年度比%)	(兆円)	(%)	(兆円)	(%)	(兆円)	(%)
1994	696.3		458.5	(65.8)	41.7	(6.0)	18.5	(2.7)
1995	704.4	(1.2)	466.9	(66.3)	42.5	(6.0)	23.9	(3.4)
1996	712.8	(1.2)	470.6	(66.0)	40.7	(5.7)	29.5	(4.1)
1997	736.1	(3.3)	475.4	(64.6)	37.7	(5.1)	36.4	(4.9)
1998	748.0	(1.6)	477.5	(63.8)	37.5	(5.0)	39.6	(5.3)
1999	723.7	(−3.3)	487.8	(67.4)	24.1	(3.3)	34.0	(4.7)
2000	716.8	(−1.0)	485.8	(67.8)	26.9	(3.8)	34.4	(4.8)
2001	723.4	(0.9)	488.5	(67.5)	21.5	(3.0)	43.7	(6.0)
2002	709.6	(−1.9)	506.6	(71.4)	28.2	(4.0)	30.5	(4.3)
2003	709.3	(−0.0)	514.4	(72.5)	26.8	(3.8)	29.2	(4.1)
2004	712.9	(0.5)	520.9	(73.1)	21.0	(2.9)	30.9	(4.3)
2005	717.3	(0.6)	527.9	(73.6)	18.6	(2.6)	28.6	(4.0)
2006	713.3	(−0.6)	531.4	(74.5)	19.0	(2.7)	28.5	(4.0)
2007	728.5	(2.1)	544.7	(74.8)	20.6	(2.8)	29.0	(4.0)
2008	756.2	(3.8)	556.9	(73.6)	22.8	(3.0)	31.4	(4.2)
2009	766.1	(1.3)	569.8	(74.4)	21.1	(2.8)	32.6	(4.3)
2010	777.9	(1.5)	581.8	(74.8)	19.3	(2.5)	35.0	(4.5)
2011	808.1	(3.9)	597.8	(74.0)	19.5	(2.4)	34.9	(4.3)
2012	831.3	(2.9)	612.0	(73.6)	22.1	(2.7)	36.8	(4.4)
2013	863.2	(3.8)	637.1	(73.8)	15.9	(1.8)	38.3	(4.4)
2014	908.4	(5.2)	656.1	(72.2)	16.7	(1.8)	42.3	(4.7)
2015	957.7	(5.4)	681.1	(71.1)	17.1	(1.8)	43.2	(4.5)
2016	1,004.9	(4.9)	725.5	(72.2)	10.5	(1.0)	34.3	(3.4)
2017	1,044.3	(3.9)	761.5	(72.9)	10.4	(1.0)	34.4	(3.3)
2018	1,065.4	(2.0)	780.8	(73.3)	13.5	(1.3)	31.7	(3.0)
2019	1,080.3	(1.4)	797.9	(73.9)	15.3	(1.4)	31.8	(2.9)
2020	1,188.4	(10.0)	869.0	(73.1)	15.8	(1.3)	30.9	(2.6)

図表 9-2　国内銀行の負債：1994年度～2020年度（年度平均、銀行勘定）
（出所）　日本銀行「民間金融機関の資産・負債」
https://www.boj.or.jp/statistics/asli_fi/index.htm/（2021年８月１日アクセス）

資産合計に占める現金預け金の比率は2013年度以後上昇し、2020年度には25％に達している。

2013年度以後の資産合計に占める現金預け金比率の上昇と有価証券比率（特に９列目にある国債）の低下は、日本銀行の量的・質的金融緩和と呼ばれる政策が2013年４月に開始されて以後、日本銀行が金融機関の保有する国債を買い入れることによって、金融機関が日本銀行に保有する当座預金の残高を大幅に増加させる政策を取ったことや、新型コロナウイルス感染症危機対応による金

年度	資産合計		うち貸出		うち有価証券						うち現金預け金	
							うち国債		うち株式			
	(兆円)	(前年度比%)	(兆円)	(%)	(兆円)	(%)	(兆円)	(%)	(兆円)	(%)	(兆円)	(%)
1994	728.6		472.6	(64.9)	121.6	(16.7)	28.4	(3.9)	40.5	(5.6)	50.7	(7.0)
1995	736.6	(1.1)	477.1	(64.8)	125.2	(17.0)	28.7	(3.9)	43.5	(5.9)	45.6	(6.2)
1996	741.4	(0.7)	479.8	(64.7)	126.4	(17.0)	28.3	(3.8)	46.5	(6.3)	40.8	(5.5)
1997	765.0	(3.2)	482.4	(63.1)	126.9	(16.6)	30.5	(4.0)	46.4	(6.1)	38.0	(5.0)
1998	772.8	(1.0)	481.5	(62.3)	126.2	(16.3)	31.9	(4.1)	45.8	(5.9)	30.1	(3.9)
1999	757.6	(−2.0)	465.8	(61.5)	136.4	(18.0)	43.7	(5.8)	45.2	(6.0)	29.1	(3.8)
2000	751.6	(−0.8)	456.6	(60.8)	160.3	(21.3)	65.2	(8.7)	44.1	(5.9)	28.5	(3.8)
2001	758.7	(0.9)	445.4	(58.7)	166	(21.9)	68.9	(9.1)	39.0	(5.1)	29.0	(3.8)
2002	738.9	(−2.6)	429.0	(58.1)	164	(22.2)	75.6	(10.2)	31.0	(4.2)	30.6	(4.1)
2003	736.2	(−0.4)	411.9	(55.9)	179	(24.3)	91.6	(12.4)	25.0	(3.4)	34.8	(4.7)
2004	739.9	(0.5)	402.2	(54.4)	195.9	(26.5)	104.5	(14.1)	23.8	(3.2)	37.6	(5.1)
2005	746.2	(0.9)	402.3	(53.9)	201.5	(27.0)	101.5	(13.6)	23.3	(3.1)	36.3	(4.9)
2006	744.4	(−0.2)	410.5	(55.1)	192.0	(25.8)	91.7	(12.3)	23.5	(3.2)	22.1	(3.0)
2007	760.9	(2.2)	412.5	(54.2)	187.1	(24.6)	85.7	(11.3)	22.5	(3.0)	28.1	(3.7)
2008	788.8	(3.7)	425.5	(53.9)	189.2	(24.0)	91.5	(11.6)	20.5	(2.6)	28.1	(3.6)
2009	799.8	(1.4)	428.5	(53.6)	212.6	(26.6)	119.1	(14.9)	19.1	(2.4)	23.9	(3.0)
2010	815.2	(1.9)	420.6	(51.6)	241.7	(29.6)	143.8	(17.6)	18.3	(2.2)	25.1	(3.1)
2011	847.1	(3.9)	422.1	(49.8)	261.5	(30.9)	161.5	(19.1)	17.4	(2.1)	29.5	(3.5)
2012	872.7	(3.0)	429.4	(49.2)	271.7	(31.1)	165.4	(19.0)	16.8	(1.9)	32.1	(3.7)
2013	907.4	(4.0)	443.3	(48.9)	254.0	(28.0)	140.6	(15.5)	17.8	(2.0)	71.3	(7.9)
2014	955.3	(5.3)	454.8	(47.6)	246.8	(25.8)	128.2	(13.4)	18.8	(2.0)	111.0	(11.6)
2015	1,007.1	(5.4)	469.6	(46.6)	232.4	(23.1)	108.4	(10.8)	19.7	(2.0)	155.4	(15.4)
2016	1,055.6	(4.8)	483.9	(45.8)	213.3	(20.2)	85.7	(8.1)	18.4	(1.7)	197.3	(18.7)
2017	1,095.8	(3.8)	499.7	(45.6)	204.5	(18.7)	78.3	(7.1)	18.9	(1.7)	230.4	(21.0)
2018	1,117.6	(2.0)	511.2	(45.7)	195.8	(17.5)	67.7	(6.1)	18.1	(1.6)	249.3	(22.3)
2019	1,133.7	(1.4)	521.1	(46.0)	195.9	(17.3)	59.8	(5.3)	16.4	(1.4)	254.2	(22.4)
2020	1,241.7	(9.5)	553.1	(44.5)	226.2	(18.2)	81.0	(6.5)	16.4	(1.3)	308.9	(24.9)

図表 9-3　国内銀行の資産：1994年度～2020年度（年度平均、銀行勘定）

（出所）　日本銀行「民間金融機関の資産・負債」
https://www.boj.or.jp/statistics/asli_fi/index.htm/（2021年８月１日アクセス）

融機関の貸出に関連した日本銀行からの資金調達を支援する政策を取ったためである（詳細は第26章２節、３節を参照）。有価証券のうち、株式に関しては、1998年以後の金融危機下で銀行の株式評価損発生を回避するために、銀行が保有する株式の売却を進める政策が取られたことや、株式持ち合いへの批判が高まったことから、2000年度以後は11、12列目に示した保有額、資産合計に占める比率がともに減少している（詳細は第17章３節を参照）。

以下では、預金業務、貸出業務、為替業務について詳しく説明する。

4．銀 行 預 金

銀行預金は、大きく定期性預金と要求払い預金（流動性預金）に分けられる。

定期性預金とは、預入期間に定めがある預金のことで、定期預金や譲渡性預金（第三者に譲渡可能な大口定期預金）などがある。

要求払い預金とは、預入期間に定めがない預金のことで、普通預金、当座預金（企業間の取引で使われる小切手を振り出せる預金）などがある。

図表9-4は、1994年度から2020年度までの間について、国内銀行が受け入れている預金残高と、その内訳を示している。

２列目にある預金合計は、1994年度の459兆円から2020年度には869兆円まで増加しており、この間2000年度を除いて増加している。３列目に示した預金合計の前年度比を見ると、2020年度は前年度比8.9%の大幅な伸びとなっており、新型コロナウイルス感染症拡大による消費の抑制や、住民基本台帳に記録されている者１人につき2020年４月27日以後に10万円が支給された特別定額給付金の未使用分の滞留などが影響していると思われる。

預金の内訳には、1994年度から2020年度までの間に変化が見られる。５列目を見ると、普通預金の預金全体に占める比率は、1994年度には14%であったが2020年度には60%に増加した。７列目を見ると、定期預金の預金全体に占める比率は、1994年度の67%から2020年度に26%へと減少した。特に、2001年度から2002年度にかけては、普通預金の比率が29%から40%へ増加する一方、定期預金の比率は56%から47%まで低下している。この変化は、金融機関が破綻し

年度	預金合計		うち普通預金		うち定期預金		うち当座預金	
	(兆円)	(前年度比%)	(兆円)	(%)	(兆円)	(%)	(兆円)	(%)
1994	458.5		65.2	(14.2)	309	(67.4)	19.8	(4.3)
1995	466.9	(1.8)	70.4	(15.1)	308.7	(66.1)	19.8	(4.2)
1996	470.6	(0.8)	77.6	(16.5)	302.8	(64.3)	20.3	(4.3)
1997	475.4	(1.0)	84.7	(17.8)	301.8	(63.5)	21.1	(4.4)
1998	477.5	(0.4)	91.1	(19.1)	304.5	(63.8)	20.0	(4.2)
1999	487.8	(2.2)	111.6	(22.9)	300.1	(61.5)	20.5	(4.2)
2000	485.8	(−0.4)	120.0	(24.7)	291.5	(60.0)	21.1	(4.3)
2001	488.5	(0.6)	143.4	(29.4)	271.2	(55.5)	22.0	(4.5)
2002	506.6	(3.7)	199.9	(39.5)	237.9	(47.0)	24.4	(4.8)
2003	514.4	(1.5)	212.4	(41.3)	231.0	(44.9)	27.7	(5.4)
2004	520.9	(1.3)	222.2	(42.7)	227.2	(43.6)	28.9	(5.5)
2005	527.9	(1.3)	232.9	(44.1)	222.0	(42.1)	33.5	(6.3)
2006	531.4	(0.7)	237.0	(44.6)	223.8	(42.1)	33.0	(6.2)
2007	544.7	(2.5)	239.0	(43.9)	235.3	(43.2)	31.2	(5.7)
2008	556.9	(2.2)	239.9	(43.1)	248.3	(44.6)	31.1	(5.6)
2009	569.8	(2.3)	244.8	(43.0)	258.3	(45.3)	31.5	(5.5)
2010	581.8	(2.1)	256.3	(44.1)	258.9	(44.5)	31.7	(5.4)
2011	597.8	(2.8)	271.4	(45.4)	259	(43.3)	33.1	(5.5)
2012	612.0	(2.4)	283.7	(46.4)	259.2	(42.4)	33.8	(5.5)
2013	637.1	(4.1)	304.7	(47.8)	259.8	(40.8)	35.0	(5.5)
2014	656.1	(3.0)	322.6	(49.2)	257.8	(39.3)	37.3	(5.7)
2015	681.1	(3.8)	341.7	(50.2)	257.7	(37.8)	39.4	(5.8)
2016	725.5	(6.5)	381.0	(52.5)	249.2	(34.3)	50.2	(6.9)
2017	761.5	(5.0)	417.1	(54.8)	244.4	(32.1)	55.3	(7.3)
2018	780.8	(2.5)	438.6	(56.2)	237.8	(30.5)	58.1	(7.4)
2019	797.9	(2.2)	459.8	(57.6)	230.8	(28.9)	61.5	(7.7)
2020	869.0	(8.9)	521.1	(60.0)	227.7	(26.2)	73.1	(8.4)

図表 9-4　国内銀行の預金：1994年度～2020年度（月末残高年度平均、銀行勘定）
（出所）　日本銀行「民間金融機関の資産・負債」
https://www.boj.or.jp/statistics/asli_fi/index.htm/（2021年８月１日アクセス）

た場合に、2002年４月から定期預金については預金者１人当たり元本1,000万円までとその利息しか預金保険の対象にならなくなった預金保険制度の変更が関係したと思われる。[6] なお、2005年４月からは普通預金・定期預金を合わせて、預金者１人当たり合計元本1,000万円までとその利息が預金保険の対象である。また、2010年度以後は普通預金の比率が上昇し、定期預金の比率は低下

6）　預金保険制度についての説明は、第14章１節を参照。

している。この間、9列目にある当座預金の比率は、やや上昇しているが預金全体の1割に満たない。

5. 銀 行 貸 出

図表9-5は、1994年度から2020年度までの国内銀行の貸出を種類別に示している。2列目は残高、3列目は年度残高の前年度比（%）である。

銀行貸出は、多くの銀行が経営危機に陥った1997～98年度以後に減少に転じた後、2006年度以後に再び増加し、2010年度に減少するが、2012年度以後は毎年度2～3%程度増加している。2020年度については前年度比6%の大幅な増加となったが、これは新型コロナウイルス感染症流行の影響で2020年度上期に企業の運転資金需要が製造業や卸売・小売業、運輸・郵便業、飲食・宿泊業、不動産業などで大幅に増加したことが影響している。なお、個人向け貸出の主力の住宅ローンは2020年度上期に伸び悩み、下期からやや回復傾向にある。[7)]

銀行貸出を形態別に見ると、大きく分けて貸付金と手形割引がある。貸付金には、2020年度時点で残高の多い順に証書貸付、当座貸越、手形貸付がある。以下では、図表9-5を用いてそれぞれの貸出について説明する。

(1) 貸付金

図表9-5の5列目を見ると、証書貸付は2020年度の全国銀行の貸出の86%を占めており、その貸出の中に占める比率は1994年度の55%から上昇している。

証書貸付とは、銀行が契約証書を相手から取って資金を貸し出すもので、個

---

7) 企業の用途別資金需要（長期・短期、運転資金・設備資金等の区別）の詳細は第7章2節を参照のこと。個人・企業規模別の貸出について見ると、全国展開を行っている都市銀行の貸出は、中小企業向け貸出と住宅ローンが中心である。地方銀行、第二地方銀行の貸出は、地域中小企業向け貸出と住宅ローンが中心である。図表9-5には示していないが、国内銀行（銀行勘定）の貸出し先の内訳について日本銀行の「預金・現金・貸出金」統計の2021年3月末残高を見ると、国内銀行の貸出残高537兆円のうち、法人向け貸出が347兆円（貸出残高全体の64%）で、そのうち中小企業向け貸出が220兆円（貸出残高全体の41%）、個人向け貸出が147兆円（貸出残高全体の27%）、うち、134兆円が「個人向け貸出金」統計によると住宅資金である。

年度	貸出合計		うち証書貸付		うち当座貸越		うち手形貸付		うち手形割引	
	(兆円)	(前年度比%)	(兆円)	(%)	(兆円)	(%)	(兆円)	(%)	(兆円)	(%)
1994	472.6		261.5	(55.3)	81.6	(17.3)	110.4	(23.4)	19.1	(4.0)
1995	477.1	(1.0)	267.6	(56.1)	83.8	(17.6)	107.6	(22.6)	18.1	(3.8)
1996	479.8	(0.6)	277.6	(57.9)	86.2	(18.0)	99.2	(20.7)	16.9	(3.5)
1997	482.4	(0.5)	283.6	(58.8)	89.4	(18.5)	93.2	(19.3)	16.1	(3.3)
1998	481.5	(−0.2)	288.5	(59.9)	91.1	(18.9)	88.6	(18.4)	13.3	(2.8)
1999	465.8	(−3.3)	288.8	(62.0)	87.9	(18.9)	78.3	(16.8)	10.8	(2.3)
2000	456.6	(−2.0)	288.1	(63.1)	85.5	(18.7)	72.6	(15.9)	10.3	(2.3)
2001	445.4	(−2.5)	289.3	(65.0)	80.1	(18.0)	66.9	(15.0)	9.0	(2.0)
2002	429.0	(−3.7)	293.7	(68.5)	71.7	(16.7)	56.2	(13.1)	7.3	(1.7)
2003	411.9	(−4.0)	297.1	(72.1)	63.4	(15.4)	45.0	(10.9)	6.3	(1.5)
2004	402.2	(−2.4)	300.1	(74.6)	59.7	(14.8)	37.2	(9.2)	5.3	(1.3)
2005	402.3	(0.0)	307.3	(76.4)	59.7	(14.8)	30.5	(7.6)	4.7	(1.2)
2006	410.5	(2.0)	314.7	(76.7)	64.8	(15.8)	26.6	(6.5)	4.3	(1.0)
2007	412.5	(0.5)	320.0	(77.6)	65.3	(15.8)	23.3	(5.6)	3.9	(0.9)
2008	425.5	(3.2)	331.9	(78.0)	68.4	(16.1)	21.5	(5.1)	3.6	(0.8)
2009	428.5	(0.7)	344.2	(80.3)	62.4	(14.6)	19.4	(4.5)	2.5	(0.6)
2010	420.6	(−1.8)	343.1	(81.6)	57.7	(13.7)	17.5	(4.2)	2.2	(0.5)
2011	422.1	(0.4)	346.1	(82.0)	57.5	(13.6)	16.4	(3.9)	2.2	(0.5)
2012	429.4	(1.7)	354.6	(82.6)	57.7	(13.4)	15.1	(3.5)	2.1	(0.5)
2013	443.3	(3.2)	369.2	(83.3)	58.1	(13.1)	14.1	(3.2)	1.9	(0.4)
2014	454.8	(2.6)	379.9	(83.5)	59.2	(13.0)	13.8	(3.0)	1.9	(0.4)
2015	469.6	(3.3)	395.3	(84.2)	59.4	(12.6)	13.2	(2.8)	1.7	(0.4)
2016	483.9	(3.0)	412.0	(85.1)	58.3	(12.0)	12.1	(2.5)	1.5	(0.3)
2017	499.7	(3.3)	425.9	(85.2)	60.6	(12.1)	11.8	(2.4)	1.4	(0.3)
2018	511.2	(2.3)	435.7	(85.2)	63.1	(12.3)	11.0	(2.2)	1.4	(0.3)
2019	521.1	(1.9)	444.4	(85.3)	65.5	(12.6)	10.0	(1.9)	1.3	(0.2)
2020	553.1	(6.1)	474.3	(85.8)	68.5	(12.4)	9.4	(1.7)	0.9	(0.2)

図表 9-5　国内銀行の貸出：1994年度～2020年度（年度平均、銀行勘定）
（出所）　日本銀行「民間金融機関の資産・負債」
https://www.boj.or.jp/statistics/asli_fi/index.htm/（2021年８月１日アクセス）

人の住宅ローン資金向けや、企業の不動産担保付設備投資資金向けなど長期の貸付である。

銀行は、貸付の安全性を確保するために、借入を行った企業が返済できない場合に備えて、借り手の銀行預金、土地、建物などを**担保**に取る、あるいは、第三者である保証人が代わりに返済に応じる（代位弁済と言う）**保証**を求めることがある。銀行は、中小企業に対して、代表権のある経営者に連帯保証を求める（借入金返済を会社ができない時には、社長が会社に代わって代位弁済する）ことが多い。[8)] 担保が十分ではない中小企業向けには、公的機関である**信用保証協会**が保証を行い、信用を補完する仕組みも整備されている。銀行側から見ると、借り手企業が貸出を返済できない場合には、信用保証協会が債務を弁済してくれることになる。借り手企業は銀行ではなく、信用保証協会に代位弁済分を返済しなければならない。

図表9-5の7列目を見ると、2020年度の全国銀行の貸出中12%を占めるのが**当座貸越**で、1994年度の17%から貸出の中に占める比率は少し減少している。当座貸越とは、当座預金口座にあらかじめ定めた貸越限度額（極度額）を設け、その範囲内で残高がマイナスになることを認めるもので、返済は随時行われる短期の貸付である。例えば、極度額が100万円の企業の当座預金残高が50万円しかない時に、この企業が振り出した70万円の手形の支払期日が来た場合には、不足分の20万円を銀行は自動的に貸し出し、この手形代金を決済する仕組みである。

図表9-5の9列目は、**手形貸付**の全国銀行の貸出に占める比率を示している。手形貸付とは、借り手が自分を振出人、銀行を受取人とする約束手形を振り出し、銀行がこれを満期日までの利息を差し引いて買い取る（割り引く）もので、企業の運転資金に対する通常3カ月～4カ月の短期の貸付である。手形貸付は1994年度に全国銀行の貸出の23%を占めたが、手形の発行に対して印紙税が課税されることもあって利用が減り、2020年度には貸出のうち2%にすぎない。

（2）手形割引

手形割引とは、企業が取引先などから受け取った商業手形などの既存の手形を、銀行が満期日までの利息を差し引いて買い取る（割り引く）ものである。

---

8)　連帯保証のうち根保証という継続的取引全部からの債務を保証する契約では、多くの取引の保証を保証人が突然求められる事態も多かった。そこで、2020年4月の改正民法では上限額の定めのない個人の根保証契約は無効とされることが決まった。詳細は以下の法務省パンフレットを参照。
http://www.moj.go.jp/content/001254262.pdf（2021年6月3日アクセス）

商品売買の決済のために振り出される短期商業手形（3カ月程度）が代表的な買い取りの対象となっている。商業手形には、その背景として商品売買が伴っており、銀行から見ると安全性が高い貸出である。図表9-5の11列目が示すように、手形貸付と同様に、印紙税が課税されるため急速に利用が減っており、全国銀行の貸出に占める割合は1994年度の4％から2020年度には0.2％に低下している。

6．銀行預金による決済

財・サービスを購入すると、購入者には販売者に対してお金を支払う義務が、販売者には購入者に財・サービスを引き渡す義務が発生する。こうした義務を債務と言い、取引の相手方の権利を債権と言う。**決済**とは、債権・債務のうちお金に関係するものを、お金をやり取りすることで解消することを言う。決済に使われる手段の代表は、日本の場合には、法律的に無限の強制通用力が定められている日本銀行券である。これ以外にも、任意の時点であらかじめ定められた比率で日本銀行券との交換が保障されている金融商品は、事実上の決済手段として社会的に流通する。銀行が提供する普通預金、当座預金はその一例である。普通預金が決済手段として機能するのは、日本では預金者の代わりに銀行がお互いに送金できる仕組みを低コストで利用でき、安全で迅速な銀行振込が可能であることが背景にある。普通預金を保有していれば、銀行振込をすることにより、自分の普通預金残高の一部を他の銀行で他人が持つ預金に移転することができる。以下では、銀行振込を支える為替制度を説明する。

銀行振込のために用いられているのが、前述の全銀ネットが運営する全銀システムと、日本銀行当座預金である。全銀ネットの参加者は預金取扱機関に限定されており、銀行、信用金庫、信用組合、労働金庫、農業協同組合と、これら業態の中央機関が参加している。

銀行Xに口座を持っているあなたが銀行Yに口座を持っている友人に振込を行う場合には、あなたから振込の依頼を受けた銀行Xは銀行Yへ為替通知を発信する。この為替取引に伴って、銀行Xは銀行Yにあなたの振込金額に相当する資金を支払う。その結果、銀行Yに口座を持っている友人の口座に資金が振り込まれる。

2021年7月現在の全銀ネットの取決めによれば、銀行Xが即座に振込を依頼された金額を銀行Yに支払うか否かは、振込金額次第で異なる。1億円未満の小口振込については振込ごとに資金の支払いは行わず、1日分の振込をまとめて差額だけを16時15分に支払う。具体的には、あなたが依頼した為替取引と、銀行Xと銀行Yの間にあなた以外の人たちが依頼した為替取引の全部を合算して求められた支払額合計と受取額合計の差額が毎営業日ごとに計算される。支払額合計・受取額合計の差額の決済は、銀行X、銀行Y、全銀ネットが日本銀行に持っている当座預金の残高を16時15分に移転することで行われる。[9)]

1日分の支払額合計・受取額合計の差額を決済する方法は、1件ごとに為替取引を決済する方法に比べると、決済に必要な資金が少なくてすむ、という利点がある。しかしこの方法には、万が一どこかの銀行が支払い不能に陥った場合には、その銀行が支払い不能になるだけではなく、その銀行からの支払いを受けられることを前提にして決済に必要な資金を用意していた他の銀行も支払い不能に陥り決済ができなくなる可能性がある、という欠点がある。この欠点は、銀行同士が巨額の資金決済を行っている場合には、非常に深刻な問題を引き起こす可能性がある。そこで、1億円以上の為替取引は、取引が安全に決済できるようにするために、1日の受払をまとめて差額決済するのではなく、1件ごとに資金の受け渡しが実施されている。2020年度1営業日平均で見ると全銀ネットが扱う1億円以上の為替取引は全体の取引件数（約713万件）のわずか0.4%だが、全体の取引金額（約12兆円）の約7割を占めているため、このような慎重な扱いがなされている。[10)]

全銀ネットは長らく平日日中のみの稼働であったが、2018年10月から平日夜

9）全銀ネットに関する説明は、宿輪［2021］第6章、全銀ネットのパンフレットを参照。https://www.zengin-net.jp/zengin_net/pdf/pamphlet_j.pdf（2021年7月5日アクセス）

10）詳細は、日本銀行「決済動向」2021年3月号を参照。https://www.boj.or.jp/statistics/set/kess/release/2021/kess2103.pdf（2021年10月11日アクセス）

間と休日の取引を担当するモアタイム・システムが稼働することになり、振込に関係する銀行がこれに参加している場合はそれまで平日日中のみであったものが24時間365日について銀行振込が即時に受取人の口座へ着金できるようになった。

近年の情報技術革新の結果、インターネットの技術を生かして為替取引が容易に行えるようになったため、銀行だけに認められていた為替取引が100万円以下の取引に限り、利用者から預かった資金と同額以上の額を供託等によって保全する義務を負うとの条件付きでノンバンクにも2010年に開放された。こうした業者は**資金移動業者**と言われる。資金移動業界の規模は2010年度の11社、年間取扱件数216,955件から、2020年度には1件当たり金額が小口化する中で、取扱件数は2,000倍以上、業者数も7倍になるなど、業界の規模は爆発的に拡大した。[11)] 例えば、QR コードによる決済を手がける PayPay やメルペイには、銀行口座などからチャージした残高をアプリの中だけで通用するお金として、本人確認がすんだユーザー同士の間で移動することができ、しかも受け取った金額を銀行口座へ振替可能なサービスがあるが、これらのサービスの実施にあたり両社は資金移動業者として登録を受けている。

資金移動業者は小口で頻繁な取引を行う都度、銀行に振込を依頼しなければならないので、資金移動業者がメンバーではない全銀システムを利用した銀行間取引の手数料が高いことが問題視された。この点について、2020年4月に公正取引委員会が手数料を引き下げるべきとの報告書を出したほか、2020年7月の政府の「成長戦略実行計画案」でも「第4次産業革命の進展に伴う決済インフラの構築」の中で手数料見直しがうたわれた。そこで、全銀ネットは2021年10月1日から為替取引に係る銀行間手数料（3万円未満117円、3万円以上162円）を一律62円に引き下げた。2021年1月に全銀ネットは、2022年度中の資金移動業者に対する全銀システムへの参加資格の拡大と、ことらプロジェクト（みずほ銀行、三菱 UFJ 銀行、三井住友銀行、りそな銀行、埼玉りそな銀行の5行による小口決済インフラ構想で、ノンバンクが提供するアプリ送金に銀行

11）2021年5月1日からは、規制緩和により、銀行並みの100万円超の送金が可能な業者、数万円程度の少額送金だけを手がける業者も認められている（詳細は第14章5節を参照）。

アプリとの接続を可能にした安価な為替取引システム）早期稼働を発表し、本書執筆時点ではその準備がなされている。[12)]

企業間の支払いでは、当座預金から振り出された小切手が使われることも多い。**小切手**は、現金を渡す代わりに、支払人（当座預金の持ち主）の口座から券面に書かれた金額の支払いを約束する証券である。企業Ｃが企業Ｄに200万円支払うためには、現金を渡す代わりに取引先の銀行Ｅの当座預金口座から200万円の小切手を振り出し、企業Ｄに渡す。企業Ｄは自分の取引先の銀行Ｆに、小切手の取り立てを依頼し、銀行Ｆが銀行Ｅから200万円の資金を得て、企業Ｄが銀行Ｆに持つ口座に200万円が入金される。銀行は多くの小切手の支払いを仲介しているので、銀行同士の１日の小切手の支払い金額と受け取り金額の差額を**手形交換所**に集まって毎日決済している。なお、日本政府が「未来投資戦略2017」において手形・小切手機能の電子化を提唱したことから、2026年度までに手形交換所の取引を電子化し、手形交換枚数をゼロにする計画が全国銀行協会を中心に進行中である。[13)]

7．銀行の損益計算書

図表9-6は、全国銀行の損益計算書（2020年度決算）の主要項目を整理したものである。

利益は収益と費用の差として定義される。日本の銀行は、利益の多くを調達してきた資金を運用することで得ている。すなわち、運用の収益のほうが調達のために支払う費用よりも大きく、**資金運用収支**（＝資金運用収益－資金調達費用）がプラスになっている。利益の第二の柱は、為替業務などのサービスを提供することによる受取と、他の銀行からサービスを提供してもらうことによ

12）詳細は全国銀行協会「次世代資金決済システムに関する検討タスクフォース　報告書（概要）」2021年１月14日を参照。
https://www.zengin-net.jp/announcement/pdf/announcement_20210114_03.pdf（2021年３月19日アクセス）

13）詳細は全国銀行協会「手形・小切手機能の全面的な電子化に向けた自主行動計画」の策定について、を参照。
https://www.zenginkyo.or.jp/news/2021/n071901/（2021年10月18日アクセス）

る支払いの差額である**役務取引等収支**（＝役務取引等収益－役務取引等費用）である。図表9-6では「その他」としてまとめられているが、上記二つの要因以外の利益に影響を与える要因には例えば、特定取引勘定設置銀行が証券業務または特定取引のヘッジ目的で取引する国債等有価証券から生じた売買損益や評価損益等を計上する特定取引からの損益（＝特定取引収益－特定取引費用）、国債等債券売却・償還損益や金融派生商品からの損益（＝その他業務収益－その他業務費用）、株式の売却損益や貸倒引当金戻入額、貸倒引当金繰入額（＝その他経常収益－その他経常費用）が含まれる。2020年度決算ではこれらの要因からの収益合計と費用合計がほぼ均衡している。[14)]

銀行を経営するためには、これ以外に**営業経費**（人件費や物件費など）が必要となるので、上記の資金運用、役務取引、それ以外の業務から得られる利益から営業経費を差し引いた経常利益によって銀行業務の利益を判断する。

2020年度の全国銀行決算では、資金運用収益が8.6兆円、資金調達費用が1.7兆円であるから、銀行は資金運用・調達では７兆円程度の利益を得ている。役務取引等収益が3.2兆円、役務取引等費用は1.2兆円で、役務取引等の利益は２兆円である。ところが、人件費や物件費のような営業経費が6.7兆円と大きく、経常利益は2.4兆円になっている。

利益の指標のうち、経常利益とならんで重要な指標は当期純利益である。当期純利益は、その年に特別に発生した利益と損失（特別利益、特別損失）と税金を経常利益へ加減した最終的な利益のことである。例えば、固定資産を売却して発生した損失や、減損損失（帳簿価額から回収可能価額が下回った場合の減額処理）は特別損失となるが、こうした損失を計上した後に得られる利益が当期純利益である。2020年度決算では、当期純利益は1.8兆円である。

損益計算書には掲載されていないが、銀行の収益力に関する有益な指標は、**コア業務純益**である。コア業務純益は、資金運用利益、役務取引等利益に、債券や外国為替売買などの収支であるその他業務利益を加えた業務粗利益から、経費および一時的な要因で変動する国債等債券関係損益を引いたもので、銀行

---

14)　特定取引勘定設置銀行とは、一定の条件を満たしトレーディング勘定を設置することが認められた銀行のことであり、売買目的で保有する資産を特定取引勘定へ計上する。この勘定には、時価会計が原則として適用される。

	(兆円)	構成比(%)
経常収益	15.0	100.0
資金運用収益	8.6	57.6
うち貸出金利息	6.2	41.2
うち有価証券利息配当金	2.0	13.6
役務取引等収益	3.2	21.4
その他	3.1	9.7
経常費用	12.5	100.0
資金調達費用	1.7	13.2
うち預金利息	0.5	3.7
うち譲渡性預金利息	0.1	0.9
うち借用金利息	0.6	4.5
うち社債利息	0.1	1.0
役務取引等費用	1.2	9.7
営業経費	6.7	53.3
うち人件費	2.9	23.2
うち物件費	3.3	26.6
その他	3.0	23.9
経常利益	2.4	
特別利益	0.2	
特別損失	0.1	
法人税等合計	0.7	
当期純利益	1.8	

図表 9-6　全国銀行の損益計算書：2020年度

(出所)　全国銀行協会「全国銀行財務諸表分析」2020年度決算
https://www.zenginkyo.or.jp/fileadmin/res/abstract/stats/year2_02/account2020_terminal/sogo32.xls (2021年８月17日アクセス)

本来の業務による収益力を表す。図表 9-7 は、大手行と地域銀行のコア業務純益を見たものである。大手行と地域銀行のコア業務純益は、いずれも2000年代半ばから減少基調が続いており、大手行については2019年度には1990年度以後では最低の水準となっていた。2020年度に関しては、新型コロナウイルス感染症に関連した様々な政策の影響があり、久々にコア業務純益が改善したが、今後も順調にコア業務純益が改善するかどうかは新型コロナウイルス感染症の影響に関する不確実性が高く、本書執筆時点では不明である。

1990年代末以後、日本では低金利が持続しているため、資金運用収益が低迷してきた。銀行は資金運用以外の業務からの利益の向上に努めているが、それ

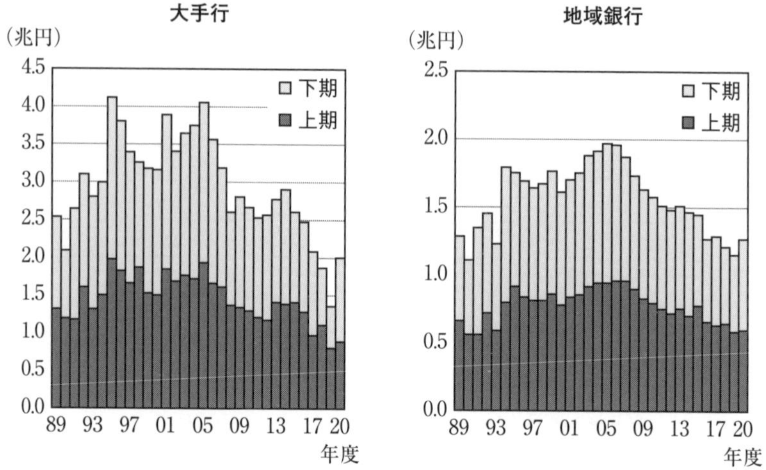

図表 9-7　大手行と地域銀行のコア業務純益：1989年度〜2020年度

（出所）　日本銀行「2020年度の銀行・信用金庫決算」p.7、図表Ⅰ-2-2 から抜粋
https://www.boj.or.jp/research/brp/fsr/fsrb210728.htm（2021年 8 月 1 日アクセス）

（注）　大手行は、みずほ、三菱 UFJ、三井住友、りそな、埼玉りそな、三菱 UFJ 信託、みずほ信託、三井住友信託、新生、あおぞらの10行。地域銀行は、地方銀行62行と第二地方銀行38行（2021年 3 月末時点）。

を十分には補えない状況である。大手行は海外業務に、地域銀行は地域密着型金融に収益源を見出そうとしている。特に、地域銀行は、地域の借り手企業を活性化させながら自らも収益をあげる方法を模索している。また、地域銀行の中には、近年顧客数を大幅に伸ばしているインターネット証券グループと業務提携し、金融商品・サービスを提供する共同出店を進め、手数料収入を得ようとする動きも見られる。

8．銀行業務から発生するリスク

銀行は破綻しない範囲で資金運用と資金調達を行い利益をあげていこうとする。本章で説明した銀行業務からは、ある程度の損失が発生することはやむをえないので、銀行は予想される損失を試算し、これが自己資本でカバーできる範囲かどうか点検している。銀行の業務から発生するリスクは、信用リスク、市場リスク、流動性リスクに大別できるので、以下では、この三つのリスクについて順に説明する。

（1）信用リスク

銀行が保有している債権には、貸出金のほかに貸出金に準ずる債権（貸付有価証券、外国為替、未収利息、未収金、貸出金に準ずる仮払金、支払承諾見返）がある。**信用リスク**とは、銀行が保有している債権が約束どおりに返済されないリスクのことである。例えば、貸出し先の財務状況の悪化等により、資産の価値が減少ないし消失し、貸出金が返済されないリスクがこれに該当する。

信用リスクに対処するために、銀行は貸倒引当金の計上や償却を行う必要があり、この目的のために**自己査定**を行っている。例えば、2019年４月まで金融庁が利用していた「金融検査マニュアル」の場合は、以下のように自己査定が行われていた。

金融機関はまず、**信用格付**を用いて債務者（銀行から見た貸出し先）を正常先、要注意先（その他要注意先と要管理先に分かれる）、破綻懸念先、実質破綻先、破綻先の５段階に分類する。このうち、正常先および要注意先（要管理先を含む）については原則として債務者区分ごとに債権額に対して予想損失率を乗じて予想損失額を確定し、予想損失額に相当する額の貸倒引当金（一般貸倒引当金）を計上する。破綻懸念先、実質破綻先、破綻先については個別債務者ごとの回収不能見込額に貸倒引当金（個別貸倒引当金）を計上する。なお、2019年の「金融検査マニュアル」廃止後は、金融庁からは、同マニュアルにとらわれず、金融機関の経営理念、経営戦略に即した信用リスクの特定・評価や、自己査定・償却・引当への反映を行いやすくしていく方針が示された。[15)]

銀行は自己査定により計算された予想損失金額に応じて、貸出し先への金利の変更を行ったり、増資などを行って自己資本を増強する。ここで、貸出の安

15）　金融庁「検査マニュアル廃止後の融資に関する検査・監督の考え方と進め方」
https://www.fsa.go.jp/common/law/yushidp_final.pdf
「金融検査マニュアル」の該当部分は https://www.fsa.go.jp/manual/manualj/manual_yokin/14.pdf
（ともに2021年６月20日アクセス）

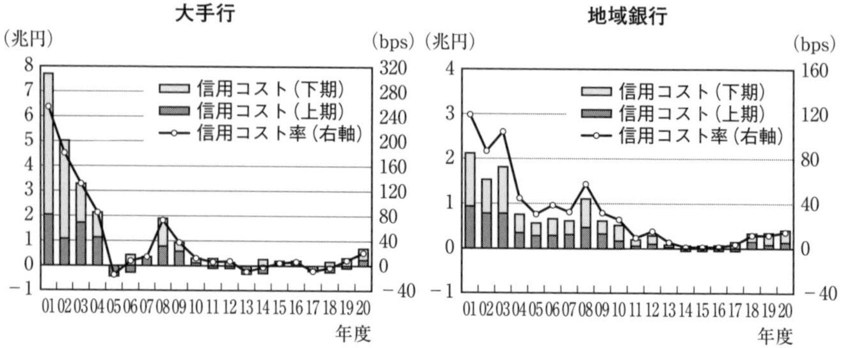

図表 9-8　大手行と地域銀行の信用コストと信用コスト率：2001年度〜2020年度
（出所）　日本銀行「2020年度の銀行・信用金庫決算」p.21、図表Ⅱ3-1
https://www.boj.or.jp/research/brp/fsr/fsrb210728.htm（2021年８月１日アクセス）
（注）　単位の bps は、ベーシス・ポイントで１ベーシス・ポイント＝0.01％

全性の指標として**信用コスト**（与信コスト）が用いられる。信用コストとは、貸出金から当期に顕在化した損失と将来顕在化が予想される損失の合計のことで、これを貸出残高で割った比率を**信用コスト率**と言う。銀行の全貸出からの予想収益率は、貸出金利から信用コスト率を差し引いた値になる。図表 9-8 で信用コストと信用コスト率を見ると、2000年代初めの水準から大幅に低下していることがわかる。

（2）市場リスク

市場リスクとは、銀行が保有する金融商品の価格や市場金利が変化し、保有する資産と負債の価値が変動した結果、銀行に損失が発生するリスクのことである。銀行は、例えばあらゆる金融商品の金利が１％上がる、といった将来の状況に応じて、銀行の保有する資産と負債の割引現在価値がどれくらい変化し、損失を被るか試算している。このようにして試算された将来の損失予想額を市場リスク量と言う。金融商品の価値の変動が損益計算書に実際に反映されるかどうかは、会計基準や有価証券の保有目的に応じて異なる。市場リスクのうち、市場の混乱によって金融機関が希望する価格で取引が実行できないことで損失を被るリスクを市場流動性リスクと言う。

（3）流動性リスク

流動性リスクとは、財務内容の悪化等により必要な資金が確保できなくなり、資金繰りがつかなくなる場合や、通常より著しく高い金利での資金調達を余儀なくされることにより損失を被るリスクである。

銀行にとって最大の流動性リスクは、預金者が一斉に窓口に殺到し、現金で預金の引出しを求めることである。このリスクが発生する理由は、銀行の預金と貸出の満期の違いである。銀行の利益の源泉は、要求払い預金金利よりも高い貸出金利である。貸出は満期が長く、随時返済を要求できる商品ではない。銀行は要求払い預金の支払いには即座に応じる義務があるが、貸出を即座に回収して要求払い預金の支払いに応じることはできない。かといって、自行の要求払い預金と同額だけの現金預け金を預金者の引き出しに備えて用意しておくことは現実的ではない。なぜなら、現金預け金からの収益率は、貸出からの収益率より一般に低いからである。そこで、要求払い預金が随時引き出しが可能であることへの対応策として、銀行は多数の小口預金者から預金を集める。預金者全員が現金で預金を一斉に引き出すことは通常の経済環境では想定しがたく、かつ引き出される預金金額も小さければ、銀行は預金の払い出しに対して手持ちの現金預け金で容易に応じることができるからである。ここで言う通常の経済環境ではない状況とは、銀行の経営危機が表面化した場合や、風評被害による**銀行取付け**により、銀行が手持ちの現金預け金だけでは預金の引き出しに応じることが困難になり、しかも他の銀行からも資金調達が十分できないという非常にまれな状況である。したがって、預金者が一斉に窓口に殺到し、預金の引き出しを求めるリスクはめったに顕現化することはない。

銀行の流動性リスクがより顕現化しやすいのは、外貨調達の場合である。外貨調達の流動性リスクは、内外の金融情勢、例えば、日本の金融危機時にジャパン・プレミアムと言う上乗せの外貨調達金利を外国銀行から要求される場合が相当する。大手行は海外業務を拡大させているが、海外に支店網を持っていないために小口の外貨預金を集めることが難しく、市場取引による資金調達への依存度が高い。そこで、海外業務を行う大手行は、例えば外国の銀行を買収して外貨預金を集めるなどして、外貨建て貸出金と預金のような安定した資金調達のバランスをとることに努めている。

Key Word　貨幣の三つの機能、現金通貨、預金通貨、預金業務、貸出業務、為替業務、振込、口座振替、送金、代金取立、全銀ネット、全銀システム、日本銀行当座預金、定期性預金、要求払い預金、証書貸付、担保、保証、信用保証協会、当座貸越、手形貸付、手形割引、決済、資金移動業者、小切手、手形交換所、資金運用収支、役務取引等収支、営業経費、コア業務純益、信用リスク、自己査定、信用格付、信用コスト、信用コスト率、市場リスク、流動性リスク、銀行取付け

9章まとめ――銀行の業務とリスク

❶銀行の主要業務は、大きく分けて、預金の受け入れ、貸出の実行、為替業務の3種類である。

❷国内銀行の資産について見ると、1990年代半ばと比較して貸出の比率が低下し、有価証券と現金預け金の比率は上昇している。負債については預金の比率が上昇している。

❸銀行預金には、定期性預金と要求払い預金がある。それぞれの代表的な商品は、定期預金と普通預金である。

❹銀行貸出には貸付金と手形割引があり、貸付金には、証書貸付、当座貸越、手形貸付がある。残高が一番多いのは、証書貸付であり、個人の住宅ローン資金向けや、企業の不動産担保付設備投資資金向けなどの長期貸付が該当する。

❺銀行預金を用いると、振込や公共料金、クレジットカードの利用代金などの口座振替（自動引き落とし）といったサービスを受けることを通して、様々な取引に伴う資金の決済ができる。銀行間ネットワークを通した決済の仕組みがあるため、銀行預金は決済手段として活用されている。

❻為替取引は情報通信技術の進歩により銀行以外の業者でも容易に行えるようになった。そこで、為替業務が銀行以外の業者にも条件付きで開放された。これに伴い、銀行間ネットワークへの銀行以外の業者の参入規制の緩和や、為替取引に係る銀行間手数料引き下げなどの変化が生じた。

❼銀行の本来業務からの収益であるコア業務純益は、2000年代半ばから減少傾向にある。

❽銀行の業務から発生するリスクは、信用リスク、市場リスク、流動性リスクに大別できる。

【参考文献】

池尾和人『現代の金融入門』（新版）、筑摩書房、２章、2010年
内田浩史『金融』有斐閣、１章、2016年
宿輪純一『決済インフラ入門（2025年版）』東洋経済新報社、６章、2021年
中島真志『入門 企業金融論――基礎から学ぶ資金調達の仕組み』東洋経済新報社、５～８章、2015年
日本銀行『教えて！にちぎん』「決済と決済システムを理解するためのキーポイント《基礎編》1－4」
https://www.boj.or.jp/paym/outline/expkess_key.htm
古川顕『テキストブック現代の金融』（第３版）、東洋経済新報社、１章、2014年
堀江康熙・有岡律子・森祐司『テキスト金融論』（第２版）、新世社、22～24章、2021年

10章 銀行と信用創造

本章では、銀行が貸出と預金を同時に増やし、経済活動に必要な資金を供給するメカニズムである信用創造について説明する。お金を貸すことや為替業務は銀行以外にも可能だが、信用創造は銀行だけが可能である。信用創造が行える前提は、銀行が預金を発行できること、預金は銀行券といつでも一対一に交換できること、この特性のゆえに、預金は支払いに用いられ、支払いを決済する制度が存在する、ということである。これらの前提が満たされることから、貸出の多くが現金として引き出されず、銀行に預金としてとどまるために、銀行は信用創造が行える。貸出に見合って増えた借り手の預金は事業のための支払いに使われていったん減り、他人の預金になる。しかし、借り手の事業が順調に進み、売上げが増えると、借り手の預金は増加する。貸出は利息とともに返済され、銀行の利益につながる。以下では上記のような個別の銀行の信用創造の仕組みと、民間銀行全体で見た信用創造の仕組みを説明する。さらに、民間銀行全体の信用創造量を定量的に把握するうえで有用な統計であるマネーストックについて説明する。最後に、マネーストックを利用して、信用創造の理論が実際のデータにどの程度あてはまるかを説明する。

1. 信用創造

銀行の貸借対照表を見ると、銀行は預金で資金調達を行い、その資金を貸出や有価証券投資などで運用して収益をあげて、預金者から求めがあれば払い戻しに応じているように理解できる。こうした理解に立てば、追加で預金が得られたので、それを運用することによって貸出が増えるように思える。したがって、預金が増えないと貸出は増えないように思える。ところが、銀行関係者に

「預金が増えないから貸出が増えないのですか」と質問すると、「いいえ、貸出をするから預金が増えるのです」という逆の答えを聞くことが多いだろう。どうして銀行関係者はこのように答えるのだろうか？　銀行関係者の答えは、銀行が企業に貸し出した資金のうち、企業が現金で保有する部分は非常に少なく、大半は銀行にそのまま預金しておき、必要に応じてこの預金を支払いに使うことが多い、という経験的事実に即した答えである。もし銀行関係者の答えが本当ならば、銀行はいくらでも貸出と預金を増やしていけるように思える。以下では、銀行関係者の答えは個別の銀行の立場からは正しいことが多いが、民間銀行全体として見ると限界がある、という点を説明していく。[1)]

（1）個別銀行の信用創造

銀行Xは、預金が増えないと貸出を増やせないのだろうか？　その答えは、以下の例が示すように、「ノー」である。理由は、貸出を増やすと預金が増えるからである。

いま、AさんとBさんが銀行Xにそれぞれ90円と10円の預金口座を持っているとしよう。いま、AさんがBさんに100円を振込みしたいとする。普通に考えると、Aさんの預金は90円しかないので、振込みはできないように思える。

しかし、銀行XがAさんに10円の貸出を実行したらどうなるだろうか。この場合について考察したのが、図表10-1である。図表10-1(1)は、貸出が行われる以前の銀行Xの簡略化された貸借対照表を示している。銀行Xの資産の主力は第9章の図表9-1で見たように貸出と国債などの有価証券、そして日本銀行当座預金（図表10-1では、日銀当座預金と略す。なお、第9章の図表9-1で見た全国銀行の貸借対照表にある現金預け金のうち、預け金の中に日本銀行当座預金の残高が含まれる）である。

銀行Xの負債は、預金と日本銀行からの借入（図表10-1では、日銀借入と略す）であり、預金のうち90円がAさん、10円がBさんのものである。銀行Xの純資産については以下の議論に関係しないので記述を省略し、負債と純

1）以下の説明は、池尾［2010］、池尾［2013］、黒田［2013］を参考にした。

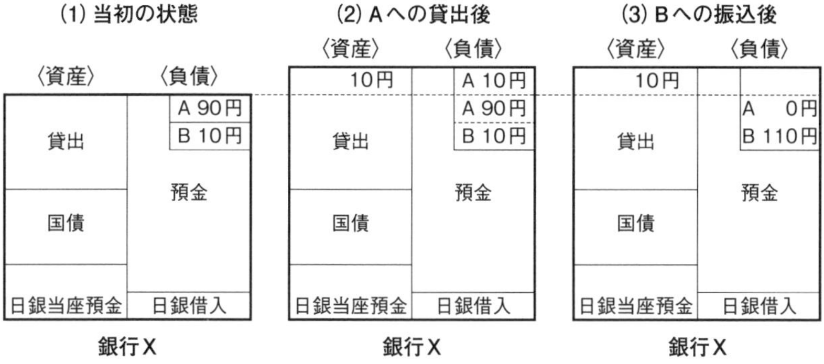

図表 10-1　個別銀行の信用創造

（出所）　筆者作成

（注）　図表 10-1～10-7 では負債と純資産の合計を純資産を省略し〈負債〉と記す。

資産の合計を負債と記す。

いま、銀行 X が A さんに10円の貸出を実行し、A さんは借り入れた10円をそのまま自分の口座に残しておくとすると、A さんの預金口座の残高は100円になる。この状態は、図表 10-1(2) に示されている。銀行 X の資産に貸出が10円増え、負債に A さんの預金が10円増える。

次に、銀行 X は、A さんの預金口座の残高をゼロにして、100円を B さんの預金口座に振り込むことができる。振込後の銀行 X の貸借対照表は、図表 10-1(3) に示されている。すなわち、銀行 X の A さん B さんの預金合計は図表 10-1(1) の100円（A さん90円、B さん10円の計100円）から、図表 10-1(3) では110円になる（A さんは 0 円、B さんはもともとの10円に100円の振込を受けて110円)。この間、銀行 X の負債である預金は合計10円増えているが、資産である貸出も A さん向けに10円増加している。以上に見たように、銀行 X は、A さんが合意するかぎり、金融商品である貸出をいくらでも提供できるので、預金も増える（ただし、貸出が現金で引き出されないかぎりであるが)。この状況を、銀行 X は、貸出という資産を見合いに**信用創造**したと言う。ここでは、銀行関係者が言うように「貸出を増やしたから預金が増えた」という現象が起こっている。

以上の説明で重要な点は、A さんが銀行からの10円の貸出を預金として受け入れて、その10円をBさんに振込みをしたことである。もしAさんが10円分の貸出で増えた預金から現金を引き出して受け取り、Bさんに手渡しするとともに、残りの90円を振り込んだらどうなるのだろうか？ この点を見たのが図表10-2である。図表10-2(1)(2)は図表10-1(1)(2)と同じである。図表10-2(3)は、Aさんが10円分の貸出を預金で受け取り、それを現金で引き出す様子を示している。負債側では、Aさんの預金が10円減る。資産側では、貸出の10円は返済義務がなくなるわけではないので、そのままである。また、銀行Xは預金の現金による引き出しに対してAさんに貸出の返済を迫るのではなく、日本銀行当座預金から10円を現金で払い出し、AさんにATMや窓口で支払う。図表10-2(4)は、AさんがBさんに90円を振込み、10円を手渡しした直後の状態を示している。Aさんの預金はゼロになり、Bさんの預金は100円になるが、両者の預金の合計は図表10-2(1)と同じままである。Aさんが銀行Xから受けた貸出10円を現金で引き出したため、図表10-1で見た貸出10円の増加に見合う預金の増加は起こらない。

図表10-2(4)では、銀行Xは、自らの持つ資産である日本銀行当座預金を10円減らし、Aさんへの貸出という資産を10円増やす一方で、負債の預金は不変である。自分の手持ち現金と引き換えに、誰かに貸し出しをすることは銀行以外の会社でも可能である。このような貸出についての考え方に慣れていると、銀行は日本銀行当座預金の残高が増えると、それを削減して貸出に回す、と考えがちである。しかし、銀行が普通の会社と異なるのは、預金を発行できることである。いま、Aさんから10円を手渡しで受け取ったBさんが、安全のために受け取った現金を銀行Xの口座に入金したとしよう。その場合は図表10-2(5)にあるように、Bさんの預金は100円から110円に増加し、銀行XはBさんから受け取った現金を日本銀行当座預金に入金する。図表10-2(5)は図表10-1(3)とまったく同じ結果であり、貸し出された資金が誰かの預金になって銀行Xにとどまるかぎり、貸出と同額だけ預金が増え、銀行Xは日本銀行当座預金の残高を削減することなく貸出を増やすことができることがわかる。自分の手持ち現金（銀行の場合は日本銀行当座預金、一般の会社ならば銀行預金残高）に制約されることなく、貸出を増やすことができること、これが銀行にしかない信用創造機能の特徴である。信用創造機能のおかげで、借り手の事

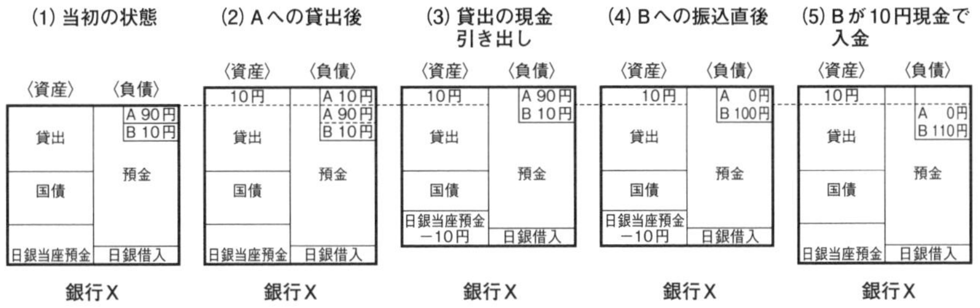

図表 10-2　個別銀行の信用創造：貸出が現金で引き出される場合
（出所）　筆者作成

業の必要に応じて弾力的に銀行預金という支払い手段が社会に供給されるのである。

信用創造は、貸出と預金が同時に増えて終わりではない。信用創造は、貸出を元手にして借り手の事業が行われる結果、将来には借り手の預金が増え、それを元手にして貸出が返済されることを見越して行われるものである。例えば、図表 10-1 の場合は、以下のような経路で最終的に銀行の利益につながっていく。

1．銀行が信用創造し、A さんの貸出と預金を同額増やす。
2．A さんの預金は、事業のために使われ減少する。例えば A さんの事業の仕入れ先が B さんだとすると、仕入れ先の B さんの預金が増える。
3．A さんの預金は、B さんから仕入れた製品が売れ、その製品を買った人から代金を受け取ることで増える（製品を買った人の預金が減る）。
4．貸出の満期がきたら、A さんは増えた預金の中から銀行からの借入10円と、利息相当分を返済する。
5．銀行 X の A さんへの貸出がゼロになる。A さんの銀行 X への預金が貸出10円と利息相当分が減り、銀行の資金運用収益（貸出金利息）が増える。

このように A さんに対して行われた信用創造による貸出に見合った預金の増加は、その預金が事業に使われて誰かの預金となり、A さんの事業が成功することによって A さんの預金の増加につながることで利息とともに銀行 X へ返済され、銀行 X の利益につながっていく。池尾［2010、p.58］の言葉を借りれば、「信用創造機能は、貯蓄の形成を先取りするかたちで、先行して資金の貸付を行う動きのことである」。

信用創造機能が発揮されるには、いくつかの前提が必要となる。

第一に、預金者が銀行預金を銀行券の代わりの決済手段として受け入れることである。この前提は、銀行の信用がないと満たされない。銀行に信用がなく、銀行預金が支払いに使える保証がない場合は、貸出で得られた預金のうち銀行券で引き出される割合がどんどん増えていく。通常は銀行券で預金を引き出すのは面倒で危険なので、この前提は保たれるが、銀行の発行する預金が支払いに使えることが信頼されない場合は図表10-2(3)に示されるように、他の事業会社と同様、銀行の貸出は現金預け金の残高に制約されることになる。最悪の場合は、預金がすべて引き出され、銀行経営が危機に瀕する。

第二に、貸出が利息とともに返済されることである。この前提が満たされるように、銀行は、返済できそうな人にしか貸出をしないし、第9章5節で説明したように借入に際して担保を求めたり、保証を要求したりする。この前提が崩れるのは、「取引先の事業は安全」とか、「担保の不動産は高値で転売できるから大丈夫」と銀行が慢心する場合であり、第14章Web付録（補論2）で説明する日本の不動産バブルの時期が該当する。逆に、銀行の審査能力が低下して「相手のビジネスは不安だ」と誤解し、十分な返済能力のある借り手であっても貸出を削減しようと防衛行動に出る場合もある（例えば、第14章Web付録（補論2）で説明するバブル崩壊後の「貸しはがし」）。

（2）銀行同士の信用創造

「(1)個別銀行の信用創造」の結果は、AさんとBさんが偶然同じ銀行に口座を持っていたから可能だったように思われるかもしれない。Aさんの口座が銀行X、Bさんの口座が銀行Yにあれば、Aさんが貸出で得た預金を仕入れ代金としてBさんに振り込んでしまえば、銀行Xでは貸出残高はそのままで、Aさんの預金残高は減ることになるので、銀行Xで貸出の結果増えた預金は失われてしまう。この指摘は正しいが、銀行Xから銀行Yに振り込まれた資金はどうなっていくのだろうか？　以下では、AさんとBさんが違う銀行に口座を持っていても、同様の議論が銀行全体で見ると成り立つことを示す。この点を説明するために、図表10-3は、Aさんが口座を持つ銀行Xに加えて、B

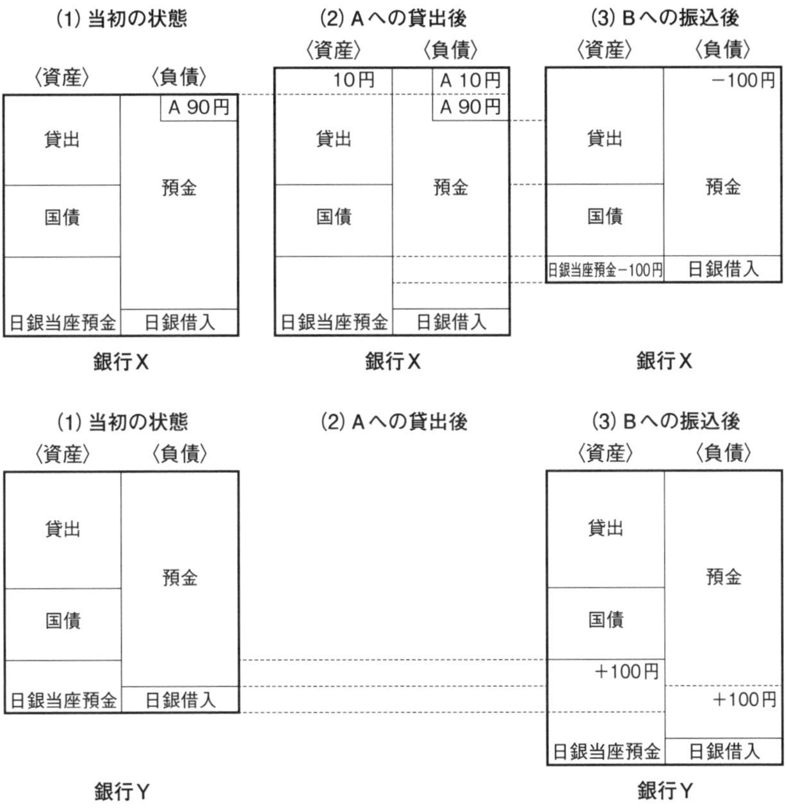

図表 10-3　銀行同士の信用創造
（出所）　筆者作成

さんが口座を持つ銀行Yの簡単化された貸借対照表を示している。簡単化のため、銀行Yも銀行Xと同様な貸借対照表を持つとする。また、Bさんの預金残高は当初ゼロだとしよう。

いま、Aさんが銀行Xに持つ口座から、銀行YにあるBさんの口座に100円を振込みたいとする。ところが、図表10-3(1)にあるように、銀行XのAさんの口座には90円しか残高がなく、このままでは振込みができない状況だとする。そこで、銀行XとAさんが合意して、銀行XがAさんに10円の貸出を行ったとしよう。すると、図表10-3(2)にあるように、Aさんの預金残高は

10円増えて100円になり、銀行Xの貸出が10円増える。この結果、AさんはBさんが銀行Yに持つ口座への100円の振込みが可能となる。

Aさんが B さんに振り込んだ後の銀行Xと銀行Yの貸借対照表を示したのが図表10-3(3)である。銀行XがAさんの口座から100円を引き出し、銀行YのBさんの口座に100円を振り込むためには、第9章3節、6節で説明したように銀行Xの日本銀行当座預金から100円を引き出し、銀行Yの日本銀行当座預金に100円の振込みを全銀ネット経由で行うことで、銀行間の振込みが可能となる。次に、銀行Yは日本銀行当座預金に振り込まれた100円と同額だけをBさんの口座に入金することで、AさんからBさんへの振込みは完結する。以上の取引の結果、銀行Xでは、Aさんの預金と日本銀行当座預金が100円ずつ減っている。銀行YではBさんの預金と日本銀行当座預金が100円ずつ増加する。結局、銀行Xの貸出は10円増え、預金は90円から100円に増えた後0円になるので当初の状態よりも90円減り、銀行Yの預金は100円増えている。銀行Aと銀行Bの預金の合計では、貸出が10円増えたため預金も10円増えており、(1)項と同じ結果になっている。

以上の議論は、(1)項で見た、銀行の信用創造の機能が発揮されるうえでの二つの前提に加えて、第三の前提があることを示している。すなわち、銀行同士の信用創造が円滑に機能するためには、銀行間の振込みが第9章3節、6節で説明した全銀ネットと日本銀行当座預金を通して円滑に行われ、AさんとBさんの債権債務関係が決済できることが、第三の前提である。

(3) コール市場取引と信用創造

ところで、図表10-3で説明した信用創造は、銀行Xが日本銀行当座預金から100円を引き出し、銀行Yの日本銀行当座預金に100円の振り込みを行うことで初めて完結する。もしも銀行Xの日本銀行当座預金残高が80円しかなく、銀行Yの日本銀行当座預金に100円の振り込みを行うことができないような状況が起こったら、銀行Xはどうすればよいのだろうか？　一般企業は預金がなくなって支払い不能になると倒産する。銀行Xにとって、日本銀行当座預金が必要額用意できないという状況は、銀行の重要な機能である振込みができず、破綻したとみなされて営業が停止になってしまうので、ぜひとも避けなければいけない。

こういう資金不足の状況に万が一にも追い込まれることがないように、民間銀行は日々の支払いが十分にできるように、日本銀行当座預金の残高を管理している。上記の例であれば、銀行 X は、不足している20円分の日本銀行当座預金を、日本銀行当座預金が余っている他の民間銀行、例えば銀行 Y から借りてくることができる。銀行同士が短期資金の融通をする市場が第1章6節で説明した短期金融市場のインターバンク市場であり、その中心がコール市場である。

コール市場は、銀行を中心とした金融機関が日々の資金過不足を調整するため、ごく短期（例えば1日単位）の資金の貸借を行う市場のことで、取引対象は、銀行が持つ日本銀行当座預金で、基準になる金利は、オーバーナイト物取引（資金を今日借り［貸し］て翌日返済する［される］）金利である。第9章図表 9-1 の全国銀行の貸借対照表で見たとおり、コール市場の貸し手側は、コール市場を経由する資金貸付をコールローンとして資産に計上し、借り手側は、資金借入をコールマネーとして負債に計上する。

民間金融機関が日本銀行当座預金を保有する理由は、これまで説明してきた、金融機関相互間や日本銀行、国との間の資金決済のため、預金者への現金支払のため、という二つの理由のほかに、準備預金の積上げという理由がある。準備預金とは、1957年に施行された「**準備預金制度**に関する法律」によって、対象となる金融機関が受け入れている預金等の一定比率（これを**準備率**と言う）以上の金額を日本銀行に預け入れることを義務づける制度によって発生する銀行への負担である。日本銀行に当座預金または準備預金として預け入れなければならない最低金額を、**法定準備預金額**（または所要準備額）と言う。法定準備預金額は前月の預金量に準備率をかけて計算され、法定準備預金額（月中平均残高）に積み上げ日数を掛けた積数金額をその月の16日から翌月の15日までの間（積み期間）に日本銀行当座預金に積み立てなければならない（日々の準備預金残高は平均所要準備額より多くても少なくてもかまわない）。

現在の準備率は、1991年10月16日に定められたもので、例えば2兆5,000億円超の定期性預金は1.2%、その他の預金は1.3%というように、残高、預金種類別、金融機関の業態別に準備率が定められている。[2] 法定準備預金額を超えて日本銀行に預けている準備預金を**超過準備**と言う。2008年以前は超過準備には利息が付かなかったので、コール市場の金利がプラス（取引の手数料を除く）であれば準備預金に資金をおいておくよりもコール市場で運用するほうが金融機関の利益になった。したがって、金融機関は資金繰りに不安がない場合には超過準備を保有する意味がなく、法定準備預金額ぎりぎりの平均残高しか準備預金を保有していなかった。以下では、超過準備がない場合を念頭に置いて説明する。

銀行 X が銀行 Y からコール市場で借入れを行う場合の両銀行の貸借対照表の変化は図表 10-4 にまとめてある。

図表 10-4(1)、(2) は、図表 10-3(1)、(2) と同じである。図表 10-4(3) は、銀行 X が銀行 Y からコール市場で20円の借入れを行った後の貸借対照表を示している。銀行 X の資産側では日本銀行当座預金が20円増え、負債側ではコールマネーが同額増える。銀行 Y の資産側では、日本銀行当座預金が20円減り、コールローンが同額の20円増えるが、負債側には変化がない。

次に、不足分の借入れを行った銀行 X が、銀行 Y に100円の振込みを行った後の貸借対照表を図表 10-4(4) は示している。振込みが行われた結果、銀行 X の資産側では日本銀行当座預金が100円減少し、負債側では A さんの預金が100円減少する。銀行 Y の資産側では日本銀行当座預金が100円増加し、負債側では B さんの預金が100円増加する。

この間の日本銀行当座預金の変化を見ると、銀行 X が銀行 Y から20円借り入れ、その後銀行 X から銀行 Y に100円が振り込まれているから、銀行 X の日本銀行当座預金が80円減少し、銀行 Y の日本銀行当座預金は80円増加したことになる。つまり、日本銀行当座預金の総額は増加しておらず、銀行 X と銀行 Y の間での日本銀行当座預金総額の配分が変化しただけであることがわかる。

---

2)　準備預金制度における準備率データは、以下の日本銀行ウェブサイトを参照。
https://www.boj.or.jp/statistics/boj/other/reservereq/junbi.htm/（2021年7月8日アクセス）

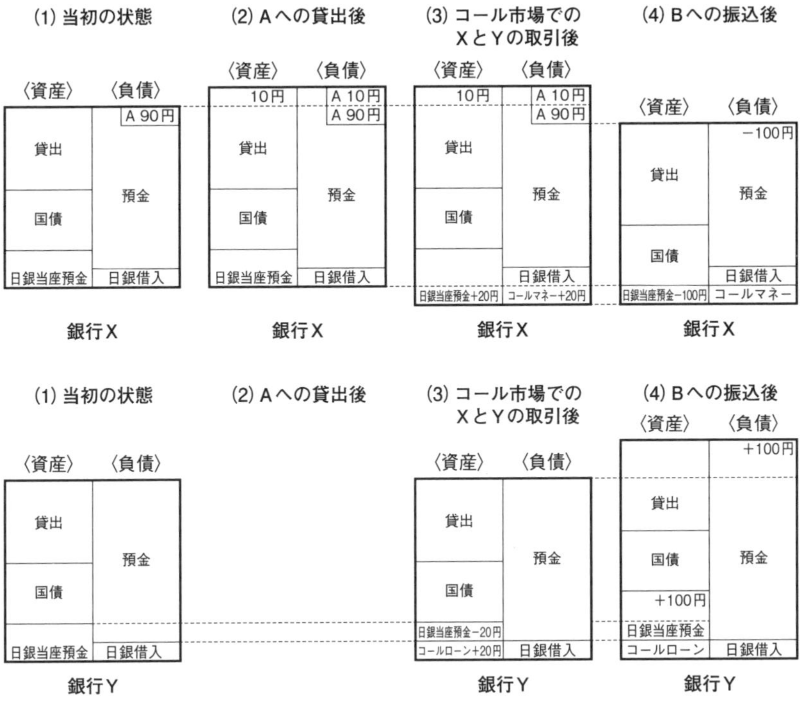

図表 10-4　銀行同士の信用創造（コール市場取引）
（出所）　筆者作成

（4）日本銀行のオペレーションと信用創造

民間銀行が全体として保有している日本銀行当座預金の残高には限りがある。もしも銀行 X が不足している日本銀行当座預金を他の民間銀行から借りられない状況に陥ったらどうすればよいのだろうか？　この場合には銀行 X は、自分の保有する優良資産（例えば日本国債）を日本銀行に購入してもらい、その代わりに日本銀行当座預金を受け取ることによって、十分な額の日本銀行当座預金残高を確保することができる。このように、日本銀行が民間銀行から金融資産を買い、代金として日本銀行当座預金を支払う取引を買い入れオペレーション（買いオペ）と言う（オペレーションに用いられる手段の詳細は第24章 5 節で説明する）。この点を説明したのが図表 10-5 である。

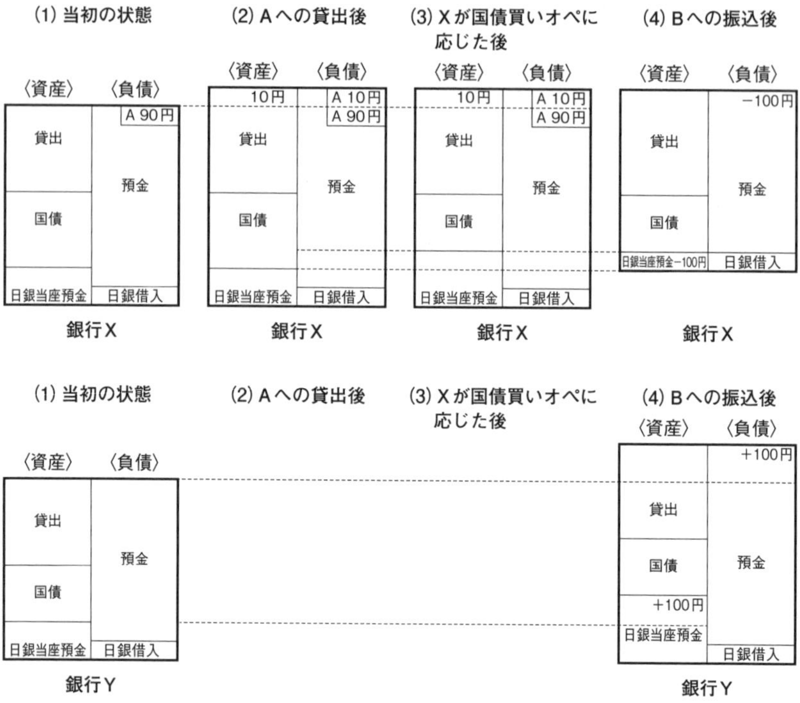

図表 10-5　銀行同士の信用創造（日本銀行の買い入れオペレーション）
（出所）　筆者作成

図表10-5(1)、(2)は、図表10-4(1)、(2)と同じである。図表10-5(3)は、銀行Xが日本銀行の国債買い入れオペレーションに参加したため、資産側では国債が減少し、それと同額だけ日本銀行当座預金が増加していることを示している。図表10-5(4)は、日本銀行当座預金の不足分を国債買い入れオペレーションで調達した銀行Xが、銀行Yに100円の振込みを行った後の貸借対照表を示している。振込みの結果、銀行Xの資産側では日本銀行当座預金が100円減少し、負債側ではAさんの預金が100円減少する。銀行Yの資産側では日本銀行当座預金が100円増加し、負債側ではBさんの預金が100円増加する。

日本銀行の**オペレーション**は何のために行われるのだろうか？ 日本銀行が買いオペレーションによる資金供給、売りオペレーションによる資金吸収を実施する理由は、コール市場の金利水準を統制するためである。コール市場の金利水準を統制する理由は、第24章4節、5節で説明するように、現在の金融政策の枠組みでは、コール市場のような短期金融市場の金利を金融政策の実施のために適切な水準に統制することが一般的だからである。

それではなぜ、日本銀行はコール市場の金利水準を統制できるのだろうか？その理由は二つある。第一に、民間金融機関にとって制御不能な二つの資金需要である預金者の銀行券預入れ・引出し、政府と民間部門との財政資金受払いが、日本銀行当座預金を通して行われていること。第二に、日本銀行が日本銀行当座預金の独占的供給者であること、である。

第一の理由について見ると、民間金融機関は、①預金者が銀行券を預け入れたり、引き出しに来るタイミングを正確に予見することは困難である。②公務員の給与や、新型コロナウイルス感染症対策で支給された特別定額給付金のように、政府からの支払いが個人の銀行口座になされる場合は、日本銀行にある政府預金から受取り先の個人が口座を持つ銀行の日本銀行当座預金に資金が振り込まれ、その銀行が受取り先の個人の口座に同額を振り込む、という手順で支払いがなされるが、民間銀行は政府から依頼された資金の受払いを拒絶できない、という事情がある。①を**銀行券要因**、②を**財政要因**と言い、①と②の合計を**日本銀行当座預金にとっての資金過不足**と言う。民間金融機関全体として保有する日本銀行当座預金の残高が、民間金融機関全体として支払いに必要とする金額よりも不足した時には、コール市場で他の民間金融機関から日本銀行当座預金を借りてくることは困難になってしまう。どうしても支払いをしたい民間金融機関は、コール市場でどんなに高い金利を払ってでも資金調達しようとするから、金利が暴騰する可能性が大きい。

第二の理由について見ると、日本銀行は日本銀行当座預金の独占的供給者であり、しかもコール市場の金利水準を金融政策が要請する一定の水準にとどめておきたいと考えている。そこで、日本銀行は、金利の暴騰を防ぐために、民間金融機関の持つ優良資産を買上げ、その代金として日本銀行当座預金を振り込む、あるいは、民間金融機関の持つ債券などを担保にとって貸出を実行し、その代金として日本銀行当座預金を振り込み、コール市場の金利を安定させようとする。日本銀行だけが日本銀行当座預金を供給できるので、その値段であるコール市場の金利は日本銀行が目標とする金利に接近させることができる。

例えば、目標とする金利よりもコール市場の金利が高ければ、より多くの日本銀行当座預金を供給するように買いオペレーションの規模を増加させればよい。日本銀行が民間金融機関の日本銀行当座預金を独占的に供給していることを利用して、コール市場の金利を日本銀行の目標水準で統制するために行う金融取引のことを**金融調節**と言う。[3)]

金融調節を効率的に行うために、日本銀行は官庁からヒアリングを行い、財政資金の支払い、受取りがいつ生じるかを詳細に予想している。民間金融機関の日本銀行当座預金需要に対して日本銀行当座預金の供給量が多い状況を**資金余剰**、少ない状況を**資金不足**と言う。資金余剰、資金不足は銀行券要因、財政要因から発生し、資金余剰（不足）を放置すれば、民間金融機関はコール市場で資金運用（調達）をしようとするので、金利は下がる（上がる)。そこで、日本銀行は金利が下がり（上がり）そうならば、資金吸収（供給）オペレーションを行うことで、金利水準を統制する。この結果、日々の日本銀行当座預金残高の合計について、

日本銀行当座預金にとっての資金過不足＋金融調節
＝民間金融機関の保有する日本銀行当座預金残高の変化

という関係が成り立つ。

日本銀行はコール市場の金利が金融政策の要請する一定の水準から乖離しないようにオペレーションを行っているので、民間金融機関が日本銀行当座預金の残高が足りないから振込みができない、といったことはその民間金融機関の経営状態が悪化しないかぎり普通は起こらない。なぜなら、民間金融機関は、コール市場取引で他の民間金融機関から借入をする、あるいは、日本銀行のオペレーションないしは日本銀行の補完貸付制度（差し入れられた担保の範囲内で基準貸付利率により翌営業日を返済期限として日本銀行が金融機関の求めに応じて受動的に実行する貸付けのこと、詳細は第24章５節を参照）を利用すれば、日本銀行当座預金残高を確保できるはずだからである。

最悪の場合でも、第14章１節で説明するように、一時的な資金不足に陥った

3)　無担保コールレート・オーバーナイト物の推移に関心がある読者は、第26章の図表26-2、26-5を参照。

金融機関については、日本銀行が最後の貸し手として融資を実行してくれる。以上のような制度があるために、経営状態が良好な金融機関が資金繰りに窮することは通常は考えにくい。ただし、最後の貸し手機能は返済見込みのある金融機関にしか適用されないので、法定準備預金額が期日までに調達できない場合には1997年に発生した北海道拓殖銀行の事例のように破綻に追い込まれる銀行が発生することもある。

なお、ここまでの説明は、コール市場の金利がゼロから十分に離れており、超過準備に利息が付かない場合のコール市場の金利の統制について説明している。コール市場の金利がゼロに接近した場合、超過準備に利息が付く場合のコール市場の金利統制の議論は第24章５節、第26章１～３節を参照のこと。

（５）民間銀行全体で最大可能な信用創造

銀行の信用創造には上限があるのだろうか。信用創造がどこまで継続するかを決める一つの要因は、「(1)個別銀行の信用創造」と「(2)銀行同士の信用創造」の例で見たように、貸出のうちどの程度が預金にとどまり、どの程度が現金として流出するかに依存する。もう一つの要因は、銀行と顧客が貸出をすることに合意することである。この要因が満たされるかどうかは、顧客の銀行借入に対する需要や第９章８節で見た銀行の信用リスク管理次第だが、以下ではとりあえずこの要因は満たされているとして考える。

いま、１単位の貸出が行われた時、α 単位だけが銀行内に預金としてとどまり、$(1-\alpha)$ 単位が現金で流出するとしよう。銀行は、預金のうちある程度の割合は現金で引き出されることを予想して、日本銀行からいつでも現金を引き出せるように日本銀行当座預金を保有している。ここでは、本章１節「(3)コール市場取引と信用創造」と同様に、銀行が法律で定められた準備率 β だけ預金に対する準備を保有すると仮定する。したがって、１単位の貸出が行われた時、銀行に残った α の預金に対して、銀行は $\alpha\beta$ の準備預金を日本銀行当座預金にすることになる。

まとめると、銀行が１単位の貸出に最低限必要な現金と準備預金の合計は、

$$(1-\alpha)+\alpha\beta=[1-\alpha(1-\beta)]<1\ \text{単位}$$

である。ただし、$0<\alpha<1$、$0<\beta<1$、$0<\alpha(1-\beta)<1$ である。

つまり、1単位の貸出をするために、最低限必要な現金と準備預金の合計は1単位よりも小さい。言い換えると、銀行から見れば $[1-\alpha(1-\beta)]$ 単位の新規資金が貸出とは無関係に得られるならば、銀行は貸出を1単位増やせることになる。したがって、1単位の新規資金が貸出と無関係に得られるならば

$$\frac{1}{(1-\alpha(1-\beta))}\text{単位}>1\text{単位}$$

の貸出増加が見込まれる。この貸出増加の割合

$$\frac{1}{(1-\alpha(1-\beta))}$$

を**信用創造乗数**と言い、1より大きくなることが知られている。

ところが、貸出とは無関係に受け入れられる1単位の新規資金は、民間銀行全体で見るとゼロである。なぜなら、先ほどの図表10-3の例では、銀行Xが貸出をして銀行YのBさんの預金が100円増えたといっても、銀行XのAさんの預金は当初の90円から振込み後にはゼロに減っており、結局は銀行Xが最初に貸出を10円行って増やした預金10円が銀行Yに回ってきているだけで、貸出と無関係に増えた預金は1円もないからである。

この点について、図表10-3で示した取引の過程で日本銀行の貸借対照表がどのように変化しているかを見たのが図表10-6である。

図表10-6(1)上段は、民間銀行Xと民間銀行Yの貸借対照表の合計を示している。民間銀行の合計で見ると、図表10-6上段(1)から(2)の変化では預金と貸出が同額増加するが、図表10-6上段(2)から(3)の変化では日本銀行当座預金の総量は一定で、その割り振りが銀行Xと銀行Yの間で変化することを示している。

図表10-6下段には、簡略化した日本銀行の貸借対照表を掲載している。日本銀行の資産は、国債と民間銀行Xと民間銀行Yへの貸出（図表10-6下段で貸出X、貸出Yと略記）からなるとする。日本銀行の負債は、銀行券（正確には貨幣流通高を含む。ここで言う貨幣は硬貨の意味である）と、民間銀行XとYが保有する日本銀行当座預金からなるとする。なお、日本銀行の純資産を以下では省略している。ここで、銀行券と日本銀行当座預金の合計を、**マネタリーベース**と呼ぶ。マネタリーベースは、日本銀行が金融部門を含めた経

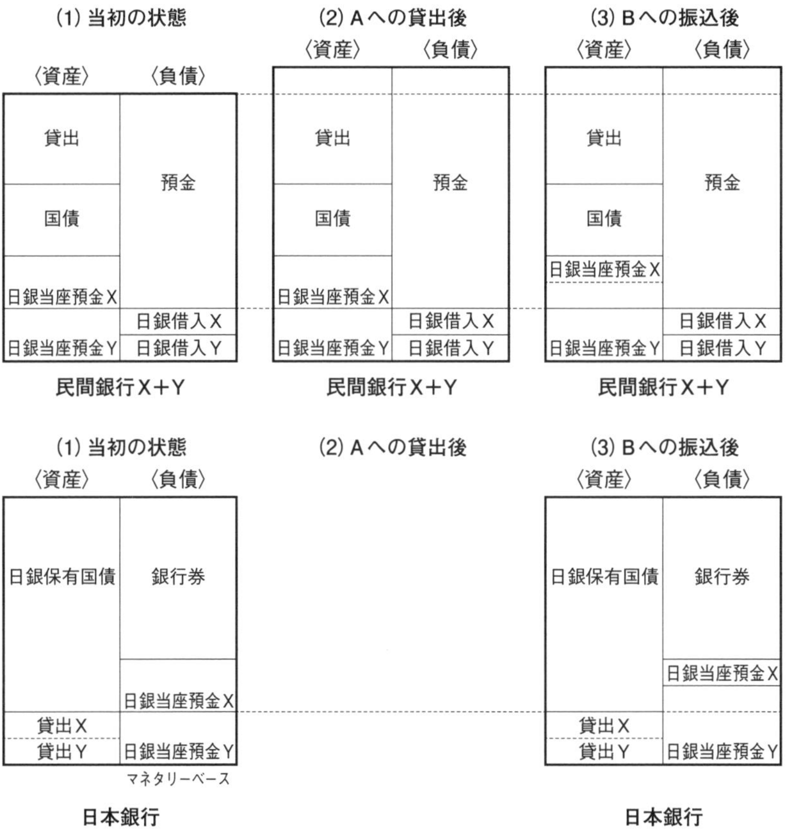

図表 10-6　銀行同士の信用創造と日本銀行の貸借対照表
(出所)　筆者作成

済全体に供給する通貨量を集計した統計として利用可能であり、

マネタリーベース
　＝「日本銀行券発行高」＋「貨幣流通高」＋「日本銀行当座預金」

である。

図表 10-3 の取引が行われると、図表 10-6 下段(1)から(3)へ日本銀行の貸借対照表は変化するが、日本銀行当座預金の合計は一定のままであり、民間銀行 X と民間銀行 Y が保有する日本銀行当座預金の内訳が変わることがわかる。

結局、新規の貸出がない状況で預金者が銀行預金で支払いを行う、ということは、銀行部門全体の預金の金額と、日本銀行当座預金の金額は一定で、銀行間の預金の配分と、銀行間の日本銀行当座預金の配分が、預金者の間の支払いの結果によって変わっていくことを意味している。民間銀行同士の取引で預金が増えても、それらの預金は貸出が増えたから得られた資金でしかない。貸出とは無関係に受け入れられる新規資金は、民間銀行全体で見るとゼロである。

民間銀行が貸出と無関係に得られる新規資金はどこにあるのだろうか？　それは民間銀行同士の取引から生じる資金ではなく、日本銀行が提供する当座預金と、民間非銀行部門の持つ現金（すなわち、貸出のうち銀行に預金としてとどまらず、現金で流出した部分）の合計であるマネタリーベースなのである。したがって、民間銀行全体で最大可能な信用創造量は、マネタリーベースの金額（MBとする）に信用創造乗数をかけた以下の(1)式になる。

$$\text{民間銀行全体で最大可能な信用創造量}=\frac{1}{(1-\alpha(1-\beta))}MB \qquad (1)$$

注意が必要なのは、(1)式は所与のマネタリーベースの下で、民間銀行が全体としてやろうと思えば最大可能な信用創造量を示しており、民間銀行が必ず(1)式の金額まで信用創造をするとは限らない、という点である。信用創造が可能なのは、本章１節(1)の最後の例で示したように貸出のほとんどが持ち主を変えながら誰かの預金で保有されることが前提（つまり、「貯蓄の形成を先取りしたもの」）であり、民間銀行が信用創造を民間非銀行部門の意図する貯蓄額を上回って行えば、民間銀行は現金流出に見舞われるであろう。逆に、民間銀行が信用創造を民間非銀行部門の意図する貯蓄額を下回って行えば、支払い手段が不足して経済活動が滞るであろう。こうして見ると、民間銀行に信用創造を任せておけば、適度な信用創造量は供給されるのか、という疑問が生じてくる。この点についての研究者の意見は分かれているが、民間銀行全体で可能な信用創造量の上限はマネタリーベースの大きさに比例しているので、もしも信用創造乗数が安定していれば、中央銀行がマネタリーベースの総量を統制することによって民間部門の信用創造にある程度は影響を与えることができることになる。そこで以下では、信用創造量をどう計測するか、という点と、信用創造乗数と同じ性質を持つ貨幣乗数が安定しているか、という点について説明する。

2．マネーストックと信用創造量

(1) マネーストック

民間銀行全体の信用創造量は、どのように把握できるのだろうか？　一つの方法は、日本銀行が作成している**マネーストック**を用いることである。[4)] マネーストックは、金融部門（通貨発行主体）から経済全体に対して供給される通貨を集計した統計で、

マネーストック
　＝「日本銀行券発行高」＋「貨幣流通高」＋「民間銀行の預金および何らかの流動性がある金融商品」

として計算される。注意が必要なのは、マネーストックには、日本銀行当座預金は含まれないことであり、その理由は以下ですぐに説明する。また、マネーストックには日本銀行券発行高と貨幣流通高という民間銀行が供給できない金融資産も含まれていることにも注意が必要である。

マネーストックを用いる理由は、日本銀行と民間銀行が経済に提供している信用（民間部門への貸出と国債購入による国への貸出）は、民間銀行の預金か日本銀行の銀行券によってファイナンスされていることに注目するとわかりやすい。この点について見るために、図表 10-7 は、図表 10-6 に示した日本銀行の貸借対照表を図表 10-7(1)に、民間銀行 X と民間銀行 Y の貸借対照表合計を図表 10-7(2)に、日本銀行と民間銀行の貸借対照表合計を図表 10-7(3)に示している。図表 10-7(3)では、日本銀行と民間銀行の貸借対照表を合計することによって、日本銀行と民間銀行の間の貸借関係である日本銀行貸出、日本銀行借入、日本銀行当座預金は相殺される（したがって、日本銀行当座預金はマネーストックには含まれない）ため、資産側に残るのは貸出と国債、負債側に残るのは民間銀行の預金と日本銀行の銀行券（正確には貨幣流通高を含む）である。マネーストックの一つの解釈は、図表 10-7(3)の負債側にある預金と銀行券の合計を計測することで、資産側の信用の合計を計測する、というものであ

4）　以下の説明は池尾［2013］を参考にした。

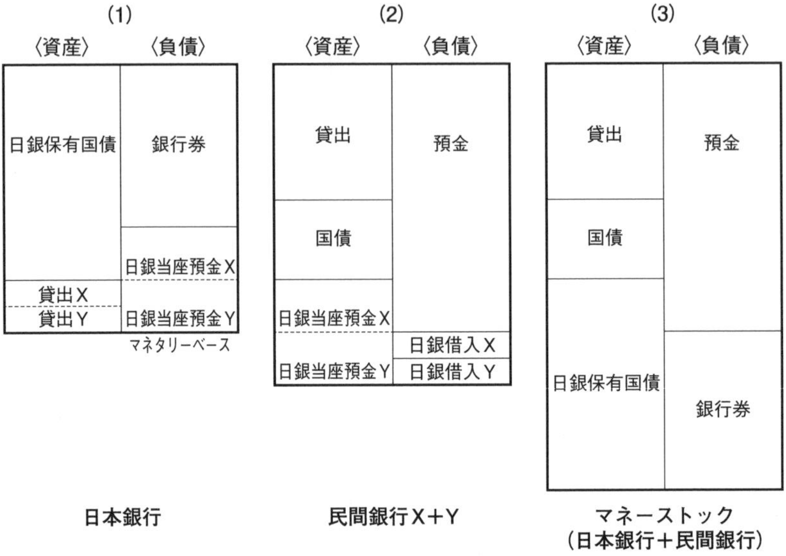

図表 10-7　マネーストックの考え方
（出所）　筆者作成

る。[5]

マネーストックとは、個人、一般法人（金融機関以外の法人）、地方公共団体・地方公営企業などの通貨保有主体（つまり、金融機関と中央政府以外の主体）が保有する通貨量であり、**M1、M2、M3、広義流動性**の 4 種類が毎月発表されている。

4 種類の統計は、通貨量を合計する範囲が後になるほど広くなっていくように作られている。

M1 は、最も容易に決済手段として用いることができる現金通貨と預金通貨を集計している。ここで、現金通貨とは、日本銀行券発行高と貨幣流通高の合

5)　この説明では海外経済との取引は省略している。なお、マネタリーサーベイという統計は、負債としてマネーストックのうち M3 を、資産として対外資産と国内信用（政府、その他金融機関、地方公共団体、その他部門向け）を示した、日本銀行と預金取扱機関のバランスシートを合計した統計であり、図表 10-7(3)の考え方に即して作成されている。

計であり、預金通貨とは要求払い預金（当座預金、普通預金、貯蓄預金、通知預金、別段預金、納税準備預金）から対象金融機関保有小切手・手形を差し引いたものである。

M3 は、M1 に準通貨、譲渡性預金、外貨預金などを加えた指標である。準通貨の大半は、定期預金である。定期預金は解約して現金通貨や預金通貨に換えれば決済手段になる金融商品で、預金通貨に準じた性格を持つという意味で準通貨と呼ばれている。

M2 は、金融商品の範囲は M3 と同様だが、後述のとおり調査対象金融機関が限定されている。[6)]

広義流動性は、M3 に何らかの流動性を有すると考えられる金融商品、例えば、投資信託や国債などを加えた指標である。広義流動性には、金融商品間の資金の流出入（例えば、投資信託を解約して銀行預金に振り替える）があった場合でも、その影響を受けにくい特徴がある。

マネーストックを作成するための調査対象になっている金融機関は、M1 と M3 の場合は、日本銀行と全預金取扱機関である。M2 の場合は、日本銀行、国内銀行（除くゆうちょ銀行）、外国銀行在日支店、信用金庫、信金中央金庫、農林中央金庫、商工組合中央金庫である。広義流動性の場合は、国（国債が含まれるから）、非居住者（外国債券が含まれるから）なども調査対象に含まれる。

図表 10-8 はマネーストックと、日本の経済規模の代理変数である名目 GDP（名目 GDP の説明は第20章 1 節を参照）の最近の値を示している。

マネーストックのうち、日本銀行が重視してきた M2 を見ると、2020年の残高は1,094兆円である。2020年の名目 GDP は561兆円なので、M2 の残高は日本経済の規模の1.95倍であることがわかる。

6）日本のマネーストックの作成は1967年に現在の M1、M2 に相当する統計の作成から始まった。その後、M1、M2 に属さない金融資産（例えば郵便貯金）との資金移動の影響に対応するために、1977年に M3 統計が追加された経緯がある。1989年には広義流動性が追加された。

（単位：兆円）

暦年	M1	M2	M3	広義流動性	名目 GDP
2003	433	678	1,014	1,268	524
2004	448	689	1,023	1,297	529
2005	469	701	1,029	1,330	533
2006	483	708	1,025	1,374	535
2007	483	720	1,027	1,417	539
2008	480	735	1,035	1,442	528
2009	483	754	1,053	1,452	495
2010	492	775	1,075	1,479	506
2011	516	797	1,099	1,497	497
2012	535	817	1,123	1,507	500
2013	560	846	1,155	1,546	509
2014	587	875	1,187	1,596	519
2015	616	906	1,223	1,652	538
2016	660	937	1,257	1,686	544
2017	712	974	1,300	1,737	553
2018	756	1,002	1,332	1,773	556
2019	796	1,027	1,360	1,808	561
2020	883	1,094	1,433	1,882	561

図表 10-8　マネーストック：2003年～2020年（暦年平均）
（出所）　日本銀行「マネーストック」
https://www.boj.or.jp/statistics/money/ms/index.htm/
内閣府「統計表一覧（2021年 1 - 3 月期 1 次速報値）、2015年基準」
https://www.esri.cao.go.jp/jp/sna/data/data_list/sokuhou/files/2021/qe211/gdemenuja.html
（ともに2021年 7 月21日アクセス）

（2）貨幣乗数と信用乗数

マネーストックとマネタリーベースの比率は**貨幣乗数**7) と言われる。以下では貨幣乗数が本章 1 節「(3)コール市場取引と信用創造」、「(5)民間銀行全体で最大可能な信用創造」で用いた仮定の下では信用創造乗数に一致することを示す。

いま、マネーストックを M、預金を D、民間非金融部門が保有する現金（「日本銀行券発行高」+「貨幣流通高」）を C とすると、マネーストックの定義により

7)　貨幣乗数は経済学の学術用語である money multiplier の翻訳。貨幣乗数の貨幣は、硬貨の意味ではなく、第 9 章 1 節で定義した経済学で言う貨幣である。

$$M=C+D$$

である。

さらに、マネタリーベース（MB）は、民間非金融部門が保有する現金 C と民間金融機関の保有する日本銀行当座預金 R の和なので、

$$MB=C+R$$

と書ける。

すると、マネーストックとマネタリーベースの比率である貨幣乗数 m は以下のように記述できる。

$$m=\frac{M}{MB}=\frac{C+D}{C+R}=\frac{\frac{C}{D}+1}{\frac{C}{D}+\frac{R}{D}}$$

もし、本章１節(3)、(5)で仮定したように民間金融機関の日本銀行当座預金が預金に対する準備率 β に応じて必要最低限保有されるのであれば、

$$\frac{R}{D}=\beta$$

である。また、１単位の貸出が行われた時、α 単位だけが銀行内に預金としてとどまり、$(1-\alpha)$ 単位が現金で流出するのであれば、

$$\frac{C}{D}=\frac{(1-\alpha)}{\alpha}$$

である。この関係を貨幣乗数の式に代入すると以下である。

$$m=\frac{M}{MB}=\frac{\frac{C}{D}+1}{\frac{C}{D}+\frac{R}{D}}=\frac{\frac{(1-\alpha)}{\alpha}+1}{\frac{(1-\alpha)}{\alpha}+\beta}=\frac{1}{(1-\alpha)+\alpha\beta}=\frac{1}{(1-\alpha(1-\beta))}$$

よって、マネーストックとマネタリーベースの比率である貨幣乗数は、本章１節(3)、(5)の仮定の下では民間銀行の信用創造乗数と一致する。つまり、以下の(2)式が成り立つ。

$$M=mMB=\frac{1}{(1-\alpha(1-\beta))}MB \tag{2}$$

したがって、マネーストックは民間銀行全体で最大可能な信用創造量を把握するツールとして信用創造論の理論的立場からは有益と考えられる。

(3) 実際に観察される信用創造乗数・貨幣乗数の安定性

(1)式と(2)式は、信用創造乗数、貨幣乗数が安定していれば、あるいは最低限予測可能であれば、中央銀行がマネタリーベースを統制するとマネーストックで示された信用創造量に影響を与えることができると解釈できる。

例えば、αが0.915、βが0.007だとしよう。ここでのαとβは1981年4月から2021年6月までの期間のM2から現金通貨を除いた残高のM2残高への比率の平均値、1981年4月から2021年6月までの期間の平均的な預金準備率の平均値に相当する。この時、信用創造乗数、貨幣乗数の値は10.94であるので、1単位のマネタリーベースが最大10.94倍の信用創造量につながると予想できる。また、信用創造乗数が安定しているのなら、日本銀行がマネタリーベースを統制し、これを2倍にすれば、信用創造量も最大2倍に増えると予想できる。

本章2節(1)で見たように、信用創造論の理論的立場からは、マネーストックは民間銀行全体で最大可能な信用創造量を把握するツールになるが、実際に民間銀行は(1)式と(2)式で示された最大可能な金額まで信用創造をするとは限らない。例えば、第9章8節で見たように銀行は信用リスク管理を行っており、いくらでも貸出先を見つけられるわけではない。したがって、実際のマネーストックの値がマネタリーベースと安定的な比例的関係になるかどうかはデータを見てみないとわからない。もし安定的な関係が実際のデータから得られれば、中央銀行がマネタリーベースを統制することを通して信用創造量を統制することの有効性の証左になろう。

そこで、図表10-9には、M2/*MB*で定義した実際に観察された信用創造乗数（貨幣乗数）を試算した結果が実線で示してある。実際に観察された信用創造乗数は1980年代には振れはあるものの12程度で安定しているが、1996年ごろから低下しはじめ、2001年から2006年には6程度にまで低下する。その後、2006年から2011年は8程度で安定しているが、その後は低下し始め、2013年初めに6程度になり、その後2017年までにかけて2程度まで低下している。つまり、実際に観察された信用創造乗数は時間を通して一定ではない。しかし、α

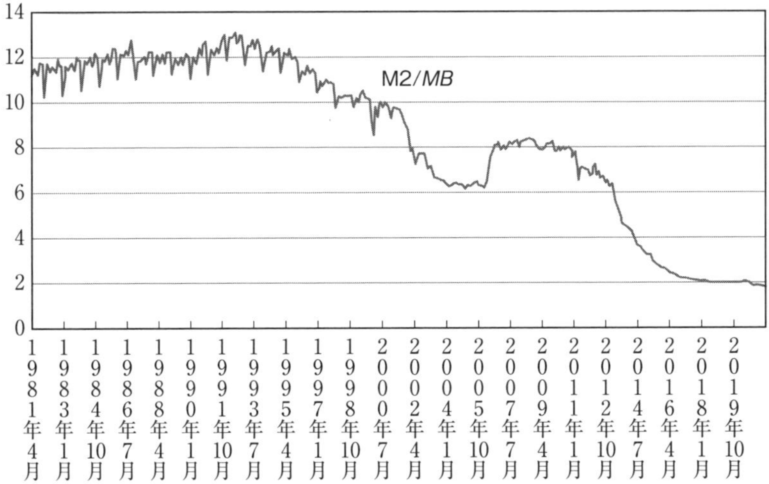

図表 10-9　信用創造乗数（M2/*MB*）：（月次データ、平均残高ベース）

（出所）　日本銀行「マネタリーベース」
https://www.boj.or.jp/statistics/boj/other/mb/index.htm/
「マネーストック」
https://www.boj.or.jp/statistics/money/ms/index.htm/
「準備預金額」
https://www.boj.or.jp/statistics/boj/other/reserve/index.htm/
（注意）　準備預金額は16日から翌月15日までの１月の平均残高。
（すべて2021年８月21日アクセス）

と β を前述の M2 から現金通貨を除いた残高の M2 残高への比率と、平均的な預金準備率でそれぞれ近似すると、α と β は1981年４月から2021年６月までの期間中で大きく変化しているわけではないので、近年の実際に観察された信用創造乗数の低下は、信用創造乗数の理論が仮定するような最大限可能な信用創造が行われなかったためだと解釈できる。この背景については第10章 Web 付録（補論）参照のこと。

実際のマネーストック（信用創造量）はマネタリーベースの制約を受けずに決められている側面が強いという本節の議論に懸念を持たれる読者もおられるかもしれない。例えば、景気が良くなり、良い貸出先が見つかれば、民間銀行は超過準備を活用して積極的に与信を拡大するのではないか、その際に日本銀行は民間銀行の信用創造を制約することはできるのか、と懸念されるかもしれない。その懸念に対する備えは、日本銀行は金利を引き上げるだろう、ということと、第14章1節で説明する金融規制により現代の民間銀行は厳しい貸出の規制に服していることである。

本章1節で説明した信用創造論は高校の政治経済の教科書で取り上げられているほど著名な議論である。信用創造論を応用すると、一定の前提の下で、マネタリーベースをもとに最大可能な信用創造量はマネーストックと理論上一致することが示される。日本のデータからは、マネーストックとマネタリーベースの比率が一定ではない時期が観察されるので、信用創造論の前提が成り立っているかどうか、制度的背景に注意を払うことが必要である。

Key Word　信用創造、コール市場、準備預金制度、準備率、法定準備預金額、超過準備、オペレーション、銀行券要因、財政要因、日本銀行当座預金にとっての資金過不足、金融調節、資金余剰、資金不足、信用創造乗数、マネタリーベース、マネーストック、M1、M2、M3、広義流動性、貨幣乗数

10章まとめ――銀行と信用創造

❶銀行は、資産である貸出と負債である預金を同時に増加させることで信用創造を行う。

❷信用創造は、貸出を元手にして借り手の事業が行われる結果、将来借り手の預金が増え、それを元手にして貸出が返済されることを見越して行われる。

❸信用創造機能が発揮される前提は、預金者が銀行預金を銀行券の代わりの決済手段として受け入れること、貸出が利息とともに返済されること、銀行間の振込みが全銀ネットと日本銀行当座預金により円滑に行われ、債権債務関係が決済できることである。

❹民間金融機関が日本銀行当座預金を保有する理由は、①金融機関相互間や日本銀行、国との間の資金決済のため、②預金者への現金支払のため、③準備預金の積上げのため、である。

❺民間金融機関は、①銀行券要因、②財政要因からなる日本銀行当座預金にとっての資金過不足を制御することはできない。日本銀行の金融調節は、コール市場の金利水準を金融政策運営上適切な水準に統制する目的で、売り

オペレーション、買いオペレーションを通して日本銀行当座預金の総額を変化させる金融取引である。

❻1単位の貸出が行われた時、α 単位だけが銀行内に預金としてとどまり、(1－α）単位が現金で流出すると仮定する。さらに、準備率を β とする。この時、銀行が1単位の貸出に必要な現金と準備預金の合計は、

$$(1-\alpha)+\alpha\beta=[1-\alpha(1-\beta)]<1 \text{ 単位}$$

であり、1単位の新規資金が貸出と無関係に与えられた個別の銀行の信用創造乗数は

$$\frac{1}{[1-\alpha(1-\beta)]}$$

である。

❼民間銀行部門全体で最大可能な信用創造量は、マネタリーベースを *MB* とすると、

$$\frac{MB}{[1-\alpha(1-\beta)]}$$

である。この結果は、民間銀行が貸出と無関係に得られる新規資金は、日本銀行が提供する当座預金と、民間非銀行部門の持つ現金の合計であるマネタリーベースであることから得られる。

❽マネーストック統計は、日本銀行が信用創造の状況を把握する目的で、個人、一般法人（金融機関以外の法人)、地方公共団体・地方公営企業などの通貨保有主体が保有する通貨量を金融機関から調査することにより作成される統計であり、M1、M2、M3、広義流動性の4種類が毎月発表されている。

❾信用創造論によれば、マネーストックはマネタリーベースの信用創造乗数倍となる。ただし、信用創造論は民間銀行がやろうと思えば最大限可能な信用創造量を理論的に示すものであり、実際に民間銀行が最大限可能な信用創造を行うかどうかは別問題である。実際のデータから推計される信用創造乗数は時間を通して変化しているほか、銀行は法定準備預金額ぎりぎりの準備になるまで貸出先を見つけることができるとは限らないので、信用創造論の現実への適用に際してはその前提が成り立っているかどうか注意を払うべきである。

【参考文献】

池尾和人『現代の金融入門』(新版)、筑摩書房、2章、2010年

池尾和人『連続講義・デフレと経済政策――アベノミクスの経済分析』日経 BP 社、第 3 講、2013年
黒田巖『通貨・決済システムと金融危機』(改訂版)、中央大学出版部、1 章、2013年
小林照義『金融政策』(第 2 版)、中央経済社、3 章、5 ～ 6 章、2020年
東短リサーチ株式会社編『東京マネー・マーケット』(第 8 版)、有斐閣、2019年
古川顕『テキストブック現代の金融』(第 3 版)、東洋経済新報社、8 章、2014年
吉田暁『決済システムと銀行・中央銀行』日本経済評論社、1 章、2002年

11章 保険と年金基金

本章では、保険と年金基金について説明する。保険と年金基金は、保険や私的年金の加入者から受け入れた資金を運用することを通して金融仲介活動を行う機関である。2021年 3 月末の資金循環統計速報において、家計の金融資産残高の27%を占めるのは、年金・保険・定型保証であり、家計にとっては現金・預金に次ぐ資産運用先である。

保険については、まず保険契約の考え方を説明する。保険契約とは、大勢の人が保険料を負担しあい、それを財源にして事故がある時に保険金・給付金を受け取る仕組みで、対象になる保険事故に応じて、生命保険契約と損害保険契約の 2 種類の金融商品がある。次に、民間の生命保険会社と損害保険会社について、提供する保険契約、保険料の決まり方、収益構造を説明する。

年金基金とは、年金・退職一時金給付のために積み立てられた基金の運用主体であり、企業年金とその他年金、個人年金がある。年金基金の業務は、日本の公的年金制度とともに消費者へ老後の備えを提供するものなので、年金基金の説明の前に、公的年金制度についてまず説明する。そのうえで、本章では、企業年金のうち確定給付型企業年金、企業型確定拠出年金を説明し、その他年金のうち国民年金基金と個人型確定拠出年金を説明する。個人年金保険は民間の生命保険会社が提供している商品なので、保険の説明に含まれる。

1．保険会社と保険契約の機能

保険会社は、不測の事故に備えようとする多数の人と**保険契約**を結ぶ。

保険会社が保険契約を結んだ相手を**保険契約者**と言い、怪我・生死・病気などの不測の事故が保険対象となっている人を**被保険者**と言う。

日本では、対象となる保険事故に応じて、保険会社を生命保険会社と損害保険会社に分けている。

生命保険会社は、保険契約者から一定基準に従い**保険料**の払い込みを受ける。生命保険会社は、事故が発生したら、契約で定められた**保険金**、**給付金**を支払う。保険金は、例えば被保険者が死亡したら支払われ、その時点で保険契約は終わる。給付金は、例えば被保険者が入院したら支払われ、その時点では保険契約は終わらない。保険金や給付金を生命保険会社から受け取る人を**受取人**と言う。事故にあう人の数が保険契約者数よりも十分に小さければ、生命保険に入って少額の保険料を支払うことにより、受取人は多額の保険金を得ることができる。

損害保険会社は、交通事故・災害・盗難などの偶然の事故によって生じた損害をカバーする。生命保険会社は事故に応じて一定額の保険金を支払うのに対して、損害保険会社は事故によって生じた損害額により保険金の支払いが変わる**実損払方式**を取っている。

日本の生命保険会社と損害保険会社はながらく各々の分野で独占営業をしていたが、1996年に改正された保険業法の下で自由化が進んだ。具体的には、規制緩和・自由化や健全性の維持を柱として、①子会社方式による生命保険会社・損害保険会社の相互参入の解禁、②商品・料率の届出制の導入、③火災・傷害・地震・自動車保険などの料率を定めていた料率算定会制度の見直し、といった動きが起こった。2001年４月から銀行が一部の保険商品を取り扱うことが可能となり、2007年には保険商品の銀行窓販が全面解禁されるなどして競争が激化し、損害保険会社を中心に保険会社の合併が進んでいる。

このほか、傷害・疾病は第三分野とされ、外資系の保険会社が現状では圧倒的なシェアを持っている。

以下本書では混乱のない限り、保険という言葉を大勢の人が助け合う仕組みという意味ではなく、保険契約の意味で使う。保険契約を提供する金融機関のことは、保険会社、と記載する。生命保険会社と損害保険会社以外に、ゆうちょ銀行と共同組織金融機関などが非営利目的で会員向けに提供している保険契約が共済（かんぽ生命の簡易保険や、JA 共済など）であるが、サービスの仕組みは生命保険会社と損害保険会社が提供する保険契約と類似のものなので本書では取り上げない。

不測の事故に備えるために、なぜ保険に入る必要があるのだろうか？　事故への備えは、十分な貯蓄があればそれでよいのではないだろうか？　以下では、不測の事故に保険で備える場合と、貯蓄で備える場合の違いを解説するためによく用いられる「**貯蓄は三角、保険は四角**」という性質を図表11-1で説明する。

ある人が、10年後に事故にあい、治療のため100万円のお金が必要になると予想したとする。この人が、貯蓄で事故に備えようとするならば、10年間をかけて、例えば毎年10万円ずつ貯金をすればよい。図表11-1の濃い灰色の棒で示したように、貯金の残高は毎年10万円ずつ増えていき、三角形のような形で増えていく。一方、この人が保険で事故に備えるためには、いまから毎年保険料を支払い、治療のため100万円の保険金が下りる保険に入ればよい。この場合の保険金は、図表11-1の薄い灰色の棒のように、10年間いつも100万円で、四角形のように見える。「貯蓄は三角、保険は四角」という言葉は、貯蓄と保険から得られるまさかの時への備えの時間を通した変化の様子を指しているのである。

10年間が経って、仮に事故にあわなかったとすると、貯蓄は丸々残る。一方、10年間支払った保険料は戻ってこない。保険に入ったのは失敗だったようにも思える。しかし、当初の予想が甘く、5年目に事故にあってしまったとしたらどうだろうか？　貯蓄の場合は50万円しか貯まっておらず、必要な治療は受けられない。一方、保険であれば、5年目であったとしても100万円の保険金が下りてくる。

このように、保険に入ると、入った時点から十分な備えをすることができるのに対して、貯蓄の場合には時間の経過次第では十分な備えにならない。事故にあわなければ保険料は払い損だが、これは、十分な備えがいつもできていたことのために支払った安心料だと思えばよい。

以上の議論から、もともと十分な備えのある人（上記の例であれば最初から100万円の貯蓄がある人）は、保険に入る必要性が乏しいことがわかる。保険とは、小額の支払いで、将来の巨額の支払いを可能にするための金融商品である、と考えて利用するべきである。

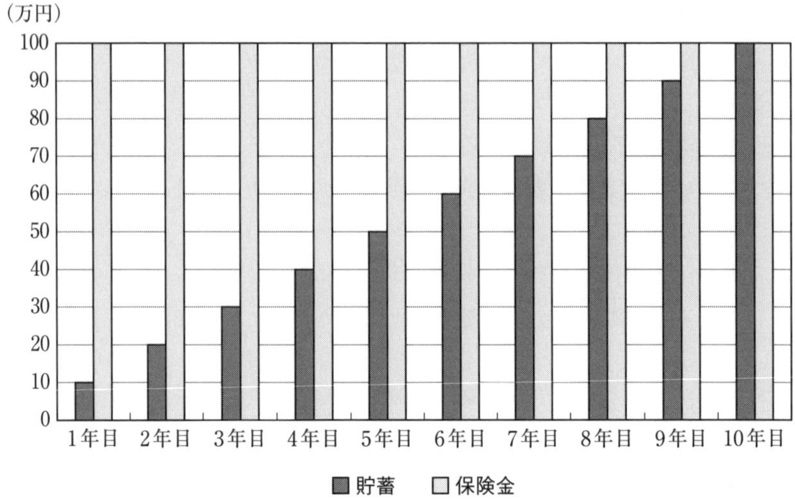

図表 11-1　貯蓄と保険金の違い
（出所）　筆者作成

2．生命保険会社の提供する商品

生命保険会社の提供する保険契約のうち、保険期間中に保険料を支払い、事故にあえば受取人が保険金を受け取り、事故にあわなければ保険金は受け取らない、というタイプの生命保険を**定期保険**と言う。

保険期間が終わってから事故にあってしまうぐらい長生きしてしまう危険にも備えるには、保険期間を一生涯にした**終身保険**という商品がある。保険料の支払いには、一生保険料を支払う終身払込みという方法と、ある年齢以後は保険料を支払わない有期払込みという方法がある。終身保険の場合には、必ず死亡保険金を受け取ることができるが、その分だけ定期保険よりも割高な保険料を支払う必要がある。さらに、定期付終身保険とは、主契約となる終身保険に、特約として定期保険（定期保険の保険金のほうが終身保険の保険金より高額なことが多い）を上乗せした商品である。

これ以外にも生命保険会社では、終身保険ではないが、契約満期時にもし生存していれば死亡保険金と同じだけ保険金が受け取れて貯蓄の代わりになりうる**養老保険**、一定の年齢以後には毎年年金が受け取れて公的年金の代わりになりうる**個人年金保険**、保険契約者が払い込んだ保険料を投資信託などで運用し、その運用成績により将来受け取る年金額が左右される**変額年金保険**、医療保険やがん保険など、様々な商品を販売している。

生命保険会社の商品のうち、契約金額の多いタイプを2021年３月末の国内生命保険会社42社合計の統計で見ると、個人保険契約金額は816兆円である。このうち、定期保険が307兆円（個人保険のうち38％）、終身保険が195兆円（個人保険のうち24％）、定期付終身保険が59兆円（個人保険のうち７％）、養老保険が37兆円（個人保険のうち５％）である。また、2021年３月末の国内42社合計の個人年金保険契約金額は102兆円である。[1)]

3．生命保険料の決まり方

生命保険料の決定には、①**予定死亡率**（多数の人のうち１年間に死亡する人の割合であり、過去の統計から性別・年齢別に推計する）、②**予定利率**（資産運用による収益を見込んで保険料を割り引く率のこと）、③**予定事業費率**（事業運営上に必要な経費の割合）が影響する。以下では、この三つについて順番に説明する。

（1）予定死亡率

死亡率の保険料への影響を見る例として、40歳の男性100人に対して、死亡した時には100万円を支払う生命保険の保険料がどのように決められるのか説明する。

いま、40歳男性の死亡率が１％だとする。すると、１年間に保険会社が払う死亡保険金は100万円×100人 × １ ％ ＝100万円となる。保険料は、保険契約者100人で均等に分担するとすれば、100万円÷100人＝１万円となる。この場合、生命保険会社の利益はゼロになるが、生命保険会社から見て、収入（保険料）

1）　詳細は生命保険協会「保険種類別契約高」を参照。
https://www.seiho.or.jp/data/statistics/summary/xls/annual/bykt2021.3.xls
（2021年７月11日アクセス）

と支出（保険金）が等しくなるように保険料を作ることを**収支相等の原則**と言う。

死亡率は、年齢や性別によって異なる。したがって、死亡率が高く、同じ1年間に保険金を受け取る可能性が高い保険契約者に対しては、死亡率の低い保険契約者に比較して高い保険料を請求することによって、保険契約者の負担を公平にすることができる。この原則を**給付・反対給付均等の原則**と言う。

ところが、年齢ごとの死亡率に応じ収支相等するような保険料を設定してしまうと、高齢になると死亡の危険が高く、保険料が高すぎて誰も入れない保険商品ができあがってしまう。例えば、90歳男性の死亡率が90％だとすると、90歳男性100人に100万円支払う死亡保険の保険金は、100万円×100人×90％＝9,000万円となり、100人で分担すると1人当たりの保険料は90万円になってしまう。

そこで、実際には年齢によらず保険料を同じにして、保険期間中を通して全体の保険料と保険金が等しくなるような**平準保険料**が用いられる。例えば、図表11-2は、40歳から89歳まで50年間の定期生命保険に入る場合の平準保険料からの保険料収入を実線で、保険金支払いを点線で示している。

平準保険料の下では、図表11-2の左半分のシャドー部分のように、保険の最初の期間は保険料収入が保険金支払いを上回る。余った保険料収入を保険会社は将来の支払いに備えて積み立てておく。このお金を**責任準備金**と言う。保険の後半の期間では、図表11-2の右半分のシャドー部分のように、保険金支払いが保険料収入を上回る。その不足分は、責任準備金を取り崩すことで支払われる。保険契約者から見ると、責任準備金はあたかも生命保険会社が保険契約者から資金を預かり、保険金を支払うまで運用してくれているように見えるので、生命保険会社は間接金融型の金融機関だと解釈でき、家計は保険会社に金融資産を保有していると考えることができる。

資金循環統計においては、生命保険会社からの保険金がどの程度確実に支払われるかに応じて、各商品の責任準備金を家計の金融資産とみなすかを決めている。終身保険や養老保険のような積立型の生命保険の責任準備金は、将来の支払いが確実なので、生命保険受給権という項目で家計の金融資産に含んでいる。生命保険受給権は、2021年3月末の家計の金融資産残高全体の12％（保

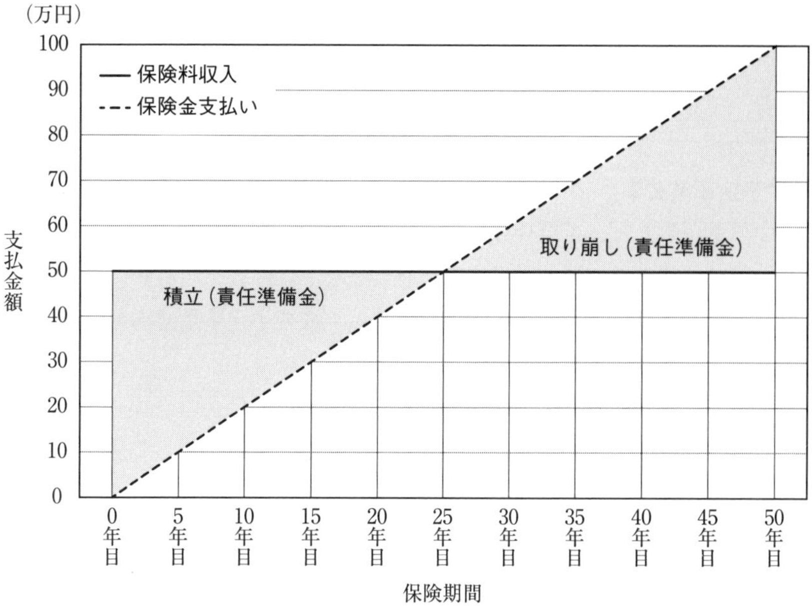

図表 11-2　平準保険料からの収入と保険金支払い
（出所）　筆者作成

険・年金・定型保証の42%）を占めている。個人年金保険の責任準備金については、将来年金や一時金として受け取ることのできる権利を年金保険受給権という項目に計上している。年金保険受給権は、2021年３月末の家計の金融資産残高全体の5.2%（保険・年金・定型保証の19%）を占めている。定期保険の責任準備金については、将来の払い戻しが不確定な度合いが強く、払い込まれた保険料は、そのサービスに対する対価の支払いと位置づけ、保険会社の利益留保であって家計の金融資産ではないとされている。

（2）予定利率

図表 11-2 の左側のシャドー部分に示された、積み立てられている責任準備金は、2021年３月末には日本の生命保険42社合計で336兆円もある。日本の経済規模を示す2020年の名目 GDP は第10章の図表 10-8 にあるように561兆円なので、336兆円の責任準備金は日本の経済規模の６割近い莫大な金額であるこ

とがわかる。生命保険会社は莫大な責任準備金を資産運用することで得られる収益率を見積もっており、これを予定利率と言う。予定利率が高いほど、保険料を安くすることができる。

（3）予定事業費率

予定事業費率とは、生命保険会社が予想した生命保険契約の締結や保険料の収納、契約の維持管理等の事業運営に必要となる人件費、店舗費、光熱費、広告費などの諸経費の比率である。保険会社は、この予定事業費率を用いて保険事業を運営するための費用を算出し、保険料に上乗せする。この上乗せ分の保険料を**付加保険料**と言う。付加保険料と、保険金や給付金の支払いなどの財源となる**純保険料**の合計を保険会社は保険契約者から保険料として受け取る。

以上に見たように、純保険料と付加保険料からなる保険料は、死亡率に予定利率、予定事業費率に応じた修正を加えて決定される。いずれの比率もあくまでも予定であるため、1年に一度は決算を行い、予定率と実際の差が生じて利益が上がると、その利益は契約者配当金として保険契約者へ還元されることになっている。

4．生命保険会社の貸借対照表・損益計算書の特徴

2021年3月末の生命保険会社42社合計の資産は413兆円で、このうち83％が有価証券である。有価証券のうち国債が46％、外国証券が31％、社債が8％、株式が7％である。[2)]

莫大な資産の背景となる生命保険会社の負債のほとんどは、保険契約時に固定された予定利率で積み立てられる責任準備金という長期の負債である。生命保険会社は、長期の固定金利負債を大量に持っている、という特殊事情があるため、これに対応する資産として保有する債券のうち、一定の基準を満たすも

2）　詳細は生命保険協会「貸借対照表」を参照。
https://www.seiho.or.jp/data/statistics/summary/xls/annual/bs2021.3.xls（2021年7月10日アクセス）

	(100万円)	構成比(%)
経　常　収　益	49,043,762	100.0
保険料等収入	30,943,063	63.1
うち保険料	29,197,827	59.5
資産運用収益	14,126,783	28.8
うち利息及び配当金等収入	7,320,707	14.9
その他経常収益	3,973,872	8.1
経　常　費　用	44,613,207	100.0
保険金等支払金	30,138,612	65.7
責任準備金等繰入額	8,021,483	17.5
資産運用費用	1,774,610	3.9
事業費	4,601,784	10.0
その他経常費用	1,313,255	2.9
経　常　利　益	3,193,920	

図表 11-3　生命保険会社の経常利益（42社合計）：2020年度（2020年4月～2021年3月末）

（出所）　生命保険協会「損益計算書」
https://www.seiho.or.jp/data/statistics/summary/xls/annual/pl2021.3.xls
(2021年7月10日アクセス)

のを責任準備金対応債券として区分し、償却原価法による評価をする（時価会計を適用除外する）ことが認められている。[3)]

以上の説明から、生命保険会社の利益は、保険料、資産運用収益、保険金からほぼ決まってくることが予想できる。そこで、2020年度の生命保険会社の経常利益を見たのが図表 11-3 である。

経常収益は、保険料等収入と資産運用収益（利息、配当金、有価証券売却益

3）　金融商品のうち、売買目的で保有している株式や債券は、価格変動が会社の業績に直結するため、時価評価の対象になる。しかし、債券を満期保有する場合は、債券の購入価格とその債券の簿価との差と、その後のその債券から得られる利息から投資成果が確定する。このような商品には、購入価格と債券の簿価との差を満期までに期間配分し、利息に加えて毎期の投資成果を計る償却原価法が適用できることがある。満期保有目的債券の償却原価法の詳細は、桜井［2021］、第5章を参照。生命保険会社の保有する債券のうち、償却原価法が適用可能になる債券の要件は、日本公認会計士協会、業種別監査委員会報告第21号、「保険業における『責任準備金対応債券』に関する当面の会計上及び監査上の取り扱い」平成12年11月16日を参照。

など）からほぼ決まってくる。2020年度決算の場合、保険料等収入は経常収益の６割程度、資産運用収益が経常収益の３割程度を占める。

一方、経常費用は、保険金等支払金、責任準備金等繰入額、資産運用費用（支払利息、有価証券売却損など）、事業費などからなる。2020年度決算の場合には、保険金等支払金は経常費用の７割近く、責任準備金等繰入額が経常費用の２割近くを占めていることがわかる。

5．損害保険会社の提供する商品

損害保険会社の提供する商品は、事故の対象に応じて、自動車保険、住宅関係の保険、保険契約者の身体への保険、その他の保険の４種類に分けられる。以下に順番に説明する。

（1）自動車保険

自動車保険には、法律で加入しなければいけない他人の身体に損害を与えた場合の補償をするための自賠責保険と、任意で加入する自動車保険がある。任意の自動車保険には、対人・対物賠償保険（他人の身体、財産への損害への保険）、同乗者の身体への被害への保険、自分の自動車への被害への保険などがある。

（2）住宅関係の保険

住宅関係の保険には、大きく分けて以下の３種類がある。すなわち、火災保険、火災以外の落雷などによる建物への損害に備える住宅総合保険、地震による建物への損害に備える地震保険である。

（3）保険契約者の身体への保険

保険契約者の身体への保険には、大きく分けて、不慮の怪我に備える傷害保険、怪我や病気での入院に備える医療保険、旅行中の怪我や病気に備える国内旅行傷害保険、海外旅行傷害保険がある。

(4) その他の保険

(1)〜(3)以外のその他の保険には、他人に怪我をさせた場合に備える個人賠償責任保険や、スポーツ関係の賠償事故に備える保険（例えばゴルファー保険）などがある。

消費者からの需要が多いのはどんな種類の保険商品であるかを見るためには、損害保険会社が引き受けたリスクの大きさに対応する保険料で、市場規模の代理変数である**正味収入保険料**の内訳を見ることが一つの方法である。2020年度の正味収入保険料合計は８兆6,094億円であるが、最も金額が高いのは自動車保険であり、正味収入保険料合計の48％を占める。それ以外では、火災保険が17％、自賠責保険が10％、傷害保険が７％を占めている。[4)]

6．損害保険料の決まり方

損害保険の保険料は、純保険料と付加保険料の合計で決まる。

純保険料は事故の発生頻度や損害額など過去のデータに基づき算出され、事故が発生した時に保険会社が被保険者または受取人に支払う保険金の原資である。生命保険の場合と同様に、純保険料総額＝保険金総額、という収支相等の原則が適用される。また、同じ保険であっても、保険契約者の事故にあう可能性は異なる（例えば、運転初心者のほうが自動車事故を起こす可能性が高い）ので、保険料は保険会社が引き受けるリスクの度合いに比例する、という給付・反対給付均等の原則も適用される。つまり、将来に受け取る保険金が高い額と予想される人からは、高い保険料を取る、ということである。

次に、付加保険料は事業を運営するために必要な費用（社費）や損害保険代理店に支払う手数料（代理店手数料）のほか、損害保険会社の利益（利潤）などを反映した保険料である。

各損害保険会社は純保険料と付加保険料を踏まえて、保険料を独自に算定する。ただし、自動車の自賠責保険と地震保険の保険料は、損害保険料率算出団

4)　詳細は日本損害保険協会「保険種目別データ」を参照。
https://www.sonpo.or.jp/report/statistics/syumoku/ctuevu0000004shr-att/2020_4.xls
(2021年７月10日アクセス)

体に関する法律に基づき運営されている損害保険料率算出機構が算定した料率を各損害保険会社が使用することになっている。

7．損害保険会社の貸借対照表・損益計算書の特徴

損害保険会社も、生命保険会社と同様に、保険契約者から保険料を集め、保険金支払いに備えている。こうした事情から、2020年度末の損害保険会社の負債の80％は保険契約準備金である。

保険契約準備金の８割を占める責任準備金のうち、定期保険に関する分を除いたものは、非生命保険準備金として、資金循環統計では家計の金融資産として扱われている。非生命保険準備金は、2021年３月末の家計の金融資産残高の３％（保険・年金・定型保証の９％）を占めている。

保険契約準備金等によって裏打ちされている損害保険会社の資産は2020年度末で32兆円あり、うち24兆円（75％）が有価証券（外国証券・株式・国債な

項　目		（億円）
経常損益	保険引受収益	92,119
	保険引受費用	78,456
	資産運用収益	6,547
	資産運用費用	773
	営業費及び一般管理費	13,540
	その他経常損益	75
	経常利益	5,971
特別損益		△351
税引前当期純利益		5,619
法人税及び住民税		2,200
法人税等調整額		△956
法人税等合計		1,244
当期純利益		4,376

図表 11-4　損害保険会社の経常利益：2020年度

（出所）　日本損害保険協会「損益計算書」
https: //www.sonpo.or.jp/member/gaikyou/ev7otb00000005vv-att/4Q_pl.xls（2021年７月10日アクセス）

ど）で運用されている。[5)]

図表11-4は、2020年度の損害保険会社の経常利益の内訳を見たものである。損害保険会社の収益のほとんどは保険引受収益（大宗は保険料収入）であり、資産運用収益は保険引受収益の7％程度にすぎない。損害保険会社の費用の多くは保険引受費用（大宗は保険金の支払い）であり、営業費及び一般管理費は保険引受費用の17％程度である。

8．公的年金制度と資金循環統計における年金基金

年金制度は、国が運営する**公的年金**と、民間部門が運営する私的年金に分けられる。以下では、日本の公的年金制度の概要を説明する。

公的年金制度は、寿命が予測できないリスクに対して社会全体で備える仕組みである。大勢の人が保険料を負担して蓄積し、それを財源にして一定の年齢に達した後に給付金を受け取る仕組みである。

日本の公的年金制度は**国民皆年金**制度で、20歳以上60歳未満の全員が**国民年金（基礎年金）**に加入し、保険料を納付する義務がある。本書執筆時点では、基礎年金の給付は65歳以後（希望により最速で60歳以後）受けられる。保険料の納付は職業ごとに異なり、以下の3種類に分けられる。自営業者やフリーランスなど国民年金のみに加入している人（第一号被保険者、2019年3月末現在1,471万人）は、毎月定額の保険料を自分で納める。会社員や公務員（第二号被保険者、2019年3月末現在4,428万人）は、毎月定率の保険料を会社と折半で負担し、保険料は毎月の給料から天引きされ会社が納める。第二号被保険者の配偶者で年収が一定額以下の人（第三号被保険者、2019年3月末現在847万人）は、第二号被保険者が保険料を負担しているため、個人としては保険料を負担する必要はない。

公的年金制度には、国民全員が加入する国民年金のほか、会社員や公務員

5）詳細は日本損害保険協会「貸借対照表」を参照。
https://www.sonpo.or.jp/member/gaikyou/ev7otb00000005vv-att/4Q_bs.xls
（2021年7月11日アクセス）

（国民年金の第二号被保険者）が加入する**被用者年金**があり、会社員や公務員は**厚生年金**への加入が義務づけられている。厚生年金保険料は給与の水準に応じて決まっており、支払った保険料に応じた給付が退職時以後に受けられる。したがって、国民年金の第二号被保険者は、国民年金に加えて、厚生年金からの支給分を受け取ることができる。なお、第一号被保険者は、国民年金に加えて、任意で**国民年金基金**に加入して掛け金を拠出し、老後に給付を受けることが可能である。

公的年金の給付金は、自分が積み立てた金額に応じて支払う積立方式と、各時点で必要な給付金を現役世代の保険料から支払う賦課方式があり、日本では**賦課方式**が採用されている。日本の場合は、年金保険料を各自が負担する制度なので、保険料を支払う期間に応じて給付金の額は変わってくる。日本が採用している賦課方式は、少子化、高齢化により保険料を納める人の比率が給付金をもらう人の比率に対して低下していくと給付金の支払いが困難になるという問題を抱えている。例えば、2019年度（当初予算ベース）の場合、保険料収入が38.9兆円なのに給付金の支払いは55.1兆円となっている。差額の16.2兆円のうち13兆円が国庫負担（基礎年金給付額の２分の１を上限とする国庫負担）とされ、残りは保険料収入の積立金資産から支払っている。

厚生労働大臣から寄託をうけ、保険料収入の積立金資産を管理・運用し、その収益を年金特別会計に納付しているのは**年金積立金管理運用独立行政法人**（GPIF）である。GPIF は、2020年４月１日からの５カ年について、積立金の運用目標について、「長期的に年金積立金の実質的な運用利回り（運用利回りから名目賃金上昇率を差し引いたもの）1.7%を最低限のリスクで確保することを目標とし、この運用利回りを確保するよう、基本ポートフォリオを定め、これに基づき管理を行うこと」と厚生労働大臣から命令を受け、国内株式・債券、外国株式・債券へそれぞれ25%の割合を目安に分散投資を行っており、2021年３月末に186兆円の積立金資産を管理している。2001年度から2021年３月末までの運用成績は年率3.6%である。[6] GPIF は日本最大の機関投資家であり、その資産運用が金融市場に与える影響は大きい。

---

6)　詳細は GPIF「2020年度の運用状況」を参照。
https://www.gpif.go.jp/operation/the-latest-results.html（2021年７月11日アクセス）

このまま少子化、高齢化が進む中で給付金支払いが保険料収入よりも大幅に増えると公的年金制度が財政的に立ち行かなくなるので、保険料水準を固定したうえで、財源に合わせて給付金の水準を調整する仕組み（**マクロ経済スライド**）が導入され、５年に１度公的年金制度が持続可能かどうか、財政検証がなされる。

今後も低成長と少子化、高齢化により現役世帯の比率が減少するならば、公的年金給付額の現役世代の所得に対する比率は低下していくと予想される。年金制度自体はマクロ経済スライドが実行されれば持続可能である。ただし、年金給付額は支払える範囲でしか支払われないので、その給付額が自分の老後資金として十分かどうかは各人がそれぞれ考えなければならない。

資金循環統計においては、公的年金と私的年金の保険料の運用主体を金融機関とみなすかどうかの扱いに違いがある。公的年金に関しては、日本の公的年金が賦課方式であるため、現役世代の支払った保険料を家計が年金受給権を持つというかたちの金融資産とは扱わず、公的年金を運営する社会保障基金（金融機関ではなく一般政府に含まれる）の金融資産に含めている。一方、私的年金に関しては、年金基金が保険契約者の保険料を運用し、将来保険金を支払う、という意味での金融機関とみなしている。

9．私的年金制度と年金基金

年金基金とは、年金・退職一時金給付のために積み立てられた基金の運用主体である。年金基金の対象は、民間部門が運営する**私的年金**になる。私的年金には、企業年金、その他年金（国民年金基金など）、保険会社の商品である個人年金保険がある。このうち個人年金保険については２節で説明ずみなので、以下では企業年金とその他年金のうち個人型確定拠出年金について説明する。なお、資金循環統計では、年金基金の加入者が、年金基金から年金や一時金として将来受け取ることのできる権利を年金受給権として家計の金融資産としている。2021年３月末の資金循環統計では、年金受給権は家計の金融資産残高の８％（年金・保険・定型保証の29％）を占めている。

（1）企業年金

企業年金とは、国が加入を義務づけている厚生年金に加えて作られた企業独自の年金制度である。企業年金は企業単独、あるいは企業の合同組織で年金資産を積み立て、退職後に給付を行うもので、公的年金の不足分を補う目的で設立された。

かつて企業年金の多くは**確定給付型企業年金**であり、資産の運用成績と無関係に給付金が決められていた。厚生年金基金制度は、企業が国の厚生年金の給付の一部を代行したうえで、企業年金が独自の上乗せ給付を行う制度で、2001年までは国が集めた厚生年金の保険料を企業独自の上乗せ部分と合わせて運用し、国の厚生年金部分を運用利回り5.5％で運用する（代行部分）ことが求められていた。しかし、1990年代後半からの持続的な低金利環境の下で運用利回り5.5％の達成が困難化したため、2001年の確定給付企業年金法により、代行部分の資産を国に返すことを認め、代行制度がない企業独自分だけの確定給付型企業年金への組み替えを認めた。2014年以後は厚生年金基金（2019年３月末現在の加入者16万人）の設立は禁止され、大半の確定給付型企業年金が企業独自分だけの確定給付型企業年金（2019年３月末現在の加入者940万人）として運用されている。資金循環統計では、確定給付型企業年金の年金受給権は、年金数理計算に基づいて現在までに発生した退職給付債務として計算される。

企業の年金資産運用の困難に対処するために、2001年の確定拠出年金法によって、**企業型確定拠出年金**制度が作られた。約20年で企業型確定拠出年金加入者は確定給付型企業年金加入者の７割強まで増加している（2019年３月末現在の加入者688万人）。企業型確定拠出年金の場合、企業は掛け金を支払うが、資産運用は会社の指定した運営管理機関が提供するメニューから投資信託や預貯金、保険などの運用対象を従業員が自分の責任で選んで行う。老後の資産蓄積の責任は企業から従業員に移り、企業はたとえ従業員の資産運用成績が振るわなくても追加で拠出を求められることはない。安全性と流動性重視で預貯金中心に資産運用を行うと、持続する低金利下では資産を増加させることは難しいので、金融庁は金融知識を得たうえで、投資信託などへの長期的な投資を推奨している。ただし、企業型確定拠出年金には転職しても転職先の企業型確定拠出年金に年金資産を移管可能であるなど、同じ会社に一生勤める可能性が低い従業員には有利に働く面もある。資金循環統計においては、確定拠出型の年金受給権は、運用資産の総額で計算される。

企業年金の運用はおおむね外部の運用機関に委託されており、企業年金連合会の「企業年金実態調査2019年度調査の概要」（図表５）[7] によると、企業年金（厚生年金基金および確定給付型企業年金）の運用委託先は、信託銀行46％、投資一任業者（第12章２節で説明する）27％、生命保険会社27％となっている。

（２）その他年金

資金循環統計の年金基金には、企業年金のほかに自営業者や中小企業の被用者等のために、年金基金の運営を行う主体がその他年金として含まれる。

その他年金には、公的年金制度の節で説明した国民年金基金（国民年金の第一号被保険者が、国民年金に加えて、任意で加入して掛け金を拠出し、老後に給付を受ける）などが含まれる。

その他年金で最近注目されているのは、**個人型確定拠出年金**である。確定拠出年金法の下で設立された個人型確定拠出年金では、各自が掛け金を拠出して老後に備える仕組みであり、2016年までは自営業者や企業年金のないサラリーマン向けだったが、2017年から加入範囲が拡大し、企業年金の有無などで掛け金の上限に差はあるものの、ほぼ全国民が加入できるようになった（2019年３月末現在の加入者121万人）。個人型確定拠出年金では、運用の責任は個人にあり、掛け金の拠出、運用と給付時に税制上の特典がある。資金循環統計においては、個人型確定拠出年金の年金受給権は、運用資産の総額で計算される。

Key Word　保険契約、保険契約者、被保険者、生命保険会社、保険料、保険金、給付金、受取人、損害保険会社、実損払方式、貯蓄は三角、保険は四角、定期保険、終身保険、養老保険、個人年金保険、変額年金保険、

7）詳細は、企業年金連合会「企業年金実態調査2019年度調査の概要」を参照。
https://www.pfa.or.jp/activity/tokei/j-chosa/files/jittaichosa_gaiyou_2019.pdf
（2021年７月25日アクセス）

予定死亡率、予定利率、予定事業費率、収支相等の原則、給付・反対給付均等の原則、平準保険料、責任準備金、付加保険料、純保険料、正味収入保険料、公的年金、国民皆年金、国民年金（基礎年金）、被用者年金、厚生年金、国民年金基金、賦課方式、年金積立金管理運用独立行政法人、マクロ経済スライド、年金基金、私的年金、企業年金、その他年金、確定給付型企業年金、企業型確定拠出年金、個人型確定拠出年金

11章まとめ——保険と年金基金

❶生命保険は大勢の人が保険料を負担しあい、それを財源にして死亡や病気の時に保険金・給付金を受け取る仕組みである。

❷生命保険料は、純保険料と付加保険料からなる。純保険料は保険金や給付金の支払いなどの財源の費用であり、予定死亡率と予定利率が影響する。付加保険料には予定事業費率から算出した事業運営費用が影響する。

❸損害保険は、大勢の人が保険料を負担しあい、それを財源にして交通事故・災害・盗難などの偶然の事故によって生じた損害額に応じて保険金を受け取る仕組みである。

❹損害保険料は、純保険料と付加保険料からなる。

❺保険会社は将来の保険金支払いに備えて、有価証券などで保険料収入を運用している。

❻公的年金制度は、寿命が予測できないリスクに対して社会全体で備える仕組みである。大勢の人が保険料を負担して蓄積し、それを財源にして一定の年齢に達した後に給付金を受け取る仕組みである。日本の公的年金制度は国民皆年金制度で、国民全員が加入する国民年金のほか、会社員や公務員（国民年金の第二号被保険者）が加入する被用者年金がある。

❼公的年金の給付金の財源調達方法として、各時点で必要な給付金を現役世代の保険料から支払う賦課方式が日本では採用されている。少子化、高齢化により保険料を納める人の比率が給付金をもらう人の比率に対して低下していくと賦課方式の公的年金では給付金の支払いが困難になる。そこで、少子化、高齢化対策として、保険料水準を固定したうえで、財源に合わせて給付金の水準を調整する仕組み（マクロ経済スライド）が導入された。

❽年金基金とは、民間部門が運営する私的年金において、年金・退職一時金給付のために積み立てられた基金の運用主体で、企業年金、その他年金（国民

年金基金など）と、保険会社の商品である個人年金保険がある。

❾企業年金制度の主力は確定給付型企業年金だが、企業型確定拠出年金を採用する企業も増加している。

【参考文献】

内田浩史『金融』有斐閣、8章、2016年

大村敬一・俊野雅司『証券論』有斐閣、13章、2014年

厚生労働省「公的年金の仕組み」
https://www.mhlw.go.jp/stf/seisakunitsuite/bunya/nenkin/nenkin/zaisei01/index.html（2021年6月3日アクセス）

桜井久勝『財務会計講義』（第22版）、中央経済社、5章、2021年

生命保険協会「2020年版　生命保険の動向」
https://www.seiho.or.jp/data/statistics/trend/pdf/all_2020.pdf（2021年7月11日アクセス）

日本損害保険協会「日本の損害保険――ファクトブック2020」
https://www.sonpo.or.jp/report/publish/gyokai/ev7otb0000000061-att/fact2020_full2.pdf（2021年7月11日アクセス）

年金積立金管理運用独立行政法人「年金積立金の運用とは」
https://www.gpif.go.jp/gpif/（2021年6月3日アクセス）

家森信善『金融論』（第2版）、中央経済社、8章、2018年

12章 資本市場で活動する金融機関

本章では、資本市場で活動する金融機関のうち、証券会社、投資信託市場で活動する金融機関、格付会社について説明する。

2021年３月末の資金循環統計速報において、家計の金融資産残高のうち、現金・預金と年金・保険・定型保証に次いでウエイトが高いのは株式等・投資信託受益証券、債務証券であった。本章では、これらの金融商品の販売に関与する主な金融機関について説明する。

まず、証券会社については、その伝統的な業務と、金融自由化や金融ビッグバン以後に加わった新しい業務、収益状況を説明する。投資信託委託会社とは、投資信託受益証券の発行により投資家から資金を集め、あらかじめ定めた金融商品に投資する会社である。本章では、投資信託委託会社が他の多くの金融機関と役割を分担しながら投資信託受益証券を投資家に供給していく仕組みを説明する。最後に、債券発行にあたって発行体や債券の信用度を投資家に代わって判定する格付会社について説明する。

1．証券会社の伝統的業務

証券会社は、資金運用者（投資家）と資金調達者（企業）の間に立ち、証券市場を通して金融仲介を行っている。**証券会社**という名称は2007年まで証券会社を規制していた証券取引法時代の名称である。本書執筆時点で証券会社を規制する金融商品取引法では証券会社は金融商品取引業者に含まれ、証券業は**第一種金融商品取引業**に含まれる。[1] 第一種金融商品取引業とは、証券業、金融先物取引業等のことで、流動性の高い有価証券の売買・勧誘、引受け、店頭デリバティブ取引、資産管理などを行う業務のことを指す。

証券会社は以下の**四つの基幹業務**を伝統的に行ってきた。

まず、証券流通市場における、①**自己売買**、②**委託売買**である。自己売買は、証券会社が損益をすべて自分で負担し、自分の責任で証券の売買を行う取引である（ディーリングとも言う）。委託売買は、顧客から受けた証券売買に関する注文を市場で執行し、手数料を取る取引である。

次に、証券発行市場における、③**引受および売出**、④**募集および売出**である。引受と募集の違いは、前者が販売した証券が売れ残った場合に証券会社が買い取る義務があるのに対して、後者は買い取る義務がないことである。

日本の証券会社は、1960年代半ばに発生した証券恐慌を契機に1968年から導入された大蔵省による免許制の下、銀行業務とは切り離され、上記の伝統的な証券業務だけを行っていた。その後、1980年代に金融自由化が進み、債券先物取引、株価指数先物取引などのデリバティブ取引が1985年から1989年にかけて導入された（デリバティブ取引の概要は第19章で説明する）。金融自由化の進む中で、証券会社には大きな変化が三つ発生した。

第一に、銀行と証券の分離が見直された。1992年の金融制度改革関連法では、戦後の金融制度の根幹であった銀行・証券の分離が見直され、業態別子会社による相互参入を認めた。この結果、例えば1993年７月には、当時の長期信用銀行の一つであった日本興業銀行が興銀証券を設立した。

第二に、証券会社の売買委託手数料が自由化され、新規参入が促進された。背景となったのは、バブル期に大手証券会社が大口顧客の損失補塡を行った不祥事が発覚したことである。これを受けて、1991年夏に証券取引法が改正されて事前事後の損失補塡が禁止された。また、当時の臨時行政改革推進審議会は、1991年９月に不祥事の再発防止策として、売買委託手数料自由化、新規参入促進、検査監督機関の大蔵省からの独立を提案し、1992年７月に証券取引等監視委員会が設立されることとなった。

1）　金融商品取引法では、金融庁が登録した金融商品取引業者をその取り扱う商品内容に応じて、第一種金融商品取引業、第二種金融商品取引業、投資運用業、投資助言・代理業の四つに分類している。第二種金融商品取引業は、第一種金融商品取引業の取り扱う有価証券よりも流動性の低いものを販売・勧誘する業務をする。投資運用業、投資助言・代理業は２節で説明する。

第三に、1996年の金融ビッグバン構想以後、金融市場の設計変更が始まった。日本経済の停滞に伴い、外国企業、外国投資家が日本から相次いで撤退したため、金融空洞化現象が懸念される状況となった。そこで、1996年の橋本龍太郎首相（当時）による金融ビッグバン構想、1998年の金融システム改革法により、資産運用手段の充実と利用者が安心して取引を行う枠組み作りが提起されることとなり、これ以後、現在の我々が利用している証券市場の制度が設計され始めた。

例えば、証券取引所への市場集中義務が1998年12月に撤廃され、投資家と証券会社あるいは投資家同士が直接株式取引を行うことが可能となった。さらに、証券業の登録制への移行が1998年12月に、売買委託手数料の完全自由化が1999年10月に行われた。この間にインターネット取引が普及したため、インターネット専業証券が証券業務に参入した。

インターネット専業証券は、売買の執行だけを行い、調査スタッフなどを雇わないため、伝統的な証券会社よりも割安に売買の執行を顧客から引き受けられるようになった。これに対抗して、伝統的な証券会社も店舗での対面サービスに加えて、インターネットを通した割安な売買執行サービスを提供するようになった。インターネットを通した売買執行サービスの提供業者数は急拡大し、2019年３月末で77社、口座数2,693万口座、2018年度の株式現金取引および信用取引（株式委託注文のうち資金や株券を顧客に貸し付けて行う取引のこと）は175兆789億円で、証券会社への委託売買代金の23.6％を占めるに至っている（日本証券経済研究所［2020、p.220］）。規制緩和による競争の激化によって、株式取引が活発な状況であっても証券会社が売買委託手数料収入を増加させることは困難になってきた。

そこで、証券会社は、次節で示すように業務の多様化を図っている。

2．証券会社の新しい業務

金融自由化・金融ビッグバン以後、証券会社は前節で示した四つの基幹業務のほかに、以下のような業務も手がけている。

第一に、**店頭デリバティブ取引**の媒介である。デリバティブとは、元になる金融商品（原資産と言う）から派生した金融商品である。デリバティブ取引には、将来売買を行うことをあらかじめ約束する取引である先渡取引や、将来発生する受取り利息・支払い利息を交換する金利スワップ取引が含まれる（詳細は第19章を参照）。証券会社は、店頭デリバティブ取引の媒介の例として、証券取引所外で株式の先渡取引や金利スワップ取引を媒介することができる。インターネット専業証券で手がけることが多い個人向けデリバティブ取引の人気商品には、外国為替証拠金取引（FX取引）がある。**FX取引**とは、1998年に外国為替取引が自由化されて以後に許された取引で、証拠金という担保に相当する資金を業者に預託し、日本円と米国ドルなど、二つの国の通貨の交換比率である為替相場を予測して売買を行い、為替相場の変動から得られる利益を狙う取引である。投資家は、FX取引を取り扱う金融商品取引業者と店頭で相対《あいたい》取引を行うことが可能である。[2] FX取引の特徴は、少額の証拠金で高額の外国為替が取引できる（高レバレッジ取引と言う）ことであり、為替相場に関する予想が当たれば高収益を得られる可能性があるが、予想が外れると巨額の損失を被る可能性もある。

第二に、**投資運用業**である。投資運用業は、投資一任業務とファンド運用業務からなる。

まず、**投資一任業務**では、投資一任契約に基づき、投資者から投資判断や投資に必要な権限を委任され投資運用業者が投資を行う。ここで、投資一任契約とは、当事者の一方が、相手方から、金融商品の価値等の分析に基づく投資判断の全部または一部を一任されるとともに、当該投資判断に基づき当該相手方のため投資を行うのに必要な権限を委任されることを内容とする契約である。投資一任業務の主な顧客は、年金基金等の機関投資家であり、年金基金等との協議の上で提示された運用ガイドライン等により運用資産の配分がなされる。年金基金の資産管理は、投資運用業者が信託銀行に依頼する。2012年にAIJ投資顧問が投資一任契約に基づいて行う顧客資産運用について、同社社長が顧客に対して運用益が生じているとの虚偽報告を行い、顧客であった厚生年金基金から預かった約2,000億円の資産が消滅する事件が発生して以後、信託銀行

2）店頭取引以外に、金融商品取引業者を通して金融商品取引所に上場されているFX取引を行うことも可能である。

による資産管理のチェック機能の強化がはかられている。

投資一任業務の個人向けの商品として、**ラップ口座**が知られている。ラップ口座は、顧客が運用残高に応じて、投資顧問業務に係る報酬、売買執行手数料、口座管理手数料等の手数料を一括して証券会社に支払う口座である。証券会社は、預かった顧客資産の配分の決定や入替えを行い、運用結果を報告するなどのサービスを提供する。

次に、**ファンド運用業務**の例としては、ベンチャー企業の育成や事業会社の再生等を目的として組成されたファンドの財産を主として有価証券等への投資による運用を行う例がある。例えば、不動産に投資するファンドの組成、投資一任契約に基づいた運用が行われる。

第三に、**投資助言・代理業**である。投資助言業務とは、顧客との間で締結した投資顧問（助言）契約に基づいて、有価証券など金融商品への投資判断について、顧客に助言を行う業務である。代理・媒介業務とは、顧客と投資運用業者との投資一任契約または投資助言業者との投資顧問（助言）契約の締結の代理・媒介を行う業務である。

第四に、**私設取引システム業務運営**である。私設取引システムとは、証券取引所を通さずに、証券会社が自社のコンピューター上で株式等の売買を成立させる売買システムで、例えば日本ではジャパンネクスト証券が運営している私設取引システムに30社ほどの証券会社が参加している。東京証券取引所では現在のところ年始・年末を除く平日の9：00～11：30と12：30～15：00しか株式の取引はできないが、私設取引システムでは夜間や早朝にも取引を行うことが可能である。[3] 日中は忙しくて取引ができない場合や、海外市場の動向に合わせてリアル・タイムで取引を行いたい顧客には私設取引システムは大変便利である。2019年３月時点で取引所内取引と取引所外取引の金額は745兆円と114兆円で、取引所外取引のうち私設取引システムの取引金額は37兆円にのぼる（日

3）日本取引所グループは東京証券取引所の午後の立会時間を現在の15時から15時30分に2024年度後半に延長する方針を決定した。詳細は「『現物市場の機能強化に向けたアクション・プログラム』の公表について」を参照。
https://www.jpx.co.jp/corporate/news/news-releases/1030/nlsgeu000005xs79-att/20211027.pdf（2021年10月27日アクセス）

本証券業協会［2020、p.217]）。

3．証券会社の活動と収益の状況

日本証券業協会加盟証券会社の2021年３月決算の営業収益の内訳を国内法人、外国法人の別に見たのが図表12-1である。営業収益は、証券業からの収益状況を示している。

収益源は、大きく分けて**受入手数料**、トレーディング損益、金融収益に分けられる。四つの伝統的業務からの収益のうち、自己売買の損益はトレーディング損益に含まれる。残り三つの伝統的業務からの収益については、委託売買は委託手数料、引受および売出は引受・売出し手数料、募集および売出は募集・売出しの取扱手数料に反映され、いずれも受入手数料に含まれる。金融収益は、顧客への信用取引供与に際して徴収する利子・品貸料、信用取引以外の方法（レポ取引など）で行う株券や債券の貸付けに伴う品貸料、株券や債券の借入れに伴い担保として差し入れた現金への利子、在庫として保有している証券から得られる利子・配当金その他からなる。なお、証券会社は、資金繰りや債券の調達には債券の貸借取引である債券レポ取引や債券を担保とした金銭借入に相当する債券現先取引を用いている。

その他の受入手数料には四つの伝統的業務以外からの手数料が含まれる。例えば、投資信託分配金等の支払い代理業務等にかかる投資信託委託会社からの代行手数料、企業合併などに関する取引先企業への情報提供・助言手数料、FX取引手数料などがある。

図表12-1によれば、受入手数料は国内法人の場合は営業収益の56％、外国法人の場合は営業収益の65％を占めている。国内法人の受入手数料を金額が大きい順に見ると、その他の受入手数料（最大の項目は国際取引に関する日本法人等への収益分配金等）、委託手数料、募集・売出、引受・売出から得る手数料の順である。次に大きな収益源はトレーディング損益であり、国内証券会社の営業収益の26％を占めている。金融収益は国内証券会社の営業収益の17％を、外国証券会社の営業収益の24％を占めている。

営業収益から金融費用（支払い利息など）を控除したものを純営業収益と言

項目＼区分	国内法人		外国法人	
	実額（100万円）	営業収益比率（%）	実額（100万円）	営業収益比率（%）
会社数	252社		10社	
営業収益	4,065,539		49,262	
受入手数料	2,287,301	56%	32,027	65%
委託手数料	659,523	16%	1,541	3%
引受・売出し手数料	165,213	4%	105	0%
募集・売出しの取扱手数料	269,919	7%	0	0%
その他の受入手数料	1,192,465	29%	30,378	62%
トレーディング損益	1,065,922	26%	5,601	11%
株券等	284,954	7%	26	0%
債券等	793,477	20%	86	0%
その他	▲12,558	0%	5,489	11%
金融収益	680,748	17%	11,628	24%
信用取引収益	94,309	2%	0	0%
受取配当金	350,051	9%	3	0%
金融費用	379,031	9%	8,128	16%
信用取引費用	16,192		0	
支払利息	50,505		134	
純営業収益	3,686,432		41,129	
販売費・一般管理費	2,933,574	72%	28,251	57%
取引関係費	805,513		3,675	
人件費	1,062,410		15,161	
営業損益	752,806		12,875	
営業外損益	26,313		476	
経常損益	779,114		13,350	
特別損益	5,578		▲62	
税引前損益	784,656		13,289	
法人税等	227,586		3,432	
当期純損益	556,965		9,851	

図表 12-1　証券会社の営業収益：2021年 3 月決算

（出所）　日本証券業協会「会員の決算状況」
https://www.jsda.or.jp/shiryoshitsu/toukei/kessan/files/FY2020.xlsx（2021年 7 月11日アクセス）

い、そこからさらに販売費・一般管理費（人件費、取引関係費）を控除したものを営業損益と言う。国内証券会社の金融費用は営業収益の９％程度だが、販売費・一般管理費は営業収益の72％を占める。これらの費用を営業収益から差し引いた営業損益は2021年３月決算では国内法人で7,528億円、外国法人で129億円であった。[4]

4．投資信託市場で活動する金融機関

わが国で主力となっている契約型の投資信託とは、以下のような仕組みの金融商品のことである。まず、証券会社や銀行などの**販売会社**が、多くの投資家から資金を集める。次に、その資金を投資の専門家（**投資信託委託会社**、運用会社とも言う）があらかじめ決められた株式や債券などの様々な証券で運用する。資金を提供した投資家には、**投資信託受益証券**（運用によって得た利益を受けることができる権利を表示した有価証券）が与えられ、運用によって得た利益が各投資家の投資額に応じて分配される。**信託銀行**は販売会社が投資家から集めたお金を実際に預かり、投資信託委託会社の運用指図に従って、資産管理を行う。投資家は、運用対象に株式や社債が含まれた投資信託を購入することによって、間接的に資金調達者の発行する株式や社債を保有することになる。

投資信託の資産のうち、投資家に帰属する額を**純資産総額**と言い、2021年６月末現在、日本の法律に基づいて設定・運用される国内投資信託の純資産総額は279兆円で、ファンド数は13,891本ある。[5] 投資信託の１単位の値段を**基準価額**と言う。投資信託を取引する際の単位を口《くち》と言い、純資産総額を投資信託の総口数で割ったものが基準価額である。投資家は基準価額の値上がりと、分配金の支払いを期待して投資信託を購入する。投資家が投資信託を購入･換金す

4）営業損益に営業外損益を加えると経常損益となり、投資有価証券や所有不動産の売却益、売却損などの特別損益を調整すると税引前損益となる。

5）以下断りのない限りデータの出所は投資信託協会統計。
https://www.toushin.or.jp/statistics/statistics/commentary/index.html（2021年７月25日アクセス）

る際は、基準価額で取引が行われる。

投資信託は、個人投資家にとって以下のようなメリットがある。まず、投資信託は小口資金を大量に集めて分散投資を行う商品であるので、個人投資家でも機関投資家が行うような分散投資によるリスク分散が可能になる。次に、高度な知識を持つ専門家が運用を担当してくれる。最後に、投資信託は時価評価に基づいた基準価額が毎日公表されているので、商品内容の透明性が高い。

投資信託は、以下のように分類される。

第一に、販売対象別に、公募（50名以上の不特定多数に販売）、私募（一部の機関投資家または50名未満の少数に販売）に分けられる。2021年6月末現在、国内投資信託の純資産総額のうち公募は60％、私募は40％を占める。顧客に請求する管理報酬は公募型のほうが私募型よりも高くなる。これは、公募型は一般投資家へ販売される商品であるため、投資家保護のために説明資料提供、金融庁への報告、基準価額を毎日計算する、といった事務を行う必要があり、そのための事務経費が私募型に追加で必要になるからである。

第二に、運用の形態別に見ると、契約型（運用会社と信託銀行が信託契約を結ぶ）と会社型（投資を目的とする法人を設立）に分けられる。2021年6月末現在、公募投資信託の純資産総額のうち契約型が93％（国内投資信託全体の56％）で、会社型のほとんどが不動産投資信託法人である。

第三に、投資対象別に見ると、**株式投資信託**（株式に投資する）、**公社債投資信託**（株式には投資しない）に分けられる。2021年6月末現在、公募投資信託の純資産総額のうち、株式投資信託が84％（国内投資信託全体の51％）、公社債投資信託が9％（国内投資信託全体の5％）である。

上場投資信託（Exchange Traded Funds、略称 ETF）は株式投資信託の純資産総額のうち43％（国内投資信託全体の22％）を占める。株式関係では、例えば東京証券取引所市場第一部に上場している内国普通株式全銘柄を対象とした時価総額加重型の株価指数（TOPIX）などの指数に連動する成績を目指す商品がある（TOPIX の定義は第17章3節を参照）。

ETF の第一の特徴は、証券取引所に上場されているため、株式のようにいつでも売買できることである。

ETF の第二の特徴は、TOPIX 連動投資信託よりも TOPIX 連動 ETF のほうが一般投資家の要求される運用報酬が低くなることである。理由は以下のとおりである。

まず、TOPIX 連動投資信託の場合、運用会社が TOPIX 対象銘柄を買い入れ、指数連動の運用を目指して対象銘柄を売買するため、売買の都度コストがかかる。

一方、TOPIX 連動 ETF の場合、投資信託委託会社の募集に応じた指定参加者と呼ばれる金融機関が TOPIX 対象銘柄の株式ポートフォリオを拠出し、ETF 受益証券を受け取る。受け取った ETF 受益証券は証券取引所に上場されて、一般投資家に販売され、ETF 受益証券の保有者が拠出された株式ポートフォリオからの利益配分を受ける。ここで、指定参加者が拠出した TOPIX 対象銘柄の株式ポートフォリオは信託銀行が保管し、直接の売買対象にはならない。売買の対象は、ETF 受益証券なので、いちいち投資信託委託会社が現物株式を売買する手間がない分だけ投資家の負担する運用報酬も安くなるメリットがある。したがって、一般に TOPIX 連動投資信託よりも TOPIX 連動 ETF のほうが一般投資家の要求される運用報酬は低くなる。

ETF の第三の特徴は、ETF の市場が小口投資家向けの流通市場と、大口投資家向けの発行市場に分かれていることである。小口投資家は流通市場で売買を行うのに対して、大口投資家は、投資信託委託会社の募集に応じて発行市場で ETF の発行を受けることができる。しかも、投資信託委託会社の大口投資家向け募集は投資信託設定後でも随時行われる。したがって、大口投資家は大量の ETF を発行市場で購入できる。本書執筆時点での大口投資家の代表は日本銀行である。日本銀行は、2010年から TOPIX などの株価指数連動 ETF の買い入れを行っている。その目的については第26章 1 節で説明する。2016年夏以後、日本銀行による株価指数連動 ETF の買い入れペースが年 6 兆円とされ、2020年 3 月には買い入れペースは年12兆円が上限と増額された結果、2021年 3 月末現在、日本銀行が保有する ETF の価額は36兆円で時価は52兆円にも及んでいる。[6] 2021年 3 月末の ETF 純資産総額は60兆円なので、その87%が

6）詳細は「日本銀行令和 2 年度業務概況書」図表23 を参照。
https://www.boj.or.jp/about/activities/act/data/act21.pdf（2021年 7 月25日アクセス）

日本銀行により保有されている計算になる。

こうした日本銀行のETF大量買入に対して、市場で流通する株式の比率が減少している銘柄が目立つ、日本銀行が買い入れる株価指数に採用されている企業であるというだけの理由で株価が上昇する可能性がある、保有資産の運用にあたり、日本銀行が特定の運用会社に対して多額の手数料を支払っている、といった批判が高まった（詳細は平山［2021］を参照）。日本銀行は2021年3月に政策転換を行い、それ以後株価指数連動ETF買入れのペースが大幅に減少したほか、個別銘柄に偏った影響ができるだけ生じないよう指数の構成銘柄が最も多いTOPIXに連動するETFのみを買い入れることになった。

公社債投資信託の総資産額のうち96％（国内投資信託全体の5％）を占めるのが**MRF（Money Reserve Fund）**で、1997年の金融ビッグバンで解禁された証券総合口座用のファンドである。証券総合口座は、株式等の売却代金を自動で運用する機能等を持ち、銀行の総合口座に相当するものである。MRFは非常に安全性の高い公社債に限って運用がなされ、売買手数料がかからない。

第四に、購入可能なタイミングについて見ると、ユニット（単位）型（投資信託が立ち上がる期間だけ購入可）、オープン（追加）型（いつでも購入可）に分けられる。2021年6月末現在、契約型投資信託はすべてオープン型である。

第五に、株式の投資戦略別に見ると、**インデックス型**（TOPIXのような指数に連動する成績を目指すもの）と**アクティブ型**（地域や産業のようなテーマを決め、高い利回りを追求するもの）がある。アクティブ型のうち、近年注目されているのは、ROE投信（ROEを基準にした運用）[7]、不動産に投資して賃貸料、売却利益を投資家に分配する**不動産投資信託**（REIT：Real Estate Investment Trust）である。

7）ROEはReturn On Equityの略称。企業の株主資本に対する当期純利益の割合で、ROEの数値が高いほど経営効率が良い企業だと考えられる。ROE投信はROEの高さを基準に投資対象を選択する投資信託商品である。

5．信用格付業者

個人投資家が利回りの良い社債が販売されていることを知ったとする。利回りの良さだけを評価して発行体の信用状況を考慮せずに社債を購入することは、発行体の倒産などのリスクがあるので安全性の観点から適切ではない。そこで、発行体の信用状況を評価したいが、自分で発行体の経営資料などを分析して評価することには手間がかかる。そうした際に、発行体の信用情報について専門的に評価している**信用格付業者**の提供する**格付け**が有益な情報となる。

格付けとは、発行体の金融債務返済に関する信用リスクを評価したもので、個々の債務が約束どおりに返済されるかどうかという点について、その安全性をアルファベットや数字を組み合わせたランキングで示したものである。格付けには、発行体が経営破綻して債務不履行になる危険性を評価する発行体への格付けと、発行体への格付けを踏まえて、個別の債務に関する担保や財務上の特約などを考慮に入れた長期個別債務格付、コマーシャルペーパーなどの短期債務に関する短期格付などが提供されている。

格付けは投資家にとって非常に有益な情報だが、信用格付業者が債務不履行のリスクが高い金融商品に対して楽観的な格付けを付与したことが2008年のグローバル金融危機発生を契機として問題視され、欧米では信用格付業者への規制が強化された。日本でも2010年４月１日から、金融商品取引法により信用格付業者制度が創設され、信用格付業は登録制になり、登録を受けた業者は、格付けのプロセスの開示などの規制を受けることになった。[8)]

Key Word　証券会社、第一種金融商品取引業、四つの基幹業務、自己売買、委託売買、引受および売出、募集および売出、インターネット専業証券、店頭デリバティブ取引、FX 取引、投資運用業、投資一任業務、ラッ

8）2021年８月時点で金融庁に登録されているのは、日本格付研究所、格付投資情報センター、ムーディーズ・ジャパン、ムーディーズ SF ジャパン、S&P グローバル・レーティング・ジャパン、フィッチ・レーティングス・ジャパン、S&P グローバル SF ジャパンの７社である。

プロ座、ファンド運用業務、投資助言・代理業、私設取引システム業務運営、受入手数料、販売会社、投資信託委託会社、投資信託受益証券、信託銀行、純資産総額、基準価額、株式投資信託、公社債投資信託、上場投資信託（Exchange Traded Funds、略称 ETF）、MRF（Money Reserve Fund）、インデックス型、アクティブ型、不動産投資信託、信用格付業者、格付け

12章まとめ――資本市場で活動する金融機関

❶証券会社の伝統的な基幹業務は、自己売買、委託売買、引受および売出、募集および売出である。

❷金融ビッグバン以後、売買委託手数料の自由化、インターネット専業証券の参入などがあり、証券会社の売買委託手数料収入は低下した。証券会社は店頭デリバティブ取引の媒介や、投資運用業、投資助言・代理業、私設取引システム業務運営など、収入源を多角化している。

❸投資信託市場では、販売会社、投資信託委託会社、信託銀行が役割を分担している。

❹投資信託の資産のうち、投資家に帰属する額を純資産総額と言い、投資信託の１単位の値段を基準価額と言う。

❺投資信託は、個人投資家に以下のようなメリットがある。まず、小口資金を大量に集めた分散投資であるので、機関投資家と同じように分散投資によるリスク軽減が可能になる。次に、高度な知識を持つ専門家が運用してくれる。最後に、投資信託は時価評価に基づいた基準価額が毎日公表されているので、商品内容の透明性が高い。

❻信用格付業者は、債券発行体の債務返済に関する信用リスクを専門的に評価し、その安全性をアルファベットや数字を組み合わせたランキングで示した格付けを提供している。

【参考文献】

内田浩史『金融』有斐閣、10章、2016年

大村敬一・俊野雅司『証券論』有斐閣、８章、13～14章、2014年

日本証券業協会「Factbook2020」

https://www.jsda.or.jp/shiryoshitsu/toukei/factbook20200j.pdf（2021年３月

16日アクセス）

日本証券経済研究所『図説　日本の証券市場　2020年版』2章、12～13章
https://www.jsri.or.jp/publish/market/market_31.html（2021年3月16日アクセス）

日本投資顧問業協会「投資顧問業とは」
https://www.jiaa.or.jp/komon/（2021年3月31日アクセス）

平山賢一『日銀ETF問題――最大株主化の実態とその出口戦略』中央経済社、1章、2021年

13章 その他の金融機関

本章では、その他の金融機関について説明をする。

まず、資金循環統計において、その他金融仲介機関として分類されているノンバンク、公的金融機関、ディーラー・ブローカーを説明する。

預金の受入れをせずに個人や企業に貸出を行うノンバンクの中では、消費者向けサービスであるクレジットカード会社、信販会社について説明を行い、貸金業と企業向けサービスであるベンチャーキャピタルについても簡単に触れる。

公的金融機関の中では、財政投融資について説明する。

ディーラー・ブローカーの中では、証券会社は第12章１～３節で説明ずみなので、本章では短資会社について説明する。

次に、資金循環統計におけるその他金融仲介機関に含まれていない金融機関として、銀行・証券・保険すべての分野のサービスのうち、高度な説明を要しないものについてだけ仲介を行える金融サービス仲介業を説明する。また、近年多様化する消費者向けの新しい支払手段について「前払い」、「即時払い」、「後払い」の手段別に整理してそのサービス提供者について説明を行う。最後に、近年話題になることが多い暗号資産交換業について説明する。

1. ノンバンク

ノンバンクとは、預金の受入れをせずに、個人や企業に貸出を行っている金融機関のことを指す。ノンバンクは銀行からの借入れなどで貸付け原資を調達しているので、銀行よりも高い利子率を顧客に要求する。顧客の側から見ると、利子率は高いが、銀行よりも簡便な審査で借入れを行うことができる。ノンバンクのうち、消費者に関係が深いのはクレジットカード会社、信販会社、貸金業である。企業向けのノンバンクの例としては、ベンチャーキャピタルがある。以下ではこれらの金融機関について説明する。

（1）クレジットカード会社

クレジットカードのクレジットとは、クレジットカード保有者の信用（クレジット）に基づいたクレジットカード会社からの信用供与のことを指す。

クレジットカードを利用するには、まず、消費者がクレジットカード会社に対して会員申込みを行う。クレジットカード会社が年収や信用情報の審査を行い、信用供与先として問題ないと判断されるとクレジットカードが発行され、会員となることができる。会員には年会費が請求されることが多い。会員になると、通常はクレジットカードを二つの目的で利用することができる。

第一の利用法は、**クレジットカードショッピング**である。クレジットカードショッピングでは、会員がクレジットカードの利用を受け入れている店（以下、加盟店）において商品・サービスの提供を受ける。加盟店は、会員の買い物ごとに、クレジットカード会社に売上げを報告する。クレジットカード会社は、売上げから手数料を差し引いた金額を加盟店に対して会員にかわって立替払いし（これが会員への信用供与にあたる）、翌月か翌々月までに会員に立替払いした代金をまとめて請求する。したがって、会員から見ると、代金が後払いになる。この利用代金請求に対して、会員は多くの場合に支払い後２カ月以内になされる**一括払い**（手数料不要）で、口座振替により支払いを行う。一括払い以外の返済方法として、２回払い、ボーナス一括払い、リボルビング払い、分割払い（３回以上）、などの返済方法がある。このうち、**リボルビング払い**は、毎月の合計利用金額にかかわらず毎月最小の金額だけを返済する、という支払い方法だが、手数料（本書執筆時点で年率15％程度であることが多い）がかかるので利用する際には注意が必要である。

第二の利用法は、**クレジットカードキャッシング**である（クレジットカード会社によっては利用できないこともある）。クレジットカードキャッシングとは、クレジットカードを使って行う無担保の借入れであり、クレジットカードショッピングよりも高金利（上限金利は20％）が徴求される。[1] 2010年以後は規制強化により、借入れ総額（クレジットカードキャッシングと、それ以外の消費者金融からの借入れとの合計）は年収の３分の１までという上限が定められている。

日本のクレジットカード会社には、大きく分けて銀行系、信販会社系、流通系がある。このうち、銀行系のクレジットカード会社は1960年代に大手銀行が相次いで設立した。当時の銀行法の兼業禁止規定のため、銀行本体のクレジットカード業務への進出が認められなかったので、大手銀行はクレジットカード専業の子会社（ダイナースクラブ、JCB、ダイヤモンドクレジット、ユニオンクレジットなど）を作ってクレジットカード業務を開始した。1992年までは後述する信販会社を規制する割賦販売法により信販会社にしか分割払いが認められていなかったため、銀行系クレジットカード会社は手数料を徴収しない一括払いを設立後30年間にわたり利用代金の標準的な回収方法としてきた。この点は、海外では銀行が顧客管理、与信管理の延長として、銀行本体と同一システムの下でクレジットカード業務を行っていることとは対照的である。例えば米国銀行はクレジットカードを発行し、リボルビング払いにより手数料収入を得ている。

2020年のクレジットカードの信用供与額は74兆円で、インターネット取引の普及もあり、信用供与額は2016年の54兆円から大きく増加している。クレジットカード会社の利益は、会員からのカード発行手数料、クレジットカードキャッシングからの利息、分割払い・リボルビング払いの手数料、加盟店からの利用手数料（以下、加盟店手数料）である。クレジットカードによる取引の資金の流れは、第13章 Web 付録（補論１）を参照のこと。日本のクレジットカード会社のうち、信販会社系、流通系の歴史については第13章 Web 付録（補論２）を参照のこと。

1）　データ出所は以下の統計による。
日本クレジット協会「クレジット関連統計」https://www.j-credit.or.jp/information/statistics/
日本貸金業協会「貸金業法改正後の貸金業界」https://www.j-fsa.or.jp/doc/association/pr/law_overview_210623.pdf
（ともに2021年７月29日アクセス）

（2）信販会社

信販会社の主力業務は**ショッピングクレジット**（個品割賦購入あっせん契約、通称は個別割賦）である。ショッピングクレジットとは、自動車購入や高額家電製品などの高額で一括払いが難しい商品について、信販会社が消費者の支払い能力を審査のうえ、支払い能力があるとみなされた消費者に対して一時的に商品代金を立て替えて、後日請求（通常は分割払いで例えば毎月12回払い）を行う業務である。消費者から見ると、信販会社との取引もクレジットカードショッピングと同様に代金が後払いになる。ショッピングクレジットは、クレジットカードを発行せず、買い物をするたびに個別の商品ごとに支払い回数と支払い期間に関するクレジット契約を信販会社と消費者が結ぶ点がクレジットカードショッピングとは異なる。日本の信販会社の歴史は13章 Web付録（補論２）を参照のこと。

（3）貸金業

貸金業の大手は**消費者金融会社**と呼ばれている。消費者から見ると、銀行からの借入れに比べて審査の期間が非常に短いというメリットがあるが、貸金業からの借入れ金利は銀行からの借入れ金利よりも高い。2010年に貸金業への規制強化が行われ、貸出上限規制（クレジットカードキャッシングとの合計で、年収の３分の１までの金額しか借入れできない）や金利上限規制が設けられたため、貸金業の消費者向け貸付け額は2008年の18兆円から2020年には７兆円と大きく減少している。

（4）ベンチャーキャピタル

ベンチャーキャピタルは、創業間もない企業で銀行借入れや社債発行が困難だが、成長が期待される企業へ投資を行う金融機関である。富裕層の個人のほか、機関投資家の資金を集めてファンドを形成し、リスク分散のため多数の企業への投資を行っている。

2. 財 政 投 融 資

財政投融資は、民間金融機関にとっては貸し倒れのリスクが高くて融資することは難しいが、政策的に大切な分野への資金供給を目的とした国による投融資活動である。具体的事業には、政府系金融機関などを通した中小企業・小規模事業者の資金繰り支援、奨学金の貸与などがあげられる。

財政投融資の資金調達方法は租税ではない。2001年までは、財政投融資を運用する資金運用部に対して、郵便貯金と年金積立金の資金を預託する義務が定められており、その資金を財投機関と言われる政府系金融機関（例えば、住宅金融公庫）などが利用していた。

2001年に上述の預託義務制度が改正され、郵便貯金と年金積立金は全額自主運用されることになったため、それ以後は財政投融資に必要な資金は、政府が発行する**財投債**により市場から調達されることになった。同時に、財投機関業務は民間業務への補完に徹するとの原則が打ち出され、第6章2節で説明したように、例えば住宅金融公庫が住宅金融支援機構に改組され、直接の住宅融資からは撤退した。この時、年金積立金の自主運用を行うために作られた機関がGPIF（年金積立金管理運用独立行政法人。当時の名称は年金資金運用基金）である。郵便局も2003年に日本郵政公社に改組され、2007年10月に日本郵政グループに分割民営化された。民営化後は、郵便局の郵便貯金と簡易生命保険は政府からの保証がなくなり、民間の銀行、保険会社と同等の枠組みで保護されるようになった。

3. 短 資 会 社

ディーラー・ブローカーの中で、証券会社のほかに重要なのは短資会社である。**短資会社**は、第10章1節で説明したコール市場において、資金を運用したい金融機関と調達したい金融機関の間に入り、取引を媒介する業務を行っているほか、様々な短期金融市場における取引に参加している。こうした業務の性質上、短資会社はコール市場における資金需給の予測や、短期金融市場や日本銀行の金融政策をはじめとした各種調査も行っている。

4．金融サービス仲介業

オンライン取引の普及により、消費者は多くの金融サービスを好みに応じて簡単に利用することが可能になってきた。しかし、消費者は自分の好みの金融サービスを複数の業者から選ばなければいけないのが実情であった。そこで、「金融サービスの利用者の利便の向上及び保護を図るための金融商品の販売等に関する法律等の一部を改正する法律」によって、2021年11月１日から、金融サービス仲介業がスタートした。

金融サービス仲介業者は、銀行・証券・保険すべての分野のサービスのうち、顧客に対して高度な説明を要しないサービスについてだけ仲介を行える業者である。仲介を行えるサービスには、銀行サービスの普通預金や住宅ローン、証券サービスの国債や上場株式、投資信託、保険サービスの傷害保険や旅行保険、ゴルフ保険などがある。一方、証券サービスであればデリバティブ取引、保険サービスであれば変額保険のような複雑な仕組みの商品は対象外になっている。

金融サービス仲介業の仕組みを用いると、例えば不動産業者がマンションを販売する際に銀行の住宅ローンを紹介する、といったサービスが可能になる。このサービスからは、銀行から見ると住宅ローン販路の拡大、消費者から見ると利便性の拡大、不動産業者から見ると資金調達までの手厚い顧客サービスの拡大を通した住宅の販路拡大、といったメリットが生じることが予想される。

なお、銀行も子会社を傘下に持つことで金融サービス仲介業への参入が許されているので、ビジネスチャンスがあると思われる。例えば、銀行がスマートフォンのアプリを作り、銀行グループ内の保険、証券会社の品ぞろえにとらわれることなく、多数の商品を顧客に提案することなどが可能になるであろう。

5．新しい支払手段を提供する業者

フィンテックと呼ばれる金融業における情報技術革新の結果、近年では様々な消費者向けの支払いサービスが生まれている。現金以外の支払手段による日常的な支払いはキャッシュレス支払いと総称されている。

日本政府は、2017年6月に閣議決定された「未来投資戦略2017」において政策目標として2027年末までにキャッシュレス支払いの民間最終消費支出に占める比率を4割程度とすることを目指している。2019年10月1日の消費税率引上げと同時に始まった経済産業省のキャッシュレス・ポイント還元事業は、消費税率引上げ後の9カ月間に限り、登録した中小・小規模事業者においてキャッシュレス支払手段を使って支払いを行った消費者に対するポイント還元を支援する事業として実施された。この事業を契機に、ノンバンクのQRコード・バーコード決済参入が相次ぎ、激しい割引競争が行われた。[2)] キャッシュレス・ポイント還元事業の終了後、2020年7月から2021年3月まで総務省がマイナポイント事業を実施し、マイナンバーカード保有者へのポイント還元を行った。さらに、新型コロナウイルス感染症の感染予防の観点からキャッシュレス支払いが推奨されたこともあり、キャッシュレス支払いの利用は広がりつつある。この点についてキャッシュレス支払比率（クレジットカード、デビットカード〈加盟店での支払いと同時に銀行口座から代金が引き落とされる〉、電子マネー〈事前に現金のチャージなどで残高を確保し、その残高まで支払いが可能〉による支払いが民間最終消費支出に占める割合）を見ると、2008年の11.9％から2019年には26.7％と大きく伸びている。2019年のキャッシュレス支払いのうち、約90％がクレジットカード、7％が電子マネー、2％がデビットカード、1％がQRコード・バーコード決済で支払われている。[3)]

キャッシュレス支払いに用いられる支払手段は、日本の法制度では前払い、即時払い、後払いに分類されている。

前払いは、業者にあらかじめお金を払っておき、その残高まで引き出して業

2）QRコードとは、Quick Responseコードの略。日本のデンソーが1994年に開発した2次元コードで、中国のモバイル決済で普及した。バーコードは小売店のレジで読み取りやすいデジタル情報を提供する1次元のコードである。

3）詳細は、キャッシュレス推進協議会「キャッシュレス・ロードマップ2021」を参照。https://www.paymentsjapan.or.jp/wordpress/wp-content/uploads/2021/05/roadmap2021.pdf（2021年7月1日アクセス）

者の指定した店での支払いにあてることができる仕組みで、例えばプリペイドカード（Suicaなど交通系、nanacoなど流通系のICカードといった**電子マネー**、AmazonやAppleなどが発行するギフトカード、テレフォンカード）がある。[4)] こうしたサービスを提供する業者は、**前払式支払手段業者**と言われている。[5)]

即時払いには、銀行の口座振替、**デビットカード**（銀行法で規制）、資金移動業者が提供する支払いサービスがある。

日本のデビットカードには、日本独自のJ-Debitと、世界共通のブランドデビットカード（VisaやMastercard）の2種類がある。

デビットカードのうち、2000年から利用可能になったJ-Debitというサービスは、加盟店での支払いに際し、銀行のキャッシュカードを加盟店の端末で読み取り、銀行の暗証番号を入力すると代金が銀行口座から即時引き落とされ、加盟店には3営業日以内に代金が入金される仕組みである。この仕組みは家電量販店の高額商品購入でよく用いられたが、2006年以後に利用金額の上限が設けられたのをきっかけに利用は減少している。

最近日本の銀行が発行枚数を増加させているのは、クレジットカードの国内、海外加盟店で利用可能なブランドマークをつけたブランドデビットカードで、利用の都度、口座振替で代金が徴収されることがクレジットカードとは異なる。

資金移動業者は第9章6節で紹介したように、2010年の資金決済法で認められた、銀行以外で1回当たりの金額が100万円以下の為替取引を行う業者である。資金移動業者のサービスのうち、最もよく利用されているのは、PayPal社やWestern Union社が提供する外国送金サービスである。このサービスでは、外国送金を行いたい個人が銀行口座を資金移動業者に登録し、資金が以下

---

4)　電子マネーのうち、iD、QUICPay、Visa Touchなどの一部のブランドは立替え払いが発生する仕組みを取っているため、クレジットカードと同様に後払いに分類する。

5)　航空会社のマイレージ、百貨店やスーパーマーケット、電子商取引業者が提供するポイントの中には、共通化されており、ギフトカードのような前払式支払手段に変換することも可能なものがある。これを企業による通貨の発行と実質的に同じと考えることもできなくはないが、現状の日本の法制度ではポイントやマイレージの発行は少額であり、企業のサービスの「おまけ」であって通貨発行ではないとされている。

の四つの口座を番号順に移動する。①送金をする個人の銀行口座、②資金移動業者の送金する個人の口座、③資金移動業者の送金を受け取る個人の口座、④送金を受け取る個人の銀行口座、である。

これらの業者は銀行よりも割安な手数料で国際送金を手がけていた。日本では、フィリピンのアロヨ大統領（当時）から出稼ぎ労働者の送金手数料引下げの働きかけがあり、100万円以下の送金手数料を引き下げるため、資金移動業者の為替業務への参入が100万円以下という条件付きで認められた（宿輪[2021]）。

日本の消費者にもなじみが深いQRコード支払いサービスを手がけるPayPay社やメルカリ社が提供する、銀行口座などからチャージした残高をアプリの中だけで通用するお金として、本人確認がすんだユーザー同士の間で残高の移動ができ、しかも受け取った残高を銀行口座へ振替可能なサービスも、資金移動業者としてのサービスである。

資金移動業者は2010年度の11社、年間取扱い件数216,955件、1件平均金額64,000円から、2019年度には75社（国内36社、海外53社）、国内年間取扱い件数430,991,457件（うち海外向け件数49,696,303件）、1件平均金額は国内2,000円、海外22,000円へと急成長した。2021年5月1日からは、規制緩和により、銀行並みの100万円超の送金が可能な業者、数万円程度の少額送金だけを手がける業者も認められている（詳細は第14章5節を参照）。

後払いの代表例は本章1節で説明したクレジットカードである。クレジットカードは前述のとおり1960年代から日本では利用されているが、インターネット取引における利用増加の影響もあって、近年ではキャッシュレス支払いの中心をなしている。このほか、Buy Now, Pay Later（BNPL）という支払手段もオンライン・ショッピングの支払いなどで普及している。BNPLは、消費者・加盟店・BNPL事業者の3者の間で契約を結び、消費者が加盟店でした買い物の代金を、BNPL事業者が加盟店に立替え払いする一方で、消費者が4回程度の分割払いでBNPL事業者へ返済する仕組みである。原則として消費者には利息や手数料等がかからず、事前審査がさほど厳しくない一方で、加盟店手数料はクレジットカードよりも高めという特色がある。電子商取引サイトなどの加盟店が消費者からの支払いを確実に受け取る手段として普及している。

6．暗号資産交換業

前節で説明したキャッシュレス支払手段は、消費者が利用するインターフェースは多種多様であるものの、決済は通常は銀行預金を用いて行われる。ところが、近年は銀行預金によらない支払手段として暗号資産（著名なのはビットコイン）が注目されている。日本の資金決済法では、**暗号資産**を不特定の者への代金支払い等に使うことができ、かつ、不特定の者と売買できる財産的価値（電子的記録）で、電子的に移転でき、法定通貨または法定通貨建てでないもの、と定義している。暗号資産の売買・交換、取次、代理、利用者の金銭管理や他人のための暗号資産管理を行う業者は、暗号資産交換業に該当する。**暗号資産交換業**は、取り扱う暗号資産を限定した登録制で、第14章6節で説明するように資金決済法で規制されている。

ビットコインとは、2008年に開発された世界最初の暗号資産で、中央に管理者がいないにもかかわらず、インターネットのコンピューター上で自律的に流通しているという特徴を持っている。ビットコインの取引の記録は、ブロックチェーン（分散型台帳技術）と言われる取引の連鎖を記録した台帳の中で管理されており、二重利用や不正送金を防止できるようになっている。その台帳は世界中にある結節点と言われるコンピューターに分散されているため、どこかの国で大規模なシステム障害があっても、世界のどこかのコンピューターが稼働していれば取引は停止しない。ビットコインによる支払いが記録されると、それが正当かどうかを参加者が競って確認を行い、最も早く確認作業ができたものにはビットコインで報酬が与えられるようにプログラムされている（これがビットコインの新規発行である）。

ビットコインは、発行者や管理者が存在しないことから、国際間の送金も銀行送金に比べると安価に行えるので、銀行口座を持っていないがスマートフォンを持っている人にも容易に利用可能であり、金融サービスの提供範囲を広げるという特徴がある。しかし、ビットコインは、価値の保証がないこと、値動きが激しく支払手段としての利用には適さないこと、匿名取引が可能なので、マネーロンダリング（脱税や麻薬取引などで得た資金の出所をわからなくするための金融取引）に用いられる可能性があること、取引の正当性を確認するために行われる計算が大量の電力を消費しており、地球環境問題を悪化させること、暗号資産の売買を行う業者の設立した交換所から顧客の暗号資産がハッキングで流出する事件が頻発するなど、安全性に疑念があること、といった問題点があげられてきた。

暗号資産はビットコイン以外にも多数あるが、いずれも価格変動が大きく、ごく一部の投資家の間でしか流通していないので、価格変動から利益をあげる投資の対象にはなるものの、幅広く使われる支払手段にはならないだろうとの見方が金融監督当局の大勢を占めていた。しかし、その見方を一変させたのが2019年にSNSサイト大手のFacebook社（現、メタ社）が提唱した主要通貨の組み合わせに対して安定した交換価値が保証される**Diem**（当初の名前はLibra）という暗号資産の発行計画である。Diemが実現した場合には、これを用いて世界中に広がる多くのFacebook利用者と安価に取引できるメリットがあり、しかも価値の安定した支払手段となりうるため、銀行口座を持っていないがスマートフォンは持っている人たちが暗号資産を支払手段として利用するという可能性が広がった。もっとも、利用者の支払いに関する情報がFacebookに独占される弊害も指摘されている。Facebookの構想に関しては、通貨価値の安定していない国の中央銀行を中心に、自国の通貨からの大規模な乗り換えが起こる可能性や、偽名での口座開設によるマネーロンダリングの恐れが指摘されるなど、各国財務省、中央銀行が通貨主権への挑戦として様々な批判を行った。このためメタ社は全世界ではなく、米ドル建ての価値が安定した暗号資産の発行を米国で予定していたが、この計画を米国銀行規制当局が認めなかったため、2022年1月にメタ社はDiemに関連する知的財産権をシルバーゲート・キャピタル社に売却し、メタ社によるDiem発行計画は終了した。

Key Word　ノンバンク、クレジットカード、クレジットカードショッピング、一括払い、リボルビング払い、クレジットカードキャッシング、信販会社、ショッピングクレジット、消費者金融会社、財政投融資、財投債、短資会社、金融サービス仲介業者、前払い、電子マネー、前払式支払手段業者、即時払い、デビットカード、資金移動業者、後払い、

暗号資産、暗号資産交換業、ビットコイン、Diem

13章まとめ――その他の金融機関

❶ノンバンクとは、預金の受入れをせずに、個人や企業に貸出を行っている金融機関のことを指す。

❷クレジットカードショッピングとは、会員が加盟店で財やサービスの提供を受け、クレジットカード会社が会員に代わって加盟店手数料を差し引いた代金を加盟店に支払い、後日その代金を会員に請求する仕組みである。

❸クレジットカードショッピング代金の支払いは、2カ月以内になされる手数料不要の一括払いの口座振替が普通である。一括払い以外の返済方法の一つであるリボルビング払いは、毎月の合計利用金額にかかわらず毎月最小の金額だけを返済する、という支払い方法だが、高い手数料がかかる可能性がある。

❹クレジットカードキャッシングとは、クレジットカードによる無担保の借入れであり、クレジットカードショッピングよりも高金利が徴求される。

❺信販会社が行うショッピングクレジットは、クレジットカードを発行せず、高額で一括払いが難しい商品の買い物について、信販会社と消費者が支払い回数と金額を買い物の都度定め、信販会社が消費者に対して商品代金を立て替えて、後日消費者に請求を行う業務である。

❻貸金業の大手は消費者金融会社と呼ばれている。2010年の貸出上限、金利上限規制の導入以後、消費者金融会社の消費者向けの貸付け額は減少している。

❼財政投融資は、民間金融機関にとっては貸し倒れのリスクが高く融資することが難しいが、政策的に大切な分野への資金供給を目的とした国による投融資活動である。2001年の制度改正以後、その資金源は財投債である。

❽短資会社は、コール市場において、資金を運用したい金融機関と調達したい金融機関の間に入り、取引を媒介する業務を行っている。

❾金融サービス仲介業者は、銀行・証券・保険すべての分野のサービスのうち、顧客に対して高度な説明を要しないサービスの仲介が行える業者である。専門業者による分野ごとのサービス提供に比較して、顧客満足度の向上につながる可能性がある。

❿キャッシュレス支払いと総称される新しい支払手段の代表は、前払いの電子マネー、即時払いのデビットカード、後払いのクレジットカードである。

⓫資金移動業者は、銀行以外の為替取引を行う業者である。資金移動業者の提

供するサービスには、外国送金サービスなどがある。

⓬暗号資産交換業者は、暗号資産の売買・交換、取次、代理、利用者の金銭管理や他人のための暗号資産管理を行う。

【参考文献】

内田浩史『金融』有斐閣、10章、2016年

金融庁「金融サービスの利用者の利便の向上及び保護を図るための金融商品の販売等に関する法律等の一部を改正する法律案説明資料」2020年３月
https://www.fsa.go.jp/common/diet/201/01/setsumei.pdf

国民生活センター「（特別調査）消費者トラブルからみる立替払い型の後払い決済サービスをめぐる課題」2020年１月23日
http://www.kokusen.go.jp/pdf/n-20200123_1.pdf（2021年10月18日アクセス）

財務省理財局「財政投融資リポート2020」
https://www.mof.go.jp/policy/filp/publication/filp_report/zaito2020/index.htm（2021年７月29日アクセス）

坂勇一郎「知っておきたい資金決済法」国民生活センター『国民生活』誌上法学講座、2021年２月号～８月号
http://www.kokusen.go.jp/wko/data/bn-hhkouza.html（2021年10月14日アクセス）

島村髙嘉・中島真志『金融読本』（第31版）、東洋経済新報社、８～９章、2020年

宿輪純一『決済インフラ入門　2025年版』東洋経済新報社、序章、１章、６章、2021年

日本貸金業協会「貸金業法改正後の貸金業界」
https://www.j-fsa.or.jp/doc/association/pr/law_overview_210623.pdf（2021年７月29日アクセス）

日本クレジット協会「クレジット関連統計」
https://www.j-credit.or.jp/information/statistics/（2021年７月29日アクセス）

宮居雅宣『決済サービスとキャッシュレス社会の本質』金融財政事情研究会、１～３章、2020年

家森信善『金融論』（第２版）、中央経済社、８章、2018年

14章 金 融 規 制

本章では、金融サービスを提供する業者への規制について説明する。

第一に、銀行への規制としては、自己資本比率に即した早期是正措置や、預金保険制度の枠組みが整備されていることを説明する。

第二に、銀行以外の金融機関への規制についてはまず、保険会社と証券会社についての早期是正措置と、破綻時の消費者保護の仕組みについて説明する。保険会社の破綻時の消費者保護の仕組みとして、破綻した保険会社と結んだ契約を別の保険会社に引き継ぐ制度について説明する。証券会社の破綻時の消費者保護の仕組みとして、顧客から預かっている資産を証券会社が独自に運用している資産と分別管理しておく仕組みを説明する。

第三に、金融サービス仲介業者への規制については、取扱い可能なサービスの制限や利用者財産（サービス購入代金など）の受入れ禁止、保証金の供託義務により利用者保護を図る策が取られていることを説明する。

第四に、新しい支払手段を提供する業者への規制について、プリペイドカードなどの前払式支払手段業者、資金移動業者については資金決済法で規制がなされており、それぞれのサービスの特徴に応じて、利用者の保護を図る規定が盛り込まれていることを説明する。クレジットカードショッピングに対しては、割賦販売法の規制を説明する。

最後に、暗号資産交換業者への資金決済法による規制について説明する。

1. 銀行への規制

銀行への規制によって政府が金融システム全体の安全性を確保する必要がある理由は、銀行同士の自由競争に任せておくと、銀行経営者は自らの銀行が破綻することで他の関係者（預金者、貸出先、取引を行っている他の金融機関）に与える被害までは考慮しないうえ、預金者も手間暇をかけて銀行経営に日常的に関心を払うことはなく、銀行危機のうわさを聞きつけたら即座に預金を引き出す、という事態が予想されるからである。

日本の銀行監督官庁である金融庁の規制監督は**プルーデンス政策**と言われ、信用秩序の管理と預金者保護政策が中心である。**信用秩序の管理**とは、銀行が機能不全になった場合の他産業への悪影響は大きく、その悪影響は個別銀行が安定的なサービスを供給する便益を上回ることを踏まえて行われる政策のことを言う。**預金者保護政策**とは、預金保険制度と、預金者に代わる銀行監督当局の設置からなる政策のことである。これらがプルーデンス政策と言われる理由は、金融機関に節度のある（prudent）行動を取ることを政府が要請することを通して、銀行が市場で競争することで実現する経済状況をより良い状況にすることが企図されているからである。

プルーデンス政策は、金融機関の経営悪化を防ぐための事前的規制と、金融機関の破綻後に取られる事後的規制に分けられる。

事前的規制の方策としては、健全経営規制（例えば、自己資本比率規制などの間接的な規制と、それを用いた早期是正措置)、金融機関への検査・考査（立ち入り検査）が代表的である。**事後的規制**のうち代表的なものは、日本銀行の最後の貸し手機能（一時的な資金不足の金融機関を支援する）と預金保険制度（破綻金融機関の預金者１人当たり1,000万円とその利息を払い戻す制度）である。以下では、それぞれについて説明する。かつて用いられていた競争制限政策（参入規制、店舗や業務分野の規制などの直接的な規制）の詳細は、第14章 Web 付録（補論１）を参照のこと。第14章 Web 付録（補論２）ではそうした金融規制の考え方を一変させたバブルの発生と崩壊、不良債権問題について説明する。

（1）自己資本比率規制

自己資本比率規制で言う自己資本比率とは、自己資本を分子、保有している資産の種類ごとのリスクの大きさに応じた掛け目をかけて加重平均した総資産額（リスク資産）を分母として算出される比率のことである。自己資本比率規制には、海外に営業拠点がない預金取扱機関について用いられる国内基準と、国際的に活動する預金取扱機関について用いられる国際基準がある。

2014年3月から適用されている**国内基準**では、自己資本比率が4％以上必要とされている。すなわち、以下の規制がなされている。

$$自己資本比率(国内基準)=\frac{コア資本}{リスク資産}\geqq 4\%$$

分子の自己資本は**コア資本**と呼ばれており、損失吸収力が高い普通株式、内部留保に一部の貸倒引当金を加えたものを言う。分母の**リスク資産**は、資産の各項目にそれぞれのリスク・ウエイトをかけて得た額の合計額である信用リスク、資産の市場変動リスク相当額（市場リスク）、金融機関が直面しうる種々の事故リスク相当額（オペレーショナルリスク）の合計である。リスク・ウエイトの例として、信用リスクの標準的な手法では、現金や日本国債は0％、抵当権付き住宅ローンは35％、中小企業・個人向け貸出は75％、事業法人向け貸出は相手の格付に応じて20〜100％とされている。

海外支店または海外現地法人を有する預金取扱機関に2013年から適用されている**国際基準**は、スイスのバーゼルにある国際決済銀行（BIS：Bank for International Settlements）に事務局を持つバーゼル銀行監督委員会が導入した自己資本比率規制（通称、**バーゼルⅢ**）である。

1988年に主要国が同意した自己資本比率規制（バーゼルⅠ）は、主に信用リスクへ備えるための自己資本充実策であった。1996年には市場リスク規制が、2007年にはオペレーショナルリスクも取り入れたバーゼルⅡが合意された。バーゼルⅡでは、先進的なリスク管理を行っている銀行に対して、銀行自身が構築している内部モデルを用いて自己資本比率規制上のリスク資産を計測することが認められた（内部格付手法）。バーゼルⅡの実施にもかかわらず、2008年の世界金融危機で欧米の金融機関の破綻が相次いだ反省を踏まえて導入されたのがバーゼルⅢで、日本では2013年3月期から適用されている。バーゼルⅢ

では、自己資本の質と量が厳格化され、自己資本の定義が厳密になったほか、上乗せの規制（資本保全バッファー、カウンターシクリカル・バッファー）が設けられた。リスク資産の計測について、内部モデルの利用範囲に制限ができたほか、自己資本比率規制を補完するための流動性規制とレバレッジ比率規制も導入された。

バーゼルⅢですべての国際基準適用行に要求される自己資本比率の最低基準は、以下の式で示される。

$$\text{自己資本比率(国際基準)}=\frac{\text{普通株式等Tier1}+\text{その他のTier1}+\text{Tier2}}{\text{リスク資産}}\geqq 8\%$$

上式分子の**普通株式等 Tier1**は、最も損失吸収力の高い資本である普通株式や内部留保などを指す。**その他の Tier1**は、優先株式などを指す。**Tier2**は、劣後債、劣後ローン、一部の一般貸倒引当金のことである。

自己資本比率８％の達成にあたっては、損失吸収力の高い資本を十分に備えて８％を達成するという趣旨で、以下の規制も追加された。

$$\text{Tier1比率}=\frac{\text{普通株式等Tier1}+\text{その他のTier1}}{\text{リスク資産}}\geqq 6\%$$

$$\text{普通株式等Tier1比率}=\frac{\text{普通株式等Tier1}}{\text{リスク資産}}\geqq 4.5\%$$

このほか自己資本比率８％に上乗せして、３つの追加規制が導入された。

第一に、**資本保全バッファー**が普通株式等 Tier1資本で2.5％必要という規制が導入された。これは、経営危機に陥った銀行が配当を増やして株主をつなぎとめようとする結果、危機が深刻化することを防ぐために、内部留保を積み増す（未達成なら配当を抑制する）ための規制である。普通株式等 Tier1比率の下限4.5％、資本保全バッファー2.5％と合計して、普通株式等 Tier1比率は７％以上が必要である。

第二に、各国が景気過熱時に**カウンターシクリカル・バッファー**を普通株式等 Tier1資本で０～2.5％の間で上乗せする規制が導入された。これは、景気過熱時に自己資本を積み上げ、景気後退から金融危機に陥った際に積み上げ義務をなくして、貸出を減らすことなく自己資本比率を達成しやすくする仕組みである。カウンターシクリカル・バッファーは、金融危機下で銀行が自己資本比率の低下を避けるためにリスク資産を減らす結果、景気後退期に貸出を減らして危機を助長するとの批判にこたえた規制である。

第三に、グローバルにシステム上重要な金融機関（Globally Systemically Important Financial Institutions、G-SIFIs）には、1～2.5%の普通株式等Tier1資本の上乗せが求められる。これは、非常に大きな金融機関をつぶすことは経済に与える影響が深刻なので、当局はそのような決定をしないだろうと投資家、預金者が予想する結果として、金融機関に対する経営規律が働かない問題に対処するために、金融機関が大きくなりすぎないように資本規制を厳しくしよう、という考え方に即している。日本の金融機関では、2020年11月現在、三菱UFJフィナンシャル・グループが1.5%、みずほフィナンシャルグループ、三井住友フィナンシャルグループが1%の普通株式等Tier1資本の上乗せを要求されている。

これらのG-SIFIsには、破綻時に十分な総損失吸収力の確保を求めるTLAC（Total Loss-Absorbing Capacity）規制が2019年からかけられている。TLAC規制は、万一これらの大規模金融機関が破綻した場合も、なるべく税金を用いずに破綻処理を円滑に行えるように、破綻処理に際して元本削減や株式転換により損失吸収力のある資本・負債（TLAC）を積み増すことを求める規制である。TLAC規制では、損失吸収力のある資本・負債と自己資本の合計額が、リスク資産比率16%（2022年からは18%）以上、レバレッジ・エクスポージャー額（リスクウエイトをかける前の資産額）比率6%（2022年からは6.75%）以上が必要である。ただし、日本の預金保険制度による公的資本増強を前提とした特例措置により、リスク資産比率3.5%が自動的に得られることになっている。[1)]

これ以外にも、バーゼルⅢでは、自己資本比率規制を補完する規制としてレバレッジ比率規制を導入した。レバレッジ比率規制は、普通株式等Tier1資本のエクスポージャー額（リスクウエイトをかける前の資産額）に対する比率を3%以上とする規制である。2023年1月からは、G-SIFIsの場合は、1～2.5%の普通株式等Tier1資本の上乗せ分の50%が追加で求められる。

1）2021年から国内でシステム上重要な金融機関である野村ホールディングスに対しても同様のTLAC規制が適用されている。

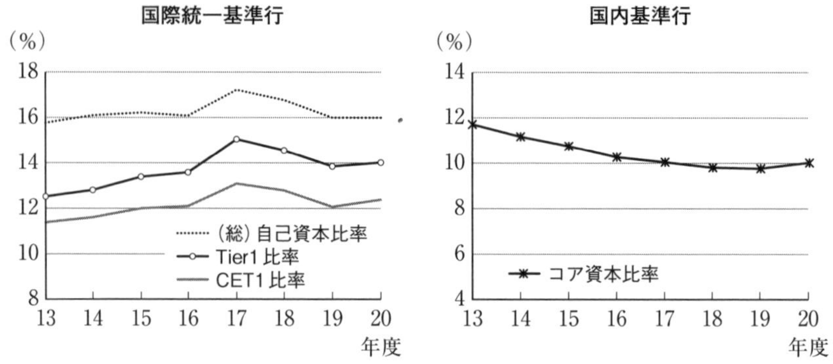

図表 14-1　金融機関の自己資本比率：2013年度～2020年度
（出所）　日本銀行「2020年度の銀行・信用金庫決算」p.24、図表Ⅱ-4-1
https://www.boj.or.jp/research/brp/fsr/fsrb210728.htm（2021年 8 月 1 日アクセス）
（注）　国際統一基準行は国際基準適用行、（総）自己資本比率は、国際基準の自己資本比率、CET1比率は普通株式等 Tier1資本の自己資本比率、コア資本比率は国内基準の自己資本比率。

さらに、バーゼルⅢでは、自己資本比率規制とは別に、流動性規制を導入した。まず、2015年 3 月31日から国際基準適用行に対して、金融危機などで30日間継続するストレス下においても流出する資金額以上に流動資産を調達し、銀行が業務を継続できるようにするための流動性カバレッジ比率規制が適用された。次に、2021年 9 月30日から国際基準適用行に対して、流動性危機を未然に防ぐ目的で、利用可能な安定調達額（資本＋預金・市場性調達の一部）を所要安定調達額（売却が困難な資産）で割った安定調達比率を開示し、これを100％以上に保つとする安定調達比率規制が適用された。

以上に見たように、国際的に活動する銀行の活動には世界金融危機を経て強い規制が加わっている。日本の銀行は、国際基準適用行、国内基準適用行ともに、図表 14-1 で見るように規制水準に比して十分な自己資本を備えている。

（2）早期是正措置

1998年 4 月に導入された**早期是正措置**は、自己資本比率が一定の水準を下回った場合に、あらかじめ定めた是正措置命令を金融庁が発動する規制である。2013年 3 月以後は、自己資本比率が 4 ％未満 2 ％以上になると資本増強に関する経営改善計画の提出と実行が迫られる。自己資本比率が 2 ％未満 1 ％以上になると、配当や役員賞与の禁止や抑制、総資産の圧縮の実行が迫られる。自己資本比率が１％未満０％以上になると自己資本の充実、業務縮小、合併や銀行業の廃止を迫られる。自己資本比率がマイナスになると業務の一部または全部が停止される。

早期是正措置は、①金融機関の経営状況を客観的な指標でとらえ、適時に是正措置を講じることにより、金融機関経営の健全性確保と経営破綻の未然防止を図る、②是正措置の発動ルールの明確化、行政の透明性確保、③金融機関が破綻した場合の破綻処理コストの抑制、という目的で導入され、2019年度までに銀行に14回、信用金庫に23回、信用組合に69回発動された実績がある。早期是正措置による自己資本の認定の結果、債務超過とされ破綻処理された最初の事例は、1998年10月の日本長期信用銀行破綻の事例である。

（3）最後の貸し手

最後の貸し手機能とは、一時的な資金不足に陥った金融機関に対して他に資金供給を行う主体がいない時には、その銀行の破綻が金融システムの混乱を招きかねない場合に、日本銀行が国債等を担保として一時的な貸付を行う機能である。ただし、金融システムの安定確保のために特に必要として内閣総理大臣および財務大臣から要請があった場合は、担保を取らないで貸付を行う（**日銀特融**と言われる）ことがある。日本銀行は、政府からの要請を前提に、次の四つの原則に基づいて、特融を実施するかどうかを決めている。

原則１：システミック・リスクが顕現化するおそれがあること
原則２：日本銀行の資金供与が必要不可欠であること
原則３：モラルハザード防止の観点から、関係者の責任の明確化が図られるなど適切な対応が講じられること
原則４：日本銀行自身の財務の健全性維持に配慮すること

最近の日銀特融の実績は日本銀行のホームページに公開されており、第14章Web付録（補論２）で説明した1997～2003年の金融システムの不安定化した時期に実施されている。[2)]

2）詳細は、日本銀行「信用秩序維持に資するための資金供給」を参照。
https://www.boj.or.jp/finsys/msfs/index.htm/（2021年７月31日アクセス）

（4）預金保険制度

預金保険制度とは、銀行が破綻した場合には、預金者1人当たり1,000万円までの預金の元本とその利息を払い戻す制度である。この制度があれば、小口預金者は経営危機であるとの情報が流れた銀行から先を争って預金を引き出す理由がなくなるので、取付けによる銀行倒産の可能性は低下する。預金保険制度の加盟銀行は、日本国内に本店のある銀行、信用金庫、信用組合、労働金庫、信金中央金庫、全国信用協同組合連合会、労働金庫連合会、商工組合中央金庫である。

ただし、預金保険制度によって銀行の安全性が向上すると、預金者は銀行の経営状態に注意をますます払わなくなるので、銀行監督当局が預金者の代わりに銀行の経営状態を監視しなければならないことになる。

実際に預金保険制度によって預金が保護される場合には、二つの方式が想定されている（保護される預金の範囲はどちらの方法でも同じである）。

第一の方式は、**資金援助方式**で、優先的に使われる。この方式では、破綻した金融機関の事業の一部またはすべてを、ほかの健全な金融機関が承継し、預金保険機構がそのために必要なコストを救済金融機関に資金援助するかたちで預金等の保護を行う。

第二の方式は、**ペイオフ方式**である。この方式では、預金保険機構が、預金者に対し直接保険金を支払うかたちで預金等の保護を行う。ペイオフは2010年9月に、日本振興銀行に対して発動されたことがある。

なお、金融危機対応のために、1996年から2005年3月までは預金等全額保護の特例措置が取られていた（定期性預金は2002年3月まで）。2005年4月に預金保険制度が上記のように運用されるようになったことに伴い（**ペイオフ解禁**）、要求払い、決済サービスを提供、無利子、という3条件を満たす決済性預金が作られ、特例として全額保護されることとなった。

（5）マクロ・プルーデンス政策

金融機関の取引の連鎖は全世界に広がっているため、これまで説明した各種の規制で個別の預金取扱機関や日本の銀行業界の安定を図っていても、世界のどこから金融危機が波及してくるかわからない時代になっている。そこで、個別の金融機関の相互連関を踏まえて、金融システム全体の安定性を評価する**マクロ・プルーデンス政策**への関心が、各国の金融監督当局と中央銀行の間で高まっている。こうした考え方は、例えば、バーゼルⅢのカウンターシクリカル・バッファーの導入にも通じる考え方である。カウンターシクリカル・バッファーは、前述のとおり、金融危機下で銀行が自己資本比率低下を避けるためにリスク資産を減らす結果、景気後退期に貸出を減らして景気後退をさらに深刻化させ、結果的に金融機関自身の経営も悪化させる、との批判にこたえた規制である。

2．保険会社への規制

1997〜98年の日本の金融危機後、株価暴落や低金利による運用利回りの悪化により、生命保険会社では第11章3節で説明した予定利率が現実の資産運用収益率を上回る逆ざやが発生し、保険会社の破綻も相次いだ（日産生命［1997年］、東邦生命［1999年］、第百生命、大正生命、千代田生命、協栄生命、第一火災［2000年］、東京生命［2001年］）。そこで、2003年からは予定利率を経営破綻前に引き下げることが可能となった。

この間、2001年には保険商品の銀行窓販一部解禁、2007年には保険商品の銀行窓販全面解禁がなされ、保険商品の販売競争がいっそう激化し、損害保険会社を中心に合併が進んだ。

こうした環境変化を踏まえ、保険会社にも1999年4月から早期是正措置が適用された。生命保険会社への早期是正措置の発動のために用いられる自己資本比率は、以下の**ソルベンシー・マージン比率**である。

$$\text{ソルベンシー・マージン比率} = \frac{\text{ソルベンシー・マージン総額}}{\text{リスクの合計額} \times 0.5} \geqq 200\%$$

分子のソルベンシー・マージン総額とは、純資産などの内部留保と有価証券含み益などからなる支払い余力である。分母のリスクの合計額とは、保険リスク、予定利率リスク、資産運用リスク、経営管理リスクなどの通常予測できる範囲を超える諸リスクを数値化して計算する。ソルベンシー・マージン比率が200％を下回ると金融庁長官が経営の健全性を確保するための改善計画の提出およびその実行を命令できる。同比率が100％を下回ると、保険金等の支払い能力の充実に資する措置に係る命令をできる。[3)]

また万一、保険会社が破綻した場合に備えて、1998年に生命保険と損害保険それぞれに**保険契約者保護機構**が作られた。銀行が破綻した場合には預金保険によって預金者の資産を守ることはできる。しかし、生命保険会社が破綻した場合には、会社の資産を売り払ってこれまで支払った保険料を取り返すことだけでは、以下に示すように保険契約者の保護として十分とは言えない。

いま、保険契約者がある生命保険会社へ20歳の時から保険料を支払い、70歳までの死亡保険に入っていたとする。そして、保険契約者が60歳の時にこの生命保険会社が破綻したとしよう。保険契約者が希望しているのは70歳まで一定の金額の保険金がもらえることであり、仮に保険料が全部戻ってきてもその備えには不足する。60歳になった時点では、健康状況も変わっており、他の生命保険会社から20歳の時と同じ条件では保険契約を買うことが難しいだろう。

そこで生命保険会社が破綻した場合に備えて、生命保険契約者保護機構では、破綻した生命保険会社の契約を引き継ぐ救済保険会社への資金援助や、救済保険会社が現れない場合に生命保険契約者保護機構の子会社として設立される承継保険会社への保険契約の承継といった事務を行うことで、保険契約を継続させて保険契約者を保護している。[4)] なお、生命保険契約者保護機構は、破綻時点の補償対象契約の責任準備金等のうち最高90％までしか補償しないので、保険契約者が完全に保護されているわけではない。

損害保険会社の破綻に対する備えとしては、損害保険契約者保護機構が同様の仕組みを整えている。[5)]

---

3)　詳細は、生命保険協会「生命保険会社のディスクロージャー～虎の巻」2016年版を参照。
https://www.seiho.or.jp/data/publication/tora/（2021年3月16日アクセス）

4)　詳細は、生命保険契約者保護機構パンフレットを参照。
https://www.seihohogo.jp/pdf/pamphlet.pdf（2021年3月16日アクセス）

5)　詳細は、損害保険契約者保護機構のパンフレットを参照。
http://www.sonpohogo.or.jp/sonpohogo2.pdf（2021年3月16日アクセス）

3．証券会社への規制

金融自由化に伴い、証券会社が取り扱う金融商品・サービスが多様化していく中で、取引の複雑さは増しており、証券会社が破綻する可能性は現実のものとなっている。実際、1997年の日本の金融危機下では準大手の三洋証券、大手の山一證券が破綻している。そこで、証券会社に対しても三つの制度が設けられ、投資者保護が図られている。[6)]

第一は、早期是正措置である。証券会社の破綻を防止するために、自己資本比率規制による早期是正措置の発動が適用される。

証券会社の自己資本比率規制は、以下の式に従う。

$$\frac{\text{固定化されていない自己資本}}{\text{各種リスク相当額}} \geqq 140\%$$

分子の固定化されていない自己資本とは、自己資本に劣後債などの補完的項目を加え、固定的資産などを控除したものである。分母の各種リスク相当額は、市場リスク（価格変動による損失リスク）、取引先リスク（取引相手の契約不履行による損失リスク）、基礎的リスク（事務ミスなど日常業務遂行上で発生しうるリスク）の合計である。自己資本比率が140％以下になると金融庁への届け出が必要となり、100％未満だと３カ月以内の業務停止となる。また、100％未満で回復の見込みがないと、内閣総理大臣は金融商品取引業者としての登録を取り消す。2019年６月末では、東京証券取引所の取引参加88社の自己資本比率の中央値は411％である。

第二は、**分別管理**である。証券会社が破綻した場合の投資者保護のために、証券会社には顧客資産の分別管理が義務づけられている。例えば、顧客が証券会社でMRFを保有している場合には、投資された資金は、MRFに組み込まれている債券のいずれかに投資されている。したがって、証券会社が破綻しても、証券会社が運用している債券のうちどれが顧客の資金で運用していたものかがわかれば、資産を返済することが可能になる。そのためには、証券会社が

6）詳細は、日本証券経済研究所「図説　日本の証券市場　2020年版」、p.225を参照。https://www.jsri.or.jp/publish/market/market_31.html（2021年３月16日アクセス）

自分の都合で行っている投資と、顧客の依頼によって行っている投資とが、きちんと区分して管理されている必要がある。このように、顧客から預かっている資金で運用している株式、債券、投資信託や、顧客の注文を受けて金融資産の購入をするために預かった金銭を、その証券会社の資産とは区分して管理することを分別管理と言う。

第三は、**投資者保護基金**である。分別管理義務違反、あるいは、顧客資産の分別管理の計算が１週間おきにしかなされないタイム・ラグにより破綻した証券会社が顧客の資産を返還できない場合への最後の備えとして、投資者保護基金があり、投資者１人当たり1,000万円までの資産が保護されている。

4. 金融サービス仲介業者への規制

金融サービス仲介業者は、特定の金融機関への所属を求められない、という事業の性質から、従来の金融機関を対象とした規制ではその活動を規制することはできない。そこで、金融サービス仲介業者に対しては、「金融サービスの提供に関する法律」で取扱い可能なサービスの制限や利用者財産（サービス購入代金など）の受入れ禁止、保証金の供託義務により利用者保護を図る策が取られている。

金融サービスの仲介を行う場合に利用者保護のために必要となる規制は、どの分野であっても求められる規制（例えば、顧客に対する情報提供、顧客情報の適正な取扱い、金融機関から受け取る手数料等の開示）に加えて、必要な規制が銀行分野・証券分野・保険分野で異なる可能性があるため、取り扱うサービスの分野に応じて必要な規制が過不足なく適用される。例えば、証券サービスであれば、インサイダー情報を利用した勧誘の禁止、損失補填の禁止、顧客の注文の動向等の情報を利用した自己売買の禁止等が適用される。

5. 新しい支払手段を提供する業者への規制

新しい支払手段を提供する業者は、そのサービスの内容により、前払式支払手段、資金移動、包括信用購入あっせん等に分類され、資金決済法または割賦販売法の規制対象となる。コード決済は、QRコードやバーコードを用いたキャッシュレス決済を指すが、コード決済事業者のサービスは決済に関する情報の伝達と整理され、提供している決済手段に応じて資金決済法や割賦販売法などの規制に従う。デビットカードは、銀行法で規制されている。

（1）前払式支払手段業者への規制

資金決済法で前払式支払手段として規制対象になるものは、①対価を得て発行される証票等・番号・記号・符号等で、②財産的価値が記載・記録され、③支払い等に使われるもの、という条件が付く。例えば、①の条件は、法律によってそれ自体が価値物としての効力を与えられている郵便切手や日本銀行券は規制の対象にならないことを意味する。

前払式支払手段は、提供媒体や利用金額の記録方法に応じて、紙型（商品券など)、磁気型（図書カード)、IC型（交通系のICカード)、サーバ型（QRコード決済のように事業者のサーバに登録）に分類できる。

前払式支払手段は、自家型（発行者の店舗でのみ使用可）と第三者型（発行者以外の店舗でも使用可）に分けられる。資金決済法の規制の対象になるのは、第三者型が金額にかかわらず登録制、自家型で3月末および9月末の未使用残高が1,000万円超のものが届出制である。自家型で3月末および9月末の未使用残高が1,000万円までのものは規制対象ではないことは、発行者の店舗でのみ利用可能で、しかも未使用残高が少額であれば、発行者破綻の悪影響が小さそうなので規制しない、という考え方を示している。

前払式支払手段業者が利用者から預かった資金は、業者が事業から撤退するような例外的な場合を除いて、原則払戻しが禁止されている。これは、預かった資金の利用者による自由な払戻しを認めると、その資金が出資法で禁止されている預り金に相当するためである。したがって、利用者保護のためには、前払式支払手段業者が預かった資金は、利用者が目的に応じて利用できるよう管理されなければならない。そこで、前払式支払手段業者は、基準日（3月末および9月末）時点の前払式支払手段の残高（未使用残高と言う）の2分の1以上の額（要供託額と言う）の発行保証金を供託することが義務づけられている。また、利用者への情報提供と、情報の安全管理も義務づけられている。犯罪収益移転防止法による発行時の本人確認は必要とされていない。

(2) 資金移動業者への規制

資金移動業者に対しては、業者が行う為替業務が資金決済法で規制される。[7] ここで言う為替業務とは、第9章3節で見たように、隔地者間で直接現金を輸送せずに資金を移動する仕組みを利用して資金を移動することを内容とする依頼を受けて、これを引き受けること、またはこれを引き受けて遂行することである。

資金移動業者が利用者の資金を送金の依頼とは関係なく、あたかも預貯金のように受け入れたり、預かったりすることは出資法で禁止されている。したがって、資金移動業者の口座に利用者が預け入れた資金が、利用者の資産運用としてではなく、送金目的と明確に結びついていることが資金移動業者の業務の前提となる。この前提が満たされたうえで、資金移動業者への規制の目的は利用者から送金のために受け入れた資金を業者が他の目的に流用することを防ぐことになる。

そこで、資金決済法では、資金移動業者は利用者から受け入れた資金（未達債務と言う）の額を各営業日ごとに計算し、これに一定の費用を加えた額（要履行保証額と言う）について、1週間ごとの最高額（要供託額と言う）を求め、その額以上の履行保証金を1週間以内に保全しなければならない、と定めている。さらに、資金移動業者は、10万円以上の送金・受取り、または、送金を継続的にまたは反復して行う契約を結ぶ時には、本人確認等の取引時確認を行わなければならない。これは、不正利用の防止や、決済の原因となる売買契約等に問題があった場合に、取引の相手方を特定することに有効なため、犯罪収益移転防止法により要請されている規制である。

7）資金移動業者とよく似たサービスを提供しているのが収納代行業者である。収納代行業者は、全国のコンビニを通じて電子商取引サイトの商品購入代金やサービスの利用料金を支払える決済サービスを提供している。仮に収納代行業者が倒産しても、事業者には被害は出るが、資金を支払った利用者には影響がないと考えられるため、従来は規制の対象になっていなかった。しかし、割り勘アプリのサービスのように、個人間の送金を代行していると考えられるケースは2020年の資金決済法改正で為替取引とみなされ規制対象となった。

資金移動業者による送金サービスは100万円以下に制限されていたが、2021年5月1日から従来の資金移動業（第二種とされる）に加えて、銀行並みの100万円超の送金が可能な第一種と、送金額とは別に資金保全のための資金をプールすることで数万円程度の少額送金が可能な第三種が設けられた。

高額送金を扱う第一種資金移動業者については、認可制とし、犯罪防止のために高額送金事業の具体的な内容や収支計画の提出を求める。さらに、具体的な送金指示を伴わない資金の受入れ禁止や、送金事務処理に必要な期間を超えて利用者の口座内に資金を滞留させない、といった規制が追加されている。

第二種資金移動業者に対しても、利用者の口座内に資金を滞留させないため、利用者からの受入れ額が100万円を超えている場合には、当該資金が送金に関するものであるか確認し、送金に用いられる蓋然性が低い場合は、利用者に払出しを要請することになった。

金額が小さい第三種資金移動業者に対しては、利用者から5万円を超える資金の受入れを禁止した。このほか、少額送金のため利用者のリスクが比較的小さいと考えられるので、従来の保全措置を緩和し、利用者資金と自社資金を分別管理するのであれば、供託等をしなくてもよくなった。

（3）クレジットカード会社への規制

クレジットカードを利用した取引に対しては、分割払いの決済方法を規制する法律である**割賦販売法**で包括信用購入あっせんとして規制がなされている(割賦販売法による監督官庁は経済産業省であり、金融庁ではない)。

割賦販売法では、後払いを割賦販売と定義しており、2カ月を超える支払い（リボルビング払い、分割払い、2回払い、ボーナス一括払い）が規制対象である。日本でよく用いられる翌月1回払いは、分割払いによる貸出ではなく、決済であるとの考えから、割賦販売法の規制対象外になっている。[8)]

クレジットカードは原則として18歳以上で、安定した収入のある人が審査を経て保有することができる。割賦販売法は1961年に制定されたが、その後の電子決済技術の向上や、インターネット取引の拡大に応じて、偽造対策、不正利用対策が他の法制度ともあわせて取られるようになっている。例えば、2018年の割賦販売法改正では、インターネット取引における不正利用が増加したことから、利用者保護のために、加盟店での不正利用の防止策や、カード情報漏洩対策などが追加されている。

クレジットカード会社、信販会社、割賦販売業者がキャッシングを提供する際は、**貸金業法**により規制を受ける。2010年に貸金業に対する規制強化が行われ、消費者金融会社の貸出上限規制や金利上限規制が設けられたことは第13章１節で説明した。この規制強化の一環で、クレジットカードキャッシングについても、従来のカード会社による限度額と頻度だけではなく、キャッシングによる借入れが年収の３分の１以上になるとクレジットカードキャッシングの枠がゼロになる規制が導入された。

6．暗号資産交換業者への規制

2014年に世界最大のビットコイン交換所であった日本のマウントゴックスが破綻した。同社は当初ハッキングによりビットコインの資産を失ったと発表していたが、その後、同社の社長が横領の疑いで逮捕された。このような交換所の経営実態が明らかになったこともあって、日本では暗号資産（当時は仮想通貨と呼んだ）に関する規制を2017年の改正資金決済法により世界で初めて導入した。交換所は登録制となり、登録業者は最低限1,000万円の資本金を保有し、純資産額が必ずプラスであることと、顧客資産の分別管理を行うことが義務づけられた。

2016～18年にかけて日本ではビットコインの取引がブームになったため、規制強化がなされた。2020年に再度改正された資金決済法では仮想通貨を暗号資産と呼ぶこととし、暗号資産を不特定の者への代金支払い等に使うことができ、かつ、不特定の者と売買できる財産的価値（電子的記録）で、電子的に移

8）　第13章２節で触れたBNPL（Buy Now, Pay Later）事業者によるサービスも、消費者の支払い期間が２カ月を超えない場合は割賦販売法や資金決済法の規制はない。支払い期間が２カ月を超えない場合は、割賦販売法の個別信用購入あっせんには該当しない。支払い期間が２カ月を超えないものの、クレジットカードを用いない取引であることから、割賦販売法の二月払購入あっせんにも該当しない。代金の後払いであるため、資金決済法での前払式支払手段にも該当しない。法規制がないために、過剰与信防止や苦情処理、加盟店管理等はBNPL事業者の自主的な取り組みによる。

転でき、法定通貨または法定通貨建てでないもの、と定義した。「不特定の者と売買できる」、「法定通貨建てでない」という暗号資産の定義は、暗号資産と他の新しい支払手段を比較すると明確になる。例えば、円などの法定通貨、銀行預金、資金移動業者の送金サービスと同様に、暗号資産は不特定の相手と売買できるが、前払式支払手段は、Amazon や Google のプリペイドカードのように特定の相手への代金支払いにしか使えない。また、円という法定通貨建ての支払いは法定通貨、銀行預金、資金移動業者の送金サービスでも可能だが、暗号資産は法定通貨建てではない支払いを行う。以下では、暗号資産現物取引に関わる、暗号資産交換業者への資金決済法の規制について説明する。[9)]

まず、資金決済法は暗号資産交換業を、以下のように定義した。暗号資産交換業者とは、暗号資産の売買・交換、取次、代理、利用者の金銭管理や他人のための暗号資産管理を行う業者のことである。

暗号資産交換業者は取り扱う暗号資産を限定した登録制とされた。暗号資産交換業者は利用者から暗号資産を預かり、電子記録台帳上に対応する暗号資産を保有する。預かった暗号資産については、証券会社同様に分別管理を行う。

暗号資産交換業者には、ハッキングによる暗号資産流出リスクへの対応、広告・勧誘などの規制がある。さらに、暗号資産交換所利用者の保護のため、暗号資産の取引における、利用者への暗号資産取引の説明、取引に関する情報提供といった規定が設けられた。

暗号資産によって、個人がインターネットを通して全世界の不特定多数と取引することが可能になった。暗号資産の中には、事前に将来の取引をプログラムしておき、自動実行することが可能なものもある。こうした取引は、いったん開始されてしまうと、仲介業者がおらず停止することが難しい。外国からこのような取引が日本を含む世界各国に広がってくることも十分に予想される

9）暗号資産を原資産にしたデリバティブ取引、電子的なトークンを発行して事業資金の調達を行う ICO（Initial Coin Offering）などの取引は金融商品取引法で別途規制されている。関心のある読者は以下参照。
坂勇一郎「知っておきたい資金決済法（最終回）——暗号資産(2)国民生活センター」『国民生活』誌上法学講座、2021年 8 月号。
http://www.kokusen.go.jp/wko/pdf/wko-202108_16.pdf（2021年10月14日アクセス）

が、このような取引には各国の金融規制監督当局が各国の法制度と規制で金融システムの安定を守るという従来の手法では対応ができない可能性もある。その意味で、今後の金融規制監督当局の国際協調の必要性が高まっている。

Key Word　プルーデンス政策、信用秩序の管理、預金者保護政策、事前的規制、事後的規制、自己資本比率規制、国内基準、コア資本、リスク資産、国際基準、バーゼルⅢ、普通株式等 Tier1、その他の Tier1、Tier2、資本保全バッファー、カウンターシクリカル・バッファー、早期是正措置、最後の貸し手、日銀特融、預金保険制度、資金援助方式、ペイオフ方式、ペイオフ解禁、マクロ・プルーデンス政策、ソルベンシー・マージン比率、保険契約者保護機構、分別管理、投資者保護基金、資金決済法、割賦販売法、貸金業法

14章まとめ――金融規制

❶日本の銀行規制は信用秩序の管理と預金者保護政策を柱とするプルーデンス政策で、金融機関に節度のある（prudent）行動を取ることを政府が要請し、銀行が市場で競争することで実現する経済状況をより良くすることを目指す。

❷プルーデンス政策には、銀行経営が悪化しないようにするための事前的規制と、銀行経営が悪化した後に取られる事後的規制がある。

❸事前的規制は、健全経営規制（自己資本比率規制と早期是正措置）、金融機関への検査・考査（立ち入り検査）が代表的である。

❹自己資本比率規制で言う自己資本比率とは、自己資本を分子、保有している資産の種類ごとのリスクの大きさに応じた掛け目をかけて加重平均した総資産額（リスク資産）を分母として算出される比率である。

❺2014年３月から適用されている国内基準では、コア資本をリスク資産で割った自己資本比率が４％以上必要とされている。

❻2013年３月期からバーゼルⅢによりすべての国際基準適用行に要求される自己資本比率の最低基準は８％である。損失吸収力の高い資本を備える趣旨から、Tier1比率６％以上、普通株式等 Tier1比率4.5％以上も課されている。これ以外にも、資本保全バッファー、カウンターシクリカル・バッファーが導入された。

❼事後的規制には、日本銀行の最後の貸し手機能（一時的な資金不足の金融機

関を支援）と預金保険制度（破綻金融機関の預金者1人当たり1,000万円までの預金の元本とその利息を払い戻す制度）がある。

❽保険会社への規制には、ソルベンシー・マージン比率規制と早期是正措置がある。保険会社が破綻した場合に備え、保険契約者保護機構がある。

❾証券会社への規制には、自己資本比率規制と早期是正措置、顧客保護のための分別管理制度、投資者保護基金制度がある。

❿金融サービス仲介業者に対しては、取り扱うサービスの制限のほか、利用者保護を図る規制が取られている。

⓫新しい支払手段を提供する業者に対しては、その提供するサービスの性質に応じた規制が行われている。プリペイドカードなどの前払式支払手段、資金移動業者は資金決済法の規制対象となる。クレジットカード会社の業務は、業務に応じて、割賦販売法、貸金業法の規制対象となる。

⓬暗号資産の現物取引を行う暗号資産交換業者は、資金決済法による規制を受ける。預かった暗号資産の分別管理や、ハッキングによる暗号資産流出リスクへの対応、広告・勧誘などの規制がある。

【参考文献】

内田浩史『金融』有斐閣、2章、2016年

小立敬『巨大銀行の破綻処理――ベイルアウトの終わり、ベイルインの始まり』金融財政事情研究会、5章、2021年

金融庁「バーゼル3（国際合意）の概要」
https://www.fsa.go.jp/policy/basel_ii/basel3.pdf（2021年3月16日アクセス）

金融庁「金融庁の1年」(2019事務年度版)、2020年
https://www.fsa.go.jp/common/paper/2019/zentai/h1.pdf（2021年3月16日アクセス）

国民生活センター「(特別調査）消費者トラブルからみる立替払い型の後払い決済サービスをめぐる課題」2020年1月23日
http://www.kokusen.go.jp/pdf/n-20200123_1.pdf（2021年10月1日アクセス）

五味廣文『金融動乱　金融庁長官の独白』日本経済新聞出版社、5～7章、2012年

坂勇一郎「知っておきたい資金決済法」国民生活センター『国民生活』誌上法学講座、2021年2月号～8月号
http://www.kokusen.go.jp/wko/data/bn-hhkouza.html（2021年10月14日アクセス）

島村髙嘉・中島真志『金融読本』（第31版）、東洋経済新報社、8～9章、12章、2020年
宿輪純一『決済インフラ入門　2025年版』東洋経済新報社、序章、1章、6章、2021年
高向巖『ある金融マンの回顧　拓銀破綻と営業譲渡』北海道新聞社、3章、2017年
西野智彦『ドキュメント　日銀漂流――試練と苦悩の四半世紀』岩波書店、1章、2020年
日本証券経済研究所「図説　日本の証券市場　2020年版」12章
https://www.jsri.or.jp/publish/market/market_31.html（2021年10月14日アクセス）
秀島弘高『バーゼル委員会の舞台裏――国際的な金融規制はいかに作られるか』金融財政事情研究会、2章、2021年
堀江康熙・有岡律子・森祐司『テキスト金融論』（第2版）新世社、第Ⅳ部、2021年
宮居雅宣『決済サービスとキャッシュレス社会の本質』金融財政事情研究会、1～3章、2020年
家森信善『金融論』（第2版）、中央経済社、9～10章、2021年

第4部

代表的な金融商品市場の現状と金融商品価格の理論

概　要

第４部では、代表的な金融商品市場の現状と金融商品価格の決まり方を、債券市場、株式市場、デリバティブ市場について説明する。債券市場と株式市場についてはまず、市場の特色を代表的な金融商品の例をあげながら説明し、債券と株式の価格に関する理論を第３章と第４章の内容を参照しながら説明する。デリバティブ市場に関しては、代表的な商品の説明に力点を置く。

第15章では、日本の債券市場の特色を説明する。債券の種類を説明した後、日本の債券市場の主力である国債を中心に、発行市場、流通市場、保有者、流通市場の実勢価格等について説明していく。

第16章では、債券価格がどのように決まるのかを理論的に説明する。まず、１年物割引債の価格は金利から決まることを説明し、金利が上がると１年物割引債の価格は下がる傾向にある、という関係を説明する。１年物国庫短期証券利回りは近年マイナスになっているので、その原因について説明する。その後、利付債券の価格と利回りの関係についても、複利最終利回りが上がると利付債券の価格が下がる傾向にあることを説明する。次に、割引債の複利最終利回りと等しいスポット・レートを説明し、現時点で投資家が予想する将来時点から将来時点まで（例えば、１年先から２年先まで）の金利であるフォワード・レートについて説明する。最後に、長期金利と短期金利の関係を説明する。

第17章では、日本の株式市場の特色を説明する。まず、新規株式公開について説明し、次に株式の発行市場・流通市場の特色、保有者について説明する。

第18章では、株価がどのように決まるのかを理論的に説明する。株価は、企業の将来の利益に対する請求権の値段である。したがって、企業の将来の利益から投資家が得ると予想される配当を現在価値に換算したものが株価になるだろう。第18章では、このような考え方に立って株価を説明する理論である配当割引モデルをまず説明し、次に株式投資収益率の指標である配当利回り、株価純資産倍率、株価収益率を紹介する。

第19章では、デリバティブについて説明する。デリバティブには、元になる金融商品（原資産と言う）について、原資産を将来売買することをあらかじめ約束する取引（先物取引）、将来の受取り利息と支払い利息を交換する取引（金利スワップ取引）、原資産を将来売買する権利をあらかじめ売買する取引（オプション取引）などがある。第19章では、こうした商品を購入すると、投資家にとってどんなメリットがあるのか、具体例を交えて説明する。

15章 日本の債券市場

本章では、日本の債券市場について説明する。

まず、債券を発行体、利払い方式、発行時点の種類別に説明した後、取り扱い金融機関、日本の債券発行市場と債券流通市場の特色、保有者、流通市場の実勢価格について説明していく。

特に、日本の債券市場では、石油危機後に国債の発行が本格化したことと、金融市場の自由化が進んだことを背景として国債の発行市場と流通市場が1990年代に急拡大したこと、2013年以後、国債保有者として日本銀行の存在が大きくなってきていることが説明される。

1．債　　券

債券とは、日本政府、地方自治体、大企業などが、多数の投資家を相手に、元本と利子の返済を約束した券を発行することによって資金調達するための借用証書のことである。

債券の種類は、発行体、利払い方式、発行時点に応じて分類できる。以下では順番にこれらの分類を説明する。

（1） 発行体による分類

債券を発行体により分類すると、国などが出す**公共債**、民間企業が出す**民間債（社債）**、外国政府機関や外国企業が出す**外国債**、に分類される。

公共債には、国が出す**国債**、地方政府が出す**地方債**（例えば、東京都の出している東京都債）、政府機関が出す政府関係機関債（例えば、第6章2節で説明した住宅金融支援機構が発行する貸付債権担保住宅金融支援機構債券）がある。社債には、一般の会社が出す**事業債**と、金融機関が出す**金融債**がある。

(2) 利払い方式による分類

債券を利払い方式により分類すると、利付債と割引債がある。

利付債には、発行される時に定められた一定の利子が払われる固定利付債と、時々の市場金利に連動して利子が変わる変動利付債がある。

割引債は、あらかじめ額面から利子相当額を差し引いた価格で発行され、満期になると額面金額で償還される。

例えば、日本国債の場合、半年に1回決まった額の利子が支払われる固定利付債には、満期が2年・5年・10年・20年・30年・40年の固定利付国債および3年・5年固定型個人向け国債がある。半年に1回支払われる利子が変動する変動利付債には、10年変動型個人向け国債、そのほかに元本が変動する満期が10年の物価連動国債がある。また、割引国債には、満期が6カ月・1年の割引短期国債がある。[1] このほか、国庫金の資金繰りのために行われる1年以下の国の借入金は政府短期証券と言われ、[2] 償還期間は2カ月程度・3カ月・6カ月・1年がある。2009年2月から割引短期国債と政府短期証券の発行は国庫短期証券という統一名称の下でなされている。

(3) 発行時点による分類

債券を発行時点により分類すると、新発債と既発債がある。

新発債は、新しく発行される債券で、購入した日から最終償還日までの利回りを**応募者利回り**と言う。

既発債は、すでに発行され、市場で取引されている債券で、価格は日々変化している。既発債を購入した日から満期償還まで保有した利回りは、**最終利回り**と言う。

---

1) 国債の種類の説明は、以下の財務省ウェブサイトを参照。
http://www.mof.go.jp/faq/jgbs/04ab.htm（2021年8月1日アクセス）

2) 割引短期国債は他の年限の国債と同様に歳出需要を賄うため発行されるが、政府短期証券は国庫金の短期資金繰り・特別会計の一時的資金不足の補塡のために発行される。割引短期国債と政府短期証券の財政制度上の違いは、財務省［2021］、p.93を参照。

なお、第4章2節で説明したように、利回りとは、債券からの収益の購入価格に対する割合を年単位で計算したもの（パーセント表示）で、収益の中には利子収入の他に償還時に支払われる額面と購入価格の差額も含まれる。

2．債券の取り扱い金融機関

債券の取り扱い金融機関は以下のとおりである。公共債は、証券会社、銀行、郵便局（国債に限る）、保険会社などで買うことができる。社債、外国債は証券会社で買うことができる。ただし、証券は金融機関が預かることになっているほか、2003年1月に国債ペーパーレス化がなされており、国債の紙の証券は存在しない。国債ペーパーレス化以後、購入・売却といった国債の取引は、券面を移転するのではなく、各保有者が金融機関に開設した口座（振替口座）への記録によって行われることが法律上明確にされた。

例えば、国債を購入した場合には、券面を受け取る代わりに、口座において購入した国債の残高が増える。売却した場合には、券面を引き渡す代わりに、口座において売却した国債の残高が減る（減額の記録がなされる）。国債の保有者が取引をした場合は、金融機関が発行する取引残高報告書等で保有額の残高などを確認することができる。

国債ペーパーレス化により、券面の紛失や偽造といった事態がなくなるほか、国債取引の迅速化や効率化に資する、取引関係が明確化されるといったメリットがある。例えば、せっかく保有している国債の利子や元本の受取りをうっかり忘れてしまうこともないというメリットがあげられる。[3]

売買手数料について見ると、新発債を購入して償還まで保有する場合の売買手数料は不要である。

既発債の取引は、投資家と証券会社が相対《あいたい》取引を行う店頭取引が中心であるため、購入する場合、また中途売却する場合のいずれにおいても価格には売買手数料が上乗せされる。金融商品取引所に上場されている債券を売買する場合は、取引価格のほか、取引所取引を行うための売買委託手数料がかかる。

3）　国債ペーパーレス化に関しては、以下の財務省ウェブサイトを参照。
http://www.mof.go.jp/faq/jgbs/04bg.htm（2021年10月5日アクセス）

最後に、税金について見ると、利子には20.315%（所得税及び復興特別所得税15.315%＋地方税５%）の税金が源泉徴収される。償還差益は雑所得で総合課税される。

3．債券発行市場

図表15-1は、日本証券業協会が発表している統計により、日本の**債券発行市場**の規模について年度中の発行額で示している。

図表15-1の４列目を見ると、国債の債券発行額に占める比率は1970年度には１%であったものが、1980年度には42%、1990年度にはいったん37%に低下したものの、1998年度には67%に達し、2001年度以後は80%近辺で推移しており、普通社債、地方債に比べて圧倒的に国債発行額が多いことがわかる。

なぜ1970年代になるまで国債がほとんど発行されなかったのだろうか？ それは、1947年財政法の規定があったためである。第二次大戦中に軍事費を赤字国債の日本銀行引き受けで賄った結果、第二次大戦後の激しい物価上昇を招いた。その教訓から同法では、第四条で建設国債の原則、第五条で日本銀行の国債引き受け原則禁止が定められた。

建設国債の原則とは、国債発行にあたっては公共事業費、出資金および貸付金の財源を調達するため、という発行目的を制限する原則である。財政法第四条第１項但書により国債発行が認められる。[4)]

赤字国債とは、建設国債を発行してもなお歳入が不足すると見込まれる場合に、公共事業費等以外の支出に充てる財源を調達することを目的として、特別の法律に基づき発行される国債のことである。赤字国債は1966年から不況対策

4）財政法第四条とは、以下のような法律である。

1．国の歳出は、公債又は借入金以外の歳入を以て、その財源としなければならない。但し、公共事業費、出資金及び貸付金の財源については、国会の議決を経た金額の範囲内で、公債を発行し又は借入金をなすことができる。

2．前項但書の規定により公債を発行し又は借入金をなす場合においては、その償還の計画を国会に提出しなければならない。

3．第一項に規定する公共事業費の範囲については、毎会計年度、国会の議決を経なければならない。

の一環として発行されるようになった。

日本銀行の**国債引き受け**とは、市場を通さず、日本銀行が国から国債を直接購入することを言う。国債引き受けにより財政支出を行う場合、まず政府は国債を日本銀行に引き受けさせ、その代金を**政府預金**（日本銀行にある政府の当座預金のこと）にて受け取る。政府は、この政府預金をもとに、商品の買入れや、減税をすることができる。例えば、商品を買い入れる先の業者の銀行口座に資金を振り込むには、政府預金からその業者の取引先銀行が持つ日本銀行当座預金に入金し、業者の預金口座へ取引先銀行が同額の新規資金を入金すればよい。個人へ減税する場合も同様である。

民間銀行が自発的に新規発行される国債へ投資をする場合は、国債投資のための資金は民間銀行の保有する日本銀行当座預金によって賄われる。国債投資が行われると、民間銀行の資産側では日本銀行当座預金は減少し、国債が同額増加する。政府がその国債で調達した資金を後日民間部門に銀行振込によって支払うと、民間銀行の日本銀行当座預金と民間銀行の預金が同額増える。よって、民間銀行全体として見ると資産側では国債が増加、負債側では預金が増加し、日本銀行当座預金は国債投資前の金額に戻る。

これに対して、日本銀行の国債引き受けによって国債が発行される場合は、日本銀行の負債である政府預金の増加と日本銀行の資産である国債の増加を伴う。その後、政府が国債で調達した資金を民間部門に銀行振込によって支払う時は、政府の支出額相当の政府預金が減少し、同じだけの金額が民間銀行の保有する日本銀行当座預金に振り込まれ、同額の預金が民間銀行に発生する。つまり民間銀行全体として見ると日本銀行当座預金残高は、民間銀行の貸出行動（含む国債への投資）とは無関係に増加すると同時に、企業や家計の活動とは無関係に政府の支出対象となった企業と家計の保有する民間銀行の預金残高が増加する。その結果、民間部門の購買力は拡大するから、物価には上昇圧力が加わるだろう。日本銀行がこのような国の資金散布に対してこれを相殺するような取引を行わない、あるいは行えないような状況下で、日本銀行に引き受けさせた国債を政府が将来の租税で返済する見込みがないにもかかわらず、購買力だけが拡大すると、激しい物価上昇が起こる可能性がある。このような激しい物価上昇は、第一次大戦後のドイツや、第二次大戦後の日本で実際に発生し

（単位：兆円）

	発行額計	うち国債	（国債比率、%）	うち普通社債	うち地方債	その他合計
1960年度	1.0	0.1	7.6%	0.2	0.1	0.6
1970年度	58.7	0.7	1.2%	0.6	0.3	57.0
1980年度	36.6	15.2	41.6%	1.1	2.4	17.9
1990年度	105.7	39.0	36.9%	2.9	2.1	61.6
1998年度	142.5	95.8	67.3%	10.5	1.8	34.4
1999年度	141.3	99.8	70.6%	7.8	2.1	31.7
2000年度	148.4	105.4	71.0%	7.6	2.3	33.1
2001年度	181.5	144.5	79.6%	8.2	2.2	26.6
2002年度	181.1	147.3	81.3%	7.3	2.8	23.7
2003年度	196.0	157.8	80.5%	7.0	4.6	26.6
2004年度	223.8	185.1	82.7%	5.9	5.7	27.1
2005年度	221.0	180.7	81.8%	6.9	6.2	27.2
2006年度	204.0	170.4	83.5%	6.8	5.9	20.9
2007年度	173.0	136.5	78.9%	9.4	5.7	21.4
2008年度	156.9	123.9	79.0%	9.6	6.3	17.0
2009年度	188.8	156.0	82.6%	10.3	7.4	15.1
2010年度	193.0	160.4	83.1%	9.9	7.5	15.2
2011年度	197.0	167.3	84.9%	8.3	6.7	14.7
2012年度	204.1	175.0	85.7%	8.2	6.6	14.4
2013年度	210.0	180.2	85.8%	8.1	7.1	14.7
2014年度	204.6	176.1	86.0%	8.7	6.9	12.9
2015年度	199.4	173.7	87.1%	6.9	6.8	12.0
2016年度	197.1	168.0	85.2%	11.4	6.2	11.5
2017年度	183.3	155.9	85.0%	10.1	6.1	11.3
2018年度	177.7	148.7	83.7%	10.5	6.3	12.2
2019年度	174.0	143.0	82.2%	15.8	6.5	8.8
2020年度	253.1	221.4	87.5%	15.6	7.0	9.1

図表 15-1　日本の債券発行額：1960年度～2020年度（年度中）

（出所）日本証券業協会「公社債発行額・償還額等」
https://www.jsda.or.jp/shiryoshitsu/toukei/hakkou/hakkougakushoukanngaku.xls（2021年 8 月26日アクセス）

（注）1998年度以後のその他合計は、公募公共債（政府保証債、財投機関債等の合計）、公募民間債（資産担保型社債、転換社債型新株予約権付社債の合計）、金融債、非居住者債、私募特別債、私募社債の合計（縁故地方債は含まない）である。1990年度のその他合計は、外国債、政府保証債、金融債、公社・公団・公庫債、資産担保型社債、転換社債型新株予約権付社債、新株予約権付社債、円建外債、事業債の合計である。1960年度、1970年度、1980年度のその他合計は、外貨債、公社・公団・公庫債、金融債、転換社債の合計である。

た。こうした危険を回避するために、世界的に中央銀行の国債引き受けは禁止されており、財政法第五条の規定もこれに倣ったものである。[5)]

前述のとおり、日本で国債が大量発行されるようになるのは1970年代の石油ショック以後であるが、大量発行に伴ってそれ以前には行われていた、民間金融機関に国債を強制的に割り当てて発行することは困難になった。そこで1987年から国債発行の際には、市中の金融機関から資金を競争入札で募るようになった。例えば、2021年度に発行される236兆円の国債のうち、221兆円は民間部門に対して売却される予定である。国債入札の結果は、財務省のウェブサイトで公表されている。[6)]

日本銀行も、保有する国債のうち満期が来たものに限って市場を通さずに財務省から国債を購入している（これを乗換え引き受けと言う）が、その金額は2021年度では2.2兆円程度の予定である。乗換え引き受けは新たな現金を市中に供給するわけではなく、通貨の膨張につながらないので、財政法第五条の但書きが認めた特別の事由にあたると解釈されている。[7)]

図表 15-1 の国債発行額を見ると、新型コロナウイルス感染症対策で空前の大規模予算が組まれた2020年度の国債発行額は221兆円にのぼる。この221兆円のうち、国の予算である一般会計の財源になる赤字国債が90兆円、建設国債が23兆円、過去の債務の借り換えを行う借換債が109兆円程度で、残りは復興債、[8)] 財投機関債[9)] などである。

5）財政法第五条とは以下のような法律である。

　すべて、公債の発行については、日本銀行にこれを引き受けさせ、又、借入金の借入については、日本銀行からこれを借り入れてはならない。但し、特別の事由がある場合において、国会の議決を経た金額の範囲内では、この限りでない。

6）国債入札の結果は、財務省の以下のウェブサイトを参照。
https://www.mof.go.jp/jgbs/auction/index.html（2021年８月２日アクセス）

7）財政法第五条の但書にある「特別の事由」は、過去の国会答弁では「通貨膨張につながらない場合」と解され、乗換引き受けに限る（例外は昭和23年度予算だけ）、とするのが本稿執筆時点の一般的な理解である。

8）「東日本大震災からの復興のための施策を実施するために必要な財源の確保に関する特別措置法」に基づき、2011年度から2025年度までに実施する東日本大震災からの復旧・復興事業に必要な財源を確保するために、各年度の予算をもって国会の議決を経た金額の範囲内で発行される国債のこと。

9）財投機関（財政投融資を活用している機関）が民間の金融市場において個別に発行する債券のうち、政府が元本や利子の支払いを保証していない公募債券のこと。例えば、日本学生支援機構が貸与型奨学金の資金に充てるため発行する日本学生支援債券がある。

図表15-1のもう一つの特徴は、普通社債の発行額が1990年代までは非常に少ないことである。これは、普通社債の発行に関して1996年まで厳しい財務健全性に関する発行基準が存在していたためである（1980年代までは有担保原則、1993年までは発行限度の上限、1996年までは適債基準という基準があった）。

1996年に適債基準が廃止され、株式会社は原則無担保で普通社債発行が可能となったため、格付の利用が広がった。[10)]普通社債は、満期３、５、10年などの長期の固定利付債券であることが多く、クーポンは格付によって異なる。

普通社債の発行に際しては格付を取る必要があることや、書類作成や発行に手数料がかかることもあり、一定以上の信用度がある安全な企業（例えば電力会社）でなければ公募発行はできない。

図表15-1のその他合計の多くは金融債である。金融債は、長期信用銀行３行、外国為替特別銀行（東京銀行、現三菱UFJ銀行）、農林中央金庫、商工組合中央金庫、全国信用金庫連合会（現信金中金）の７機関が発行していたが、金融再編・金融自由化による長期信用銀行消滅、金融機関の普通社債発行許可といった制度改変により発行額が減少し、2021年８月現在、信金中金だけが発行している。[11)]

ところで、図表15-1で示したデータは、市場に残存している債券残高とは一致しない。なぜなら、過去に発行された債券のうち一部は、満期が来て償還されるからである。**償還**とは、期日に利子と債券の額面が投資家に返済されることを指す。償還された金額だけ債券の発行残高は減少することになるので、毎年の発行額の合計から償還額を差し引き、年度末の市場残存高を見たのが図

10）格付の利用に関しては適債基準廃止前から制度が整備されており、1987年に適債基準の財務制限条項に格付基準が導入され、日本の３社と米国系の３社が適格格付機関として指定されていた（日本格付研究所、日本公社債研究所、日本インベスターズサービス〈後に日本公社債研究所と合併して格付投資情報センター〉、ムーディーズ・ジャパン、S&Pグローバル・レーティング・ジャパン、フィッチ・レーティングス・ジャパン）。

11）金融債の発行に関しては、信金中金ウェブサイトを参照
https://www.shinkin-central-bank.jp/about/profile/information.html（2021年８月１日アクセス）

（単位：兆円）

	残高計	うち国債	（国債比率、%）	うち普通社債	うち地方債	その他合計
1960年度	2.8	0.4	16.1%	0.7	0.2	1.4
1970年度	20.3	3.6	17.7%	2.9	1.5	12.2
1980年度	150.2	71.9	47.9%	9.0	16.8	52.6
1990年度	372.6	166.3	44.6%	11.9	19.2	175.1
1998年度	504.8	295.2	58.5%	42.3	13.5	153.7
1999年度	542.5	331.7	61.1%	46.7	14.8	149.3
2000年度	577.5	367.6	63.6%	50.1	16.5	143.4
2001年度	642.0	436.2	67.9%	52.5	18.1	135.2
2002年度	697.7	496.7	71.2%	53.1	19.8	128.1
2003年度	749.6	548.8	73.2%	53.5	23.1	124.2
2004年度	825.2	620.6	75.2%	52.0	27.2	125.5
2005年度	875.0	666.3	76.1%	51.9	31.0	125.8
2006年度	877.3	670.6	76.4%	51.9	34.5	120.4
2007年度	889.7	681.2	76.6%	54.4	37.5	116.6
2008年度	864.4	676.9	78.3%	56.1	40.8	90.6
2009年度	911.4	716.2	78.6%	59.6	44.6	91.0
2010年度	956.3	754.5	78.9%	62.1	48.4	91.2
2011年度	985.9	780.8	79.2%	62.1	51.8	91.2
2012年度	1,019.3	814.3	79.9%	60.3	54.8	89.9
2013年度	1,055.9	848.1	80.3%	59.8	56.9	91.2
2014年度	1,081.2	873.0	80.7%	59.2	58.1	90.9
2015年度	1,107.3	901.5	81.4%	57.2	58.9	89.8
2016年度	1,132.3	926.8	81.8%	59.6	59.6	86.4
2017年度	1,153.6	947.6	82.1%	59.7	60.4	85.8
2018年度	1,174.8	966.1	82.2%	62.2	61.2	85.3
2019年度	1,191.5	977.6	82.0%	70.0	61.5	82.4
2020年度	1,284.8	1,065.2	82.9%	76.4	62.3	81.0

図表 15-2　日本の債券残存高：1960年度～2020年度（年度末）

（出所）　日本証券業協会「公社債発行額・償還額等」
https://www.jsda.or.jp/shiryoshitsu/toukei/hakkou/hakkougakushoukanngaku.xls（2021年 8 月26日アクセス）

（注）　1998年度以後のその他合計は、公募公共債（政府保証債、財投機関債等の合計）、公募民間債（資産担保型社債、転換社債型新株予約権付社債の合計）、金融債、非居住者債、私募特別債、私募社債の合計（縁故地方債は含まない）である。1990年度のその他合計は、外国債、政府保証債、金融債、公社・公団・公庫債、資産担保型社債、転換社債型新株予約権付社債、新株予約権付社債、円建外債、事業債の合計である。1960年度、1970年度、1980年度のその他合計は、外貨債、公社・公団・公庫債、金融債、転換社債の合計である。

表 15-2 である。

図表 15-2 の 4 列目からは、残存高に占める国債の比率が最近時点では80%に達していることがわかる。例えば2020年度の場合、全体で1,285兆円の債券

残存高のうち、国債が1,065兆円で83%を占めるのに対して、普通社債が76兆円、地方債が62兆円である。これほど大量にある国債を誰が保有しているのだろうか？

資金循環統計の2021年3月末速報によれば、国債等（国庫短期証券、国債、財投債の合計）1,218兆円のうち、日本銀行が45%、保険・年金基金が21%、預金取扱機関が15%、海外が13%、公的年金が3%、家計が1%をそれぞれ保有している。[12] 日本銀行の国債等保有残高は2013年3月末には全体の13%であったが、その後の金融緩和政策が持続する中で2017年6月末には40%を超えている。一方、預金取扱機関の国債等保有残高は2013年3月末には全体の36%であったが、2017年6月末には21%まで低下している。これらの変化は日本銀行の金融政策の影響が大きく、その詳細は第26章2～3節で説明する。

4．債券流通市場

(1)　日本の債券流通市場

日本の**債券流通市場**のほとんどは店頭市場である。**店頭市場**とは、取引をしたい人同士がお互いに連絡を取り合って、売買の内容を決める相対《あいたい》取引がなされる市場のことを言う。[13]

図表15-3は債券流通市場の取引高を示している。店頭取引では、1980年代半ば以後、圧倒的に国債の比率が高くなっていることがわかる。この変化には、1970年代に入り国債発行額が増えると、購入した国債を転売できるようにしてほしい、との要求が金融機関から高まり、1977年度から1987年度にかけて国債の売却制限がなくなっていったことが影響している。その結果、図表

12)　詳細は、「資金循環統計」参考図表6-2（2021年第1四半期速報、2021年6月25日）を参照。
http://www.boj.or.jp/statistics/sj/sjexp.pdf（2021年8月1日アクセス）

13)　債券流通市場のうち、債券先物取引（ある将来の特定された日に、特定の債券を事前に決めた価格で取引することを約束する契約のこと、詳細は第19章1節を参照）だけは取引所取引が行われている。取引所取引とは、売り手と買い手がある特定の場所に集まって売値と買値を申告し、買値が高い順に買い、売値が安い順に売る、といったルールに従って行うような取引のことである。

（単位：兆円）

年中	合計	うち国債	（国債比率、%）	うち普通社債	うち地方債	その他合計
1975	50.9	1.1	2.2%	9.4	10.5	29.9
1980	272.5	158.7	58.2%	6.3	30.5	77.0
1985	2,164.6	2,069.5	95.6%	5.2	21.3	68.6
1990	3,360.4	3,231.6	96.2%	8.4	8.3	112.1
1995	4,012.7	3,898.0	97.1%	15.6	10.9	88.2
1999	3,836.7	3,734.2	97.3%	20.7	6.8	75.1
2000	4,061.2	3,898.1	96.0%	38.6	10.9	113.6
2001	4,058.1	3,863.4	95.2%	50.7	13.2	130.7
2002	3,666.0	3,429.8	93.6%	64.2	20.4	151.6
2003	5,110.3	4,836.2	94.6%	80.6	41.6	151.9
2004	6,481.5	6,178.6	95.3%	85.1	44.1	173.6
2005	6,758.2	6,428.1	95.1%	80.5	57.0	192.7
2006	9,153.0	8,881.7	97.0%	67.6	47.2	156.5
2007	12,096.7	11,890.1	98.3%	49.0	44.8	112.8
2008	11,288.1	11,118.4	98.5%	53.8	32.0	83.9
2009	8,563.3	8,458.1	98.8%	33.1	16.2	55.9
2010	7,553.2	7,452.5	98.7%	32.4	15.3	53.1
2011	7,964.5	7,860.3	98.7%	38.8	15.9	49.5
2012	8,844.3	8,739.0	98.8%	38.3	14.5	52.6
2013	9,058.0	8,968.6	99.0%	33.4	13.1	42.9
2014	10,182.3	10,075.4	99.0%	33.2	13.9	59.8
2015	10,536.4	10,393.5	98.6%	20.7	49.2	73.0
2016	9,373.2	9,291.1	99.1%	16.4	24.2	41.4
2017	9,716.7	9,624.0	99.0%	20.6	26.9	45.3
2018	14,063.3	13,986.3	99.5%	17.1	27.3	32.5
2019	18,909.9	18,826.2	99.6%	19.8	24.7	39.2
2020	21,265.0	21,208.6	99.7%	25.2	12.9	18.3

図表 15-3　東京店頭市場の債券売買高：1975年中〜2020年中（年中）

（出所）　日本証券業協会「公社債店頭売買高」
https://www.jsda.or.jp/shiryoshitsu/toukei/tentoubaibai/index.html（2021年８月26日アクセス）
（注）　その他合計は、政府保証債、財投機関債等、交通債、放送債、金融債、円貨建外国債、特定社債、新株予約権付社債、非公募債の合計である。

15-3の３列目にあるように、国債の店頭取引は1975年には１兆円だったが、1980年には159兆円、1985年には2,070兆円へと増加し、それ以後は店頭取引の９割以上を占めるようになっている。国債売買高は2004年以後飛躍的に拡大し、2007年〜08年には１京円台にのせるが、2008年９月のリーマン・ショック後に縮小し、2011年から再び上昇して2014年に再度１京円台にのせた。2020年には新型コロナウイルス感染症対策の支出を賄うための国債の大規模発行もあり、国債売買高は２京円台になっている。

（２） 債券流通市場の実勢価格

債券流通市場の主体は店頭取引市場である。そこでは既発公社債の取引が相対《あいたい》でなされており、売買の内容は第三者にはわからない。しかし、店頭取引市場における**市場実勢売買価格**を広く投資者に知らせることは、公社債の公平でかつ公正な価格形成を図るうえでも、また、投資者保護の見地からも重要だと思われる。そこで、取引を行っている主要な関係者の情報を集めて、個別の会社の取引情報が特定されないような形で、何とか市場実勢価格を開示する方法がないかが検討された。こうした検討を経て、日本証券業協会は、公社債店頭売買参考統計値発表制度として、2021年８月時点で13の証券会社から集めた午後３時ごろの額面５億円程度の公社債取引の売り気配（売却希望価格）と買い気配（購入希望価格）データを加工して公開している。[14]

さらに、債券店頭取引の主力である国債に関しては、日本相互証券株式会社が国債全銘柄の価格を毎営業日午後４時に情報ベンダーから配信している。[15] 公表されている国債の価格は、BB 国債価格（引値）と言われており、日本相互証券株式会社が取引情報をもとに算出する当日午後３時時点の国債価格であり、同社の業者間取引における売買の基準価格である。BB 国債価格（引値）のうち毎月最終営業日時点における年限ごとのデータは日本相互証券株式会社のウェブサイトに掲載されている。これ以外に、日本相互証券株式会社のウェブサイトからは、主要年限の新発国債の利回り（終値）も公表されている。[16]

（３） 国債取引の決済

銀行、証券会社等を介して行われた国債の売買に伴う証券の受け渡し（決

14）詳細は日本証券業協会ウェブサイトを参照。
https://market.jsda.or.jp/shijyo/saiken/baibai/kehai2/seido.html（2021年８月１日アクセス）

15）詳細は日本相互証券ウェブサイトを参照。
https://www.bb.jbts.co.jp/ja/index.html（2021年８月１日アクセス）

済）は、日本銀行に設けられた国債の振替口座上の振替でなされる。実際には、日銀ネット国債系（日本銀行当座預金を管理する日銀ネットとは別）を通じて決済が行われる。この制度を**国債振替決済制度**と言い、同制度は1980年に創設され、1990年５月からオンライン処理されるようになり、1994年には国債と資金の同時受け渡しを開始し、2001年には即時グロス決済化（資金と国債の決済を１日に一度まとめて差額決済するのではなく、取引１本１本ごとに決済していくこと）を実現した。2015年に日銀ネット国債系システムは刷新され、2016年には稼働時間が21時まで延長された。

このほか、**日本証券クリアリング機構**（JSCC：Japan Securities Clearing Corporation）が、国債の店頭取引の清算業務を行っている。国債の店頭取引は巨額なので、売り手と買い手が直接個別に決済をしていると、万一決済不履行が起こった時の連鎖的な不履行の危険が大きい。そこで、国債店頭取引を行った売り手と買い手の国債と代金の交換取引は、売り手と買い手が直接それを実施するのではなく、売り手と買い手の間にJSCCが**清算機関**として入る二つの取引に分解される。JSCCは、売買の一方の当事者の（国債の引き渡しか、資金支払い）債務を引き受けると同時に、それに相当する債権（国債の受取りか、資金の受取り）を取得し、もともとの売買の相手方に代わりJSCCが決済における一方の当事者として参加者との間で授受を行う主体となり、決済履行を保証する。JSCCは、複数の市場参加者の相手方として決済を行うことから、**セントラル・カウンターパーティ**（CCP）と言われる。JSCCと売り手・買い手との間の国債決済は、日本銀行当座預金と国債振替口座を利用して債券と資金の授受を同時に行い、資金を払ったのに債券が受け取れないといった事態が起きないように安全を確保している。

16）日本相互証券株式会社のウェブサイトに掲載されている情報のうち、BB国債価格（引値）毎月最終営業日時点年限ごとのデータは以下を参照。
https://www.bb.jbts.co.jp/ja/marketinfo/bb_hikene.html
主要年限の新発国債の利回り（終値）は以下参照。
https://www.bb.jbts.co.jp/ja/historical/marketdata01.html
https://www.bb.jbts.co.jp/ja/historical/main_rate.html
（すべて2021年10月５日アクセス）

Key Word　公共債、民間債、社債、外国債、国債、地方債、事業債、金融債、利付債、割引債、新発債、応募者利回り、既発債、最終利回り、債券発行市場、建設国債の原則、赤字国債、国債引き受け、政府預金、償還、債券流通市場、店頭市場、市場実勢売買価格、国債振替決済制度、日本証券クリアリング機構、清算機関、セントラル・カウンターパーティ

15章まとめ――日本の債券市場

❶債券は、発行体に応じて、公共債、民間債（社債）、外国債に分けられる。
❷利払い方式に応じて、割引債、固定利付債、変動利付債がある。
❸発行時点に応じて、新発債と既発債がある。
❹債券発行市場で一番規模が大きいのは国債で、次が社債である。
❺債券流通市場は、ほとんどが相対《あいたい》で行われる店頭取引であり、国債取引の比率が高い。
❻2021年3月末時点における日本国債等の保有者内訳を見ると、45%を日本銀行が、15%を預金取扱機関が保有している。

【参考文献】

大村敬一・俊野雅司『証券論』有斐閣、6～7章、2014年
財務省「債務管理リポート2021――国の債務管理と公的債務の現状」
https://www.mof.go.jp/jgbs/publication/debt_management_report/2021/saimu2021.pdf
東短リサーチ株式会社編『東京マネー・マーケット』（第8版）、有斐閣、3章、2019年

16章 債券価格の理論

本章では、債券価格がどのように決まるのかについて説明する。

まず具体例として、１年物割引債の価格は利回りから決まること、利回りが上がると１年物割引債の価格は下がる傾向にあることを説明する。

次に、１年以上の満期がある債券の複利最終利回りの計算方法について、割引債と利付債を例に説明する。割引債の複利最終利回りは別名スポット・レートと言われる。さらに、利回りが１％変化すると利付債券価格が何％変化するか、という関係については、修正デュレーションという指標で計算できることを説明する。

第三に、現時点で投資家が予想する将来時点から将来時点まで（例えば、１年先から２年先まで）の金利であるフォワード・レートを説明する。

最後に、金利の期間構造の理論を説明する。期間構造の理論とは、長期金利と短期金利の関係が債券の残存期間に応じてどのように変化するかを説明する理論である。期間構造の理論のうち、期待理論によれば、債券利払いが滞ることはなく、取引費用もなく、投資家が将来の金利を予想して裁定取引を行う場合には、長期金利はその残存期間中に短期金利で運用を継続した場合の平均予想利子率と同じになる、との結果を得る。期待理論の結果を応用すると、将来の短期金利の予想値が上昇すれば、現在の長期金利も上昇することがわかる。

１．割引債券価格と割引債券利回りの関係

日本の割引債券の例として、１年物国庫短期証券（国庫短期証券は、割引短期国債と政府短期証券の統一名称）を取り上げる。[1] １年物国庫短期証券の価

格データのうち、新規発行された国庫短期証券の価格競争入札の結果決まった価格と利回りに関しては財務省のウェブサイト、主要新発債の流通利回りに関しては第15章4節(2)で説明した日本相互証券のウェブサイトで見ることができる。[2)]

日本相互証券のウェブサイト「BB国債価格（引値）」の2021年6月30日のデータを見ると、2021年6月21日に発行された1年物国庫短期証券（第1,002回）の流通市場での利回りと価格は、単利利回りが−0.117%、単価が100.114と表示されている。[3)]

日本の1年物国庫短期証券の利払い方式は、償還価格を100円とした割引債券方式で発行されているので、100.114円でこの1年物国庫短期証券を購入した投資家には、1年物国庫短期証券が満期となり償還される2022年6月20日に100円が支払われる。ここで示されている単利利回り（−0.117%）と単価（100.114）にはどんな関係があるのだろうか？　以下では、第3章〜第4章の結果を復習しながら、国庫短期証券の価格と、利回りの関係を検討する。なお、利回りとは、債券から得られる収益の購入価格に対する割合を1年単位で計算したもの（%表示）である。

第4章1節(3)では、市場での購入価格がP円で、1年後に額面$P1$円が返済される国庫短期証券の1年間の収益率は、$\left(\dfrac{P1}{P}-1\right)$だと定義した。日本では、1年以下の債券の金利は単利（第3章を参照）で扱うので、収益率をr_{sd}（単利）とすると、収益率の定義により以下の関係が成り立つ。

---

1)　国庫短期証券市場の解説は、東短リサーチ株式会社［2019］第3章を参照。

2)　財務省の入札情報のデータは以下のとおり。
「国債等関係諸資料」
https://www.mof.go.jp/jgbs/reference/appendix/index.htm
「国庫短期証券の入札結果」
https://www.mof.go.jp/jgbs/reference/appendix/fb_historical_data.xls
（ともに2021年8月1日アクセス）

3)　データ出所は日本相互証券「BB国債価格（引値）」
https://www.bb.jbts.co.jp/ja/historical/bb_hikene.html（2021年8月1日アクセス）

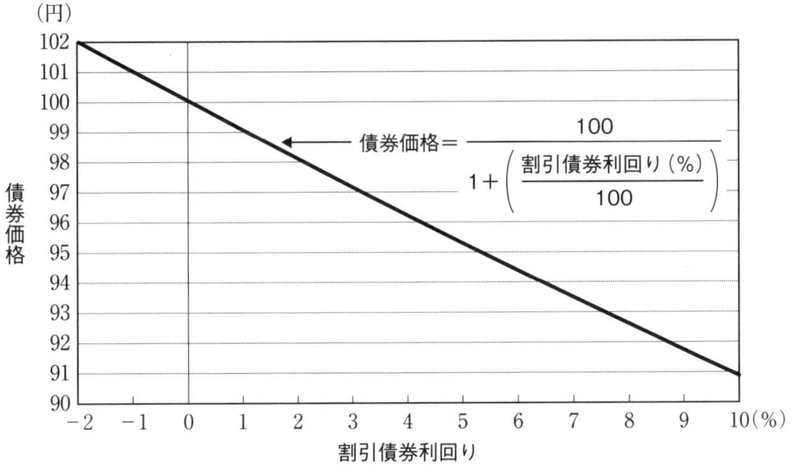

図表 16-1　割引債券価格と割引債券利回りの関係
（出所）　筆者作成

$$r_{sd}=\frac{P1}{P}-1$$

ここで、額面 $P1$ が100円なら、$r_{sd}=\frac{100}{P}-1$ である。この関係を P について解くと、以下の関係式を得る。

$$P=\frac{100}{1+r_{sd}}$$

なお、上記の関係式は、第 4 章 2 節(2)で説明した割引現在価値による債券価格の導出事例で収益率を r_{sd} に変更しても得られる。

図表 16-1 は、上記の割引債券価格と割引債券収益率 r_{sd}（この場合は 1 年間の収益率なので、%表示すると利回りと等しい）の関係は、右下がりの曲線になることを数値例で示したものである。

図表 16-1 から、「割引債券価格 P は利回りから決まる」ことと、「利回りが上がると、割引債券価格 P は下がる」という関係が導かれる。また、図表 16-1 からは、「利回りがマイナスの時は、割引債券価格 P は額面の100を上回る」こともわかる。

さて、先ほどの 1 年物国庫短期証券（第1,002回）市場データでは、額面100

円当たり価格 P が100.114円、1年後の償還額 $P1$ は額面の100円である。この数字を右辺にあてはめて単利 r_{sd} を求め、日本相互証券のウェブサイトに公表されている単利利回りである−0.117%に一致するかどうか確認しよう。ただし、2021年6月30日の時点で1年物国庫短期証券（第1,002回）は、発行日から10日経過しているので残存日数は365日−10日＝355日しかない。収益率は1年単位で計算するので、収益率の公式から得られた355日間の収益率を（365/355）倍して年間の収益率に換算し、さらに%表示にするため100倍する必要がある。先の公式にあてはめると、以下の結果を得る。

$$100\times r_{sd}=100\times\left(\frac{P1}{P}-1\right)\times\frac{365}{355}=-0.117078$$

ここで、小数点第4位を切り捨てると日本相互証券のウェブサイトに掲載されている単利利回り−0.117%と一致する。

このような手計算は面倒なので、表計算ソフトウエア Excel の組み込み関数である INTRATE 関数を用いても同じ計算ができる。INTRATE 関数は、ヘルプ画面によると「全額投資された証券の利率を返します」とある。INTRATE 関数を使うには以下の数値を指定する必要がある。

INTRATE(受渡日, 満期日, 投資額, 償還価額, [基準])

ただし、

受渡日は発行日以降に証券が買い手に引き渡される日付、

満期日は証券の満期日、

投資額は証券への投資額、

償還価額は満期日における証券の償還額、

［基準］は計算に使用する基準日数を示す数値（365日日割りなら3）である。ここでは、受渡日を2021年6月30日、満期日を2022年6月20日、投資額を100.114、償還価額を100、［基準］を年365日で日割り計算なので3と指定する。さらに、%表示にするために結果を100倍すると以下の結果を得る。

100×INTRATE(2021/6/30, 2022/6/20, 100.114, 100, 3)＝−0.117078

すなわち、先の手計算と同様に−0.117%（小数点第4位を切り捨て）という答えを得る。

ここまで読み進まれた読者は、流通市場での利回りがマイナスの割引債券が存在することに驚かれたのではないだろうか？　先ほどの1年物国庫短期証券（第1,002回）のデータは、この債券を100.114円で買って1年後に100円を得ること、つまり、0.114円損をすることに満足したであろう国債取引業者がいたことを意味している。いったい何の目的でこのような損の出る取引がなされるのだろうか？

図表16-2は、第10章1節で説明した無担保コールレート・オーバーナイト物と、1年物国庫短期証券の流通市場での営業日ごとの利回りを2013年8月から2021年7月まで示している。

無担保コールレート・オーバーナイト物については、2016年2月からマイナスである。これは、第26章2節で説明するが、日本銀行が2016年2月16日から金融機関が保有する日本銀行当座預金の一部に－0.1％のマイナス金利を適用することを2016年1月29日に決定したことの影響である。ある金融機関が余剰資金を日本銀行当座預金に預けておくと－0.1％のマイナス金利を得る、つまり0.1％の金利を日本銀行に支払わないといけないとする。その金融機関は、－0.1％より小幅なマイナス金利であれば相対的に損が少ないコール市場での資金供給に応じるだろう。一方、日本銀行当座預金のうち、一定金額まではゼロないし0.1％の金利で預けられるので、ゼロないし0.1％の日本銀行当座預金残高の枠が余っている金融機関はコール市場からマイナス金利で調達した資金を日本銀行当座預金に預ければ利益が得られる。この二つの金融機関のコール市場での取引が成り立つと、コール市場ではマイナスだが、－0.1％よりも高い金利が観察されることになる。

一方、1年物国庫短期証券利回りについては、2014年12月～2015年1月、2015年5～6月、10月にマイナスになる日があり、2015年11月以後はずっとマイナスである。1年物国庫短期証券利回りのマイナス利回りは、日本銀行のマイナス金利政策の影響で発生したのだろうと考えがちだが、実際のところはマイナス金利政策が導入される2016年1月以前から1年物国庫短期証券利回りはマイナスになっている。その理由は三つ考えられる。

第一に、転売目的で国債を入手する投資家がいるのかもしれない。マイナス利回りの1年物国庫短期証券の保有で損失が出るのは、満期まで保有した場合である。満期前にこの1年物国庫短期証券の価格が上昇（利回りのマイナス幅

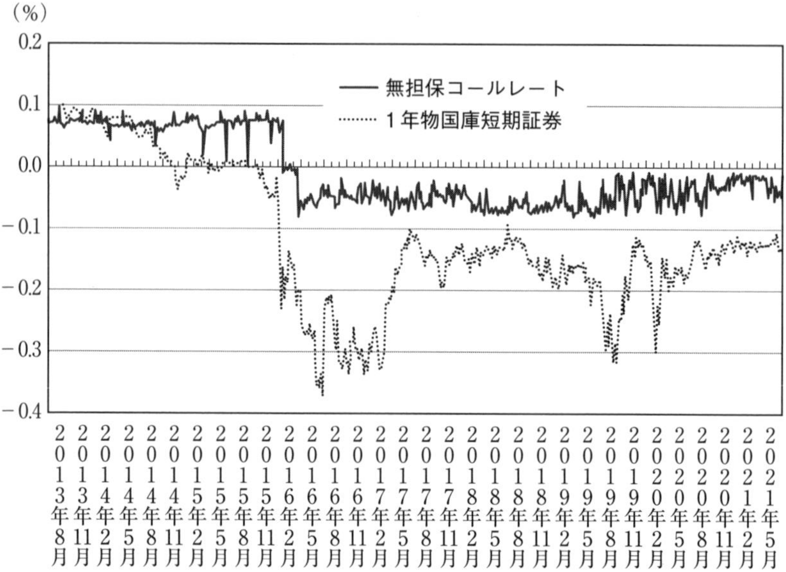

図表 16-2　無担保コールレート・オーバーナイト物と1年物国庫短期証券利回り（%）
（出所）　財務省「国債金利情報」
https://www.mof.go.jp/jgbs/reference/interest_rate/index.htm
日本銀行「時系列データベース」、「無担保コールレート・オーバーナイト物日中平均」
https://www.boj.or.jp/statistics/market/short/mutan/index.htm/
（ともに2021年8月2日アクセス）

が広がる）した時に売却できれば、この投資家は利益を得ることができる。

第二に、金融機関の中で、日本銀行のオペレーションで資金供給を受ける際の担保として1年物国庫短期証券が必要な先があるのかもしれない。

第三の理由は、海外投資家による円投資である。第9章8節で説明したように、日本の銀行が海外でビジネスを行う際には、支店網があるわけではないので、ある程度短期の外貨資金を取り入れることが必要になる。2013年4月から日本銀行が大規模な金融緩和に踏み切った影響で、日本の銀行が米国ドルなどの外貨資金を円と交換に外国の銀行から借り入れようとすると、高額な手数料（外国の銀行から受け取る円建ての借入金利を安くさせられる現象で、ドル調達プレミアムと言う。詳細は第22章1節を参照）を要求される場面が増えた。ドル調達プレミアムが大幅になると（例えば2014年9月には−0.3%程度、第

22章図表 22-3 を参照)、外国銀行が米ドルと交換に円を借り入れる際に、円の支払金利が大幅なマイナスになり、借り入れた円資金を－0.1％の利回りの1年物国庫短期証券で運用しても、利益が得られた可能性が高い（この間の事情の詳細は徳勝［2015］、5章を参照)。2017～18年にかけても大幅なドル調達プレミアムが発生したので、小幅のマイナス利回りの1年物国庫短期証券を保有することで、ドルの出し手が利益を得られた可能性が大きい。こうした事情から、海外投資家の国庫短期証券の保有割合は2018年には7割を超え、2021年現在で49.6％となっている。なお、ドル建てで高利回りの投資先が増えれば今後海外投資家の日本円投資は減少する可能性はある（詳細は、財務省［2021］のコラム2、p.31、図 1-25 を参照)。

2．複利最終利回り

(1)　割引債の複利最終利回り

現在の市場価格が P 円、N 年後に額面 P_N 円が償還される N 年物割引債券の1年当たり収益率である複利最終利回り $r_{cd}(N)$ はどう求めればよいだろうか？

第4章1節(1)で紹介した収益率の公式は、1年間の収益率を計算するものであった。N 年物割引債券の場合も収益率は1年単位で計算されるため、収益率を N 年間の複利計算で定義する必要がある。N 年物割引債券の場合、現在支払った P 円を、収益率 $r_{cd}(N)$ で N 回複利運用すると額面 P_N 円になるわけだから、以下の式が成り立つ。

$$P(1+r_{cd}(N))^N=P_N$$

上式の両辺を P で割ると、以下となる。

$$(1+r_{cd}(N))^N=\frac{P_N}{P}$$

上式を変形して、額面 P_N 円がわかっており、市場で価格 P が観察されていれば $r_{cd}(N)$ を次の式で求めることができる。

$$r_{cd}(N)=\left(\frac{P_N}{P}\right)^{\frac{1}{N}}-1$$

ここで、$r_{cd}(N)$ を％表示したものを**複利最終利回り**と言う。

この式からは、P_N が一定であれば、複利最終利回り $r_{cd}(N)$ が上がるほど N 年物割引債券の市場価格 P が下がることがわかる。よって、図表16-1で見られた「1年物割引債券の利回りが上がると、1年物割引債券の価格は下がる」と同様の関係が成り立つ。

日本の国債市場には満期が2年以上の割引国債は存在しないが、割引債券の複利最終利回りはスポット・レートと呼ばれ、3節で説明するように非常に大事な役割を果たす。

（2） 利付債の複利最終利回り

現在の市場価格が P 円、N 年後に額面 P_N 円が償還され、1年ごとに利息（クーポン）C 円が支払われる、N 年物利付債券の1年当たり収益率である複利最終利回り $r_{cc}(N)$ はどうやって求めたらよいだろうか？

この債券から得られる収入は、2節(1)で説明した割引債券から得られる額面相当分の収入に、毎年 C 円のクーポンからの収入が追加されたものである。割引債券の部分の収入の割引現在価値は、N 年後に得られる額面の割引現在価値に等しく、以下となる。

$$\frac{P_N}{(1+r_{cc}(N))^N}$$

この価値に、N 年までの毎年のクーポンからの収入の割引現在価値の和を加えれば、いまの債券価格 P に等しくなるはずである。そこで、第4章2節(3)で説明した割引現在価値の和の公式を毎年のクーポンからの収入の部分に応用すると、割引債券から得られる額面相当分の収入と毎年 C 円のクーポンからの収入のそれぞれの割引現在価値の合計として、(1)式が得られる。

$$P=\frac{C}{(1+r_{cc}(N))}+\frac{C}{(1+r_{cc}(N))^2}+\frac{C}{(1+r_{cc}(N))^3}+\cdots+\frac{C}{(1+r_{cc}(N))^N}+\frac{P_N}{(1+r_{cc}(N))^N} \tag{1}$$

(1)式から、市場価格 P 円、額面 P_N 円、クーポン C 円を与えると、複利最終利回り $r_{cc}(N)$ を計算することができる。また、(1)式の両辺に $(1+r_{cc}(N))^N$ をかけると、以下の関係が成り立つ。

$$P(1+r_{cc}(N))^N=C(1+r_{cc}(N))^{N-1}+C(1+r_{cc}(N))^{N-2}+C(1+r_{cc}(N))^{N-3}+\cdots+(C+P_N)$$

上式の左辺は、市場価格 P 円分の投資を $r_{cc}(N)$ の収益率で N 年複利運用した収益の合計であり、右辺はこの債券から得られる毎年のクーポン収入を N 年目まで $r_{cc}(N)$ の収益率で複利運用した合計と N 年目に受け取る額面と利息の和である。つまり、これから受け取る利息をすべて $r_{cc}(N)$ の利回りで複利運用してこの債券を満期まで保有した時の収益率が、複利最終利回り $r_{cc}(N)$ と一致することがわかる。言い換えると、債券への満期までの投資によって発生するのと同じだけの収益が複利運用で得られるような銀行の定期預金の利子率はいくらになるかを示したのが複利最終利回りである。

日本国債の複利最終利回りについては、流通市場における固定利付国債の実勢価格に基づいて算出した主要年限ごとの半年複利ベースの最終利回りが財務省ウェブサイトの「国債金利情報」に公表されている。4)

(1)式を用いて複利最終利回り $r_{cc}(N)$ を計算するのは非常に面倒である。そこで、簡単化のために、$r_{cc}(N)$ が期間中一定としたうえで、Excel の組み込み関数である XIRR 関数を用いて複利最終利回りを計算する。以下では財務省ウェブサイト「国債の入札結果」にあるデータを用いて、新発２年債の複利最終利回りについて計算してみよう。5)

財務省ウェブサイト「国債の入札結果」によると、2021年７月１日に発行され、2023年７月１日に満期となるクーポン0.005％の２年債の入札は2021年６

4)　財務省ウェブサイト「国債金利情報」は以下を参照。
https://www.mof.go.jp/jgbs/reference/interest_rate/index.htm（2021年８月１日アクセス）

A	B	C
1	=XIRR(C2: C6, B2: B6)×100	−0.11629
2	2021/7/1	−100.243
3	2022/1/1	0.0025
4	2022/7/1	0.0025
5	2023/1/1	0.0025
6	2023/7/1	100.0025

図表 16-3　2 年債の複利最終利回り（新発債の例）
（出所）筆者作成

月29日に行われ、平均価格は100.243円、複利最終利回り（半年複利）は−0.116%である。以下ではこの数値を確かめてみよう。

Excel の XIRR 関数は、ヘルプ画面によると、「定期的でないキャッシュ・フローに対する内部利益率を返します」とある。ここで言う内部利益率が、複利最終利回りに相当する。Excel のヘルプ画面によると、この組み込み関数を使うには以下の数値を指定する必要がある。

XIRR(値, 日付, [推定値])

ただし、値には債券からのキャッシュ・フローを指定する。最初の投資額は負の値を指定し、それ以降の支払いは、利息と元本に対応する値を入力する。

日付には、キャッシュ・フローに対応する一連の支払い日を指定する。

最後に、［推定値］には XIRR 関数の計算結果に近いと思われる数値を指定できるが、省略可能なので以下では使っていない。

具体的には、図表 16-3 のように、値として、C 列 2 行目から C 列 6 行目にかけて、払い込み価格として市場平均価格100.243を C 列 2 行目に、国債の利払いは半年ごとなので、半年後ごとに額面100円に対して0.005%の半分にあたる0.0025円の利払いを C 列 3 ～ 5 行目に、2 年後の利払いと元本返済合計の100.0025円を C 列 6 行目に指定する。次に、日付として、B 列 2 行から B 列 6 行に払い込みと利払いの日付を指定する。このデータに、XIRR 関数を適用

5）財務省ウェブサイト「国債の入札結果」は以下を参照。
https://www.mof.go.jp/jgbs/reference/appendix/jgb_historical_data.xls（2021 年 8 月 1 日アクセス）

すると得られた答えはＣ列１行に出てくるが、答えを100倍して％表示とすると－0.116％で「国債の入札結果」と一致した結果が得られる。

図表16-1では、「１年物割引債券の利回りが上がると、１年物割引債券の価格は下がる」という関係を、前節では複利最終利回り $r_{cd}(N)$ が上がるほど N 年物割引債券の市場価格 P が下がることを説明した。利回りが１％変化すると利付債券価格が何％変化するか、という関係については、修正デュレーションという指標で計算できるので、以下で説明する。

現在の市場価格が P 円、N 年後に額面 P_N 円が償還され、１年ごとに利息（クーポン）$C(i)$ 円（i は $1,\cdots,N$ 年に対応する）が支払われる N 年物利付債券の１年当たりの複利最終利回りを $r_{cc}(N)$ とする。複利最終利回りの定義により、この N 年物利付債券の価格 P は、クーポンと額面の割引現在価値の合計 PV に等しいので以下の式が成り立つ。

$$P=PV=\frac{C(1)}{(1+r_{cc}(N))}+\frac{C(2)}{(1+r_{cc}(N))^2}+\frac{C(3)}{(1+r_{cc}(N))^3}$$

$$+\cdots+\frac{C(N)}{(1+r_{cc}(N))^N}+\frac{P_N}{(1+r_{cc}(N))^N}$$

ここで、**デュレーション**は、満期までの期間を加重平均したものである。満期までの各期間の加重平均に用いるウエイトは、各年の利払いと元本償還額の割引現在価値を、この債券の割引現在価値の総計（PV）で割ったものである。

すなわち、デュレーション（以下 D と記す）は以下の関係を満たす。

$$D=\frac{1\times\frac{C(1)}{(1+r_{cc}(N))}}{PV}+\frac{2\times\frac{C(2)}{(1+r_{cc}(N))^2}}{PV}+\frac{3\times\frac{C(3)}{(1+r_{cc}(N))^3}}{PV}$$

$$+\cdots+\frac{N\times\frac{C(N)}{(1+r_{cc}(N))^N}}{PV}+\frac{N\times\frac{P_N}{(1+r_{cc}(N))^N}}{PV}$$

デュレーションは、割引債の場合は N になる。なぜなら、割引債は利払いがなく $C(i)$ がすべてゼロで、最後の項は元本償還額の割引現在価値が割引債の価格と等しくなるので、$\frac{P_N}{(1+r_{cd}(N))^N}=P=PV$ だから N だけが残る。よって、デュレーションは割引債の場合投資した資金の回収期間に一致している。利付債券の場合も、デュレーションはおおよそ投資した資金の回収期間に一致している。デュレーションは、他の条件が一定ならば、① N が長くなるほど、②クーポン $C(i)$ が小さくなるほど、大きくなることが知られている。

デュレーションを（1＋複利最終利回り）で割った指標を**修正デュレーション**（以下 D^* と記す）と言う。すなわち、以下の関係が成り立つ。

$$D^*=\frac{D}{(1+r_{cc}(N))}$$

修正デュレーションは、簡単な計算により、複利最終利回りが１％変化した時に利付債券価格が何％変化するかを示す指標になる（詳細は大村［2010］、pp.247-250）。もし修正デュレーションが３の債券があれば、その債券の複利最終利回りが２％ポイント上昇すると、利付債券価格 P は $3\times2=6\%$ 下落する。したがって、修正デュレーションが大きいほど債券価格の変動は大きくなる。

3．スポット・レート

スポット・レートとは、投資するいまの時点と、将来の一時点においてだけキャッシュ・フローが発生する場合に適用される金利のことである。スポット・レートは、将来のキャッシュ・フローの割引現在価値を求める際に用いられる。

２節(1)で説明した N 年物割引債券は、いま投資する時点で購入価格を支払い、将来の一時点（N 年後）に額面を受け取る時だけにキャッシュ・フローが発生するから、これに適用される複利最終利回りはスポット・レートの定義を満たしている。すなわち、N 年物割引債券の複利最終利回りは以下の関係を満たす。

$$r_{cd}(N)=\left(\frac{P_N}{P}\right)^{\frac{1}{N}}-1$$

この N 年物割引債券の複利最終利回りは N 年物スポット・レートとも言われる。例えば、1年物国庫短期証券の複利最終利回り（1年物スポット・レート）は、発行体が国であり、倒産リスクはゼロだと考えられるから、1年後のキャッシュ・フローの割引現在価値計算に適切な割引率である。

もしも2年物より長めのスポット・レートがわかっていれば、将来の該当する年に発生するキャッシュ・フローの割引現在価値を計算するために有益である。日本では2年物より長めの割引債はないので、仮に N 年物までの割引債の市場価格が観察可能ならば計算できる複利最終利回りである N 年物スポット・レート $r_S(N)$ を、実存する割引債の複利最終利回りと区別して以下のように定義する。

$$r_S(N)=\left(\frac{P_N}{P}\right)^{\frac{1}{N}}-1$$

いくつかの理論的仮定の下では、利付債のデータからスポット・レートを計算することが可能であり、一例は日本相互証券のウェブサイトに掲載されている。[6] スポット・レートは金融商品の価格を計算する時に用いられる有用な概念である。次節でフォワード・レートを求める事例を説明する。

4．フォワード・レート

フォワード・レートとは、いまの時点で投資家が予想している将来の二つの異なる時点の間に適用される金利のことである。例えば N 年後から $N+1$ 年後にかけての予想金利のことは f_{NN+1} と書く（$N=1,\ldots$）。いま、f_{12} であれば、投資家が予想している1年後から2年後にかけての金利である。同様にして、いまの時点で投資家が予想している N 年後から $N+T$ 年後にかけての金利については、$f_{NN+T}(N=1,\ldots, T=1,\ldots)$ と書く。

いま、金融取引には手数料や税金などのような費用が一切かからず、あらゆ

6）　詳細は日本相互証券「スポット・レート」を参照。
https://www.bb.jbts.co.jp/ja/historical/yieldcurve.html#a01（2021年8月26日アクセス）

る種類の自由な取引が可能だとしよう。この時、フォワード・レートは、スポット・レートがわかっていれば計算することができる。理由は、スポット・レート $r_S(1)$ で1年間運用し、1年後にフォワード・レート f_{12} で運用することの収益率は、スポット・レート $r_S(2)$ で2年間運用して得られる収益率と同じでなければおかしいからである。仮に二つの運用方法の収益率が異なっていれば、安いほうの金利で資金調達し、高いほうの金利で資金運用することで無限に儲けることができる。このような収益機会は放置されることはないので、以下の関係が成り立つ。

$$(1+r_S(1))(1+f_{12})=(1+r_S(2))^2$$

上記の関係式を変形し、フォワード・レート f_{12} は以下のように計算できる。

$$f_{12}=\frac{(1+r_S(2))^2}{(1+r_S(1))}-1$$

2年後から3年後にかけての予想金利である f_{23} は、スポット・レート $r_S(1)$ で1年間運用し、1年後にフォワード・レート f_{12} で運用し、2年後から3年後にかけてフォワード・レート f_{23} で運用することの収益率が、スポット・レート $r_S(3)$ で3年間運用して得られる収益率と同じでなければおかしい、という以下の関係式が成り立つことを利用して導かれる。

$$(1+r_S(1))(1+f_{12})(1+f_{23})=(1+r_S(3))^3$$

上記の関係式から、2年後から3年後にかけてフォワード・レート f_{23} は以下のように求められる。

$$f_{23}=\frac{(1+r_S(3))^3}{(1+r_S(1))(1+f_{12})}-1=\frac{(1+r_S(3))^3}{(1+r_S(2))^2}-1$$

以下、同様にして、N 年先までのフォワード・レートが計算できる。

5. 金利の期間構造

金利の期間構造とは、債券市場における短期金利と長期金利が残存期間に応じてどのようになるかを説明する理論である。横軸に国債の残存期間、縦軸に国債の利回りを取った図表は国債の**利回り曲線**（**イールドカーブ**）と言われる。すなわち、金利の期間構造は、利回り曲線の形がどのようになるか（右下

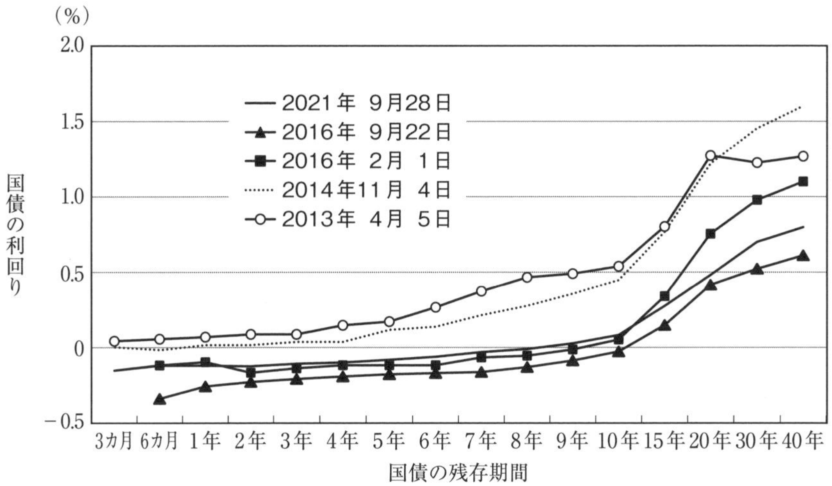

図表 16-4　日本国債の利回り曲線
（出所）　Bloomberg

がりか、右上がりか、水平か）を説明する理論であると言える。例えば、2013年4月5日、2014年11月4日、2016年2月1日、2016年9月22日、2021年9月28日の日本国債の利回り曲線は図表 16-4 のような右上がりの形である。どのような理由で利回り曲線が右上がりになると説明できるのだろうか？

（1）　期待理論

金利の期間構造を説明するうえで、一番有名な考え方が**期待理論**である。期待理論では、債券利払いが滞ることはなく、取引費用もなく、投資家が将来の金利情報を正確に予想して取引を行う状況を考える。この時、長期金利は短期金利で運用を継続した場合の平均予想利子率と同じになる、というのが期待理論の主張である。

例えば、2年物スポット・レート $r_S(2)$ で2年間運用することと、1年物スポット・レート $r_S(1)$ と、1年後の1年物金利の予想値 r_2^e で運用することからは、同じ収益率が得られると考える。すなわち、期待理論では以下の(2)式が成り立つと考える。

$$(1+r_S(2))^2=(1+r_S(1))(1+r_2^e) \qquad (2)$$

(2)式は対数近似を用いると、以下の(3)式に変形できる（説明は後述）。

$$r_s(2)=\frac{r_s(1)+r_2^e}{2} \tag{3}$$

(3)式は、2年物スポット・レート $r_S(2)$ は、1年物スポット・レート $r_S(1)$ と、1年後の1年物金利の予想値 r_2^e の平均値に等しいことを示している。したがって、1年後の1年物金利の予想値 r_2^e が上がると、現在の長期金利である2年物スポット・レート $r_S(2)$ が上がり、長期債券である2年物割引債の価格は下落する。逆に、1年後の1年物金利の予想値 r_2^e が下落すると、現在の長期金利である2年物スポット・レートは下がり、長期債券である2年物割引債の価格が上がることがわかる。より一般に、期待理論によれば、長期金利はその残存期間に対応する将来の短期金利の予想値の平均値と等しくなる。なお、期待理論の仮定の下では r_2^e がフォワード・レート f_{12} に一致するので、(3)式は以下の(4)式と書くこともできる。

$$r_s(2)=\frac{r_s(1)+f_{12}}{2} \tag{4}$$

以下では、(2)式から(3)式をどのように求めるか説明する。

まず、(2)式両辺の自然対数を取る。

$$log_e(1+r_S(2))^2=log_e(1+r_S(1))(1+r_2^e)$$

次に、以下の自然対数の性質を利用する。

$$log_e(x^y)=y\times log_e(x)、log_e(xy)=log_e(x)+log_e(y)$$

上記の関係を用いると、両辺の自然対数を取った(2)式は以下のようになる。

$$2\times log_e(1+r_S(2))=log_e(1+r_S(1))+log_e(1+r_2^e)$$

さらに、x の値がゼロに近い時、$log_e(1+x)\fallingdotseq x$ という性質を使ってさらに上式を変形する。

$$2\times r_s(2)=r_S(1)+r_2^e$$

上式の両辺を2で割ると、(3)式を得る。

図表16-4では、利回り曲線は右上がりで、20年物国債の利回りはプラスであった。短期金利の例として、例えば最近時点の1年物国庫短期証券利回りは、図表16-2で見たようにマイナスであった。したがって、期待理論によれば、これから将来20年間の間のどこかの時点で、将来の短期金利の予想値がプ

ラスになっているため、これから20年間の将来の短期金利の予想値の平均値である現在の20年物国債利回りはプラスの値を取っている、と解釈できる。図表16-4で示された5本の利回り曲線は、時期によって上下に移動しているように見える。これらの移動は、日本銀行の金融政策の転換と関係していることが第26章2～3節で説明される。

(2) 期待理論以外の金利の期間構造の仮説

金利の期間構造の説明には、期待理論以外にも有力な仮説がある。

まず、期待理論の仮定と反して、市場の情報は完全ではなく、債券発行者が支払い不能になる可能性があるとしよう。この場合には、短期債よりも長期債を持つほうが、相手が支払い不能となる可能性がある分だけ収益率に不確実性があり、その分だけ利回りが高くないと投資家が長期債を持たない、という現象が起こる。あるいは、満期が長い債券のほうが、予想しなかったインフレによる実質価値の目減りのリスク、価格変動リスク、発行者の裁量で満期を待たずに償還されるリスクについて、いずれも同じ利回りの短期債よりも高い、といった理由から、その分だけ利回りが高くないと投資家が長期債を持たない、という現象が起こると考えられる。このように、長期債に期待理論の示唆する以上の利回りを要求する理論を、**流動性プレミアム仮説**と言う。

また、投資家の事業の都合次第では、債券の満期に好みがある可能性がある。例えば短期資金での調達が多い銀行は、短期債運用が好都合であろう。一方、第11章で説明したように、顧客から払い込まれた長期の負債を運用する必要がある生命保険会社の場合は、長期債で運用するほうが好都合であろう。こうした投資家の事業の都合を踏まえると、必ずしも長期金利がその残存期間に対応する将来の短期金利の予想値の平均値と等しくならない可能性もある。このように主張する理論を、**特定期間選好仮説**と言う。

(3) 債券投資の特色と投資家

最後に債券投資について、収益性、安全性（価格変動リスク）、流動性の観点から整理してみよう。

まず、収益性は複利最終利回りで評価する。複利最終利回りの計算は結構手間がかかる。

次に、安全性については、将来金利が上がると長期債価格は下落するといった価格変動リスクがある。

最後に、流動性については、新発債以外の取引はあまり盛んではないから、いったん買い入れた債券は簡単には転売できない可能性がある。

このような特徴を反映して、債券市場の主な参加者は機関投資家や債券取引の専門業者になっており、個人投資家はほとんど参加していない。この点は、第17章3節で説明する株式市場参加者における外国法人や個人投資家の比率が高い状況とは大きく異なっている。

Key Word　複利最終利回り、デュレーション、修正デュレーション、スポット・レート、フォワード・レート、金利の期間構造、利回り曲線、イールドカーブ、期待理論、流動性プレミアム仮説、特定期間選好仮説

16章まとめ――債券価格の理論

❶現在の価格が P 円、N 年後に額面 P_N 円が償還される N 年物割引債券の1年当たり収益率（複利最終利回り）は、以下の式で与えられる。

$$r_{cd}(N)=\left(\frac{P_N}{P}\right)^{\frac{1}{N}}-1$$

❷ N 年物割引債券の複利最終利回りをスポット・レートとも言う。

❸ P_N は一定なので、複利最終利回り $r_{cd}(N)$ が上昇すると、N 年物割引債券の価格 P が下落する。

❹修正デュレーションは、複利最終利回りが1％変化した時に利付債券価格が何％変化するかを示す指標である。

❺1年物と、2年物のスポット・レートから、1年先の1年物金利の予想値（フォワード・レート）がわかる。

❻期待理論の下では、長期金利はその残存期間に対応する将来の短期金利の予想値の平均値と等しくなる。

❼期待理論によれば、将来の短期金利の予想値が上昇すると、その将来時点までの現在の長期金利が上昇し、長期債の価格が低下する。

【参考文献】

池尾和人『現代の金融入門』（新版）、筑摩書房、3章、2010年

大村敬一『ファイナンス論――入門から応用まで』有斐閣、13章、2010年

大村敬一・俊野雅司『証券論』有斐閣、6章、2014年

齊藤誠『父が息子に語るマクロ経済学』勁草書房、第6講、2014年

財務省「債務管理リポート2021――国の債務管理と公的債務の現状」
https://www.mof.go.jp/jgbs/publication/debt_management_report/2021/saimu2021.pdf

東短リサーチ株式会社編『東京マネー・マーケット』（第8版）、有斐閣、3章、2019年

徳勝礼子『マイナス金利――ハイパー・インフレよりも怖い日本経済の末路』東洋経済新報社、1章、5章、2015年

堀江康熙・有岡律子・森祐司『テキスト金融論』（第2版）、新世社、9章、2021年

17章 日本の株式市場

本章では、日本の株式市場について説明する。

まず、証券取引所で企業の株式を売買できるようにする新規株式公開について説明する。

次に、株式発行市場で用いられる株式発行手法として、1980年代までは株主割当、それ以降は公募が中心となってきたことを説明する。

第三に、株式流通市場の特徴として、取引は主に東京証券取引所でなされていること、株式保有者（金額ベース）の内訳は、信託銀行、外国法人、事業法人、個人に15％～30％で分散しており、最近は外国法人のウエイトが上がっていることを説明する。

1．新規株式公開

第７章１節で説明したように、株式会社への資金提供者を株主と言う。株主は資金提供の証明書である株券（株式）をもらい、保有している株券の枚数に応じて、会社の一部の所有者になれる。

起業家がアイデアを事業化するために株式会社を作ろうとしても、成功の可能性が高いと思ってくれる身近な人以外は資金提供には応じないであろう。したがって、株式会社は通常は少数の株主が拠出した少額の資本金で事業を始め、事業のための資金が不足すれば銀行借入に頼る。事業が成功し、幅広い投資家から資金を集められる予想が立つと、企業は新規株式公開を考える。**新規株式公開**とは、証券取引所でその企業の株式を自由に売買できるようにすること（取引所に上場する、とも言う）である。証券取引所で自由に売買できる株式を発行できる会社を**上場会社**と言う。

上場会社が万一破綻したりすれば、証券取引所への信頼が揺らぎ、顧客を失ってしまう。そこで証券取引所は、ある会社から上場の申請があると、その会社の収益性や財務状況を厳しく審査する。上場した会社は、その後も折を見て株式を追加発行して資金調達を行うことも可能になる（これを増資と言う）。

株式を公開することには、資金調達力が上がる以外に、株式保有者が株式を売却できるメリットがある。例えば、会社創業時からの出資者が株式を売却できれば、長年の投資からの利益を得ることができるかもしれない。また、厳しい証券取引所の審査を経ていることからその会社の信用が上がり、知名度が上昇するメリットもある。

ただし、上場に伴って、監督官庁への報告資料の作成負担が増すほか、投資家向けの事業説明資料を充実させる必要も出てくる。株主総会を開催する義務も生じ、万一不祥事が発生すれば株主からの厳しい批判を免れない。資金が豊富な外部の投資家に株式を大量に保有されて経営へ介入される可能性も出てくるなど、上場には費用も伴う。

上場会社の株式を個人が買いたい場合、一般個人は証券取引所の取引に直接参加することはできないので、まず証券会社で取引口座を作る。次に、買いたい株式の名前、数量、値段、注文の有効期限、どこの市場で買うかを指定して、所定の手数料を支払えば株券を買うことができる。なお、株券というと券面があるように思えるが、国債と同様に、2009年から上場株券（証券取引所で売買することが認められている株券のこと）はペーパーレス化されており、紙の券面を受け取ることはできない。個人が買った株式は、証券会社の口座で管理され、配当を受け取ったりするサービスが受けられる。上場株式の売買益、配当には、20.315％の税率が適用されているが、特定口座という制度を利用すると、証券会社が税金を源泉徴収のうえ納税してくれるサービスを受けることもできる。

2．株式発行市場

日本の**株式発行市場**における株式の発行方法には、大きく分けて、払い込みを要する増資と、払い込みを要しない株式分割がある。

払い込みを要する**増資**には、対象投資家別に、株主割当、公募（募集発行）、第三者割当（縁故者割当）がある。**株主割当**は一定基準日における株主に対して所有株数に応じて新株引受権を与える方法である。**公募**は不特定多数に新株引受権を与える方法である。**第三者割当**は、発行企業と縁故関係にある特定企業や銀行に向けて行う増資で、業績不振企業の支援のためや取引先との関係強化のために行われることが多い。

払い込みを要する増資は、市場実勢価格を基準に新株発行価格を決める時価発行増資で行われるのが現在は一般的である。なお、1990年代初めに株価が低迷する中で時価発行増資の健全性を確保するためのルールやガイドラインが導入されたこともあったが、1996年以降は株式発行市場は完全自由化されている。また、2001年に商法が改正される前は、株式には券面上の金額の有無によって額面株式と無額面株式があったため、時価発行以外に額面発行、中間発行（時価と額面の中間）という発行方法もあったが、2001年以降は株式の額面制度は廃止されている。

払い込みを要しない**株式分割**には、資本金の増加を伴わず株式を細分化する方法と、法定準備金（資本準備金と利益準備金のこと）あるいはその他資本剰余金とその他利益剰余金を株主総会の決議を経て資本金に組み入れ、新株を発行する方法とがある。株式分割は企業価値に影響しないので実施する意味がなさそうに思えるが、例えばある企業の株価が高くなりすぎてしまい、投資家に買いにくくなってしまった場合には、株価を引き下げて投資家に対してその企業の株式を流通させやすくする目的で実施されることがある。

図表17-1では、対象投資家別に見た上場会社の株式資金調達額の推移を棒グラフで示した。参考として、上場会社の社債による資金調達額を折れ線グラフで1998年以後について示している。

図表17-1を見ると、白抜きで示された株主割当は、1975年には株式による資金調達の大半であった。具体的には、株式の額面金額で株式を発行して資金を集めていた。株主割当の利用は高度成長期における銀行借入れを補う限界的な資金調達手段であったが、1980年代以後は減り、1990年に比較的多かった後、2000年代以後はほとんど用いられていない。一方、薄い灰色で示した公募が1980年代から1990年にかけて増加した。1980年代に株主割当に代わって公募が増えた背景には、企業の資金需要が低成長期に入って減退したことと、3節

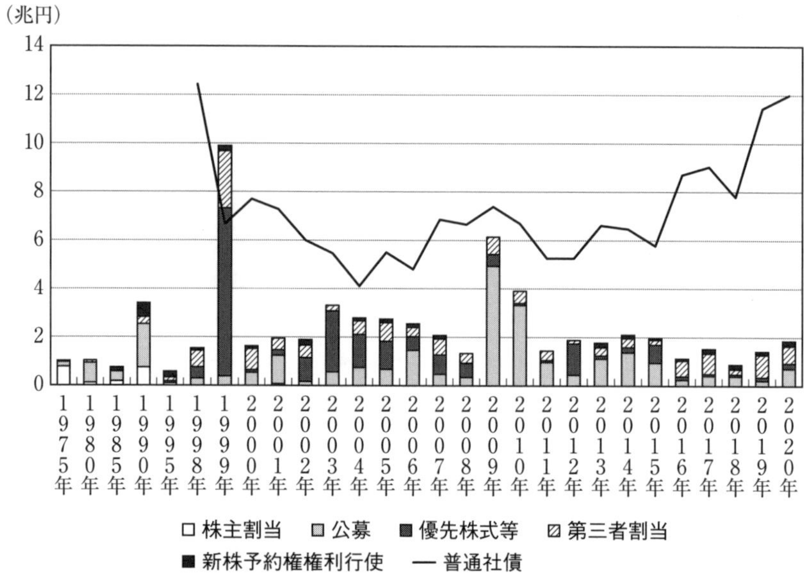

図表17-1　上場会社の株式資金調達額：1975年～2020年（対象投資家別）

（出所）　日本取引所グループ「上場会社資金調達額（2021年6月）」
https://www.jpx.co.jp/markets/statistics-equities/misc/06.html（2021年8月3日アクセス）

⑸で説明する安定株主工作の広がりがある。1990年代以後、公募は株価下落の影響から低迷し、2008年の金融危機後に企業の財務基盤強化、すなわち、銀行借入を減らすため再び用いられたが、近年は低調である。

濃い灰色で示された**優先株式**とは、普通株に比べて配当金を優先的に受けるなど、投資家の権利内容が優先的になっている一方で、議決権が制限された特殊な株式である。第14章 Web 付録（補論２）で説明したように、1999年から2000年代前半に自己資本比率向上のために日本の銀行へ公的資金投入が行われた折に、銀行が優先株の大規模発行を行った経緯がある。[1)]

斜線で示された第三者割当は、発行企業と縁故関係にある特定企業や銀行に向けて行う増資であり、業績不振企業の支援のためや取引先との関係強化のた

1)　２節の説明は、日本証券経済研究所［2020］、３章、５章、を参考にした。日本における銀行の優先株発行の経緯については、大垣［2010］、５章、を参照。

めに行われ、1999年に多く用いられた。近年は敵対的買収に対する防衛策として利用されることもある。

黒塗りで示された**新株予約権権利行使**とは、転換社債が株式に転換される場合や、新株引受権付き社債の引受権が行使された場合に増加した株式を記録している。転換社債とは、一定期間に一定の価格で株式に転換できる権利がついた社債で、転換可能な期間中に株価が低迷したら社債のまま保有することができる。ワラント債とは、新株発行を発行会社に一定期間一定条件で要求できる権利がついた社債である。ワラント債の保有者が権利行使して株を取得する場合には現金で払い込む（社債との交換ではない）決まりで、株価が権利行使価格を上回ると株式を取得するのが有利になる。これらの手法は1980年代後半に流行し、特に銀行が第14章１節で説明した自己資本比率規制をクリアするために用いていたが、1990年代以後は低迷している。

図表8-1の資金循環統計（簿価・額面ベース）で日本の民間非金融法人企業の金融負債残高の内訳比率を見ると、株式等・投資信託受益証券の内訳比率は社債を含む債務証券の内訳比率より高かった。しかし、図表17-1は、上場会社に限って見ると、株式よりも社債による資金調達額が多いことを示している。特に、2013年以後の日本銀行の金融緩和政策が継続する中で、高い格付を持つ上場会社が低金利環境を生かして社債の発行を増加させている。

3．株式流通市場

（1）　証券取引所

日本の**株式流通市場**には、証券取引所が開設する取引所市場、第12章２節で説明した私設取引システム、取引所上場株式の取引所外取引がある。

このうち**取引所市場**は、証券取引所が開設する市場であり、東京証券取引所と大阪証券取引所の現物市場が統合した日本取引所のほか、名古屋、札幌、福岡と計四つの取引所がある。取引の中心となっているのは東京証券取引所であり、売買高シェアは99％以上となっている。

証券取引所は、投資家が証券会社に持ち込んだ株式の売買注文がまとめて売買されるところである。証券取引所の売買方法はオークション方式と言われる。買い注文は高い値段から、売り注文は安い値段から、同じ値段は早く出た注文から売買を成立させる方式である。[2)]

証券取引所は、取引所市場で行われる取引や証券会社の業務内容について**自主規制機関**として管理・監督にもあたっている。すなわち、日本取引所自主規制法人は、価格の決定、取引に参加できる資格（取引参加者資格）を有する証券会社に取引所に注文を出せる者を限定する規制、新規上場会社・上場会社の適格性の維持、不公正取引（相場操縦・インサイダー取引）の防止、取引資格の取得審査などの規制を行っている。

（2）上場会社

2021年7月31日現在の東京証券取引所への上場会社数は3,787社である。[3)] 上場株券には内国株券と外国株券があり、内国株券は市場第一部銘柄と市場第二部銘柄に区分されるほか、新興企業を対象とする新市場マザーズ、JASDAQ（スタンダード・グロース）に上場する会社もある。

これ以外に、日本やアジアにおける成長力のある企業に新たな資金調達の場

2）証券会社は、毎日巨額の取引を証券取引所で行っている。取引の結果をうけて、株式と資金の交換がなされなければならない。証券会社同士の売買の資金決済と、株式の移転については、証券会社の持つ日本銀行当座預金の受け渡しと、証券会社が証券保管振替機構という株式の保有者を管理している組織に持つ株式口座間の振替による株式の受け渡しが同時に行われるようになっている。ただし、証券取引所における売買では、複数の証券会社による売り・買いが連続して行われるため、株式と資金の受け渡しを売買の都度、取引相手の証券会社と行うのは非効率であるし、取引相手が倒産するといったリスクも考慮しながら売買を行わなければならない。そこで、清算機関として第15章4節で紹介したJSCCが国債店頭取引と同様に取引に参加している。JSCCは、証券・商品・資金の効率的な授受のため同じ決済日に同じ証券会社と行った売買については、売買金額を相殺した差額を計算し（ネッティングと言う）、その結果に基づき証券・資金の決済機関に対して振替指図を行う。このようにして、証券会社が日本銀行に持つ当座預金の受け渡しと、証券会社が証券保管振替機構に持つ株式の口座間の株式の受け渡しが安全に行われている。詳細は、以下の日本取引所グループのウェブサイトを参照。
https://www.jpx.co.jp/listing/co/index.html（2021年8月2日アクセス）

3）上場会社数のデータは、以下の日本取引所グループのウェブサイトを参照。
https://www.jpx.co.jp/listing/co/index.html（2021年8月2日アクセス）

と他市場にはないメリットを提供すること、国内外のプロ投資家に新たな投資機会を提供することを目的にしたTokyo Pro Marketに上場する会社もある。新規上場内国株券は、原則として市場第二部銘柄に指定され、特に高い流動性が見込まれる銘柄については、新規上場申請者からの申請があった場合には上場時に市場第一部に指定される。大企業には、市場第一部上場会社が多い。

東京証券取引所の市場第一部、市場第二部、マザーズおよびJASDAQ（スタンダード・グロース）の四つの市場区分は、東京証券取引所と大阪証券取引所が2013年に株式市場を統合した際にそれぞれの市場構造を維持したものである。ところが、市場第二部、マザーズ、JASDAQの位置づけが重複しているほか、市場第一部についてもそのコンセプトが不明確であること、上場会社の持続的な企業価値向上の動機づけが十分でない（新規上場基準よりも上場廃止基準が大幅に低く、上場後も新規上場時の水準を維持する動機づけにならない）、といった問題点がある。

そこで、東京証券取引所は2022年4月4日から市場を、多くの機関投資家の投資対象になりうる規模の時価総額（流動性）を持ち、より高いガバナンス水準を備え、投資者との建設的な対話を中心に据えて持続的な成長と中長期的な企業価値の向上にコミットする企業向けの**プライム市場**、公開された市場における投資対象として一定の時価総額（流動性）を持ち、上場会社としての基本的なガバナンス水準を備えつつ、持続的な成長と中長期的な企業価値の向上にコミットする企業向けの**スタンダード市場**、高い成長可能性を実現するための事業計画およびその進捗の適時・適切な開示が行われ一定の市場評価が得られる一方、事業実績の観点から相対的にリスクが高い企業向けの**グロース市場**、の三つに区分することとした。さらに、各市場区分のコンセプトに応じて、流動性やコーポレート・ガバナンスなどに係る定量的・定性的な上場基準をそれぞれ設け、上場会社には、上場後においても継続して各市場区分の新規上場基準の水準を維持することを求めることになった。[4)]

4）詳細は、日本取引所「市場構造の見直し」を参照。
https://www.jpx.co.jp/equities/market-restructure/index.html（2021年8月2日アクセス）

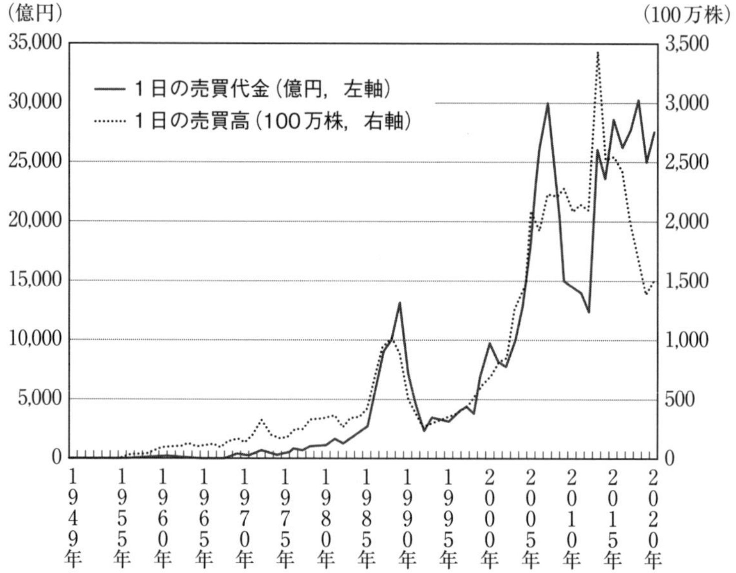

図表 17-2　東京証券取引所市場第一部上場会社株式の売買代金と売買高：1949年～2020年（1営業日当たり）

（出所）　日本取引所グループ「売買高・売買代金（月間・年間）」
https://www.jpx.co.jp/markets/statistics-equities/misc/index.html（2021年8月2日アクセス）

（3）　株式の売買代金と売買高の統計

図表 17-2 は、東京証券取引所市場第一部上場会社株式の売買代金と売買高を示している。売買代金は、1950年代に活性化した後、1960年代に証券不況の影響で低迷、1970年から再び拡大して、バブル崩壊のため1990年代前半に急減する。その後は持ち直したが、2008年のリーマン・ショック後に縮小し、2013年になると株価回復もあって拡大している。2018年の東京証券取引所市場第一部の売買代金は、1日当たり3兆円、1年で741兆円にも達している。1日当たりの売買高も売買代金とほぼ似たような推移で、2013年には34億株に達したが、以後は低下している。

（4） 株価の統計

個別株式、株価指数の価格データは、日本取引所グループのウェブサイトで調べることができる。[5)]

株価指数のうち、著名なのは**TOPIX**（東証株価指数：Tokyo Stock Price Index）である。TOPIXは、東京証券取引所市場第一部に上場している内国普通株式全銘柄を対象とした時価総額加重型の株価指数である。1968年1月4日を基準日とし、基準日の時価総額（8兆6,020億5,695万1,154円）を100ポイントとした場合、現在の時価総額がどの程度であるかを表しており、1969年7月1日からデータがある。

2022年4月4日から実施される東京証券取引所の市場区分見直しに伴い、2022年1月11日現在では東京証券取引所市場第一部の上場会社2,185社のうち344社がプライム市場ではなくスタンダード市場に移る予定である。東京証券取引所市場第一部上場内国普通株式全銘柄からなるTOPIXの構成銘柄については、市場区分見直しと同時にプライム市場全銘柄とするのではなく、2022年10月～2025年1月にかけて市場区分とは独立に変更される予定である。まず、2022年4月1日の構成銘柄については、新市場区分施行後の同年4月4日以降も現在の東京証券取引所市場第一部の上場会社が選択した新しい市場区分に関わらず継続採用する。ただし、流通株式時価総額100億円未満の銘柄については段階的ウエイト低減銘柄とし、2022年10月末から2025年1月末までに、四半期ごと10段階で構成比率を低減することになっている。

TOPIXとならんで有名な株価指数は、序章図表0-1で示した**日経225**である。日経225は、日本経済新聞社が東京証券取引所市場第一部上場銘柄から選定した225銘柄の株価を平均したもので、長期時系列は、例えば米国セントルイス連邦準備銀行のデータベースから取ることができる。[6)]

5） 個別株株価と株価指数のデータは以下の日本取引所グループのウェブサイトから検索可能。
https://quote.jpx.co.jp/jpx/template/quote.cgi?F=tmp/stock_search
https://www.jpx.co.jp/markets/indices/histidx/index.html
（ともに2021年8月3日アクセス）

（5） 株式の保有者

日本の株式の主な投資家は、個人、事業法人、都市銀行・地方銀行、生命保険・損害保険、信託銀行、外国法人等である。東京証券取引所の2020年度株式分布状況調査によれば、投資家の比率を保有金額で見ると、金融機関が30%（うち23%は信託銀行、都市銀行・地方銀行は3%、都市銀行・地方銀行と信託銀行の合計のうち、投資信託分が10%）、外国法人等が30%、事業法人が20%、個人・その他が17%となっている。1970年度～2020年度の投資家の保有金額比率を見たのが図表17-3である。[7)]

図表17-3を見ると、1980年代までは都市銀行・地方銀行と生命保険・損害保険などからなる金融機関と事業法人の比率が上昇してきた。その背景には、1970年代に始まった資本取引の自由化に伴い、外国企業による乗っ取りを防衛するために銀行と企業が安定株主工作を行ったこと、株式を時価発行する際にも株価を高くする効果があったことから、**株式持ち合い**が進み、金融機関と事業法人の保有比率が上昇した。

ところが、1990年代以後、信託銀行を除く金融機関と事業法人の比率が低下し、これに代わって外国法人等の比率が上昇している。その一つの理由は、金融機関と事業法人が1990年代以後、株価下落に伴う損失発生の危険を認識したため、株式持ち合いの解消を進めたことである。また、都市銀行・地方銀行については、2001年に銀行の株式保有を直接的に制限する「銀行等の株式等の保有の制限に関する法律」が公布され、銀行保有株が時価評価されて含み損の60%が剰余金から控除されるようになった。そこで、持ち合い株式の売却の受け皿となった銀行等保有株式取得機構と日本銀行（2002年11月～2004年9月の時限措置で金融機関の保有株式の価格変動リスクを軽減するため）への売却が進んだ。この結果、2000年代になると都市銀行・地方銀行と生命保険・損害保険の保有比率が下がり、信託銀行の保有比率が上がった。この間、個人・その他の保有株比率は長期低落傾向をたどっていたが、1980年代半ばからは安定し

---

6)　セントルイス連邦準備銀行データベースの以下のリンクから日経225のデータがダウンロード可能。
http://research.stlouisfed.org/fred2/release?rid=287（2021年8月3日アクセス）

7)　以下の説明は日本証券経済研究所［2020］、4章3節、を参考にした。

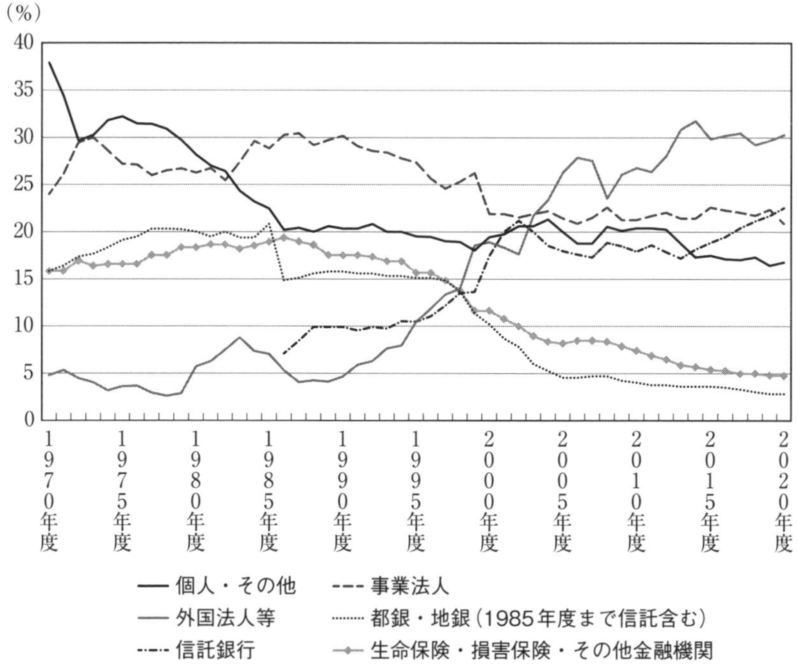

図表 17-3　投資部門別株式保有金額比率の推移：1970年度〜2020年度

（出所）　日本取引所グループ「2020年度株式分布状況調査の調査結果について」
https://www.jpx.co.jp/markets/statistics-equities/examination/01.html（2021年８月３日アクセス）

ている。また、都市銀行・地方銀行、信託銀行の保有比率のうち、投資信託の占める割合は、2010年には4.4%であったが、2015年以後上昇し、2020年には10%となっている。

Key Word　新規株式公開、上場会社、株式発行市場、増資、株主割当、公募、第三者割当、株式分割、優先株式、新株予約権権利行使、株式流通市場、取引所市場、証券取引所、自主規制機関、プライム市場、スタンダード市場、グロース市場、TOPIX、日経225、株式持ち合い

17章まとめ――日本の株式市場

❶株式会社に資金提供した証明書が株券（株式）である。

❷株式市場には、発行市場と流通市場がある。

❸株式の流通市場の中心は、東京証券取引所で、オークション方式で売買される。

❹証券取引所で株式を売買することが認められた会社を上場会社と言う。

❺株式市場の実勢価格は、個別株式、株価指数とも、日本取引所グループのウェブサイトでわかる。

❻株式保有者（金額ベース）は、信託銀行、外国法人、事業法人、個人に15%～30%ずつに分散しており、最近は外国法人のウエイトが上がっている。

【参考文献】

大垣尚司『金融と法――企業ファイナンス入門』有斐閣、5～6章、2010年

大村敬一『ファイナンス論――入門から応用まで』有斐閣、18章、2010年

大村敬一・俊野雅司『証券論』有斐閣、3章、5章、2014年

桜井久勝『財務会計講義』（第22版）、中央経済社、11章、2021年

日本証券経済研究所『図説　日本の証券市場　2020年版』、3～5章、2000年
https://www.jsri.or.jp/publish/market/market_31.html（2021年3月16日アクセス）

18章 株価の理論

本章では、代表的な株価の理論である配当割引モデルをまず説明する。配当割引モデルによると、株価が上がるのは、配当が将来上がる、安全資産の収益率が将来下がる、株式のリスク・プレミアムが下がる、配当成長率が将来上がる、と予想される時であることがわかる。

次に株式投資に伴う収益率の指標を紹介する。配当を株価で割って求める配当利回りは、2006年以後上昇しており、2008年１月以後は配当利回りが安全資産の利回りの代表例である10年物国債の利回りを上回っている。株価を１株当たり純資産で割った株価純資産倍率（PBR）は、1990年１月の5.4倍をピークに、2003年前半には0.9倍まで低下するが、その後は一進一退で2013年以後ゆるやかに上昇し、2021年６月は1.6倍である。株価を１株当たり利益で割った株価収益率（PER）は、バブル期には60倍～70倍にもなったが、2013年以降は20倍～30倍程度である。

1．配当割引モデル

配当割引モデルは、ある企業の現在の株価は、その企業が将来行う配当の割引現在価値の和に等しくなる、という理論モデルである。これからある企業の株式を買う投資家にとって、１年後の配当、１年後の株価はわからない。そこで、投資家は配当を毎年 D 円で一定であると予想しており、投資家がこの株式投資に対して要求する収益率は k で一定だとしてみよう。k は国債のような安全資産に投資した場合の収益率に比較して、株価の変動を考慮して高めに設定された収益率だと考えるのが自然である。

いま、k が（安全資産の収益率＋株式のリスク・プレミアム）と等しく一定であり、予想される配当も毎年 D 円で一定の場合、配当割引モデルによると、

現在の株価の理論値 P は、

$$P=\frac{D}{k}=\frac{\text{配当}}{\text{安全資産の収益率}+\text{株式のリスク・プレミアム}} \quad (1)$$

となることが知られている。

この結果は、①将来までの各期の配当 D 円を現在価値に換算したものの和が株価になる、②非常に遠い将来の株式売却益の現在価値は大きく割り引かれほぼゼロになり無視できる、という二つの性質を使って得られている。

具体的には、この株式からは毎年 D 円の配当が 1 年後から非常に遠い将来の T 時点まで得られると考えられる。したがって、2 年目の初め以後の支払いが一定額の w で割引率が r である永久債の価格が $\frac{w}{r}$ となるという第 4 章 2 節(3)の(4)式において、$w=D$、$r=k$ とおくことで、$P=D/k$ という結果が得られる。

例えば、1 株当たりの配当金が50円で、投資家が要求する収益率が0.1（10%）の企業の株価の理論値は、配当割引モデルを用いると

$$50\div 0.1=500\text{円}$$

である。(1)式から、株価が上がるのは、①配当が将来上がる、②安全資産の収益率が将来下がる、③株式のリスク・プレミアムが下がる、と予想される時であることがわかる。この理論値と現在の株価 P を比べることで、株価が理論値と比べて割高か割安かを調べることができる。

以下では(1)式が成立する理由を詳細に説明するが、数学的な背景に関心のない読者は 2 節に移動してかまわない。

第 4 章 1 節(5)で、株式の 1 年間の収益率を以下のように定義した。いま、1 年前に P 円で購入したある企業の株式から、1 年間に受けた配当が $D1$ 円であり、この株を市場価格 $P1$ 円で売却するとしよう。この場合の収益率は、以下のとおりであった。

$$1+\text{収益率}=\frac{D1+P1}{P}=\frac{P+D1+(P1-P)}{P}=1+\frac{D1}{P}+\frac{(P1-P)}{P}$$

この関係式を応用して、現在の株価の理論値を決定してみよう。

配当割引モデルの仮定の下では、収益率の定義により、次の(2)式を得る。ただし、$P1$ は 1 年後の株価、D は 1 年後に得られる配当、P は現在の株価の理

論値である（以下同じ）。

$$1+k=\frac{D+P1}{P} \tag{2}$$

(2)式を変形して、現在の株価の理論値 P は次の(3)式のように表せる。

$$P=\frac{D+P1}{1+k} \tag{3}$$

(3)式からは、$P1$ がわからないので株価の理論値 P の導出は不可能に見える。

しかし、(3)式と同様の関係が1年後にも成り立ち、1年後の株価 $P1$ は、2年後の株価 $P2$ で次の(4)式のように表せる。

$$P1=\frac{D+P2}{1+k} \tag{4}$$

(4)式で得た $P1$ を(3)式に代入すると、(5)式を得る。

$$P=\frac{D}{1+k}+\frac{D}{(1+k)^2}+\frac{P2}{(1+k)^2} \tag{5}$$

(5)式でも、現在の時点では $P2$ はわからない。しかし、(4)式と同様にして、$P2$ を3年後の株価 $P3$ を用いて表すと、次の(6)式を得る。

$$P2=\frac{D+P3}{1+k} \tag{6}$$

(6)式を(5)式の最後の項へ代入して $P2$ を消去する。すると、$P3$ がわからないので、$P3$ を4年後の株価で表す。このような操作を N 年先まで繰り返すと、次の(7)式を得る。

$$P=\frac{D}{1+k}+\frac{D}{(1+k)^2}+\frac{D}{(1+k)^3}+\cdots+\frac{D}{(1+k)^N}+\frac{PN}{(1+k)^N} \tag{7}$$

(7)式は、現在の株価の理論値 P は N 年先までの配当の割引現在価値の和と、最後の項である N 年先の株価 PN の割引現在価値との合計であることを示している。ところで、(7)式最後の項分子の PN は株価だからせいぜい数万円である。一方、分母の $(1+k)^N$ は k が例えば0.1であれば、$N=120$ の時にはおよそ92,000であり、PN を大幅に上回る。だから、N が非常に大きい値だと最後の項 $PN/(1+k)^N$ はゼロに近く、計算上無視できるので、結局以下の(8)

式が得られる。

$$P=\frac{D}{1+k}+\frac{D}{(1+k)^2}+\frac{D}{(1+k)^3}+\cdots+\frac{D}{(1+k)^N} \tag{8}$$

$$=\frac{D}{1+k}\left(1+\frac{1}{(1+k)}+\frac{1}{(1+k)^2}+\cdots+\frac{1}{(1+k)^{N-1}}\right)=\frac{D}{k}$$

(8)式は、現在の株価の理論値 P は N 年先（ただし、N は遠い将来）までの配当の割引現在価値の和であることを示しており、(1)式の結果と一致する。ここで、(8)式の最後の等号は、第4章2節(3)の割引現在価値についての(2)式と(3)式を用いる。

$$w(1+\delta+\delta^2+\delta^3+\cdots+\delta^{T-1})=w\frac{(1-\delta^T)}{1-\delta}$$

$$\text{T年初までの収入の割引現在価値の合計(}T\text{が大きい場合)}=\frac{w}{1-\delta}$$

ここで、$w=D/(1+k)$、$\delta=1/(1+k)$、$T=N$ とすると得られる。

(8)式を修正すると、配当の成長が見込める企業の株価の理論値も求めることができる。もし配当が毎年 g の割合で成長するのであれば、1年目、2年目、3年目、…、N 年目の配当はそれぞれ D、$D(1+g)$、$D(1+g)^2$、…、$D(1+g)^{N-1}$ となる。この関係を(8)式に代入すると(9)式となる、

$$P=\frac{D}{1+k}+\frac{D(1+g)}{(1+k)^2}+\frac{D(1+g)^2}{(1+k)^3}+\cdots+\frac{D(1+g)^{N-1}}{(1+k)^N} \tag{9}$$

$$=\frac{D}{1+k}\left(1+\frac{(1+g)}{(1+k)}+\frac{(1+g)^2}{(1+k)^2}+\cdots+\frac{(1+g)^{N-1}}{(1+k)^{N-1}}\right)=\frac{D}{k-g}$$

(9)式の最後の結果は、第4章2節(3)の割引現在価値についての(2)式と(3)式を用いる。

$$w(1+\delta+\delta^2+\delta^3+\cdots+\delta^{T-1})=w\frac{(1-\delta^T)}{1-\delta}$$

$$T\text{年初までの収入の割引現在価値の合計(}T\text{が大きい場合)}=\frac{w}{1-\delta}$$

ここで、$w=D/(1+k)$、$\delta=(1+g)/(1+k)$ とすると(9)式が得られる。

投資家が要求する収益率 k は、この企業の配当の成長率に、成長率の変動

の危険も加味しているので、k は g よりも大きく $k-g$ はプラスの値になる。よって、(9)式の配当割引モデルによると、以下のように株価の理論値は求められる。

$$\text{株価の理論値}=\frac{\text{配当}}{\text{安全資産の収益率}+\text{株式のリスク・プレミアム}-\text{配当成長率}}$$

この式からは、株価が上がる理由として、(1)式で示した三つの理由に、配当成長率が上がると予想されている時、という理由も加わることがわかる。

2．株式収益率の指標

(1)　配当利回り

配当利回りとは、配当を株価で割ったものであり、1節で説明した配当割引モデルでは D/P（％表示）である。

第7章6節で説明したモディリアニ=ミラーの定理によると、金融市場が完全競争的である場合には、同じ収益をあげると予想される企業の価値は、総資本の構成（資金調達の方法）とは関係ないことが知られている。この定理を応用すると、株価が将来の企業収益で決まる場合には、企業がどのような配当をしようとも、株価には影響しないこともわかる。その理由は、企業が株主が望ましいと思う以上に内部留保を削減して配当を行った場合は、株主はその配当分をその企業に再投資することで将来の企業収益を配当前と同一にすることで、株価を同じにできるからである。このように考えると、配当利回りには株式収益率の指標としての意味がないことになる。

実際には、金融市場はモディリアニ=ミラーの定理が想定するように完全競争的ではなく、エージェンシー費用が発生するため、配当の方法と株価には関係がある可能性が高い。したがって、配当と株価の比率である配当利回りは株式収益率の指標として検討する価値がある。

日本では、伝統的に配当性向（1株当たり配当額÷1株当たり当期純利益×100（％））が低く、配当利回りも低かった。過去のデータを見ると、額面発行時代は10％配当（5円の配当/50円の額面）が一般的だった。その慣行は時価発行が行われるようになっても継続していた。この慣行が継続した理由とし

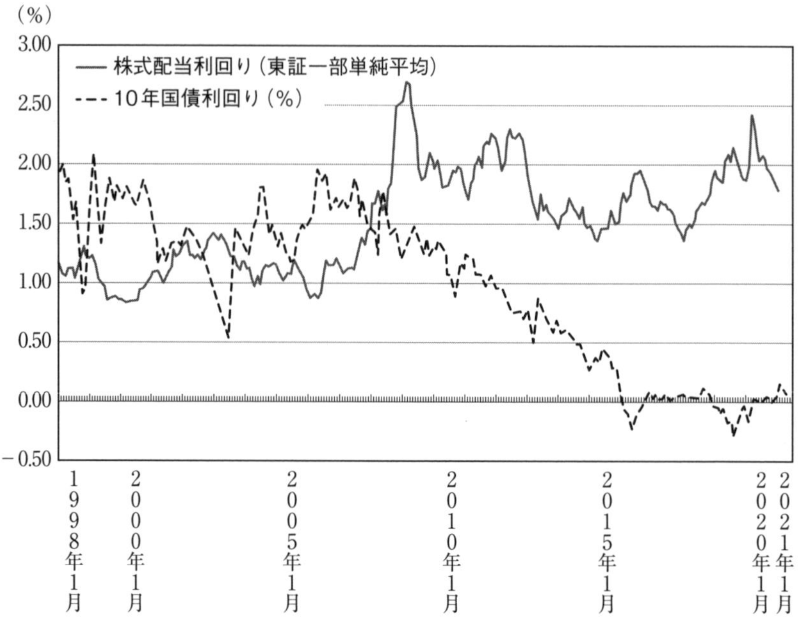

図表 18-1　日本（東京証券取引所市場第一部）の株式配当利回り：1998年1月～2021年6月

（出所）　日本取引所グループ「株式平均利回り（2021年7月）」
https://www.jpx.co.jp/markets/statistics-equities/misc/03.html（2021年8月3日アクセス）
セントルイス連邦準備銀行データベース
https://fred.stlouisfed.org/series/IRLTLT01JPM156N（2021年8月3日アクセス）

ては、銀行中心の金融システムであったため、投資家がリスクを取ることに関心が低かったこと、あるいは、メイン・バンクが企業情報を独占していたため一般株主が企業へ効率経営を求める圧力が低く、企業が内部に資金を残して自分の希望どおりに使おうとした、といった推測が可能だが、この推測の真偽は不明である。図表18-1は、1998年以後の東京証券取引所市場第一部上場企業の配当利回りの単純平均を示している。

1998年以後のデータを見ると、株式配当利回りは1998年1月の1.17%から2000年2月、3月に0.84%まで低下した後、2002年12月に1.42%まで上昇するが、再び低下傾向となる。2006年4月に0.88%まで低下して以後、2009年2月に2.70%まで上昇する。その後は2015年4月と2018年1月に1.37%までそれぞれ低下するが、1.37％以下の水準にはならず、2021年7月には1.74％となっている。この間、2008年1月以後は配当利回りが安全資産利回りの代表例である10年物国債の利回りを上回るようになっている。このように配当利回りが高まった変化には、第17章3節で説明したように、日本の株式保有者における外国人投資家の比率が高まったことが関係している可能性がある。なぜなら、外国人投資家は日本の会社の株式に投資する際に日本国内の配当利回りが低いという慣行に従う理由はなく、諸外国の同業他社並みの配当利回りを求めるのが当然だからである。

（2）　株価純資産倍率・株価収益率

株価が同業他社と比べて割高か（投資家に人気があり、相対的に高値になっているか）どうかを見るためによく用いられる指標が株価純資産倍率と株価収益率である。

例えば、自動車産業にA、Bの2社があり、A社の株価が700円で、B社の株価は500円だったとする。作っている車のタイプは異なるので、単純に株価を比べてもどちらの株価が割高であるのかはわからないとする。そこで、株価をその会社の株主の持ち分である1株当たりの純資産との比率で見て、どちらが割高かを判断するのが株価純資産倍率、株価をその会社の出す1株当たりの利益との比率で見て、どちらが割高かを判断するのが株価収益率である。例えば、もしA社の1株当たり利益が100円、B社の1株当たり利益が50円なら、A社の株価収益率は7倍でB社の株価収益率は10倍である。同じ1円の利益に対する株価はB社のほうが高いのでB社のほうが割高な株式だ（あるいは、投資家に好まれている）と判断することができる。2社の比較だけではなく、同じ企業の株価純資産倍率と株価収益率を長い期間観察し、過去と比べてその企業の株価が割高かどうかを見ることもできる。

より正確には、**株価純資産倍率**（Price Book-value Ratio：PBR）とは、企業の毎年の1株当たり純資産がB円だとする時、株価Pを1株当たり純資産Bで割った比率であるP/Bを指す。株価純資産倍率は、株価が純資産の何倍かを計る指標である。株価純資産倍率が1より小さい時には、この企業の株価は以下の理由から割安だと理論的に考えられる。

いま、この企業のすべての資産が簿価で売却できたとする。株価純資産倍率が1より小さいなら、その売却収入で負債をすべて返済した残りである1株当たり純資産が1株当たり株価よりも大きいことになる。この場合、この企業の株式を買い占めた投資家には、企業を解散して資産を売却し（ただし、簿価で売却できればだが）、その売却資金で負債をすべて返済してもまだ利益が得られることになる。つまり、株価純資産倍率が1より小さい企業に投資すれば投資額以上の資金が得られるので、その企業の株価は割安と考えられる。株価純資産倍率が1の企業が解散すると株主にはちょうど投資額が返金されることになる。株価純資産倍率が1以上であれば、その企業が解散すると株主には投資額以下しか返金されないのでその企業の株価は割高だと考えられる。

株価収益率（Price Earnings Ratio：PER）とは、企業の毎年の1株当たり利益が E 円だとする時、株価 P を1株当たり利益 E で割った比率である P/E を言う。株価収益率は株価が利益の何倍かを計る指標であり、配当割引モデル（配当成長率がゼロ）の場合は、利益 E 円のうち Q の割合が配当になるとすれば、$P=EQ/k$ なので、$P/E=Q/k$ となる。

図表18-2では、日本の東京証券取引所市場第一部上場会社のPBRとPERのデータを示している。日本取引所グループは、以下の公式で東京証券取引所上場会社のPBRを計算している。

$$\text{PBR}=\frac{\text{株価合計}}{\text{1株当たり純資産合計}}$$

また日本取引所グループは、東京証券取引所上場会社のPERについては以下の公式で計算している。

$$\text{PER}=\frac{\text{株価合計}}{\text{1株当たり当期純利益合計}}$$

東京証券取引所市場第一部会社のPBR（破線）は、1980年代後半のバブル期に上昇し、1990年1月の5.4倍をピークに、2003年前半には0.9倍まで低下する。その後は一進一退で、2013年以後はゆるやかな上昇傾向にあり、2021年6月には1.6倍である。この指標からは、1980年代後半のバブル期には日本株式は割高だったと言えよう。

東京証券取引所市場第一部会社のPER（実線）は、1980年代後半のバブル

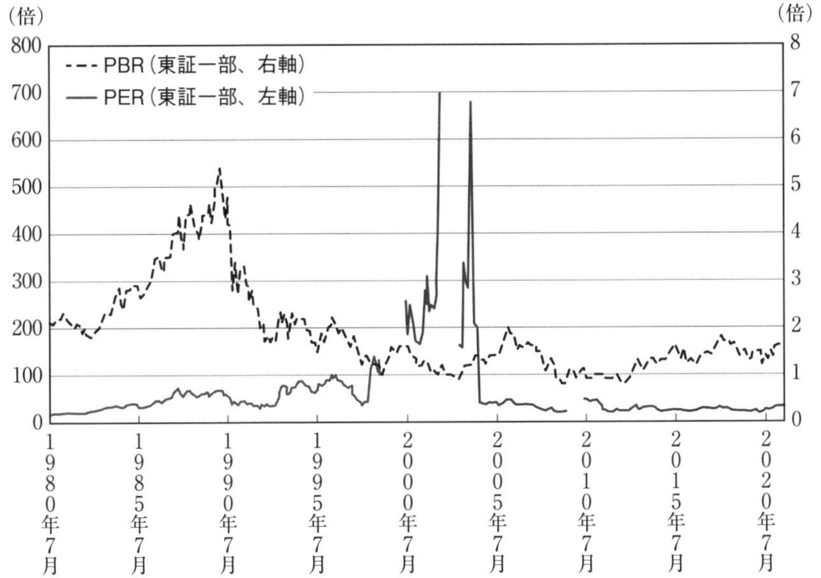

図表 18-2　日本（東京証券取引所市場第一部）の株価純資産倍率（PBR）と株価収益率（PER）：1980年７月～2021年６月

（出所）　日本取引所グループ「長期データ（総合）」
https://www.jpx.co.jp/markets/statistics-equities/misc/04.html（2021年８月３日アクセス）

期には60倍～70倍程度に達した後、1990年代後半は不況のため１株当たり当期純利益が小さくなる一方で株価は１株当たり当期純利益ほどには下落しなかったため、100倍を超えるような非常に大きな値を取っている。また、1999年から2003年の金融危機の時期は、１株当たり当期純利益合計がマイナスになってPERの計算ができない時期もあった。1999年１月の株価合計は549.12円、１株当たり当期純利益は5.28円でPERは104倍であった。2002年３月、４月と2003年12月と2004年１月には１株当たり当期純利益が0.6円～0.7円、株価合計が400円程度だったため、PERは600倍～700倍にはねあがっている。

2004年以後、PERは20倍～40倍の間で推移していたが、2008年のリーマン・ショック後の2009年から2010年にかけては再び１株当たり当期純利益合計がマイナスになりPERは計算できなくなった。2013年以降の株価上昇期では、PERは20倍～30倍程度となっている。

Key Word　配当割引モデル、配当利回り、株価純資産倍率（PBR）、株価収益率（PER）

18章まとめ――株価の理論

❶配当割引モデルによると株価の理論値は以下のように求められる。

$$\text{株価の理論値}=\frac{\text{配当}}{\text{安全資産の収益率＋株式のリスク・プレミアム－配当成長率}}$$

❷配当割引モデルによると、株価が上がるのは、配当が将来上がる、安全資産の収益率が将来下がる、株式のリスク・プレミアムが下がる、配当成長率が将来上がると予想される時である。

❸日本の配当利回りは、2008年１月以後、安全資産の利回りの代表例である10年物国債の利回りを上回っている。

❹日本の株価純資産倍率（PBR）は、1990年１月の5.4倍をピークに、2003年前半には0.9倍まで低下するが、2013年以後はゆるやかな上昇傾向である。

❺日本の株価収益率（PER）はバブル期には60倍～70倍にもなった。2013年以降の株価上昇期は20倍～30倍程度である。

【参考文献】

池尾和人『現代の金融入門』（新版）、筑摩書房、４章、2010年

大村敬一『ファイナンス論――入門から応用まで』有斐閣、16章、2010年

堀江康熙・有岡律子・森祐司『テキスト金融論』（第２版）、新世社、10章、2021年

19章 デリバティブ

本章では、デリバティブ（derivatives）について説明する。

デリバティブとは、元になる金融商品（原資産と言う）から派生した（derive）金融商品である。デリバティブには、将来売買を行うことをあらかじめ約束する取引（先物取引）や、将来にわたって発生するキャッシュ・フローで、当事者間が等価であると思われるものを交換する取引、例えば、将来発生する受取り利息・支払い利息を交換する取引（金利スワップ取引）、将来売買する権利をあらかじめ売買する取引（オプション取引）が含まれる。

以下では、先物取引、金利スワップ取引、オプション取引がどのような利益をもたらすか、具体例を用いて簡単に説明する。

なお、デリバティブの価格の分析は数学的に難しい内容が多いので、数学的な詳細に興味がある読者はブリーリー他［2014、20章］や、大村［2010、11～12章］などを参照してほしい。本章よりやや詳しい解説は、釜江編［2015、6～7章］がある。

1．先 物 取 引

（1） 先渡取引

先物取引を理解するうえでは、まず先渡取引を理解することが有益であるので、以下では先渡取引、先物取引の順に説明する。

いま、日本の企業が米国への輸出に成功したとしよう。輸出先企業からは、船便で商品が米国に到着する現時点から１カ月後に、代金100万ドルを支払うとの連絡があった。ここで問題になることは、この日本の企業は仕入れにかかった代金や賃金を日本円で仕入れ先や従業員に支払う必要があり、１カ月後に入金される100万ドルが日本円でいくらに相当するのかが確定しないと事業計画が組みにくいということである。この企業の取引先銀行では、いつでもドルを円に交換してくれる。この企業にとっては、いまの時点で、100万ドルをいくらの円に1カ月後に両替できるかわかれば好都合である。

この希望をかなえてくれる取引が、**先渡取引**である。先渡取引とは、現時点ではある資産（ここでは米ドル）の売買の価格や数量などを約束だけして、約束の日が来たらその資産の売買を行う取引である。外国為替に関しても先渡取引（**為替予約**と言う）の市場があり、銀行が注文を引き受けてくれる。この企業の場合、1カ月後に入金する100万ドルを、現在の1カ月物先渡価格（例えば、1ドル＝120円）で売却する予約を行い、現在の時点で1カ月後に入金する円建ての金額を確定（120円×100万ドル＝1億2,000万円）することができる。なお、先渡価格がどのように決定されるかは、第22章1節で説明する。

先渡取引を行うについては、二つの注意点がある。

第一に、先渡取引は、将来時点で売り手と買い手の価格に関する意向が合致した時にだけ行われる相対《あいたい》取引である。したがって、取引日に実際にドルと円の交換を行うが、その時点で相手になってくれた銀行が万一にも倒産していたらこの取引は実行されない、というリスクがある。

第二に、上記の例で、1ドル＝120円でドルを売却する約束をしたものの、1カ月後に1ドル＝130円になっていたとしたらどうだろうか。この企業は、1カ月後にドルを市場で売れば1ドル＝130円で売却できるのに、先渡取引を実行する義務があるために、1ドル＝120円でしか売却できない。その結果として被る損失は、以下の計算により1,000万円である。

(130円－120円)×100万ドル＝1,000万円

こんな状況になった時には、この企業は先渡取引をキャンセルしたいと思うだろうが、キャンセル料は高くつくかもしれない。

以上に見たように、先渡取引には、取引相手の倒産などによる取引の不履行が発生するリスク、あるいは、取引を約束した後の原資産価格の変化が自分の損失を増やす方向になったとしても途中で取引を簡単に解消できない、という二つの問題点がある。このような先渡取引の欠点を補い、より弾力的な取引を可能にするのが先物取引である。

（2） 先物取引

先物取引は先渡取引と同様に、現時点ではある資産の売買の価格や数量などだけを約束する取引であるが、以下の二つの工夫により、先渡取引よりも柔軟な取引が可能である。

第一に、先物取引は商品取引所で定型化された取引が行われていることである。先渡取引は当事者間の相対《あいたい》取引であるが、先物取引は取引所に参加する不特定多数の間で、受渡期日、取引可能な契約の種類を事前に明確に定めたうえで行われている。また、先物取引の参加者は、毎日取引所で行っている取引契約の価値を計算し直し（**値洗い**と言う）、契約を確実に履行できるように一定金額の**証拠金**を積み立てることになっている。証拠金を積み立てることで、先渡取引の第一の問題である決済日での債務不履行に伴う不都合を緩和している。

第二に、先物取引を決済する際には、先渡取引と同様に約束の日が来た時点で、その資産の売買を行うことに加えて、その資産の受け渡しを行わず、当初予定していた取引の反対の取引（反対売買と言う）を行って決済をすることもできる。反対売買を行って決済する場合は、最初に買う約束であった場合は売る約束をすることになるので、買値と売値の差額を決済すればよい。これを**差額決済**、あるいは差金決済と言う。差額決済を用いれば、先渡取引の第二の問題である原資産価格が自分の損失を増やす方向に変化した場合でも簡単に取引が中止できない、という制約に対しても、反対売買を行うことで損失を小さくすることができる。

以上に見たように、先渡取引と先物取引により、輸出企業は為替変動リスクを回避（ヘッジ）できる。このように、先渡取引と先物取引は、価格変化（ここでは為替相場の変動）に対するリスクを回避することに有益である。なお、この輸出企業のように将来のドル入金予定がなくても、先物取引を行うことが可能である。例えば、ドル先物を現在買って、将来値上がりしたら反対売買を行って契約を解消することで、原資産を売買することなく収益を追求することも可能である。

先物取引の対象として人気があるのは、株価指数先物取引である。例えば、日経225miniという商品は、第17章3節で紹介した日経225の100倍を最低取引単位にした個人投資家向けの上場**デリバティブ**である。[1)]

日経225mini に投資するとどのような利益や損失が期待できるのだろうか？

まず、証券会社に証拠金を差し入れたうえで、20,000円で日経225mini を新規に１枚買い、これを売却して取引を終える場合を考える。ここで、先物取引の場合は注文数量1単位のことを１枚と言う。株価指数先物取引は、対象となる株価指数に連動している先物の価格に、取引単位（先物銘柄ごとに決まっており、日経225mini の場合100倍）をかけた金額で申し込むことができる。例えば、日経225mini の価格が20,000円であれば、１枚の注文が成立したときに買い手が売り手に支払う金額（約定代金）は先物価格×取引単位×取引数量（枚）なので、20,000円×100×１枚＝200万円となる。

利益が出るのは、日経225mini が値上がりした時である。例えば、日経225mini が22,000円に値上がりした時に売却すれば、(22,000円－20,000円)×100倍（取引単位)×１枚（取引数量)＝200,000円の利益を得ることができる。

損失が出るのは、日経225mini が値下がりした時である。例えば、日経225が18,000円に値下がりした時に売却すれば、(18,000円－20,000円)×100倍(取引単位)×１枚（取引数量)＝－200,000円の損失が出る。

次に、上の例とは反対に、20,000円で日経225mini を新規に１枚売ることからはじめて、買い戻して取引を終えることもできる。その場合は、利益と損失が上記の例と反対になる。

最終的な利益は、取引で得た利益から、１枚当たりの取引手数料と税金（年間を通した利益に対して申告分離課税の雑所得で20.315％の税率）を引いて求める。大手インターネット証券２社の場合、2021年８月５日現在の１枚当たりの手数料は38.5円、取引を行うための取引必要証拠金は１枚当たり126,000円である。[2)] なお、証券会社は顧客から預かった証拠金を取引証拠金としてJSCC（第15章４節(3)を参照）に預託する。

1）　日経225先物という日経225の1,000倍を最低取引単位にした上場デリバティブもある。

2）　手数料は楽天証券と SBI 証券で、同金額であった。楽天証券の例は下記を参照。https://www.rakuten-sec.co.jp/web/fop/futures/commission.html（2021年８月５日アクセス）

以上の説明からは、先物取引で損失が出たら、取引をしないで利益が出るまで待っていればよさそうに思えるが、先物取引ができる期間には商品ごとに定められた取引期限（満期日）があるのでそうはできない。満期月を**限月**《げんげつ》と言い、各限月の第２金曜日（満期日）の前日までしか先物取引はできない。満期日までに反対売買をして取引を終えていない場合は、満期日にSQ値（満期日の決済に用いられる最終清算数値）で自動的に決済され損益が確定することになっている。

また、株価指数先物取引は少額の証拠金で大きな金額の取引ができる仕組みであることから、仮に損失が出た場合には追加で証拠金を要求される可能性もある。以下では数値例で説明しよう。2021年８月５日の日経225の終値は27,728円であった。これと同じ価値の現物株式を買うには27,728円が必要になる。日経225mini の場合は８月５日の午後３時に27,700円程度であった。取引単位は100倍なので、126,000円の証拠金で、最大2,770,000円の取引が可能となり、証拠金の約22倍の取引ができる。したがって、予想が外れて損失が出る（例えば、日経225mini を買い付けたが、その後に日経225mini が下落した場合）と、証拠金に比べて大幅な損失が発生しうる。自分が買い付けた日経225mini の価値は上述のとおり毎日値洗いされ、値洗いによる計算上の損益額が必要とされる証拠金の額には反映される仕組みなので、損失が出ている場合は証拠金の追加差入れが必要な場合がある。証拠金を追加で差し入れない場合には、損失を被った状態で持っている商品の一部または全部を強制的に決済され、その損失についても責任を負うことになる。したがって、少額の元手で一攫千金を狙う、といった認識で先物取引を行うのは非常に危険であり、取引の仕組みを熟知しておく必要がある。[3]

なお、わが国の法律では差金決済ができる取引をデリバティブ取引に分類する。したがって、差金決済ができない先渡取引はデリバティブ取引には法律上は分類されない。ただし本書では、先物取引の説明の都合上、本章であわせて

3）先物・オプション取引の仕組みや利用方法等を説明したパンフレットの例は、日本取引所グループの「先物・オプション＆ mini かんたん入門ガイド」を参照。
https://www.jpx.co.jp/learning/tour/books-brochures/tvdivq0000003toh-att/intro_2019.pdf（2021年８月５日アクセス）

説明をしておいた。[4)]

2．金利スワップ取引

スワップ取引とは、一般に、将来にわたって発生するキャッシュ・フローで、当事者間が等価であると思われるものを交換する取引のことを指す。スワップ取引のうち、**金利スワップ取引**のもっとも簡単な例は、二つの企業が同じ金額の借入れを行っている時に、片方が固定金利を、もう片方が変動金利を支払う取引である。

実際に金利スワップ取引が行われる一つの理由は、固定金利と変動金利で借入れを行う際に、企業の信用力の違いがあることである。信用力の違いがある企業は、相対的に安く借りられるほうの金利を各々が銀行に支払い、その支払金利を交換すると、両方の企業が利益を得ることができる。この点について、以下の事例を通して説明する。

企業Ａと企業Ｂが、どちらも１年間100万円の借入れをしたい。企業Ａは変動金利、企業Ｂは固定金利での借入れをそれぞれ希望している。企業Ａと企業Ｂが銀行に借り入れを打診したところ、以下の金利を提示された。

企業Ａ：固定金利なら９％、変動金利なら銀行間金利＋0.2%

企業Ｂ：固定金利なら11.2%、変動金利なら銀行間金利＋1.0%

ここで、銀行間金利とは、銀行が銀行間市場で資金を調達してくる卸値に相当する部分である（銀行間金利の詳細は第19章 Web 付録（補論）参照)。また上乗せされている金利は、銀行が借入れ先企業の倒産の危険を考慮して追加したリスク・プレミアムに相当する部分であり、借入れ先の信用度が低いほど高くなる。この事例では、企業Ａは企業Ｂよりも信用度が高く、固定金利でも変動金利でも企業Ｂよりも低金利で借りることができる。しかし、企業Ａと企業Ｂが銀行から要求された固定金利の差は11.2%－9%＝2.2%で、企業

---

4)　金融商品取引法第二条では、デリバティブ取引の条件として、「売買の当事者が将来の一定の時期において金融商品及びその対価の授受を約する売買であつて、当該売買の目的となつている金融商品の転売又は買戻しをした時は差金の授受によつて決済することができる取引」、とされている。

Ａと企業Ｂが銀行から要求された変動金利の差は1.0％－0.2％＝0.8％であるから、企業Ａが固定金利で銀行から借り入れるメリットのほうが、企業Ａが変動金利で銀行から借り入れるメリットよりも大きい。

そこで、企業Ａは変動金利での調達を希望しているものの、銀行からは固定金利で借入れを行い、この固定金利支払いを企業Ｂが行う変動金利借入れの金利支払いと交換することが考えられる（元本の100万円は交換しない）。これが金利スワップ取引である。具体的には、企業Ａと企業Ｂは、１年間以下の取引を行うことで金利の支払いを節約できる。

企業Ａは固定金利９％で100万円を銀行から借り入れ、企業Ｂに銀行間金利を支払い、企業Ｂから9.5％の固定金利を受け取る。

企業Ｂは銀行間金利＋1.0％の変動金利で100万円を銀行から借り入れ、企業Ａに9.5％の固定金利を支払い、企業Ａから銀行間金利を受け取る。

上記の取引で、企業Ａと企業Ｂはどれだけの金利を支払うだろうか？

まず、企業Ａの支払金利合計は、銀行に対する固定金利９％と企業Ｂへの銀行間金利の合計であり、企業Ａの受取金利は企業Ｂからの9.5％であるので、受取金利を除いた純粋な支払金利は以下となる。

企業Ａ：9％＋銀行間金利－9.5％＝(銀行間金利－0.5％)

企業Ｂの支払金利合計は、銀行に対する銀行間金利＋1.0％の変動金利と企業Ａへの固定金利9.5％の合計であり、企業Ｂの受取金利は企業Ａから受け取る銀行間金利であるので、受取金利を除いた純粋な支払金利は以下となる。

企業Ｂ：(銀行間金利＋1.0％)＋9.5％－銀行間金利＝10.5％

企業Ａは、単独で銀行から変動金利借入れをすると、支払金利として銀行間金利＋0.2％を支払うところを、金利スワップのおかげで（銀行間金利－0.5％）の支払いですんだ。金利の節約分は、0.7％である。企業Ｂは、単独で銀行から固定金利借入れをすると、支払金利が11.2％になるところを、金利スワップのおかげで10.5％の支払いですんだ。金利の節約分は、0.7％である。

企業Ａと企業Ｂが金利の支払いをそれぞれ0.7％ずつ、合計1.4％を節約できた理由は、企業Ａと企業Ｂが銀行から要求された固定金利の差である11.2％－9％＝2.2％と、企業Ａと企業Ｂが銀行から要求された変動金利の差である1.0％－0.2％＝0.8％の差額である1.4％（2.2％－0.8％＝1.4％）を折半したためである。

なお、これまでの例では、企業Aと企業Bが直接取引することを想定していたが、企業が自分と同じ金額の借入れをしようとする別の企業を探すのは困難である。したがって、実際には企業Aと企業Bは金融機関と取引を各々が行い、金融機関が上記の1.4%の金利支払いの節約から生じた利益の一部を受け取りながら企業Aと企業Bとの取引を仲介する形となることが普通である。

金利スワップ取引が行われるその他の理由としては、金利変動の危険を回避することがあげられる。例えば、固定金利で大半の貸出を行い、資金調達の大半を変動金利で行っている銀行Xについて考えよう。銀行Xは、将来金利が上昇した場合には、主に変動金利で行っている資金調達のための利払い費用が大きく上がる一方で、貸出金利は固定されているので金利収入は増えず、利益が圧迫されるかもしれない。そこで、銀行Xは固定金利を支払い、変動金利を受け取る金利スワップ取引を用いて金利変動の危険を回避したいと考えるだろう。もし銀行Xが固定金利を受け取り、変動金利を支払うことを希望する相手方を見つけることができれば、金利スワップ取引が行われる可能性がある。

3．オプション取引

オプション取引とは、ある原資産を、一定の期日（権利行使日）に特定の価格（権利行使価格）で買う権利（**コールオプション**）、または売る権利（**プットオプション**）を売買する取引のことである。

例えば、プットオプションを買った人は、ある一定の値段で将来に原資産を売る権利を持つ。プットオプションを売った人は、オプションの売値に相当するプレミアムを得て、もしオプションを買った人が権利を行使してきたら、その求めに応じて原資産を約束した値段で買わなければならない。

以下では、プットオプションを買うことは、保険の代わりになることをブリーリー他［2014，26章4節］に紹介されている事例により説明する。

2008年にメキシコ政府は、1バレルの石油を70ドルの権利行使価格で売却する権利（プットオプション）を買った。[5)] 当時のメキシコの国家収入の4割は国営石油会社からの収入が占めていたので、石油価格が暴落すると政府収入が減少し、政府支出の削減を余儀なくされてしまう。そこで、メキシコ政府は売却予定の3億3,000万バレルの石油が、石油価格が1バレル70ドル以下になっても、必ず1バレル70ドルで売れるようにするために、1バレルの石油を70ドルの権利行使価格で売却するプットオプションを買い、3億3,000万バレル×70ドル＝231億ドルの最低収入を確保した。つまり、メキシコ政府はプットオプションを買って石油収入が最低でも231億ドルになるように保険をかけたのである。この保険のためにメキシコ政府が支払ったプットオプションのプレミアムは15億ドルだったと言われている。

もしも運良く石油価格が1バレル70ドルではなく、1バレル75ドルになれば、メキシコ政府はプットオプションの権利を行使せずに石油を1バレル75ドルで売却し、3億3,000万バレル×5ドル＝16.5億ドル分だけ当初の予定より追加の収入を得ることができるので、プットオプション購入に支払ったプレミアムの15億ドルを補って余りある収入を得ることができるだろう。

運悪く石油価格が1バレル20ドルまで暴落した場合には、メキシコ政府はプットオプションの権利を行使して石油を1バレル70ドルで売却できるから、3億3,000万バレル×70ドル＝231億ドルの最低収入を確保し、石油価格暴落の被害をプットオプション購入に支払ったプレミアムの15億ドルにとどめることができる。もしもプットオプションを購入していなければ、石油を1バレル20ドルで売却せざるをえず、政府の原油売却による収入は、最低収入として確保したかった231億ドルから66億ドルまで、165億ドルも減少していたであろう。

メキシコ政府のプットオプション購入政策と同様の発想でプットオプションを買う投資戦略は、株式を持っている投資家が値下がり損失を避けるためにその株式のプットオプションを買う戦略（**プロテクティブ・プット**）として知られており、価格変動リスクをヘッジする手法として頻繁に用いられている。

オプションは複雑で我々の生活には縁遠い金融商品に思えるが、実は我々の生活にも身近な商品である。例えば、定期保険の生命保険は、保険料がプレミアム、権利行使日が死亡日、買う権利のある資産が保険金、保険契約者がコー

5）　バレルはヤード・ポンド法の体積の単位のこと。石油取引で使われる1バレルは159リットルに相当する。

ルオプションの買い手、保険会社がコールオプションの売り手となるオプションだと理解できる。定期保険の期間中に死亡しなかったとしても、保険契約者には保険料支払い以上の損失は出ない。株式についても、株主は企業価値を原資産とするコールオプションの買い手で、権利行使価格はその企業の債務残高である。企業価値が債務残高を上回る利益は株主に帰属し、企業価値が債務残高以下の場合は、株主に帰属する利益はゼロとなるが、有限責任制のおかげでそれ以上の債務の負担を求められることはないので、保有する株式の価値（プレミアムに相当する）以上の損失は出ないことになる。

Key Word　先渡取引、為替予約、先物取引、値洗い、証拠金、差額決済、デリバティブ、限月、スワップ取引、金利スワップ取引、オプション取引、コールオプション、プットオプション、プロテクティブ・プット

19章まとめ――デリバティブ

❶デリバティブ取引には、原資産を将来売買することをあらかじめ約束する取引（先物取引）、将来の受取り利息と支払い利息を交換する取引（金利スワップ取引）、原資産を将来売買する権利をあらかじめ売買する取引（オプション取引）などがある。

❷取引の目的には、現物の価格変動リスクを回避（ヘッジ）することや、収益追求がある。

【参考文献】

池尾和人『現代の金融入門』（新版）、筑摩書房、6章、2010年

大村敬一『ファイナンス論――入門から応用まで』有斐閣、11～12章、2010年

釜江廣志編『入門証券市場論』（第3版補訂）、有斐閣、6～7章、2015年

ハル、ジョン著、三菱銀行商品開発部訳『デリバティブ入門』金融財政事情研究会、6章、1994年

ブリーリー、リチャード/スチュワート・マイヤーズ/フランクリン・アレン著、藤井眞理子・國枝繁樹監訳『コーポレートファイナンス（第10版）』下巻、日経BP社、20章、26章、2014年

第5部
グローバル経済と金融政策

概　要

第５部では、グローバル経済と金融政策について説明する。

第20章では、第５部で用いられる主要な経済統計である、国民経済計算、物価指数、国際収支について説明する。これらの統計について学ぶ必要がある背景は、以下のとおりである。

まず国民経済計算の国内総生産（Gross Domestic Product：GDP）という統計は、経済の規模を計測し、経済発展の様子を調べる目的のために一般的に用いられている統計である。

日本銀行法第二条では、「日本銀行は、通貨及び金融の調節を行うに当たっては、物価の安定を図ることを通じて国民経済の健全な発展に資することをもって、その理念とする。」と定めている。GDP を用いれば日本銀行が「国民経済の健全な発展」に貢献しているか否かを判定できる。

GDP は、円単位で経済規模を計測しており、毎年の市場価格により経済規模を計測した結果は名目 GDP と言われる。ところで、作られている財貨・サービスの量が同じであっても、財貨・サービスの値段が２倍になると名目 GDP は２倍になる。そこで、ある年を基準とし（参照年と言う）、参照年の価格で経済規模を計測した結果は実質 GDP と言われる。実質 GDP は財貨・サービスの価格変動の影響を取り除いた経済規模に相当しており、価格変動の影響は名目 GDP を実質 GDP で割った GDP デフレーターによって計測できる。ところが、GDP デフレーターは３カ月に一度しか計測されておらず、金融政策の運営に用いるためには頻度が低い。そこで、金融政策の運営にあたっては、毎月利用可能な消費者物価指数という別の統計も用いられている。消費者物価指数や GDP デフレーターを用いることで、日本銀行が物価の安定を図っているか否かを判定できる。

国際収支は、グローバル経済と日本との間の経済取引を記録する統計である。国際収支を用いると、国際的な財貨・サービスの取引とそれに伴って生じる資金の移動の様子を調べることができる。

現在の日本では対外取引は原則自由なので、国内で金融取引を行う際であっても、外国との金融取引の影響を考える必要がある。例えば、円建てで預金をするのと、外国通貨建てで預金をするのとでは、どちらがどんな条件の下で有利になるのであろうか？　第21章と第22章では、こうした疑問に答える。

第21章では、外国為替市場と国際通貨制度の歴史について説明する。外国為替市場とは、通貨を交換する場の総称であり、外国為替市場で決定される通貨の交換比率を外国為替相場（為替レート）と言う。1970年代前半以後、日本では外国為替相場の決定は自由な市場取引にゆだねられており、このような通貨制度を変動相場制と言う。それ以前の第二次大戦後から1970年代前半までは政府が外国為替相場を固定しており、このような通貨制度を固定相場制と言う。第21章ではこれらの為替相場制度の変遷についても説明する。

第22章では、外国為替市場における為替レートの決定理論のうち、代表的な二つの理論を取り上げる。まず、短期的な為替レートの動向を資産市場に注目して説明する理論を説明し、次に中長期的な為替レートの動向を財価格の裁定に注目して説明する理論を説明する。

中央銀行の実施する金融政策に関する理解なしには、金利、債券価格、株価、為替レートの予想はできない。また、金融政策が実体経済や物価に与える影響を理解することなしには、我々の将来の所得や、所得の実質価値を予想できない。そこで第22章までの説明を踏まえて、第23章から第26章では中央銀行の業務、金融政策の目標・手段・効果について説明したうえで、日本の1998年以降の金融政策の運営について説明する。

まず、第23章では、日本の中央銀行である日本銀行の業務を、①発券銀行、②銀行の銀行、③政府の銀行、に分けて説明した後に、日本銀行の貸借対照表と損益計算書について説明する。

第24章では、金融政策の目標と手段について説明する。日本における金融政策の運営の理念は、前述のとおり「物価の安定を図ることを通じて国民経済の健全な発展に資すること」である。日本銀行の金融政策運営の責任者である政策委員会は、この理念を達成する手段として、金融市場で民間金融機関と行う取引の方針を決める。民間金融機関と行う取引には、目的に応じて様々な手法が用いられるので、第24章の最後でそれらの手法について説明する。

第25章では、日本銀行が金融市場で民間金融機関と取引を行った結果、金利、債券価格、株価、為替レート、物価、実体経済にどのように影響が及ぶかを理論的に説明していくことを通して、金融政策の効果について説明する。

第26章では、1998年以降の日本の金融政策について説明し、今後の金融政策運営の論点について説明する。金融政策の効果をリアル・タイムで評価することは非常に難しい。なぜなら、金融政策は実施されてから経済に効果が及ぶまで時間がかかるほか、財政政策などの他の政策の効果と切り離して効果を定量化するのは技術的に難しいためである。したがって、本書における1998年以降の金融政策運営の評価と今後の論点は2022年１月時点の情報に基づく暫定的なものである。

20章 国民経済計算・物価指数・国際収支

本章では、第21章から第26章で説明する内容を理解するために必要な経済統計である、国民経済計算・物価指数・国際収支について簡潔に紹介する。

まず第１節では、日本の経済規模を計測するための包括的な統計である国民経済計算について、国内総生産（Gross Domestic Product：GDP）を中心に説明する。GDPには、現在の市場価格を用いて１円単位で経済規模を計測した名目GDPと、財貨・サービスの価格変動の影響を除いた実質GDPがあることを説明する。

第２節では、物価指数について学ぶ。まず、名目GDPを実質GDPで割って求めるGDPデフレーターを説明する。GDPデフレーターは３カ月に一度しか計測されておらず、金融政策の運営に用いるためには頻度が低い。そこで、金融政策の運営にあたっては、毎月利用可能な消費者物価指数という別の統計も用いられていることを説明する。

日本経済と金融の関係を考えるうえでは、グローバル経済との関係を無視することはできない。そこで第３節では、日本と外国との財貨・サービス取引、金融取引を総括した統計である国際収支について説明する。

1．国民経済計算

国民経済計算は、日本経済の全体像を国際比較可能な形で体系的に記録することを目的に、国連の定める国際基準に準拠しながら、内閣府経済社会総合研究所が発表している統計である。国民経済計算には、およそ２カ月遅れで四半期ごとに発表される速報と、およそ１年遅れで毎年発表される確報がある。[1)]

（1）国内総生産の定義

国民経済計算のうち、**国内総生産**（GDP：Gross Domestic Product）と呼ばれる経済規模を計測する系列は、新しく生産され、市場取引されている財貨・サービスの量を数え、これに各々の市場価格を掛けて合計することで求められる。

例えば、ハンバーガーとお茶だけが売られている経済を考えよう。ハンバーガー店がハンバーガーを１個100円で10個、お茶店がお茶を１本90円で５本生産している経済のGDPは、両者の生産量に各々の市場価格を掛けて合計すると、以下となる。

100円×10＋90円×５＝1,450円

ところで、ハンバーガー店は、原材料すべてを自分で作っているわけではなく、他の店から仕入れた材料も使って販売しているだろう。そこで、国民経済計算では生産量の合計を求める際に、最終的に家計や企業が購入して使用する財貨・サービス（これを**最終生産物**と言う）だけを数え、その前段階で生産された**中間生産物**は除くことで、二重計算を避けることにしている。この操作を、**付加価値**だけを合計する、と言う。

例えば、上記の例で見たハンバーガーを100円で売るためには、ハンバーガー店はパン店からパンを10円、精肉店から肉を50円、青果店からレタスを10円で仕入れており、合計で仕入れに70円かかっていたとする。この場合、ハンバーガー店のハンバーガー１個当たりの付加価値は、100円から仕入れの合計金額である70円を引いた30円になる。他の70円分は、ハンバーガー店以外の付加価値として計算するのが正しい。

以上に説明した考え方を用いて、日本で１年間に市場で取引するために新たに生産された最終生産物の付加価値合計を計算したものがGDPである。すなわちGDPは、新しく生産された市場取引されている財貨・サービスの量を数え、市場価格を掛けて合計した経済規模を計測するための統計である。合計をする際には、最終的に家計や企業が購入して使用する財貨・サービス（最終生産物）だけを数え、前段階で生産された中間生産物は除くことで、二重計算を

---

1)　国民経済計算の詳細は内閣府「国民経済計算（GDP統計）」を参照。
https://www.esri.cao.go.jp/jp/sna/menu.html（2021年８月７日アクセス）

避けて、付加価値だけを合計している。

さて、付加価値の合計を計算する時に、実際に市場で取引されている価格に基づいて計算された値を名目値と言い、GDPの場合には**名目GDP**と言う。これに対して実質値とは、ある年（参照年と言う）からの物価の上昇・下落分を取り除いた値（市場での価格ではなく、参照年の価格。本書が利用した2020年度のGDP統計の場合は2015年が参照年）で計算された値を言い、GDPの場合には**実質GDP**と言う。

名目値は物価変動の影響を受けるため、経済成長率を作られた財貨・サービスの量を基準にして計測する時には、物価変動を取り除いた実質値を用いることが多い。このようにして求められた2020年度の日本の実質GDPは526兆円、名目GDPは536兆円である（2021年1～3月期2次速報値［2021年6月8日公表］による）。2019年度の日本の実質GDPは551兆円、名目GDPは558兆円であったが、新型コロナウイルス感染症の影響で2020年度は実質GDPで4.6%、名目GDPで3.9%前年度の水準から低下した。2020年度は、2008年度に世界金融危機の影響で、実質GDPで3.6%、名目GDPで4.1%前年度の水準から低下して以来の深刻な景気後退であった。

図表20-1は、日本の実質GDPを実線で、名目GDPを破線で、それぞれ1980年度から2020年度まで示している。最新の2015年基準統計は1994年度までしか利用できないので、1980年度から1993年度分のデータは2011年（平成23年）基準による簡易遡及データの成長率を用いて1994年度からさかのぼって試算した。図表20-1を見ると、実質GDP、名目GDPのいずれも1980年代は増加している（1981年度から1990年度の毎年度の成長率の平均値は実質が4.6%、名目が6.1%）が、1990年代は増加幅が低下した（1991年度から2000年度の毎年度の成長率の平均値は実質が1.2%、名目が1.3%）。2000年代はさらに増加幅が低下し、特に名目GDPは2000年度の538兆円から2010年度には504兆円へと低下した（2001年度から2010年度の毎年度の成長率の平均値は実質が0.6%、名目が－0.6%）。2010年度から2014年度は名目GDPが実質GDPよりも低い値になっているものの、2010年度から2019年度の毎年度の成長率の平均値は実質が0.8%、名目が1.1%となったが、2020年度は前述のとおり新型コロナウイルス感染症の影響で実質GDP、名目GDPともに大きく減少した。

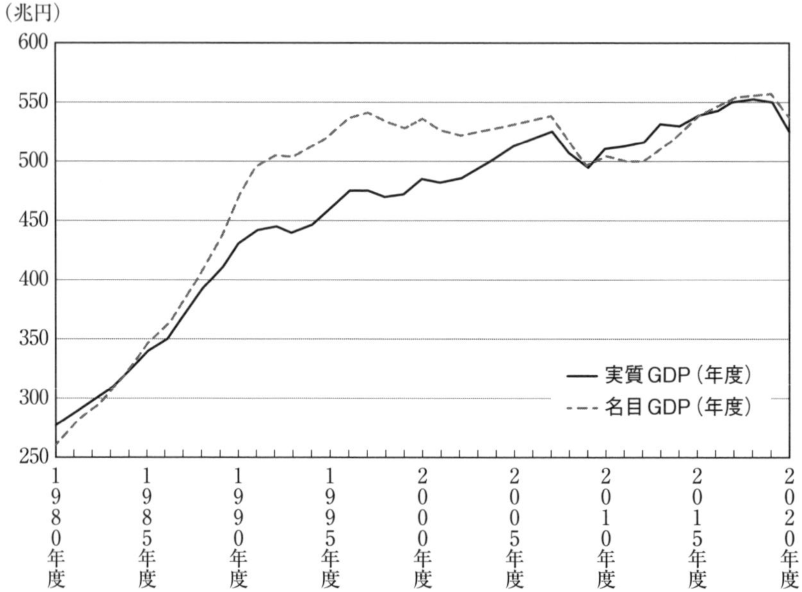

図表 20-1　日本の実質 GDP と名目 GDP：1980年度〜2020年度

（出所）　1994〜2020年度：内閣府「統計表一覧（2021年１〜３月期　２次速報値）、2015年基準」
https://www.esri.cao.go.jp/jp/sna/data/data_list/sokuhou/files/2021/qe211_2/gdemenuja.html
1980〜1994年度：内閣府「平成23年基準支出側 GDP 系列簡易遡及」
https://www.esri.cao.go.jp/jp/sna/data/data_list/h23_retroactive/23kani_top.html
（ともに2021年８月６日アクセス）

（２）国内総生産の内訳

GDP は、国内で生産されたものには、誰かの支出が対応するように作成されている。このため、GDP は、以下のように経済主体別に見た支出に分類できる。

GDP＝消費＋投資＋政府購入＋(輸出－輸入)

ここで、(輸出－輸入）は、純輸出とも言う。

図表 20-2 は、2021年10月時点で GDP の詳細な内訳がわかる最新年である2019年度の名目 GDP について、支出の内訳構成比を示している。

民間最終消費支出は、家計と対家計民間非営利団体による財貨・サービス購入（ただし、住宅を除く）であり、GDP の54.4%を占める。

（構成比：%）

1．　民間最終消費支出	54.4
うち家計最終消費支出	53.0
家計最終消費支出（除く持ち家の帰属家賃）	44.4
持ち家の帰属家賃	8.7
2．　政府最終消費支出	20.0
3．　総資本形成	25.8
うち総固定資本形成	25.4
a．民間	20.2
（a）住宅	3.8
（b）企業設備	16.4
b．公的	5.2
（a）住宅	0.1
（b）企業設備	1.2
（c）一般政府	3.9
うち在庫変動	0.4
4．　財貨・サービスの純輸出	-0.1
うち財貨・サービスの輸出	17.1
a．財貨の輸出	13.4
b．サービスの輸出（含む非居住者家計の国内での直接購入）	3.7
うち（控除）財貨・サービスの輸入	17.1
a．財貨の輸入	13.3
b．サービスの輸入（含む居住者家計の海外での直接購入）	3.9
5．　国内総生産（支出側）（1＋2＋3＋4）	100.0

図表20-2　経済活動別国内総生産：2019年度

（出所）　内閣府「2019年度国民経済計算（2015年基準・2008SNA）」
https: //www.esri.cao.go.jp/jp/sna/data/data_list/kakuhou/files/2019/2019_kaku_top.html（2021年8月6日アクセス）

GDPの20.0%を占める政府最終消費支出は、政府サービス生産者の産出額から、他部門に販売した額を差し引いたものに現物社会給付等（医療保険および介護保険による給付分等）を加えたものである。

総資本形成は、総固定資本形成と在庫変動とからなる。このうち、総固定資本形成は、民間法人、公的企業、一般政府、対家計民間非営利団体および家計（個人企業）が新規に購入した有形または無形の資産であり、民間経済主体が行う企業設備投資（GDPの16.4%を占める、以下同じ）と住宅投資（3.8%）を合計するとGDPの20.2%を占める。このほか、公的投資（5.2%）がある。売れ残った商品は、企業が自分で購入したと考え、在庫変動（GDPの0.4%を占める）の中に入る。在庫変動があるおかげで、GDP 統計では本節はじめに示したように生産されたものには必ず誰かの（生産者自身を含む）支出が対応しているのである。

財貨・サービスの純輸出は、輸出と輸入の差額である。輸出（GDP の17.06%）は日本で生産されているものだから GDP にはプラス、輸入（GDP の17.14%）は海外で生産されたものなので GDP からはマイナスし、輸出から輸入を差し引いた純輸出は GDP の－0.1%を占める。

2．物 価 指 数

物価水準（一般物価水準とも言う）とは、ある時点で取引される財貨・サービスの平均的な価格のことである。GDP 統計の場合、物価水準は **GDP デフレーター**と呼ばれており、

$$100\times\left(\frac{\text{名目GDP}}{\text{実質GDP}}\right)$$

で定義される。

ここで、名目 GDP は市場価格で評価した国内総生産、実質 GDP は参照年の価格で評価した国内総生産である。

物価水準が持続的に上昇することを**インフレーション**と言い、物価水準の上昇率のことをインフレ率と言う。インフレーションとは反対に、物価水準が持続的に下落する状態を**デフレーション**と言う。

GDP デフレーターは物価水準を計測するうえで非常に有益な統計だが、3カ月に一度しか利用できず、速報性がない。また、1年遅れで GDP の確報が公表される時点で、大きく改訂される傾向がある。そこで、実務的には速報性のある別の指標も用いて物価水準を検討することが多い。

速報性のある指標の代表例は、総務省が毎月発表している消費者物価指数の中にある総合指数である。**消費者物価指数**は、全国の世帯が購入する家計に係る財およびサービスの価格等を総合した物価の変動をある時点（基準年と呼び、現在は2020年。5年ごとに改定される）を基準として時系列的に測定する統計である。なお、消費者物価指数改定の経済政策運営に与える影響は第20章

Web 付録（補論 1 ）参照。

消費者物価指数は、家計の消費構造を基準年で固定して、それと同じ消費構造を維持するための支出が物価変動でどう変化するか、基準年を100とした指数で示す。家計の消費における各品目のウエイト（例えば、家賃などの住居への支出は 1 万分の2,149）は総務省統計局実施の家計調査の結果等から計算し、各品目の価格は総務省統計局実施の小売物価統計調査によって調査された小売価格を用いる。ただし、2020年基準指数の各品目のウエイトは、新型コロナウイルス感染症の影響を踏まえ、2020年ではなく、2019年および2020年の平均 1 カ月間 1 世帯当たり品目別消費支出金額をもとに計算されている。公表された結果は、日本銀行の金融政策運営をはじめとする各種経済政策や第11章 8 節で説明した公的年金給付額のマクロ経済スライドの判定条件の一つとして利用されている。

消費者物価指数は同一商品の価格を継続して追跡することが原則だが、基準改定の際には消費者の消費の好みが変化し、家計の消費支出のウエイトが上がったものは調査対象へ加え、下がったものは調査対象から外すことが行われる。例えば、2020年基準改定では、30品目を追加、28品目を廃止、10品目を 5 品目に統合して、新基準の指数の作成に用いる品目数は582品目に変更された。また、品質改良された後継商品が出て、追跡していた商品が製造中止になった場合は、新旧の商品の間にある機能・特性などの品質を調整して、指数の連続性を保つ処理を行っている。例えば、同じ商品の容量が変更された（例えば10%増加）うえで価格が変化した場合（例えば15%値上げ）は、価格の変化分（15%）から、容量変化分による値下がり分（10%）を取り除いた価格変化を統計に記録する（この場合には、15%－10%＝ 5 %の値上げになる）。また、特に品質向上が著しく、製品サイクルがきわめて短いパソコンおよびカメラについては、POS データを用いたヘドニック法により品質調整を行っている。この方法は、各製品の品質はその製品を構成する複数の性能に分解でき、各製品の価格は性能によって決定されると考える。例えば、パソコンなら HDD 記憶容量、メモリ容量、バンドルソフトの有無などの性能の違いにより説明できる製品間の価格差を推定することにより品質調整を行う方法である。消費者物価指数には、財全体の総合指数、個別財の指数、地域別の指数、世帯主年齢別

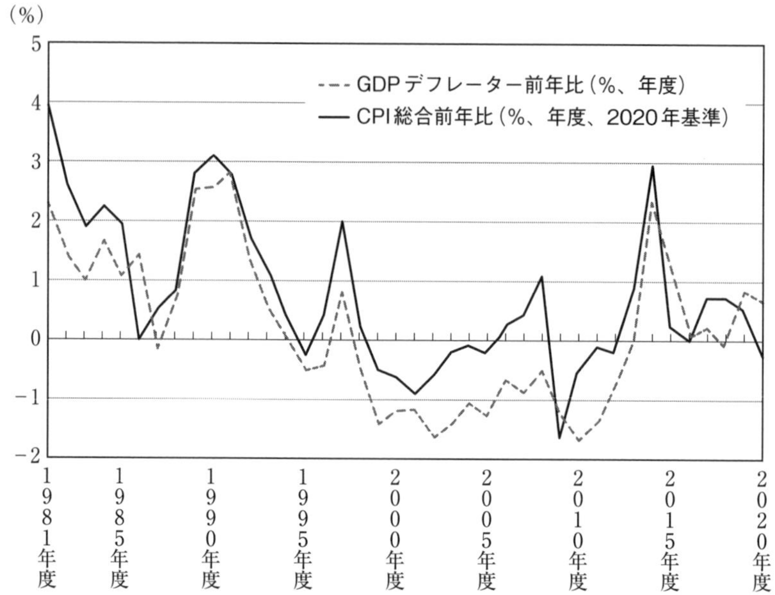

図表 20-3　物価変動の指標：1981年度～2020年度

（出所） GDP デフレーターは図表 20-1 と同じ。
CPI（消費者物価指数）は総務省「2020年基準消費者物価指数」による。
https://www.e-stat.go.jp/stat-search/file-download?statInfId=000032103951&fileKind=1
（2021年８月６日アクセス）

の指数など、様々な分類の物価指数が含まれている。[2)]なお、2020年基準改定におけるオルタナティブデータの利用については第20章 Web 付録（補論２）参照。

日本で金融政策を遂行している日本銀行は、2013年１月から物価安定目標として消費者物価指数の前年比上昇率２％をあげている。消費者物価指数は英語では Consumer Price Index と言われることから、消費者物価指数を CPI と略して表記することが多い。

図表 20-3 は、1981年度～2020年度の GDP デフレーターの前年比上昇率と CPI 総合指数の前年比上昇率を示している。二つの前年比上昇率を比べると、

2）「消費者物価指数」の詳細は、以下の総務省ウェブサイトを参照。
https://www.stat.go.jp/data/cpi/（2021年８月７日アクセス）

GDP デフレーターのほうがやや低めの値を取っている。両者の違いは、対象の違いと、算式の違いにより説明される。[3]

まず、対象の違いについて見ると、消費者物価指数はGDPの支出項目のうち家計消費に対象を限定しているが、GDP デフレーターは家計消費のほかに値下がり傾向が激しい企業の設備投資なども対象となっており、上昇率が低めに出やすい。また、石油製品などの輸入品価格が上昇している中では、消費者物価指数はその分だけ上昇する。例えば、ガソリン価格が上昇すれば、消費者物価指数はその分だけ上昇する。一方、GDP デフレーターでは、輸入品価格の上昇がそのまま上昇に響くとは限らない。この点は、以下の公式を見るとわかりやすい。

$$\text{GDPデフレーター}=\frac{\text{名目国内総需要}+\text{名目輸出}-\text{名目輸入}}{\text{実質国内総需要}+\text{実質輸出}-\text{実質輸入}}$$

いま、原油価格上昇で輸入数量と国内需要量が一定なままで名目輸入が100万円増えると、名目輸入は分子の控除項目なので分子は減り、分母は一定のため、GDP デフレーターは下落する。もし、原油価格が上がった分と同じ金額がガソリンの小売価格に転嫁された場合には、分子の名目国内総需要（ここで、国内総需要は、消費＋投資＋政府購入）のうち名目消費も100万円上昇するので、名目消費と名目輸入への効果が相殺され、名目 GDP に与える影響はゼロになるので、GDP デフレーターには影響はない。しかし、ガソリンの小売価格の値上がりが原油価格上昇以下であれば、GDP デフレーターは下落する。これは、小売店が利益を削って仕入れ原価上昇を完全に値上げに結び付けない場合に相当する。もし、小売店が原油価格上昇に便乗し、仕入れ原価上昇以上にガソリン価格を引き上げている場合は、GDP デフレーターは上昇する。

この間、消費者物価指数では、ガソリンの小売価格だけを記録しているので、GDP デフレーターの上下に関係なく、ガソリンの小売価格はいずれの場合も上昇する。ただし、GDP デフレーターのうち、家計消費支出に限定した指数は、消費者物価指数とよく似た動きをすることが知られている。[4]

次に、算式の違いについて見ると、消費者物価指数は基準時点の数量ウエイ

---

3)　以下の説明は、総務省「消費者物価指数に関するＱ＆Ａ（回答）G-８」を参照。
https://www.stat.go.jp/data/cpi/4-1.html（2021年８月７日アクセス）

トで加重平均するラスパイレス算式で計算されるのに対し、GDP デフレーターは比較時点の数量ウエイトで加重平均するパーシェ算式で計算されている。二つの算式を比較すると、一般に、GDP デフレーターで用いられているパーシェ算式で計算するほうが低い指数が出る傾向があることが知られている。

しかし、GDP デフレーター、消費者物価指数のどちらの上昇率も、1990年代半ば以後2012年までの約15年間にわたって、消費税率の引き上げがあった1997年度と原油価格が上昇した2008年度を除くと、ゼロ近傍か、小幅のマイナスの値を取っていることがわかる。この状況を**日本の長期デフレ**と言い、第二次大戦後の諸外国では見られない日本に特有な現象であるとされている。

3. 国際収支

国際収支は、一定期間における一国のあらゆる対外経済取引を体系的に記録した統計であり、日本銀行が財務省からの委託を受けて作成している。

日本の居住者と非居住者との間で行われた取引の内容に応じて統計は３種類あり、財貨・サービス・所得の取引などを記録する経常収支、対外金融資産・負債の増減に関する取引を記録する金融収支、生産資産（財貨・サービス）・金融資産以外の資産の取引や資本移転を記録する資本移転等収支、がある。居住者の定義は、１年以上所在しまたは所在する意思があることなので、日本に住んでいる外国人が非居住者と商業取引をすればその取引は日本の国際収支の対象になる。したがって、国際収支は日本人と外国人の取引を記録しているとは限らないことには注意が必要である。

通常の経済取引、例えば車の輸出であれば、代金を受け取るはずである。国際収支では、車の輸出は経常収支の増加に、代金の受け取りは金融収支の増加

---

4)　海外で発生し、輸入品価格の影響で発生する物価上昇要因を輸入インフレと言い、国内で発生した物価上昇要因をホームメード・インフレと言う。上記の例では、原油価格上昇に応じたガソリン小売価格の値上がり部分が輸入インフレで、ガソリン小売価格の便乗値上げの分がホームメード・インフレである。この例から、GDP デフレーターはホームメード・インフレの指標になっていることがわかる。

に記録されるので、経常収支と金融収支は同額になるはずである。対価の支払いを求めない政府の経済援助や、外国人労働者が母国の家族に生活費を送金する取引などにはこの考え方があてはまらないため、対価の支払いがなされたかのようにするための項目（資本移転等収支と経常収支の中に含まれる第二次所得収支）を作ることで、

経常収支＋資本移転等収支－金融収支＋誤差脱漏＝0

という関係が成り立つように国際収支は計算される。ただし、誤差脱漏はこの関係式が成り立つように事後的に決定される。

以下では、上記の3種類の収支について説明する。

（1）経常収支

経常収支は、貿易・サービス収支、第一次所得収支、第二次所得収支の合計である。

まず、**貿易・サービス収支**は、輸出と輸入の差である貿易収支とサービス収支からなる。サービス収支の中には、輸送（国際貨物、旅客運賃の受取・支払）、旅行（訪日外国人旅行者・日本人海外旅行者の宿泊費、飲食費等の受取・支払）、金融（証券売買等に係る手数料等の受取・支払）、知的財産権等使用料（特許権、著作権等の使用料の受取・支払）などが含まれる。

次に、**第一次所得収支**は、国内居住者の対外金融債権・債務から生じる利子や配当の受払や、海外での雇用への報酬などが含まれる。例えば、直接投資収益（親会社と子会社との間の配当金・利子等の受取・支払、直接投資の再投資収益）、証券投資収益（株式配当金および債券利子の受取・支払）、その他投資収益（貸付・借入、預金等に係る利子の受取・支払）が含まれる。

最後に、**第二次所得収支**は、外国への贈与・寄付、国際機関分担金、労働者送金（外国で雇用され、その国で居住者として扱われることとなった個人が、そこで稼得した報酬を出身国等にいる家族や親族に対して行う送金）など、売買の対価がない一方的な資金移転が含まれる。災害への義援金などもここに分類される。

どの収支も受け取り超過なら黒字、支払い超過なら赤字と言う。

図表20-4は、1996年～2020年の経常収支と、その内訳の動向を示している。

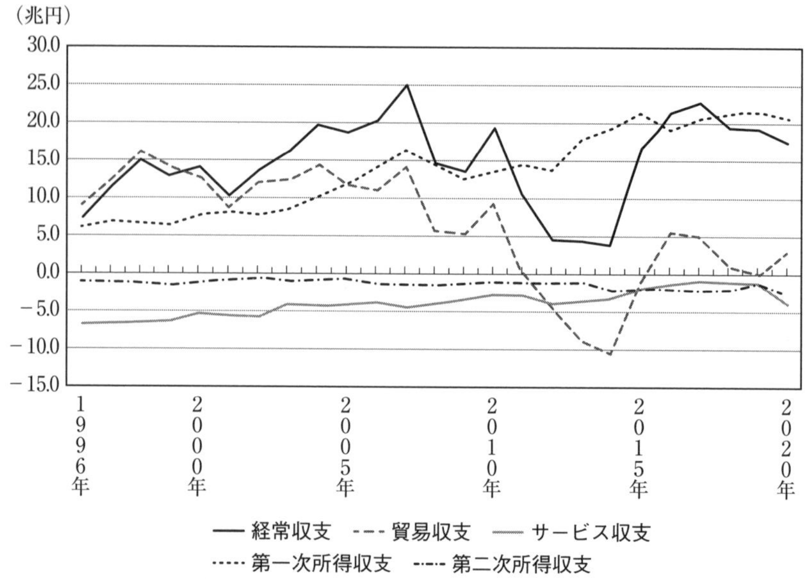

図表20-4　経常収支：1996年〜2020年

(出所)　財務省「国際収支の推移」
https://www.mof.go.jp/policy/international_policy/reference/balance_of_payments/bp_trend/bpnet/sbp/s-2/6s-2-1.csv (2021年8月6日アクセス)

図表20-4を見ると、太実線の経常収支は、2011年〜2014年に黒字幅が大きく減っていることがわかる。この変化には、破線で示されている貿易収支の赤字幅が東日本大震災以後の石油関連品目の輸入拡大により拡大していることが影響している。次に、点線で示されている第一次所得収支の黒字幅は拡大基調にあり、2005年以降は貿易収支の黒字幅を超えて、経常収支黒字の最大要因となっており、近年は第一次所得収支の中でも直接投資収益のウエイトが高まっている。すなわち、1996年には直接投資収益と証券投資収益が第一次所得収支に占める割合は22%と72%であったが、2018年に51%と45%と逆転し、2020年には54%と42%とさらに差が広がっている。

細実線で示されているサービス収支の2013年以後の赤字幅減少には、外国人観光客増加(日本人海外旅行客減少)による旅行収支の改善(2015年以後黒字転換)も寄与していたが、新型コロナウイルス感染症の流行から旅行収支の黒字が2019年の2.7兆円から2020年には6,000億円に減少し、サービス収支全体でも2020年には赤字幅が拡大に転じた。

第二次所得収支は１兆円程度の赤字であったが、2014年からは２兆円程度の赤字になる年がほとんどである。2020年の第二次所得収支赤字2.5兆円のうち、2,900億円がベトナム向けであり、2014年の72億円から急激に赤字が増加している。厚生労働省の「外国人雇用状況」の届出状況まとめによると、ベトナムからの労働者は2014年10月末の61,168人から2020年10月末の443,998人へと増加（外国人労働者のうち25.7%、中国を抜いて最大）していることから、第二次所得収支赤字にはベトナム向けの労働者送金も含まれると考えられる。外国人労働者にとっては安価な海外送金手段が便利であろう。伝統的な銀行を経由した外国送金手数料が高いことをビジネスチャンスととらえた資金移動業者による安価な海外送金サービスが日本でも広がりつつある一つの背景は外国人労働者の本国への送金の拡大である。

経常収支の黒字・赤字は、支出をするタイミングと所得を得るタイミングの違いを調整するために金融取引を日本の居住者が非居住者と行った結果として生じていると解釈することができる。すなわち、第２章２節で説明した海外部門との金融取引については、経常収支黒字国の居住者は、現在の財への支出をあきらめることで余った財を非居住者に売り、非居住者から対価を得て、これを将来の支出にあてるために外国債券に投資している、と考えられる。逆に、経常収支赤字国の居住者は、現在の支出を賄うために、非居住者から財を得て、その対価として非居住者に債券を発行している、と考えられる。この見方からは、外国との取引は、経常収支赤字国、黒字国双方にメリットがあることがわかる。ただし、この見方の前提は、経常収支赤字国の経済主体がいずれ債務を確実に返済する、ということである。実際には、1998年のロシア、2001年のアルゼンチンのように債務不履行を起こす国の政府もあるので、その点には注意が必要である。

（2）金融収支

金融収支は、民間経済主体による対外的な金融債権・債務の変化を計上する直接投資、証券投資、金融派生商品、その他投資、通貨当局の管理する対外資産の増減を計上する外貨準備に分けられる。金融収支は、資産の増加をプラスに、減少をマイナスに記録する。

金融収支のうち、**直接投資**には、日本の居住者（直接投資家）が、他の国にある企業（直接投資企業）に対して支配または重要な影響を及ぼすことに関連したクロスボーダー投資が含まれる。ここで、直接投資企業とは、議決権の割合が10％以上の法人・組合、支店のことを指す。直接投資には、居住者による海外不動産取得・処分と非居住者による国内不動産取得・処分、収益の再投資も含まれる。収益の再投資は、直接投資企業の未配分収益のうち、直接投資家の出資比率に応じた取り分である。直接投資企業の未配分収益は、いったん投資家に配分されたあと、再び当該投資家によって資本投下されたものとみなして計上するので、金融収支の直接投資の収益の再投資の項目には、第一次資本収支の直接投資収益の再投資収益の項目と同額が計上される。

証券投資は、日本の居住者の海外証券への投資、外国居住者の日本の証券への投資のうち、直接投資と外貨準備（後述）に含まれないものである。なお、証券投資のうち金融派生商品（デリバティブ）は分けて記録することになっている。これは、2002年１月以後、国際収支統計では金融派生商品を経常収支に含まれる通常の利子受取り・支払いとは区別して、独立の項目として記録していることに由来している。この変化の背景には、第19章２節で説明したように、金利スワップ取引を行っても、新たに債券を購入して利息を得るのとは意味が違うこと、取引所取引を中心に金融派生商品の取引規模が非常に大きくなってきたため、独立の項目として記録する意義が高まったこと、がある。

その他投資には、国内金融機関の外国向け貸出、国内居住者の外貨預金などが含まれる。

外貨準備は通貨当局のたくわえた外貨建て資産である。

金融収支が金融取引で変化する例をあげると、自国企業の外国子会社が発行した株式を外国銀行に保有する現金で買う場合には、直接投資の資産が増加、その他投資の資産（現金）が減少する。

経常収支や第一次所得収支の変化に伴う金融収支の変化の例は以下のとおりである。

日本企業が輸出してドル代金を受け取ると、経常収支の貿易収支の輸出と、金融収支のその他投資の資産（現金）増加に同額だけ計上される。

外国居住者が日本のホテルに泊まって支払いをクレジットカードですると、旅行サービスの輸出と、金融収支のその他投資の資産（現金）増加に同額だけ計上される。

自国居住者が、外国企業に投資した株式から配当金100万円を現金で受け取ると、第一次所得収支（配当金受け取り）の所得受け取りと金融収支のその他投資の資産（現金）増加に同額だけ計上される。

日本で働く外国人労働者が給与を海外にいる家族に送金すると、給与を円から外貨に換金して外国銀行に送金した段階でできた対外資産が、外国にいる家族のものとなって減少することから、金融収支のその他投資の資産（現金）と第二次所得収支に同額が赤字として記録される。

（3）資本移転等収支

資本移転等収支には、対価の受領を伴わない固定資産の所有権の移転や債権者による債務免除などが計上される。このほか、特許権、著作権、商標権などの取得、処分のような、いわゆる非生産非金融資産の取得や処分も計上される。例えば、日本政府が発展途上国向け円借款を債務免除した場合には、債務免除に伴う対外資産減少額が金融収支の赤字と資本移転等収支の赤字として計上される。

Key Word　国民経済計算、国内総生産、最終生産物、中間生産物、付加価値、名目 GDP、実質 GDP、物価水準、GDP デフレーター、インフレーション、デフレーション、消費者物価指数、日本の長期デフレ、国際収支、経常収支、貿易・サービス収支、第一次所得収支、第二次所得収支、金融収支、直接投資、証券投資、資本移転等収支

20章まとめ――国民経済計算・物価指数・国際収支

❶国内総生産（GDP）とは、日本で１年間に市場で取引するために新たに生産された最終生産物の付加価値の合計のことである。

❷名目 GDP は、実際に市場で取引されている価格に基づいて推計された GDP

のことである。

❸実質 GDP は、参照年からの物価上昇・下落の影響を取り除いた GDP のことである。

❹消費者物価指数は、全国の世帯が購入する家計に係る財およびサービスの価格等を総合した物価の変動を時系列的に測定する統計である。

❺国際収支は、一定期間における一国のあらゆる対外経済取引を体系的に記録した統計である。

❻経常収支は、貿易・サービス収支、第一次所得収支、第二次所得収支を合計した統計である。

❼金融収支は、対外的な金融債権・債務の変化を集計した統計である。

❽国際収支は

経常収支＋資本移転等収支－金融収支＋誤差脱漏＝0

という関係が成り立つように作られている。

【参考文献】

厚生労働省「外国人雇用状況の届出状況について（報道発表）」2014年6月25日
https://www.mhlw.go.jp/stf/seisakunitsuite/bunya/koyou_roudou/koyou/gaikokujin/gaikokujin-koyou/06.html（2021年8月7日アクセス）

齊藤誠『父が息子に語るマクロ経済学』勁草書房、第2講～第4講、第10講、2014年

塩路悦朗『やさしいマクロ経済学』日経文庫、1章、2019年

清水順子・大野早苗・松原聖・川崎健太郎『徹底解説　国際金融論』日本評論社、4章、2016年

日本銀行「国際収支関連統計（IMF 国際収支マニュアル第6版ベース）」の解説
https://www.boj.or.jp/statistics/outline/exp/exbpsm6.htm/

橋本優子・小川英治・熊本方雄『国際金融論をつかむ』（新版）、有斐閣、1章、2019年

深尾光洋「改訂国際収支統計の見方」2014年6月25日
https://www.jcer.or.jp/column/fukao/print647.html（2021年8月7日アクセス）

21章 外国為替市場と国際通貨制度の歴史

本章では、外国為替市場、外国為替相場、国際通貨制度の歴史について説明する。

第一に、外国為替市場とは、通貨を交換する場の総称であり、外国為替市場で決定される通貨の交換比率が為替相場であることを説明する。例えば、日本円と米国ドルを交換する比率である円/ドル・レートは、1ドルが何円と等しい、という形式で表記される。このような通貨同士の交換比率は、名目為替レートと言われる。言い換えると、外国通貨1単位を得るために、日本円を何単位提供しなくてはならないかを示すのが名目為替レートである。なお、以下本書ではドルは米国ドルを指すものとする。

第二に、外国為替相場の運営方法に関して、現在の日本のように自由な変動を許す変動相場制と、第二次大戦後にしばらくの間用いられた米ドルに円の価値を固定する固定相場制があることを説明する。

第三に、実質為替レートについて説明する。外国の財1単位の価値を日本円に換算し、これを日本の財1単位の価値で割った比率が実質為替レートである。言い換えると、外国の財1単位を得るために、日本の財を何単位提供しなくてはならないかを示すのが実質為替レートである。

第四に、実効為替レートについて説明する。日本が取引している外国は複数である。複数の外国通貨全体に対する円の相対価値を一つの指標にまとめたのが実効為替レートである。

以下では、これらの点について順番に説明する。

1. 外国為替市場

外国為替市場とは、円やドルなどの異なる通貨を交換（売買）する場の総称である。

例えば、読者が海外旅行に行く際に銀行で円を売って外貨を買う場合、輸入を行う会社が海外との代金決済のために円を売って外貨を買う場合、国内の投資家が外貨建て金融資産を売買する際に円を売って外貨を買う場合など、様々な機会に外国為替市場での取引が必要になる。

外国為替取引は参加者の種類によって大きく2種類に分けられる。第一に、個人や企業が金融機関と行う取引は、金融機関から見て**対顧客取引**と言われる。第二に、金融機関同士が直接または外為ブローカーを通じて行う取引は、**インターバンク取引**と言われる。

日本の外国為替市場の規模に関しては、外国為替およびデリバティブに関する中央銀行サーベイという統計から知ることができる。同サーベイは3年に一度、主要国中央銀行が行っており、本書執筆時点の最新調査は2019年4月である。[1)]銀行、証券会社など36社を対象に行われた日本の調査結果によれば、2019年4月の1営業日当たりの平均総取引高は3,755億ドルであった。なお、外国為替市場の場合、市場とは言っても、株式取引がなされる東京証券取引所のような建物があるわけではない。外国為替取引は、電話（ボイス、2019年4月の東京外国為替市場取引の53%）や電子機器（2019年4月の東京外国為替市場取引の47%）を通じて行われる。

ところで、財務省の貿易統計によれば2019年の1年間を通した日本の輸出額77兆円、輸入額79兆円を合計すると156兆円であり、この金額を1ドル＝110円で換算すればおよそ1.4兆ドル程度である。[2)]これに対して、外国為替市場での取引高は1日で3,755億ドルなので、およそ3.7営業日で1年分の輸出入合計に匹敵する取引が行われていることになる。このように、外国為替市場における取引は貿易取引に比べると巨額である。したがって外国為替市場は、貿易取引の結果として行われる金融取引だけではなく、それ以外の様々な金融取引が行

1）詳細は、以下の日本銀行ウェブサイトを参照。
https://www.boj.or.jp/statistics/bis/deri/deri1904.htm/（2021年8月7日アクセス）

2）詳細は、財務省貿易統計「報道発表資料」を参照。
https://www.customs.go.jp/toukei/shinbun/trade-st/2019/201928f.xml（2021年8月7日アクセス）

われている場と考えたほうがよい。

前述の2019年４月の外国為替およびデリバティブに関する中央銀行サーベイによれば、東京外国為替市場の取引高3,755億ドルのうち、インターバンク取引が94.1％で、対顧客取引が5.9％程度であった。通貨建てを見ると、ドルと円、ユーロと円、ドルとユーロの３種類の組み合わせで75％程度の取引が行われていた。

同サーベイにより東京外国為替市場の取引高を国際比較すると、東京外国為替市場の規模は世界での取引の4.5％を占めており、英国（同43.1％）、米国（同16.5％）、シンガポール（同7.6％）、香港（同7.6％）に次いで世界５位の規模である。

2．外国為替相場

外国為替相場は、外国為替市場における異なる通貨の交換比率で、市場の需要と供給のバランスによって決まる。例えば、１ドル＝100円とは、１ドルを得るためには100円提供しなければならないこと、つまり、１ドルの価値を円で表現すると100円である、という意味である。このような通貨同士の交換比率を**名目為替レート**と言い、$S=100$（円/ドル） と表記する。Sは、円単位で測る１ドルの価値だから、値が大きくなると円の価値がドルに対して減価し（**円安**になると言う）、値が小さくなると円の価値がドルに対して増価する（**円高**になると言う）ことになる。

日本で最も頻繁に目にする外国為替相場は、円/ドル相場である。テレビのニュースで「本日の東京外国為替市場の円相場は、１ドル＝○○円××銭と、前日に比べて△△銭の円高でした」などと報じられている数字は、インターバンク取引の為替相場である。日本銀行がインターバンク市場参加者から聴取したインターバンク取引のオファー（売り値）とビッド（買い値）のデータは、日本銀行のホームページで毎営業日公表されている。[3)]

3）　詳細は以下の日本銀行ウェブサイトを参照。
https://www.boj.or.jp/statistics/market/forex/fxdaily/index.htm/（2021年８月７日アクセス）

個人が銀行で両替や外貨預金をする、あるいは企業が銀行に依頼して外国に送金を行う、といった対顧客取引の為替相場は、いわば小売り段階のものである。したがって、対顧客取引の為替相場は、インターバンク取引の為替相場に比べて手数料が加味される分だけ顧客が銀行から外貨を購入する場合は割高に、銀行へ外貨を売却する場合は割安になる。対顧客取引の為替相場は多くの民間銀行から毎営業日公表されている。

外国為替相場には、取引の目的に応じて様々な為替相場がある。中でも代表的な為替相場は直物レートと先渡レートである。**直物レート**とは、外国為替の売買契約成立日か成立後２営業日以内に、実際に為替の受け渡しが行われる取引の為替相場のことで、スポット･レートとも言われる。ただし、これは第16章３節で説明したスポット･レートとは別物で、外国為替市場で使われる用語である。

先渡レートとは、外国為替の売買契約成立後３営業日以後に、実際に為替の受け渡しが行われる取引の為替相場のことである。例えば１カ月、３カ月、１年後のように将来指定された日に円と外貨を交換する為替相場があり、第19章１節で説明したように為替予約とも言う。先渡取引は相対《あいたい》取引だが、取引所で証拠金を支払って参加し、差金決済可能な為替予約取引は先物取引と言われる。

このほか、直物の取引と先渡しの取引を同時に契約する取引を**為替スワップ取引**（foreign exchange swap）と言う。為替スワップ取引を用いると、例えば金融機関が当面余分になった外貨を直物で売り、さらに直物で売却したのと同額の外貨を先渡しで買うことで、一定期間後に外貨の保有高を現在の量に戻す、といった外貨保有残高の調整ができる。**通貨スワップ取引**（cross currency swap）は、円とドルなど、異なるキャッシュ・フローの金利と元本を交換する取引である（第19章２節で説明した金利スワップ取引は同一通貨で金利だけを交換する取引）。通貨スワップ取引を用いれば、金利スワップ取引同様に、取引当事者が相対的に低金利で調達できる外貨を交換することで、利払いが節約できる可能性がある。

以上のような外国為替取引は、基本的には民間経済主体同士で行われる。ただし、急激に円高が進んだ場合など、時として通貨当局による為替介入が行われることがある。**為替介入**とは、通貨当局が為替相場の急激な変動を抑え安定化を図ることなどを目的に、外国為替市場で通貨間の売買を行うことを言う。日本では財務大臣が介入のタイミングや金額等の決定を行い、日本銀行が財務大臣の代理人としてその指示どおりに為替介入を遂行する。例えば、急激な円高に対応し、外国為替市場で円を売ってドルを買うドル買い・円売り介入は、国庫短期証券を発行して調達した円資金を対価に、金融機関や外為ブローカーから日本銀行がドルを買い入れることで実行される。為替介入の結果は後日、財務省のホームページで公表されているが、2011年以後本書執筆時点まで為替介入は行われていない。

3．円/ドル為替相場と国際通貨体制の変化

現在のように、名目為替レートが市場取引の結果として決まるような為替相場制度を**変動相場制**と言う。変動相場制が主要先進国に広がったのは1970年代前半からである。それ以前の1945年から1970年代前半まではブレトン・ウッズ体制と呼ばれる国際通貨体制が採用されていた。ブレトン・ウッズ体制では、各国は為替相場をドルに固定し、為替相場を固定された相場から一定範囲に収まるようにする、という**固定相場制**を採用した。米国は、ドルの価値を金の価値に固定していた。

為替相場が固定されていれば、為替変動に伴う価格変動リスクが減り、外国との取引は行いやすくなるはずである。それではなぜ、為替相場を固定することが1970年代前半以後には難しくなったのだろうか？　以下では、その点について歴史的な経緯を説明する。

（1）　固定相場制

ブレトン・ウッズ体制は、1945年12月に参加29カ国が国際通貨基金（IMF：International Monetary Fund）協定に署名することで発足した。1944年7月にIMF協定が提案された国際会議開催場所にちなんで、この体制をブレトン・ウッズ体制と言う。

ブレトン・ウッズ体制では、35ドル＝金1オンスとすること、米国が外国中

央銀行からの兌換要求に応じて金とドルを交換すること、米国以外の国はドルに為替相場を固定し、為替変動幅を上下１％以内に収める義務を負うことが規定された。さらに、固定された為替相場の変更は、国際収支に大幅な不均衡がある場合に限ってIMFの了解の下で可能であるとされた。

ブレトン・ウッズ体制の前提は、米国が当時の圧倒的経済力を背景にドルと金の交換に応じることだった。為替相場を一定水準に固定し、IMFの了解なしには変更できないようにした背景には、1930年代に英国をはじめとする多くの主要国が、当時の世界恐慌から脱出するため、自国の輸出に有利になるよう為替相場を次々と切り下げ、さらには輸入関税を設定したために、世界貿易が縮小した経験がある。この経験は、輸出促進のための為替相場切り下げ競争は世界経済にとって良くない、という認識につながり、ブレトン・ウッズ体制では固定相場制が採用されるに至った。

第二次大戦の敗戦国だった日本も、1952年に１ドル＝360円の為替相場でIMFに加盟を許された。その後、ベトナム戦争のため巨額の軍事支出をした米国では、1960年代後半までインフレが進む一方で、貿易赤字が膨らんだ。その結果、金とドルの交換に米国が応じる、というブレトン・ウッズ体制の前提に疑問が生まれ、欧州の一部の国はドルと金の交換を米国に請求した。

米国の当時の貿易赤字の背景には、日本と西ドイツの貿易黒字があった。米国経済でインフレが発生しており、米国が貿易赤字国であることを前提にすると、日本と西ドイツがドルとの為替相場を一定に保つためには、貿易黒字を減らすために自国の物価を意図的に引き上げるインフレ政策を取るか、為替相場を切り上げるかのいずれかの選択を迫られた。西ドイツはドイツ・マルクを２回にわたって切り上げる選択をしたが、日本はどちらの選択もしなかった。

こうした状況下、1971年８月に米国はドル防衛策としてドルと金の交換を一方的に停止した。1971年12月にはスミソニアン合意がなされ、各国通貨とともに円が切り上げられた（１ドル＝308円）が、為替の安定は図れず、結局日本を含む先進各国は1973年までに変動相場制に移行することになった。

（２）　変動相場制

図表21-1は、東京市場の円/ドルインターバンク直物為替レートの月中平均

値を1973年１月から2021年６月まで示している。

図表21-1を見ると、1973年には１ドル＝300円程度であった円/ドル名目為替レートは、2021年６月には１ドル＝110円と、大幅な円高になっている。

変動相場制移行の直後は、多くの経済学者が変動相場制を採用したことにより貿易不均衡は解消すると考えた。なぜなら、経常収支が黒字の国の為替相場は変動相場制の下では切り上がり、輸出が減ることで、経常収支の黒字も減ると予想されたからである。ところが、変動相場制採用の後も、日本と西ドイツの経常収支の黒字は大幅に拡大したため、米国は為替相場の調整に加えて、保護貿易主義を主張するようになっていく。この間、資本移動の自由化が徐々に進む。日本の場合、外国との間の資金や財貨・サービスの移動などの対外取引や、居住者間の外貨建て取引に適用される法律である外国為替及び外国貿易法が1980年の改正により対外取引を原則自由とする法体系に改められ、さらに1998年の改正によって海外との取引や外貨建ての取引に対して適用されていた事前届出・許可制が、原則として事後報告制に変更された。こうした中で、為替相場の変動に与える資本取引の影響のほうが財取引の影響よりも大きくなり、為替相場の変動幅も大きくなっていく。以下では、変動相場制移行後の円/ドル・レートの変遷を説明する。

変動相場制移行直後の円相場は１ドル＝265円前後であったが、1973年10月に起こった第一次石油ショックにより１ドル＝280円台に急落し、1974年８月には１ドル＝302円まで円安になった。1975年には米国の景気回復を背景にドル高が進み、1975年12月に１ドル＝306円となった。その後、日本の米国向け輸出が拡大して、円高が進み、1978年10月には１ドル＝184円に達した。

1978年11月のカーター米国大統領によるドル防衛策の発表と、主要国の協調的な為替政策の実施や日本の金融緩和などもあって1978年11月以後は円安に転じた。1979年以後はイラン革命とOPEC諸国による原油価格引き上げの動きが強まり、1979年11月には１ドル＝244円となった。日本政府の円安対策は長くは効果を発揮せず、1980年４月には１ドル＝251円となる。その後は日本経済の改善により反転したが、1981年１月以後再び円安化し、1982年11月には１ドル＝265円となった。

1980年代の米国レーガン政権下では、財政赤字の拡大により高金利、ドル高

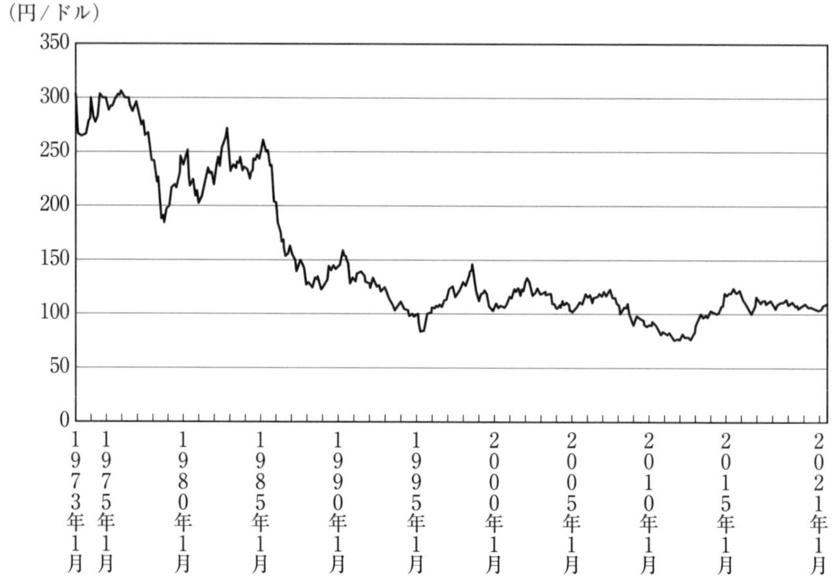

図表21-1　東京市場の円/ドル直物レート：1973年～2021年（17時時点月中平均）

（出所）日本銀行「時系列統計データ検索サイト」
https://www.stat-search.boj.or.jp/index.html（2021年8月6日アクセス）

（円安）となり、米国の経常収支の赤字が拡大した。こうした状況下、1985年2月に米国、英国、フランス、西ドイツ、日本によるプラザ合意がなされ、主要国の協調による外国為替市場への介入で、ドル安・円高とドル安・マルク高へと為替相場が誘導された。その結果、円/ドル・レートは1ドル＝250円から1ドル＝150円程度へと1年程度で大幅に切り上がる。1986年からは上記の5カ国にカナダ、イタリアを加えたG7財務大臣・中央銀行総裁会議で意見交換が行われるようになり、1987年2月のルーブル合意によって各国の為替安定の合意がなされたが、その後も為替相場は安定せず、1988年5月には1ドル＝124円まで円高になった。

しかし、日本の国内機関投資家に対する外国資産保有に関するストック（総資産に対する外国資産保有比率）とフロー（月ごとの投資額の制限）の規制が、経常収支黒字が拡大して円高が進んだ1986年に緩和されたこと、[4]日本の資産価格バブルによって含み益が増大した保険会社などの国内機関投資家が対外資産への投資を活発化させたことなどから、1989年からは円安が進み、1990年４月には１ドル＝158円となった。

1990年から1995年にかけては円高が進み、1995年４月には１ドル＝83円を記録した（営業日ベースでは1995年４月19日に１ドル＝79円75銭）。この円高局面の理由には、日本の資産価格バブル崩壊の影響から日本が不況に陥り、内需が低下して貿易収支が黒字化したこと、株式市場の暴落により国内機関投資家の含み益が激減したうえ、急激な円高によって巨額の為替差損を抱えた国内機関投資家が海外資産を売却したことなどがあげられる。

1995年４月以後は先進諸国が円高に対する懸念を共有して協調介入を行ったことなどもあって円安が進む。1997年以後は日本の金融危機が深刻化したこともあり、1998年８月には１ドル＝144円まで円安になった。

1998年夏以後は、東アジア通貨危機、ロシア通貨危機の影響で円高になるが、1999年頃から米国のITバブルの影響で再び円安になった。その後ITバブルが崩壊し、米国株価が低迷すると、2004年12月に１ドル＝103円台の円高となるが、第12章２節で説明した外国為替証拠金取引がブームとなり、円を売って外貨を買う取引が積極的に行われたため、2007年６月には１ドル＝122円まで円安が進んだ。

2007年夏以後は、米国の住宅バブル崩壊や世界金融危機が発生したため安全資産としての円需要が拡大し、再び円高になった。2011年３月には東日本大震災があったものの、欧州債務危機が表面化して、円高傾向は継続した（2011年10月31日に１ドル＝75円32銭を記録）。

2013年以後は第二次安倍内閣のアベノミクスの下で円安が進行した。2016年夏に１ドル＝101円台を記録したものの、１ドル＝100円割れの円高は本書の執筆時点では生じていない。なお、対外取引を原則自由とした外国為替及び外国貿易法には2002年以後安全保障の観点から改正がなされている。この点については第21章Web付録（補論）を参照。

4）　ストックに関しては、1971年に定められた総資産の10％以内という制限が1986年に２回緩和されて30％以内となった。フローに関しては、1982年に保険会社に課された増加資産のうち外債投資に回せるのは５％以内という制限が、1982年に10％以内、1983年に20％以内と緩和され、1986年に撤廃された。

4．実質為替レート

外国為替市場で人々が取引する理由には、外国通貨それ自体が欲しいわけではなく、外国通貨建ての価格で販売されている外国の財が欲しいこともあるだろう。こうした取引を念頭に置き、1単位外国の財を購入するために日本の財を何単位購入することをあきらめなければならないかを示したのが実質為替レートである。

具体的には、**実質為替レート**は、2国間の物価水準の比率を共通の通貨単位で計算したものであり、円建てに換算した外国の財バスケット1単位が日本の財バスケットの何単位に相当するかを示す単位のない指標である。

実質為替レートの例は、*The Economist* 誌が毎年計算しているビッグマック指数である。マクドナルド社のビッグマックは全世界共通のレシピなので、同一材料からなる財バスケット1単位と解釈することが可能である。2021年7月時点で、ビッグマックは日本で390円、米国では5.65ドル、市場為替レートが109.94円であった。このデータから実質為替レートを計算すると、(109.94×5.65/390)＝1.592となり、米国のビッグマック1単位は、日本のビッグマック1.592単位と等しい。[5] ドル建ての日本のビッグマック一つの価格は390/109.94＝3.547ドルなので、米国価格の5.65ドルよりも37%割安である。

以上の例を一般化し、日本と米国の物価水準を両国消費者が消費する代表的な財の価格を加重平均した物価指数であるとすると、円/ドルの実質為替レート Z の定義は以下のようになる（S は2節で定義した名目為替レート）。

$$Z=S\times\frac{\text{米国の物価指数（ドル建て）}}{\text{日本の物価指数（円建て）}}$$

実際に日本と米国の物価指数をそれぞれ円建て、ドル建てで求めることは難しい。そこで、日本と米国の物価水準を両国の消費者物価指数で代用し、1973年1月を100になるように基準化して求めた実質為替レートが図表 21-2 の破線（右軸）である。

5）詳細は *The Economist*, “The Big Mac index” を参照。
https://www.economist.com/big-mac-index（2021年8月6日アクセス）

図表 21-2 を見ると、実線で示した名目為替レートと同様に、破線で示した実質為替レートも1995年までは長期的に低下（円高）傾向であった。例えば、1995年４月には36.7と、1973年１月の100から見て大幅な円高になっている。その後2021年までのデータを見ると、2011年10月の50.9まで円高になるものの、総じて見ると円安方向に変化している。例えば、2015年６月に83.3まで円安になり、2016年８月に69.3まで円高になった後、2021年６月には83.4まで実質為替レートの円安が進行している。実質為替レートの円安には、第20章２節で説明した日本の長期デフレの結果、米国と比較すると日本の物価水準が長期にわたって割安になったことも影響している。

図表 21-2　実質為替レートと名目為替レート：1973年～2021年

（出所）　日本銀行「時系列統計データ検索サイト」
https://www.stat-search.boj.or.jp/index.html
セントルイス連邦準備銀行データベース「米国消費者物価指数」
https://fred.stlouisfed.org/series/CPIAUCNS
総務省「2020年基準消費者物価指数」
https://www.e-stat.go.jp/stat-search/file-download?statInfId=000032103842&fileKind=1
（すべて2021年８月６日アクセス）

5．実効為替レート

日本は外国為替取引を複数の国と行っている。例えば、円がドルに対して円高になっても、ユーロに対して円安になった場合には、円の価値は全体として見て上がったと言えるのか、下がったと言えるのか、定かではない。そこで、複数の通貨の重要性を何らかの基準で定量化し、その基準によって為替レートの変化幅を加重平均することで、総合的な為替レートを定義することができる。その際の基準として相手国との貿易量を選び、これをウエイトとして為替レートを指数化し、加重平均したのが実効為替レートである。

具体的には、1期を基準に指数化した t 時点までの $i=1,...,N$ 種類の外国通貨に対する**名目実効為替レート** $\overline{S_t}$（加重 $\gamma_{i,t}$ は i 国が t 時点で自国との貿易量に占める比率）は以下のとおりに定義される。

$$\overline{S_t}=\prod_{i=1}^{N}\left(\frac{S_{it}}{S_{i1}}\right)^{\gamma_{i,t}}$$

ここで、Πは総乗記号で、例えば $\prod_{i=1}^{3}a_i$ は $a_1\times a_2\times a_3$ 表す。

実質実効為替レート $\overline{Z_t}$ も同様に以下のとおりに定義される。

$$\overline{Z_t}=\prod_{i=1}^{N}\left(\frac{Z_{it}}{Z_{i1}}\right)^{\gamma_{i,t}}$$

この定義式を用いて、BISは、名目実効為替レート、実質実効為替レートを主要国について計算している。

例えば、現在の名目実効為替レートを1とし、ドル建ての貿易が日本全体の貿易の50％で、ユーロ建ての貿易が日本全体の貿易の50％であり、ドルが20％円高、ユーロが10％円安になった場合は、名目実効為替レートの定義式にあてはめると以下の結果を得る。

$$\overline{S_t}=\left(\frac{1-0.2}{1}\right)^{0.5}\left(\frac{1+0.1}{1}\right)^{0.5}=0.8^{0.5}1.1^{0.5}=0.938$$

よって、この場合、(0.938−1)×100＝−6.2となり、6.2％の円高である。

対ドル円高によるマイナス20％の変化と、対ユーロ円安によるプラス10％の変化が同じ貿易取引量について起こるので、この変化を集計した名目実効為替レートはその算術平均でマイナス５％の円高になりそうなものである。しかし、変化幅の平均を取る時には算術平均ではなく、幾何平均を取るのが正しい。

例えば、ある国が１年目に10％成長、２年目に20％成長したら、その国の２年間の平均成長率は15％だろうか？　残念ながらそうではない。15％で２年成長した場合、１単位だった国の規模は1.15×1.15＝1.3225単位になり、１年目に10％成長、２年目に20％成長した場合の国の規模である1.1×1.2＝1.32とは異なる。平均成長率は、２回掛けると1.32になる値、つまり1.32の平方根で1.1489であり、14.9％である。上記の実効為替レートの設例が幾何平均を取るのは、ここで平均成長率を求める際に平方根を取ることと同じ理由である。

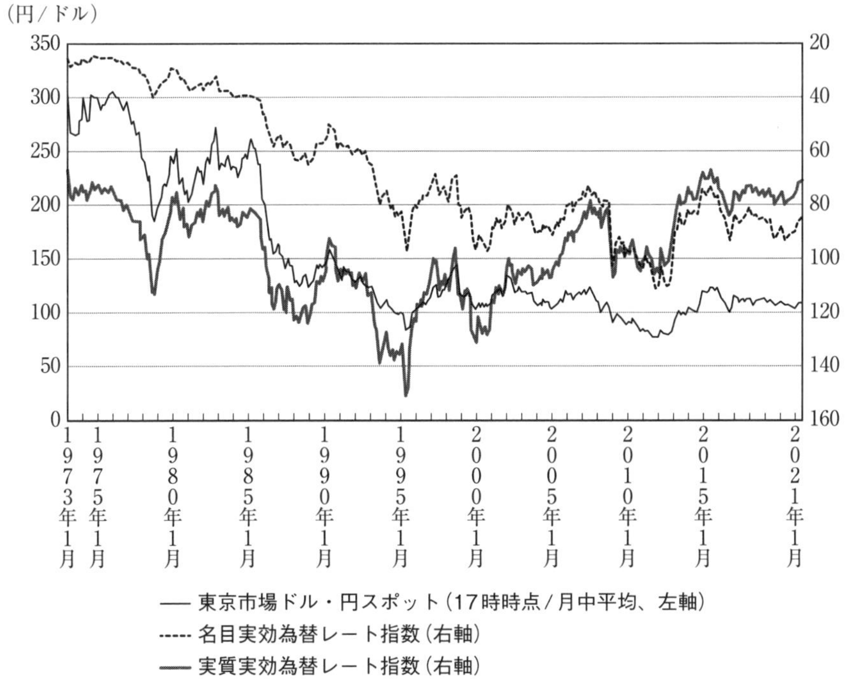

図表 21-3　実効為替レートと名目為替レート：1973年〜2021年

（出所）　日本銀行「時系列統計データ検索サイト」

https://www.stat-search.boj.or.jp/index.html（2021年８月６日アクセス）

図表21-3では、BISの計算した名目実効為替レート（右軸）を破線で、BISの計算した実質実効為替レート（右軸）を太実線で、名目為替レート（円/ドルレート、左軸）を細実線で示している。ただし、BISは円/ドルではなく、ドル/円単位で実効為替レートを計算しているので、BISの計算値を逆目盛で示し、グラフの下に向かうほど円高方向となるように表示した。

図表21-3を見ると、名目実効為替レートの長期的な傾向は名目為替レートの傾向に近いことがわかる。最近の実質実効為替レートを見ると、2013年半ば以後は70～80程度で2007年や1970年代前半に迫る水準の大幅な円安になっていることがわかる。

Key Word　外国為替市場、対顧客取引、インターバンク取引、名目為替レート、円安、円高、直物レート、先渡レート、為替スワップ取引、通貨スワップ取引、為替介入、変動相場制、固定相場制、ブレトン・ウッズ体制、IMF、実質為替レート、名目実効為替レート、実質実効為替レート

21章まとめ――外国為替市場と国際通貨制度の歴史

❶外国為替市場とは、円やドルなどの異なる通貨を交換する場のことである。
❷外国為替取引には、対顧客取引とインターバンク取引がある。
❸為替相場は、ある通貨単位で計測した外国通貨の価値である。名目為替レートは、相手国の通貨1単位を得るために自国の通貨何単位を提供しなければならないかを示している。
❹為替相場の決定を市場実勢にゆだねる通貨制度を変動相場制、政府が固定した相場とする通貨制度を固定相場制と言う。
❺実質為替レートは、相手国の財1単位を得るために自国の財を何単位提供しなければならないかを示している。
❻実効為替レートは、貿易相手国通貨との為替レートを貿易量のウエイトで加重平均したものである。

【参考文献】

上田ハーロー FX「外国為替相場の歴史（ドル／円相場）」
https://www.uedaharlowfx.jp/learning/estimate/estimate_03.html
（2021年8月8日アクセス）
清水順子・大野早苗・松原聖・川崎健太郎『徹底解説　国際金融』日本評論社、3章、5章、2016年
東短リサーチ株式会社編『東京マネー・マーケット』（第8版）、有斐閣、8章、2019年
日本銀行『教えて！にちぎん』「為替介入（外国為替市場介入）とは何ですか？　誰が為替介入の実施を決定し、誰が為替介入を行うのですか？」
https://www.boj.or.jp/announcements/education/oshiete/intl/g19.htm/
（2021年8月8日アクセス）
橋本優子・小川英治・熊本方雄『国際金融論をつかむ』（新版）、有斐閣、第2章、2019年
藤井英次『コア・テキスト　国際金融論』（第2版）、新世社、4章、2013年
保志泰・中里幸聖・太田珠美・菅谷幸一・中田理恵「日本の資本市場における対外開放の経験」『金融資本市場』大和総研、2015年8月15日
https://www.dir.co.jp/report/research/capital-mkt/securities/20150810_010004.pdf（2021年9月30日アクセス）

22章 為替レートの決定理論

本章では、為替レートの決定理論のうち代表的な二つの理論を説明する。この二つの理論は、第25章で学ぶ金融政策が為替レートに影響する経路を理解するために必要な最小限の理論である。

第一に、短期的な為替レートの動向を説明する理論であるカバー付き金利平価とカバーなし金利平価について説明する。この理論では、資産市場における利子率や、将来の為替レートの予想値が為替レートの主要な決定要因だとされる。したがって、金融政策によって日本や海外の利子率が変動すると、為替レートが変動する可能性があることがわかる。

第二に、中長期的な為替レートの動向を説明する理論として、購買力平価説を説明する。この理論では、財市場での財価格の裁定が為替レートの主要な決定要因だとされる。したがって、金融政策によって物価変動が起こると、為替レートが変動する可能性があることがわかる。

為替レートの決定には、上記の二つの理論が想定した要因以外にも、経常収支や国民所得などといった様々な要因が影響するが、それらを踏まえた為替レートの決定理論については国際金融論の入門書（例えば、橋本・小川・熊本『国際金融論をつかむ』（新版）、有斐閣、第４章）を参照されたい。

1．カバー付き金利平価

現在、日本では、ドル、ユーロ、ポンドなどの多くの通貨による外貨預金ができる。外貨預金をする時は、為替レート変動の影響をどのように考えるべきか、という点が円建ての預金よりも難しい検討課題になる。

為替レート変動の影響を回避する一つの方法は、第19章１節で説明した先渡取引を利用することである。いま、円建ての１年物定期預金金利が $R_{t,t+1}$%、ドル建ての1年物定期預金金利が $R^{*}_{t,t+1}$%、現在の円/ドル・レートが S_t 円、現在の1年後先渡円/ドル・レート（1年後に円とドルを交換するレート、為替予約）が $F_{t,t+1}$ 円だとする。円建て、ドル建てのどちらの定期預金に投資するのが得だろうか？　以下では簡単化のため、取引には一切手数料や税金がかからないものとする。

この疑問に答えるために、時点 t で、1円を元手にした、円建てとドル建ての定期預金元利合計を比較してみよう。円建ての定期預金元利合計は $1+\dfrac{R_{t,t+1}}{100}$ だが、ドル建ての定期預金元利合計を円ベースで確定させるにはどうしたらよいか？

まず、ドル建ての1年物定期預金に1円を投資すると、現在のドル建て元本は $\dfrac{1}{S_t}$ ドルになる。そして、1年後にはドル建ての定期預金の金利が付くので、元利合計は $\dfrac{1}{S_t}\left(1+\dfrac{R^{*}_{t,t+1}}{100}\right)$ ドルになる。この元利合計の円受取り額を確定させるために、先渡円/ドル・レート $F_{t,t+1}$ で為替予約をすると、1年後に受け取る金額は $\left(\dfrac{F_{t,t+1}}{S_t}\right)\left(1+\dfrac{R^{*}_{t,t+1}}{100}\right)$ 円になる。この金額を円建ての1年物定期預金への投資した結果と比べればよい。取引の過程をまとめたのが図表22-1である。

図表22-1の結果をまとめると、円建て1年物定期預金に1円を投資した元利合計は $\left(1+\dfrac{R_{t,t+1}}{100}\right)$ 円であり、ドル建て1年物定期預金に1円を投資した元利合計は $\left(\dfrac{F_{t,t+1}}{S_t}\right)\left(1+\dfrac{R^{*}_{t,t+1}}{100}\right)$ 円である。以下では、この二つが等しくなること

	現在	1年後の元利合計	
	元本	ドル建て	円建て
円預金	1（円）		$1+\dfrac{R_{t,t+1}}{100}$
ドル預金	$\dfrac{1}{S_t}$（ドル）	$\dfrac{1}{S_t}\left(1+\dfrac{R^{*}_{t,t+1}}{100}\right)$	$\left(\dfrac{F_{t,t+1}}{S_t}\right)\left(1+\dfrac{R^{*}_{t,t+1}}{100}\right)$

図表22-1　カバー付き金利裁定
（出所）　筆者作成

を説明する。

いま、以下の関係が成り立つとする。

$$\left(\frac{F_{t,t+1}}{S_t}\right)\left(1+\frac{R^*_{t,t+1}}{100}\right)>\left(1+\frac{R_{t,t+1}}{100}\right)$$

この時、1円を調達し、直物で1円を売ってドルに交換して、ドル建て預金で運用し、先渡で円を買っておけば、為替レート変動のリスクなしで利益が生じるので、皆がこの取引を実行するだろう。直物円売り、先渡円買いが起こり、直物為替が円安、先渡為替は円高に調整されて、$\frac{F_{t,t+1}}{S_t}$が小さい値になるだろう。もし利子率が一定なら、次の関係が成り立つまで$\frac{F_{t,t+1}}{S_t}$が低下し、取引が終わるだろう。

$$\left(\frac{F_{t,t+1}}{S_t}\right)\left(1+\frac{R^*_{t,t+1}}{100}\right)=\left(1+\frac{R_{t,t+1}}{100}\right)$$

逆に、上式の右辺が左辺よりも大きい、すなわち、円建ての1年物定期預金の元利合計のほうがドル建ての1年物定期預金の元利合計を先渡レートによって円建てで確定させたものよりも大きいのであれば、直物で円を買い、先渡しで円を売る取引を皆が行うので、やはり上式の左辺が大きくなり、右辺と等しくなるまで取引が続くだろう。このプロセスを、**カバー付き金利裁定**と言う。

カバー付き金利平価とは、カバー付き金利裁定により、1円を元本とし、為替予約を付けたドル建て定期預金の元利合計$\left(\frac{F_{t,t+1}}{S_t}\right)\left(1+\frac{R^*_{t,t+1}}{100}\right)$が1円を元本とした円建て定期預金の元利合計$\left(1+\frac{R_{t,t+1}}{100}\right)$と等しくなる以下(1)式の条件のことである。

$$\left(\frac{F_{t,t+1}}{S_t}\right)\left(1+\frac{R^*_{t,t+1}}{100}\right)=\left(1+\frac{R_{t,t+1}}{100}\right) \tag{1}$$

(1)式がカバー付き金利平価と言われる理由は、為替レートの変動リスクがカバー（保護）された取引であるためである。(1)式を用いて、先渡レートの理論値を求めることができる。例えば、現在の円/ドル・レートが100円、円金利が年利1％、ドル金利が年利5％で、1円を1年運用する場合を考えよう。(1)式に代入すると、以下となる。

$$\left(\frac{F_{t,t+1}}{100}\right)\left(1+\frac{5}{100}\right)=\left(1+\frac{1}{100}\right)$$

この式から、$F_{t,t+1}$=96.19円であることがわかる。

日本では、外国との資本取引は自由で、先渡レートに関する取引も行われているので、(1)式の条件は満たされていると考えてよい。例えば、橋本・小川・熊本［2019、p99、図3-7］には、2000年代の3カ月物先物データから(1)式がおおむね成立することが報告されている。

先渡レートの関係する取引で著名なのは、図表22-2上段に示した**為替スワップ取引**である。契約期間が1年の日本の銀行Aと外国の銀行Bの間の為替スワップ取引の例は、銀行Aが取引開始時点でS_t円を支払い、1ドルを受け取る。契約満期時点の1年後に、銀行Aは1ドルを返済し$F_{t,t+1}$円を受け取る。銀行Bは取引開始時点でS_t円を受け取り、1ドルを支払う。契約満期時点の1年後に、銀行Bは1ドルを受け取り$F_{t,t+1}$円を返済する。

この取引は、銀行Aから見ると、1年間円を貸して1ドルを借りるのと同じ効果がある。1ドルを借りるために、S_t円を支払い$F_{t,t+1}$円を受け取るので、借入のコスト（ヘッジコストと言う）は、

$$\frac{F_{t,t+1}-S_t}{S_t}$$

であり、(1)式が成立していれば、

$$\frac{F_{t,t+1}-S_t}{S_t}=\frac{1+\dfrac{R_{t,t+1}}{100}}{1+\dfrac{R^*_{t,t+1}}{100}}-1=\frac{\dfrac{R_{t,t+1}}{100}-\dfrac{R^*_{t,t+1}}{100}}{1+\dfrac{R^*_{t,t+1}}{100}}$$

となり、ヘッジコストは円金利とドル金利の差に比例する。現在の円/ドル・レートが100円、円金利が年利1％、ドル金利が年利5％で、$F_{t,t+1}$＝96.19円である場合、ヘッジコストは－0.038となり、約4％である。

通貨ベーシス・スワップ取引は、円とドルなど、異なるキャッシュ・フローの金利と元本を交換する取引である。この取引は、ドル建てで元本と金利の支払いがなされる債券を買った投資家が、円建ての受取額を確定させたい時に、ドル建ての元本と金利を、円建ての元本と金利に交換する、といった目的で利

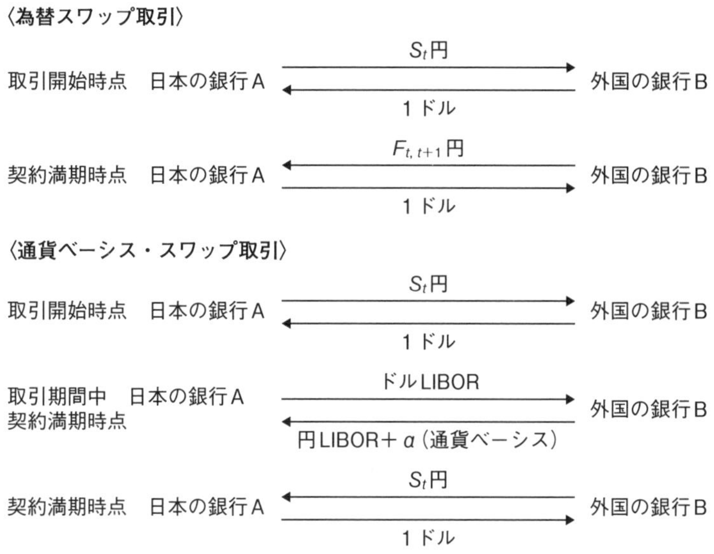

図表 22-2　為替スワップ取引と通貨ベーシス・スワップ取引
（出所）　筆者作成

用される。日本の銀行 A は、通貨ベーシス・スワップ取引でも外国の銀行 B からドルを借りることができる。通貨ベーシス・スワップ取引の典型的な取引は、図表 22-2 下段にあるように、銀行 A は、取引開始時点で S_t 円を支払い、銀行 B は 1 ドルを支払う。取引期間中と契約満期時点で銀行 A はドル LIBOR 金利を支払い、銀行 B は円 LIBOR 金利＋通貨ベーシス α の金利を支払う（LIBOR はロンドンを中心としたグローバル金融取引における銀行間取引金利で、詳細については第19章 Web 付録（補論）を参照）。契約満期時点に銀行 A は 1 ドルを返し、銀行 B は S_t 円を支払う。分析の詳細は天達・馬場［2007］に譲るが、通貨ベーシス α は、日本の銀行の円・ドル資金市場における外国銀行とのリスク・プレミアム格差と一致することが理論的に証明されており、α がゼロから乖離している状態では、カバー付き金利平価は成り立たないことが知られている。

α は日本の銀行がドル調達のために支払うプレミアムと解釈でき、α がプラス（マイナス）の時は相対的に円（ドル）資金需要が強いことが知られてい

図表 22-3　円・ドル通貨ベーシス（1年物）：2006年9月28日〜2021年9月29日

（出所）　Bloomberg

（注）　単位のベーシス・ポイントは、1ベーシス・ポイント＝0.01％。

る。よって、第16章1節で指摘した日本の銀行がドル調達のために支払うプレミアムが発生した状況は、α がマイナスになる状況だと言える。図表 22-3 はドルに対しての円通貨ベーシス α の推移を示している。2016年中の日本円のドルに対する通貨ベーシス α は大幅なマイナスとなっており、その当時の外国人投資家によるマイナス金利の1年物国庫短期証券需要が旺盛だったことと整合的である。

2．カバーなし金利平価

先渡取引を用いてドル建て定期預金の円建て元利合計を確定させずに、1年後の予想直物為替レート $S^e_{t,t+1}$ に応じて取引を行う場合を考えよう。例えば、将来は円安になることを予想している投資家には、先渡取引をするメリットは感じられないかもしれない。もちろん、為替の予想が円高方向に外れれば、この投資家は損失を被る可能性もある。

この場合には、カバー付き金利平価の先渡レートを1年後の予想直物為替レートに変更すればよいから、投資家の判断の基準になる条件式は、(1)式左辺第1項の分子にある $F_{t,t+1}$ を $S^e_{t,t+1}$ に置き換えた以下の(2)式である。

$$\left(\frac{S^e_{t,t+1}}{S_t}\right)\left(1+\frac{R^*_{t,t+1}}{100}\right)=\left(1+\frac{R_{t,t+1}}{100}\right) \tag{2}$$

為替レートの変動リスクがカバーされない取引なので、(2)式の条件式を**カバーなし金利平価**と言う。

いま、カバーなし金利平価の(2)式両辺の自然対数を取り、自然対数の以下の性質を利用する。

$$log_e(1+x)\fallingdotseq x,\quad log_e(x)-log_e(y)=log_e\left(\frac{x}{y}\right)=log_e\left(1+\frac{x-y}{y}\right)\fallingdotseq\frac{x-y}{y}$$

（ただし x は小さな値）。この性質を使って(2)式を近似すると、以下の(3)式を得る。

$$\frac{S^e_{t,t+1}-S_t}{S_t}=\frac{R_{t,t+1}}{100}-\frac{R^*_{t,t+1}}{100} \tag{3}$$

(3)式左辺は円の予想変化率、右辺は自国と外国の金利差である。

いま、自国の金利、外国の金利、予想直物為替レート $S^e_{t,t+1}$ が一定であれば、(3)式を満たすように現在の為替レートは決定される。

例えば、外国金利が5％、自国金利が1％、予想為替レートが100円の場合には、(3)式は以下となる。

$$\frac{100-S_t}{S_t}=\frac{1}{100}-\frac{5}{100}$$

この式から、S_t=104.16円となる。

(3)式から、カバーなし金利平価が成立している時、自国金利、外国金利、予想直物為替レート $S^e_{t,t+1}$ が変化した場合には、円高・円安方向のどちらへ為替レートが変化するかという点については、以下の結果が得られる。

第一に、為替レートの予想を一定として、自国金利が下がると円安になる。なぜなら、自国金利の低下で(3)式右辺が小さくなるので、S_t が円安方向になり、大きな値を取らないとカバーなし金利平価が成立しないからである。先の数値例では自国金利が１％から0.5％に下がると、S_t＝104.71円と、0.55円円安になる。

第二に、為替レートの予想を一定として、外国金利が下がると円高になる。なぜなら、外国金利の低下で(3)式右辺が大きくなるので、S_t が円高方向になり、小さな値を取らないとカバーなし金利平価が成立しないからである。先の数値例では、外国金利が５％から４％に下がると、為替レートは103.09円と1.07円円高になる。

第一の結果と第二の結果は、日本と外国の金利が金融政策の影響を受けて変化する時には、為替レートが変動する可能性があることを示している。

第三に、皆が将来の円安を予想すると、金利が一定であれば、現在も円安になる。なぜなら、$S^e_{t,t+1}$ が円安方向で大きな値になれば、(3)式右辺は一定なので、実際の為替レート S_t が円安方向になり、大きな値を取らないとカバーなし金利平価が成立しないからである。例えば、先の数値例で予想為替レートが150円になると、名目為替レートは156.25円と、52.09円円安になる。この結果は為替レートの決定要因としての予想の役割を示している。

それでは、どのような条件でカバーなし金利平価は成立するのだろうか。いま、異なる通貨建ての債券を比較する時に、予想される収益率（収益率の期待値）が同じならば、両債券が無差別であると考える投資家を、**リスク中立的な投資家**だと言う。次に、投資家が異なる通貨建ての債券に対して無差別である時、これらの債券は投資家にとって完全代替物だと言う。以上の仮定を置くと、カバーなし金利平価は、通貨取引が自由で、投資家にとって自国債券と外国債券が完全代替物であれば成立すると言える。もし投資家がリスク中立的ではない場合には、投資家は自分が予想するリスク（為替の暴落など）に関するリスク・プレミアムを加味した為替レートで取引を行おうとするので、カバーなし金利平価から実際の為替レートは乖離する。橋本・小川・熊本［2019、p99、図3-6］にあるように、(3)式を2000年から2018年の円・ドル為替レート（３カ月間の変化率）とLIBOR ３カ月物データから計算すると、あてはまりが悪い。

3．購買力平価説

3節では、購買力平価説を説明する。その前提として、まず相対価格、次に一物一価の法則を説明する。

まず、**相対価格**とは、同じ商品が自国・外国の両方で売られている時に、自国と外国での商品価格を同じ通貨で測って比率を取ったものである。すなわち、P_{it} を自国 i 財の円建て価格、P_{it}^* を外国 i 財の外貨建て価格とすると、相対価格は $S_tP_{it}^*/P_{it}$ である。もし、相対価格が1と大きく異なれば、価格が安い国で財を買い、価格が高い国でその財を売れば収益が出るはずであるから、長期的には相対価格は1となり、以下の(4)式が成立する。

$$\frac{S_tP_{it}^*}{P_{it}}=1 \tag{4}$$

(4)式を**一物一価の法則**と言う。

次に、自国と外国の消費者物価指数をそれぞれ $P_t=\sum_{i=1}^{n}\alpha_iP_{i,t}$、$P_t^*=\sum_{i=1}^{n^*}\alpha_i^*P_{i,t}^*$（ただし $\alpha_i=\alpha_i^*$ は消費財 i のウエイト、n と n^* は自国と外国の消費者物価指数に含まれる消費財の数）とする。消費者物価指数を用いて計算した実質為替レート Z_t は、$Z_t=\dfrac{S_tP_t^*}{P_t}$ であるが、もし一物一価の法則が全部の財について成立すれば、以下の(5)式が成立する。

$$Z_t=\frac{S_tP_t^*}{P_t}=1 \tag{5}$$

(5)式を**絶対購買力平価**と言う。自然対数を取った変数を小文字で示すことにすると（$x=log_e(X)$）、一物一価の法則は以下のように書ける。

$$z_t=s_t+p_t^*-p_t=0$$

実際には、財の貿易には輸送費用や関税などの取引費用がかかるので、絶対購買力平価の成立する可能性は低いだろう。そこで、例えば平均的な輸送費用や関税の割合を考慮して得られた定数 K で実質為替レートが一定となる、と考える(6)式を、**相対購買力平価**と言う。

図表 22-4　購買力平価：1973年～2021年

（出所）　日本銀行「時系列統計データ検索サイト」
https://www.stat-search.boj.or.jp/index.html
セントルイス連邦準備銀行データベース「米国消費者物価指数」
https://fred.stlouisfed.org/series/CPIAUCNS
総務省「2020年基準消費者物価指数」
https://www.e-stat.go.jp/stat-search/file-download?statInfId=000032103842&fileKind=1
（すべて2021年８月６日アクセス）

$$Z_t=\frac{S_t P_t^*}{P_t}=K \tag{6}$$

対数表示では、(6)式は $s_t+p_t^*-p_t=k$ である。いま、もし定数 K が一定ならば、Δ を変化幅とすると $\Delta s_t+\Delta p_t^*-\Delta p_t=0$ である。この関係式を変形して、相対購買力平価説は以下の(7)式でも表すことができる。

$$\Delta s_t=\Delta p_t-\Delta p_t^* \tag{7}$$

(7)式からは、為替レートの変化率は自国と外国の物価の変化率（インフレ率）の格差で決まることがわかる。つまり、日本のインフレ率が外国のインフレ率よりも高いと、財取引の裁定が働くような長い期間を通して、為替レートは円安方向に変化するのである。したがって、金融政策を変更して内外のインフレ率の格差が変化すると、為替レートも変化する可能性がある。

購買力平価説の現実データへの妥当性はどの程度なのだろうか。図表22-4では、貿易収支がほぼ均衡していた1976年１月に購買力平価説が成立していたと仮定して、その前後の為替レートの変化幅が日米の消費者物価で測ったインフレ率の格差で決まる、という想定の下で試算した購買力平価を破線で、名目為替レートを実線で示してある。実線と破線は、長期的に見ると同じ円高方向に向かっているように見えるので、購買力平価によれば円高方向になる、という予測には、ある程度の説明力はあるように見える。ただし、両者の水準が一致することはめったにない。この点については、購買力平価説ではすべての財が貿易可能であると仮定しているが、実際には多くのサービスは貿易可能ではないこと、購買力平価説では内外の生産者が競争的に価格を決定すると考えているが、実際には国ごとの市場での独占力に応じて異なる価格が設定されるかもしれないこと、といった事情が影響しているのかもしれない。したがって、為替レートの水準をリアル・タイムで購買力平価を用いて予測することは難しいことがわかる。

4．理論の現実データへの妥当性

変動相場制移行後の為替レートの動向を金利平価説や購買力平価説等の様々な理論的枠組みを用いて説明しようとする学術研究が内外の研究者によって精力的に行われている。

そうした研究によると、金利平価説や購買力平価説のように、マクロ経済と為替レートとの関係を用いて為替レート変動を説明しようとする理論の現実データへの妥当性は、中長期的なデータを用いた場合に限られている。そして、１年以内の為替レート変動に関しては、市場参加者の為替レートに関する予想が予期せぬニュースに反応して改訂される結果として為替変動が生じる、と想定するほうがデータの説明力が高いことが知られている。このような為替の予測モデルを、**ランダム・ウォーク・モデル**と言い、今期の為替レートは、前期の為替レートに今期に発生するショックを加えたものとして説明される。ランダム・ウォーク・モデルは為替レートを決定する要因は何も示唆していないため、経済理論に即してこのモデルを解釈することはできない。

こうした実証研究の結果は、１年以内の為替レートの動向を理論的枠組みに即した統計学的手法を用いて予想しようとしても、「明日の為替レートは今日の為替レートと同じで、もし為替レートが明日変化するとしたら、今日から明日にかけて予期せぬニュースが発生するためである」、という非常に簡単な為替レートの予想に比べて精度の高い予想ができるわけではない、ということを示している。ただし、こうした結果は、今後の分析に用いるデータの蓄積や分析手法の進歩によって変わるかもしれない。

Key Word　カバー付き金利裁定、カバー付き金利平価、為替スワップ取引、通貨ベーシス・スワップ取引、カバーなし金利平価、リスク中立的な投資家、相対価格、一物一価の法則、絶対購買力平価、相対購買力平価、ランダム・ウォーク・モデル

22章まとめ――為替レートの決定理論

❶カバーなし金利平価は、通貨取引が自由で、投資家にとって自国債券と外国債券が完全代替物であれば成立する。

❷カバーなし金利平価によれば、

円の予想変化率＝自国の金利－外国の金利

である。

❸カバーなし金利平価によれば、為替レートの予想を一定として、自国の金利が下がると円安に、外国の金利が下がると円高になる。金融政策の変更により内外の金利が変化すれば、為替レートも変化する可能性がある。

❹カバーなし金利平価によれば、皆が将来の円高を予想すると、金利が一定でも現在の為替レートが円高に向かう。

❺購買力平価説によれば、為替レートの変化率は内外インフレ率の格差に応じて決まる。日本のインフレ率が外国のインフレ率より高いと、円安になる。金融政策の変更により内外インフレ率の格差が変化すれば、中長期的には為替レートも変化する可能性がある。

【参考文献】

天達泰章・馬場直彦「通貨スワップと為替スワップの裁定関係と価格発見力」日本

銀行ワーキングペーパー・シリーズ　No.07-J-03、2007年
清水順子・大野早苗・松原聖・川崎健太郎『徹底解説　国際金融』日本評論社、7～9章、2016年
橋本優子・小川英治・熊本方雄『国際金融論をつかむ』（新版）、有斐閣、3～4章、2019年
服部孝洋「ドル調達コストの高まりとカバー付き金利平価」『ファイナンス』2017年10月号、56-63ページ、2017年
藤井英次『コア・テキスト　国際金融論』（第2版）、新世社、5～6章、2013年
丸山凜途・鷲見和昭「店頭デリバティブ取引データからみた通貨スワップ市場：感染症拡大の影響とその後の回復を中心に」日銀レビュー、2021-J-4、2021年

23章 中央銀行の業務

本章では中央銀行の業務について、日本の中央銀行である日本銀行を例に説明する。

第24章で説明される金融政策の目標を達成するための手段は、中央銀行による民間金融機関との市場取引である。市場取引を行うには、取引条件の決定や、取引を決済するためのコンピューター・システムの設計、市場参加者との意見交換といった日々の業務運営によって得られる知識が必要となる。この点は、同じ公共政策を担当している政府や地方公共団体が、必ずしも市場取引を行って政策を実行しているとは限らないことと大きく異なる。そこで、第23章では中央銀行の業務をやや詳しく説明しておく。

中央銀行の業務は、①発券銀行、②銀行の銀行、③政府の銀行、という3種類に大別できる。

このうち第一の、発券銀行とは、銀行券を独占的に供給する業務である。

第二の、銀行の銀行とは、民間銀行から日本銀行当座預金を受け入れるとともに、民間銀行への貸出しを行う業務である。

第三の、政府の銀行とは、国の資金の出し入れ、国債発行、利払いなどの業務である。

このほか、外国為替市場介入があるが、これについては第21章2節で説明した。

本章では、上記の三つの中央銀行の業務を説明し、これらの業務が日本銀行の貸借対照表と損益計算書にどのように反映されるかを説明していく。

1．発 券 銀 行

日本銀行の**発券銀行**としての業務は、現金通貨を円滑に流通させることである。現在、日本で流通している現金通貨は、銀行券と貨幣からなっている。

このうち、**銀行券**は国立印刷局が製造し、日本銀行が製造費用を支払って引き取るが、この時点ではまだ世の中に流通しておらず、日本銀行の貸借対照表には計上されない。その後、民間金融機関が持つ日本銀行当座預金を引き出し、これと引き換えに日本銀行の窓口から銀行券を受け取る。この時点で銀行券は初めて流通したものとみなされ、日本銀行の負債として貸借対照表に計上されるとともに、日本銀行当座預金が貸借対照表で同額減少する。この銀行券が民間金融機関の窓口やATMから引き出され世の中に出ていく。現在の制度を前提にすると、日本銀行が自分の意思で銀行券を市中に供給することはできない。あくまでも、民間金融機関が日本銀行当座預金を引き出して銀行券を引き出した時にだけ、銀行券は市中に流通するのである。

銀行券はいったん世の中に流通した後に、再び日本銀行に戻ってくることがある。例えば、連休明けなどには多額の銀行券が民間金融機関に戻ってくるが、民間金融機関はとりあえず不要な銀行券を日本銀行当座預金に入金する。この場合、民間金融機関の現金預け金の合計は同金額のままだが、内訳の現金が減り、預け金の中の日本銀行当座預金の残高が増加する。日本銀行の側から見ると、負債の合計は変化がないが、負債のうち銀行券が減少し、民間金融機関の日本銀行当座預金の残高が増加する。

日本銀行は、還流してきた銀行券が偽物ではないか、本物であっても、汚れや破損がないかどうかをチェックする。使用に耐えるとされた銀行券は、再び民間金融機関が日本銀行当座預金から現金を引き出すのを日本銀行の金庫で待つことになる。汚れや破損がひどく使用に耐えないとされた銀行券は裁断されて破棄される。銀行券の平均寿命は、一万円札で4年～5年程度、五千円札、千円札は使用頻度が相対的に高く傷みやすいため1年～2年程度となっている。[1)]

2021年3月末現在およそ116兆円の銀行券が流通している。銀行券は小口の決済に用いられており、法律で定められている強制通用力があり、銀行券を用いて支払いを行った場合には、相手はその受取りを拒絶できない。日本銀行は、銀行券を安心して国民が使えるように、銀行券に最先端の偽造防止技術を施している。また日本銀行は、災害などのために焼けたり、破れてしまったりした銀行券も、券面の面積に応じて交換している。例えば、2011年の東日本大震災後には、最初の3カ月で東北地方の支店、盛岡の臨時交換所で24.2億円の引き換えが実施されている。[2)]

日本銀行は小口取引の支払い手段として銀行券を提供してきたが、最近注目されているのが**中央銀行デジタル通貨**である。中央銀行デジタル通貨は、米ドルへの依存から脱却を目指していたカンボジア、中南米のバハマで2020年に実用化された。中国は2022年の北京オリンピックでの実用化を目指して実証実験を行ってきた。それ以外の各国中央銀行も、Facebook 社による Diem 構想が発表されて以後、中央銀行デジタル通貨の検討を急速に進めている。日本銀行も2020年に中央銀行デジタル通貨に関する日本銀行の取り組み方針を公表し、2021年から中央銀行デジタル通貨に関する実証実験を開始している。本書執筆時点で日本銀行には中央銀行デジタル通貨発行の具体的な計画はない。仮に中央銀行デジタル通貨が日本で導入されるとすれば、予想される一つの仕組みは個人が日本銀行に持つ円預金口座をあたかもデジタル化された銀行券のように用いる仕組みである。中央銀行の民間銀行への負債である日本銀行当座預金は、銀行間決済の大口取引に用いられる中央銀行デジタル通貨であるが、最近注目されているのは、個人がスマートフォンのアプリケーションや IC カードを使って中央銀行デジタル通貨で小口の支払いをすることである。現在日本銀行に預金口座を開設できるのは、金融機関と国や国際機関に限られており、個人や一般企業の預金を日本銀行は受け入れていない。そこで、口座提供の実務(例えば本人確認)は民間銀行が日本銀行にかわって行うことが予想されている。

---

1)　詳細は、日本銀行「銀行券の一生」を参照。
https://www.boj.or.jp/note_tfjgs/note/n_other/bn_life.htm/（2021年8月8日アクセス）

2)　白川方明「公共政策を遂行するという仕事」2011年7月15日
http://www.boj.or.jp/announcements/press/koen_2011/data/ko110715a1.pdf（2021年8月8日アクセス）

2．銀行の銀行

銀行の銀行としての業務で重要なものは、日本銀行当座預金を使った金融機関同士の支払いの決済（大口資金決済）と国債の振替決済である。2020年平均で、日本銀行当座預金の毎営業日決済合計額は178兆円、国債の振替決済金額は96兆円にのぼる。2020年の日本の名目 GDP は536兆円なので、1営業日で、日本の経済規模の33%にものぼる巨額の取引の決済がなされている日本銀行当座預金を管理しているコンピューター・システムが正常に稼働することは、日本経済の活動にとってきわめて重要である。[3)] その重要度は電気・ガス・水道などの社会的なインフラに匹敵する。巨額の取引が安全に決済できるように、日本銀行当座預金を用いた銀行間の受払に関しては、1件ごとに受払を実施する即時グロス決済が採用されている。即時グロス決済による取引は安全ではあるものの、1件ごとに受払を実施するためには高額の日本銀行当座預金残高を維持することが必要になるという欠点がある。そこで2008年以後は、同じ相手との受払のグロスの取引を複数同時に実行することで、取引の安全性を確保しながら、取引を実行するために必要となる日本銀行当座預金の金額を節約するサービスを日本銀行は提供している。また、即時グロス決済の下では、経営状態に問題がない銀行でも、例えば午後2時になれば他の銀行から入金が見込めるのに、朝方は支払いがかさみ、一時的に資金不足に陥るような事態が発生しうる。この事態に対処し、日本銀行当座預金を使った決済を円滑に進める仕組みが**日中当座貸越制度**である。これは、日本銀行に差し入れた担保金額を上限として、一時的に日本銀行当座預金残高を営業時間中に限りマイナスになることを認める制度で、当座貸越の金額は当日の営業時間終了時点までに返済する。この制度のメリットは、民間銀行に一時的な資金不足が発生した場合でも担保の範囲内であれば無利子で日本銀行からの借入が可能になるため、この民間銀行はコール市場から資金調達を行わなくてすむことである。ただし、万

3)　データの詳細は、日本銀行「決済動向　2021年3月」を参照。
https://www.boj.or.jp/statistics/set/kess/release/2021/kess2103.pdf（2021年8月8日アクセス）

一、当座貸越を返済できない場合は、罰則として基準貸付利率（第24章5節参照）プラス6％という高率の延滞利息が課される。

このほか、日本銀行は民間銀行への貸出も行っている。2021年3月末の貸出金の合計は126兆円である。日本銀行の貸出増加は、日本銀行当座預金残高の拡大につながる。

3．政府の銀行

日本銀行は政府の資金（国庫金）を政府預金として受け入れている。2021年3月末の政府預金は37兆円である。国庫金のうち、国が受け入れる国庫金（国税や社会保険料）を歳入金と言い、国が支払う国庫金（公共事業費や年金給付金）を歳出金と言う。日本銀行は、国庫金に関する業務、政府の資金繰りに関する業務、国債に関する業務を行っており、**政府の銀行**としての役割を果たしている。

国庫金に関する業務は、歳入・歳出を実際に行う出納事務、歳入・歳出に応じて政府資金の受払を記録する資金経理事務、歳入・歳出を官庁、会計別に集計する計算整理事務に分けられる。このうち、税金の支払い等の出納事務は日本銀行本支店以外の民間銀行（代理店と言う）でも行っている。

政府の資金繰りに関する業務、とは耳慣れない業務であろう。政府はたくさん税金を国民から集めているのだから、いつも潤沢にお金を持っていそうである。ところが、税の納付期限や年金の支払期日はばらばらの日に決まっているために、しばらく待っていれば巨額の税収があるのに、目前に迫った緊急の支払いができないくらい政府預金の残高が減る可能性がある。このように一時的に政府預金が不足する状況になると、第15章1節で説明した国庫短期証券を発行して政府は資金を調達する。日本銀行は、官庁と代理店から集めた情報をもとに、政府預金の増減を予想し、政府の資金繰りの効率化を助けている。

国債に関する事務は、発行事務（入札通知、応募受付、払込金受入）、振替決済事務（第15章4節を参照）、国債の元利金の支払い事務に分けられる。このうち、国債の公募入札においては、財務省が発行予定日、予定額を公表したうえで、価格競争入札による発行条件決定がなされる。入札条件の取りまとめは日本銀行が行っており、高値で入札した金融機関から順番に国債を入手できることになっている。

4．日本銀行の貸借対照表と損益計算書

三つの業務を反映した日本銀行の貸借対照表（2021年3月末）の概要は図表23-1のとおりである。

日本銀行が発券銀行としての役割を果たすために、負債には発行銀行券が計上されている。銀行の銀行としての役割を果たすために、負債では当座預金、資産では貸出金が計上されている。政府の銀行としての役割を果たすために、負債に政府預金が計上されている。日本銀行当座預金は貸出または国債などの買い入れによって民間銀行に供給されるため、日本銀行の資産には国債（多くは長期国債）が計上されている。資産に計上されている信託財産指数連動型上場投資信託が第12章4節で説明したETF買入により購入されたものである。それ以外にも、社債、コマーシャルペーパー、不動産投資信託（REIT）などが計上されている。

日本銀行に生じる利益を見るために、日本銀行の損益計算書（2021年3月末）の概要を示したのが図表23-2である。

（単位：兆円）

資産の部		負債および純資産の部	
国債	532	当座預金	523
（うち長期国債）	496	発行銀行券	116
貸出金	126	政府預金	37
コマーシャル・ペーパー等	3	その他負債合計	35
社債	7	**負債合計**	710
信託財産指数連動型上場投資信託	36		
信託財産不動産投資信託	0.7		
その他資産合計	10	純資産合計	5
資産合計	715	**負債および純資産合計**	715

図表23-1　日本銀行の貸借対照表：2021年3月末
（出所）　日本銀行「第136回事業年度（令和2年度）決算等について」
https://www.boj.or.jp/about/account/zai2105a.htm/（2021年8月8日アクセス）

（単位：億円）

経常収益(A)	24,191
うち国債利息	10,866
うち外国為替収益	3,012
うちその他	10,313
経常費用(B)	4,427
うち経費	1,990
うちその他	2,437
経常利益(C)＝(A)－(B)	19,764
経常収入	11,646
外国為替関係損益	2,478
経費	▲1,990
その他	7,629
うち金銭の信託（信託財産株式）運用損益	2,505
うち金銭の信託（信託財産指数連動型上場投資信託）運用損益	7,275
うち金銭の信託（信託財産不動産投資信託）運用損益	292
うち補完当座預金制度利息	▲2,179
特別利益(D)	0
特別損失(E)	5,234
特別損益(F)＝(D)－(E)	▲5,234
うち債券取引損失引当金	▲3,987
うち外国為替等取引損失引当金	▲1,239
税引前当期剰余金(G)＝(C)＋(F)	14,529
法人税、住民税及び事業税(H)	2,338
当期剰余金(I)＝(G)－(H)	12,191

図表 23-2　日本銀行の損益計算書：2021年３月末

（出所）　日本銀行「第136回事業年度（令和２年度）決算等について」
https://www.boj.or.jp/about/account/zai2105a.htm/（2021年８月８日アクセス）

(A)行にある経常収益を見ると、半分程度が国債の利息収入となっている(第15章３節で説明したように、日本銀行は国債等発行残高のうち45％を保有している)。外国為替収益とは、日本銀行が保有している外貨建て資産からの収益である。次に、(B)行にある経常費用を見ると、半分程度が経費（職員の給与や独立行政法人国立印刷局に支払った銀行券の製造費）になっている。(C)行の経常利益は(A)経常収益と(B)経常費用の差額で、差額の内訳とともに示されている。差額の内訳には、金銭の信託が３項目報告されている。そのうち信託財産株式運用損益は第17章３節で紹介した2002年11月から2004年９月までと、2009年２月から2010年４月までの間に、日本銀行が民間銀行から買い入れた株式の売却益である。信託財産指数連動型上場投資信託運用損益はETF買入からの分配金、信託財産不動産投資信託運用損益がREITからの分配金で、合計１兆円程度の利益があがっている。補完当座預金制度利息は、第24章５節で詳細を説明するが、プラスの利息を支払う当座預金残高への利払い分と、マイナスの利息を支払う当座預金残高からの金利収入の差で、全体として見ると損失が出ている。ここから各種引当金と税金の支払いを調整した当期剰余金が1.2兆円となっている。なお、日本銀行の財務に関するよくある疑問については第23章Web付録（補論）参照。

2021年３月末現在、国債等の45%、ETF純資産総額の87%を保有する日本銀行の資産は715兆円と、2020年度の名目GDPである約536兆円の1.3倍にも達している。日本銀行は発行銀行券と当座預金で資金調達を行い、国債と指数連動型上場投資信託で運用を行う機関投資家のように見えるが、このような貸借対照表になったのは比較的最近のことである。第26章１～３節では、なぜ日本銀行の貸借対照表がこれほどに規模が拡大し、内訳も多様化していったのかを説明していく。

Key Word　発券銀行、銀行券、中央銀行デジタル通貨、銀行の銀行、日中当座貸越制度、政府の銀行

23章まとめ――中央銀行の業務

❶日本銀行は、銀行券を発行し、汚れや偽造がないかどうかを点検している（発券銀行）。

❷日本銀行は、中央銀行デジタル通貨に関する実証実験を進めている。

❸日本銀行は、金融機関から当座預金を受け入れており、日本銀行当座預金は銀行間の資金決済に用いられる（銀行の銀行）。日本銀行は、金融機関への貸し出しを行っている。

❹日本銀行は国庫金の受払、政府預金の資金繰り、国債の発行、振替決済、元利金支払い事務を担当している（政府の銀行）。

❺日本銀行が発券銀行としての役割を果たすために、貸借対照表の負債に発行

銀行券が計上されている。銀行の銀行としての役割を果たすため、負債では当座預金、資産には貸出金が計上されている。政府の銀行としての役割を果たすため、負債に政府預金が計上されている。日本銀行当座預金は、貸出か国債などの買い入れによって民間銀行に供給されるため、日本銀行の資産には国債が計上されている。

【参考文献】

島村髙嘉・中島真志『金融読本』（第31版）、東洋経済新報社、９章、2020年

日本銀行「中央銀行デジタル通貨に関する日本銀行の取り組み方針」2020年
https://www.boj.or.jp/announcements/release_2020/rel201009e.htm/（2021年７月29日アクセス）

日本銀行「第２回中央銀行デジタル通貨に関する連絡協議会事務局説明資料」2021年
https://www.boj.or.jp/announcements/release_2021/rel211015c.pdf（2021年10月16日アクセス）

日本銀行金融研究所『日本銀行の機能と業務』１章、３～４章、６章
https://www.imes.boj.or.jp/jp/historical/pf/pf_index.html（2021年７月29日アクセス）

福田慎一『金融論――市場と経済政策の有効性』（新版）、有斐閣、11章、2020年

24章 金融政策の目標と手段

本章では金融政策の目標と手段について説明する。

金融政策の目標は、日本銀行が発券銀行・銀行の銀行・政府の銀行の三つの機能を果たすことによって、物価の安定を図ることを通して、国民経済の健全な発展に資することである。日本銀行の最高意思決定機関である政策委員会は、物価の安定を図る責任を負っている。

そこで、本章では第一に、なぜ物価の安定が望ましいのかについて説明する。第二に、政策委員会は、物価の安定を達成するために必要となる具体的な金融市場での取引の方針である金融市場調節方針を政府の意向とは独立に決定し、国民に対する説明責任を負うことを説明する。金融市場調節方針は、コール市場の無担保コールレート・オーバーナイト物を一定水準に誘導する、という方針になることが多い。第三に、金融市場調節方針を達成するための手段について説明する。

金融市場調節方針を達成するために、日本銀行が民間金融機関と取引を行うことを通して、民間金融機関が保有する日本銀行当座預金の総量を調整することを金融調節と言う。すなわち、金融調節とは、金融政策を実行し、日本銀行の使命を達成するための手段の一つである。日本銀行が金融調節をするために民間金融機関と行う国債の売買や資金の貸付といった取引を総称してオペレーション（公開市場操作）と言う。

金融市場調節方針を達成するにあたって、市場金利を誘導目標近辺の水準に誘導するために、オペレーションを補完する常設の手段が有益である。補完当座預金制度による超過準備への利息の付与は、大量の超過準備がある下で、コール市場金利の下限を作る効果がある。補完貸付制度は、担保があれば日本銀行が受動的に資金供給を行う仕組みで、その適用金利である基準貸付利率以上のコール市場での取引を抑制する効果がある。

以下本章では、これらの点について順に解説していく。

1．金融政策の目標

日本銀行法第一条では「日本銀行は、我が国の中央銀行として、銀行券を発行するとともに、通貨及び金融の調節を行うことを目的とする。」「日本銀行は、前項に規定するもののほか、銀行その他の金融機関の間で行われる資金決済の円滑の確保を図り、もって信用秩序の維持に資することを目的とする。」と定めている。後段の「資金決済の円滑の確保を図り、もって信用秩序の維持に資する」機能に関しては、第14章１節で説明したので、以下では前段の機能について説明する。

前段の機能に関して、日本銀行法第二条では、「日本銀行は、通貨及び金融の調節を行うに当たっては、**物価の安定**を図ることを通じて国民経済の健全な発展に資することをもって、その理念とする。」と定めている。したがって、通貨及び金融の調節を行う目標は「物価の安定を図ることを通じて国民経済の健全な発展に資する」ため、と理解できる。

「物価の安定を図ること」という言葉は、日本銀行が国民に提供している銀行券の購買力（貨幣価値）を安定させることであり、日本銀行の目標となることは容易に理解できる。「国民経済の健全な発展に資すること」という言葉の解釈は第25章１節で説明する。

2．インフレーションとデフレーション

金融政策運営の理念は物価の安定である。これとは逆に、物価が安定していない状況とは、どんな状況なのだろうか？

物価が安定していない状況のことを、インフレーション（インフレ）またはデフレーション（デフレ）の状況だと言う。ここでインフレとは、第20章２節で定義したように、物価水準が持続的に上昇することを言う。デフレとは、物価水準が持続的に下落することを言う。物価水準は、例えば第20章２節で説明したGDP デフレーターや消費者物価指数などの物価指数により計測できる。ただし、GDP デフレーターは速報性が低いことから、実務的にインフレ（デ

フレ）であるか否かの判断を行う際には、物価水準の代理変数として、消費者物価指数が持続的に上昇（下落）することを基準にする、といった対応が取られることになる。ただし、仮に消費者物価指数によって物価水準を代表させるとしても、指数の変化には様々な特殊要因もあって、実務的に物価の安定を判定するのは難しい。

インフレとデフレの定義には二つの注意が必要である。

第一に、個別財の価格水準が持続して上がったり下がったりしても、物価水準が安定している限りはインフレ、あるいはデフレとは言わないことである。例えば、石油関連製品の値段が持続して低下するような状況や、乳製品の値段が持続して上昇するような状況を指して、デフレ、あるいはインフレとは言わない。

第二に、インフレは持続的な物価水準の上昇を、デフレは持続的な物価水準の下落を指す。例えば、天候の影響で一時的に野菜の価格が上昇したりすることや、消費税率の引上げに伴う便乗値上げが多くの品目で行われるなどの要因から、物価水準の上昇率が高まることがあるかもしれないが、それが一時的である限り、インフレであるとは判断しないのである。

2013年１月に日本銀行は**物価安定目標**を消費者物価指数（総合指数）の前年比上昇率２％と定めた。物価安定目標は、中長期的に達成すべき目標であるので、総合指数で物価安定を定量化することが適切である。ただし、短期的には特定の商品の一時的な変動からの影響を考慮することも必要であるので、日本銀行が２年程度先までの物価の見通しを発表する際には、天候要因などで大きく変動する可能性が高い生鮮食品を除いた、生鮮食品を除く消費者物価指数を用いている。

図表24-1は、消費者物価の総合指数と、生鮮食品を除く消費者物価指数の総合指数の前年同月比を1971年１月から2021年９月まで示している。消費者物価指数が上昇したか下落したかは、先月と今月の指数を比べることでも判断できる。しかし、消費者物価指数には毎年特定の時期に値上がりと値下がりを繰り返す品目が含まれており、前年の同月と比べてどの程度物価が値上がり、あるいは値下がりしたかを見るほうが有益な場合が多い。こうした事情から、実務的には消費者物価指数の前年同月比を物価水準の変動の尺度として用いるこ

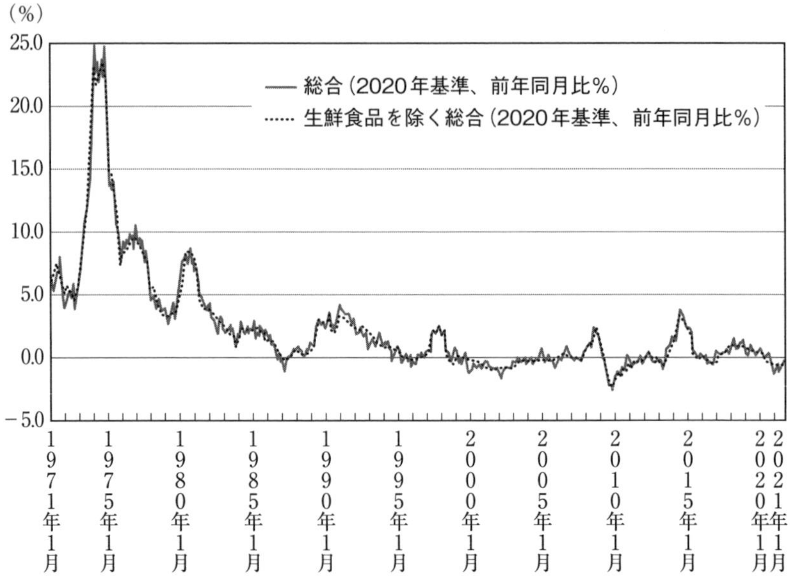

図表24-1　消費者物価指数と生鮮食品を除く消費者物価指数前年同月比：1971年1月～2021年9月

（出所）　総務省「2020年基準消費者物価指数」中分類指数、前年同月比
https://www.e-stat.go.jp/stat-search/file-download?statInfId=000032103932&fileKind=1（2021年10月22日アクセス）

とが多い。例えば、消費者物価指数の前年同月比が持続してプラスであれば、前年よりも持続的に物価が上がっており、インフレであると判断することができる。

図表24-1からは、以下の点がわかる。消費者物価指数と生鮮食品を除く消費者物価指数の前年同月比の動きはほぼ同じだが、後者のほうがやや変化幅が小さい。次に、どちらの指数も1970年代の前半と終わりに、急激な前年比の上昇（インフレ）と、その後の下落が見られる。これは、当時発生した原油価格の上昇をきっかけに発生した物価上昇である。1980年代から1990年代半ばまでについて見ると、1989年４月の消費税導入（税率３％）の影響を含めても前年同月比はほとんどプラスであるがおおむね５％以内の小幅にとどまっており、物価はおおむね安定していたと考えられる。1990年代後半以後は、1997年４月の消費税増税（税率３％→５％）、2007年から2008年の原油価格の上昇・下落

が見られた時期を除いて、2013年まで消費者物価指数の前年同月比は約15年間にわたってゼロないし小幅のマイナスのデフレであった。日本の長期デフレのような現象は、第二次大戦後には諸外国で観察されなかった現象である。2013年半ば以後について見ると、消費者物価指数（総合）の前年同月比は2016年１月～９月を除いてプラスとなったが、2020年10月から2021年８月まで再びマイナスとなり、2021年９月に0.2％と再びプラスになっている。なお、2014年４月から１年間の前年同月比には消費税増税（税率５％→８％）、2019年10月から１年間の前年同月比には消費税増税（税率８％→10％）の影響が含まれている。

３．物価の安定はなぜ望ましいのか

金融政策運営の理念である物価の安定は、なぜ望ましいのだろうか？　言い換えると、物価の安定していない状態、つまりインフレとデフレはなぜ望ましくないのだろうか？

結論を先取りすると、予想されていないインフレとデフレは所得分配の不公平を生むから望ましくない、というのがその理由である。さらに、同じ２％のインフレとデフレであれば、デフレのほうが弊害は大きいと言われている。以下では、その理由を説明する。

インフレとデフレはなぜ経済に悪影響を及ぼすのだろうか。そのためには、予想されているインフレ・デフレと、予想されていないインフレ・デフレを区別して考える必要がある。

いま、もし事前に物価水準が１年後に10％上昇する、と完全に予想されていれば、あらゆる財・サービスの価格が10％上昇したとしても企業や家計の活動には何の影響も生じない。これは、今日の100円の値札を来年からは110円に張り替えるようなものであり、財同士の相対的な価値には何の影響もないからである。[1]

1）　読者は、2014年４月に消費税率が引き上げられる前に買いだめが起こった経験を踏まえると、この説明は間違いだと思うかもしれない。しかし、消費税率が引き上げられる時、消費財の値段は税率分が上がるが、賃金も消費税率分上がるとは予想されていなしかし、**予想されていないインフレ・デフレ**の影響は、以下で説明するように大きい。この点を理解するために、企業が設備投資のため借入れをする例を考える。

企業が借入れを行って生産設備を増強することにより追加的に生産力が上がることで得られるキャッシュ・フローの実質的な価値が、借入れに支払う実質利子率（財の単位で測った利子率であり、物価上昇の影響を控除したもの）よりも大きいならば、その企業は投資を実行することが望ましい。ところが、借入れ時点で適用されるのは名目利子率であり、借入れを返済する時点までのインフレ率はわかっていない。したがって、借入れ時点で名目利子率を財の単位で測った実質利子率に変換する際には、実現したインフレ率ではなく、予想インフレ率を用いることになる。そのため、事前と事後の実質利子率を以下のように区別する必要がある。

事前実質利子率＝名目利子率－予想インフレ率

事後実質利子率＝名目利子率－実現したインフレ率

投資の判断は、事前実質利子率によりなされる。銀行と企業が金融契約に合意した後は、名目利子率は変更できない。したがって、予想インフレ率よりも実現したインフレ率が高い場合には、企業の実質借入れ負担である事後実質利子率は事前実質利子率よりも低くなる。一方、銀行は約束された名目利子率で返済を受けても、返済された資金で購入できる財の数量は減ってしまう。このように、予想インフレ率よりも実現したインフレ率のほうが高い場合には、資金の貸し手が損失を被り、資金の借り手が利益を得る。逆に、実現したインフレ率が予想インフレ率よりも低ければ、資金の貸し手は利益を得て、資金の借り手は損失を被る。

次に、企業と労働者の賃金の支払いの例について考えよう。企業と長期的な雇用関係にある労働者の賃金は、毎月変更されるのではなく、年に一度ぐらい

いだろう。賃金の消費財価格に対する相対的な価値が落ちると予想した国民が、賃金の相対価値が落ちる以前に買いだめをしたのである。本節での説明は、予想されているインフレの下では、財・サービス価格の中に労働サービスの価格である賃金をはじめ、あらゆる価格が同じ比率で上がる状態を想定しているので、消費財価格と賃金の相対価値も同じままであると仮定している。

しか変更されないほうが普通である。一方、企業は財の価格を賃金よりも頻繁に変更することができる。賃金が一定金額で固定されている間に多くの企業が値上げを行い、インフレ率が上昇すれば、労働者が一定金額の賃金から購入できる財の数量は減ってしまう。このように、インフレになると企業が利益を得て、労働者が損失を被ることになる。

以上の二つの例から、予想されていないインフレ・デフレによって、所得分配上の不公平が生じることがわかった。このため、中長期的に物価が安定する、つまりインフレにもデフレにもならないようにすることが、日本銀行の金融政策運営の理念となるのである。

次に、デフレにはインフレにはない固有の問題があり、同じ２％のインフレとデフレならデフレのほうが弊害は大きいことを説明する。

第一の理由は、労働者間の不公平が増すことである。名目賃金で契約した労働者は、予想されないデフレの分だけ、実質賃金が上がる。ただし、この利益は、いま雇われている人だけが得る利益である。デフレ下では、企業はいっそうの実質賃金増加を回避するため、正規雇用募集をパート募集に切り替えるなどして、新規の労働者への賃金を切り下げようとする。いっそう経営が苦しくなれば、企業はいま雇われている人の賃金も切り下げようとするかもしれないし、最悪の場合には、企業が倒産して、いま雇われている人も失業するかもしれない。したがって、デフレ下では全部の労働者が得をするわけではなく、経済全体で長い目で見ると弊害が大きいと言える。

第二の理由は、名目金利をゼロ以下にして取引を行うことには限界があると予想されることである。もし銀行がマイナスの金利で資金を調達できれば、そのマイナスの金利を少し上回るマイナス金利で資金を運用し、収益を得ることができる。したがって、名目金利がマイナスでも、金融取引は第16章１節で見たように実施可能である。しかし、もし読者が預金口座を持っている銀行が預金金利をマイナス（銀行預金をすると手数料が取られることに相当する）にしたならば、読者は預金を現金で引き出すだろう。したがって、銀行預金の金利を、銀行が大幅なマイナスにすることは簡単ではないと予想される。実際に、2016年２月以後日本では無担保コールレート・オーバーナイト物金利がマイナスになっているが、預金金利がマイナスになった例は2022年１月時点では聞かれていない。ただし、2014年以降マイナス金利政策を取っている一部の欧州諸国で見られるように、マイナス金利が多くの市場金利に広がり長期化すれば、銀行が口座維持手数料を要求するといった形で読者の生活にもマイナス金利の影響が及ぶかもしれない。

予想されたデフレ、予想されないデフレは、名目金利が大幅にゼロ以下にできない状況下では事前・事後の実質金利を高止まりさせる。そうした状況では、借金をして事業を拡大するよりも、借金を返して事業を縮小するほうが個々の企業、個人にとっては合理的になり、ますます経済活動が縮小していく悪循環が発生する可能性がある。また、第25章3節で説明するように、中央銀行は不況になると金利を下げて景気を刺激する、という政策対応を取るが、名目金利の下げ幅が限られるとそのような政策対応の余地が減ってしまう。以上の二つの理由から、同じ2％のインフレとデフレであれば、デフレのほうがインフレよりも望ましくないと考えられている。

4．金融政策の自主性・説明責任

4節と5節では、日本銀行が物価の安定を達成するためにどのような仕事をしているかについて説明していく。まず4節では、物価の安定を達成するために、誰がどのようにして、誰に責任を負って意思決定をするのかを説明する。

日本銀行の最高意思決定機関は**政策委員会**である。政策委員会のメンバーは総裁1名、副総裁2名、審議委員6名からなり、国会の同意を得て、内閣が任命する。政策委員会は金融政策だけでなく、日本銀行の経営計画や内部管理についても決定権を持っている。

政策委員会の会合のうち、物価の安定を達成するために金融政策運営の基本方針を決定する会合は、**金融政策決定会合**と呼ばれている。金融政策決定会合は2022年1月現在、年間に8回、2日間かけて開催され、集中的に金融経済情勢に関する検討を行うとともに、**金融市場調節方針**や当面の金融政策の運営方針を多数決で決定する。1998年以後の金融市場調節方針はコール市場の無担保コールレート・オーバーナイト物の水準についての目標が多いが、第26章1～3節で見るように日本銀行当座預金残高、マネタリーベース残高、日本銀行当座預金における付利金利、10年物国債金利など、様々な種類の目標が掲げられている。

日本銀行法第三条では「日本銀行の通貨及び金融の調節における自主性は、尊重されなければならない。」と規定されており、政策委員会のメンバーは政府の判断から離れて、自主的に金融政策の方針を多数決により決定することができる。ただし、金融政策と政府の経済政策の基本方針との整合性は重要であるので、「日本銀行は、その行う通貨及び金融の調節が経済政策の一環をなすものであることを踏まえ、それが政府の経済政策の基本方針と整合的なものとなるよう、常に政府と連絡を密にし、十分な意思疎通を図らなければならない。」と日本銀行法第四条で規定されている。

金融政策の自主性を尊重することの一環として、日本銀行法第三条では、「日本銀行は、通貨及び金融の調節に関する意思決定の内容及び過程を国民に明らかにするよう努めなければならない。」と**金融政策の説明責任**を定めている。そこで、日本銀行は、金融政策決定会合における決定内容を会合当日にウェブサイトで速やかに公表するとともに、総裁が記者会見を行い、決定内容の詳細を説明している。また、2022年１月現在、金融政策決定会合における参加者の主な意見は会合後約１週間で公表される。さらに、金融政策決定会合の議事要旨は次回会合後に公表されるほか、会議議事録も10年後に公表され、誰がどのような理由で政策運営を提案していたかが明らかにされるようになっている。このほか、国会からの求めに応じて、総裁をはじめとする役職員が両議院の委員会に出席して国会議員からの質問に答えている。

こうした様々な場で政策決定の背景説明を行う際には、将来の経済・物価情勢の見通しの説明が欠かせない。なぜなら、金融政策の効果は数年のラグを持って実体経済に及ぶからである。

日本銀行は金融政策決定会合で機動的に金利を変更することが可能なので、第25章３節で説明するように、長短金利、為替レート、株価など、金融市場や資産市場には速やかにその影響が及ぶと予想される。しかし、金利の変化が、企業収益の変化を経て家計の所得に及んでいくには時間がかかる。さらに、こうした企業収益や家計所得の変化が、企業や家計のマインドに徐々に影響を及ぼし、投資や消費についての新たな意思決定に結びついていくまでには、さらに相当の時間が必要である。こうした事情により金利変更が実体経済へ影響を及ぼすまでの波及のラグは長い。したがって、今日の政策決定の根拠は今日の経済・物価情勢だけではなく、将来の経済・物価情勢の見通しを含む必要がある。

そこで、日本銀行は2022年１月現在、１月、４月、７月、10月の金融政策決定会合終了後には、先行きの経済・物価見通しや上振れ・下振れ要因を詳しく点検し、点検結果に従って計画された金融政策運営の考え方を整理した「経済・物価情勢の展望」（展望レポート）を公表している。展望レポートでは、政策委員たちの経済・物価の見通しが掲載されている。

2021年３月以後は、長期的な視点から金融面の不均衡についても金融政策決定会合で点検する目的で、展望レポートを決定する金融政策決定会合において、金融システムの動向について担当部局から報告を受けることになった。この決定の背景には、低金利の長期化に加えて、人口減少などの構造要因によって金融機関の基礎的収益力が低下傾向を続けていることに日本銀行が配慮していることがある。

5．金融政策の手段

（1）　オペレーション

政策委員会は物価安定目標を達成するために、金融市場調節方針を決める。ここまでが金融政策の意思決定である。これに対し、金融市場調節方針を達成するために行われる金融取引が金融調節である（金融政策と金融調節の違いについては第24章 Web 付録（補論１）を参照のこと）。日本銀行が金融調節の目的で民間金融機関に向けて行う国債の売買や資金の貸付といった取引を総称してオペレーション（**公開市場操作**）と言う。

オペレーションには、大きく分けて、資金吸収オペレーションと資金供給オペレーションがある。資金吸収オペレーションは、民間金融機関の日本銀行当座預金需要よりも日本銀行当座預金供給が上回る状況で行われる。資金供給オペレーションは、民間金融機関の日本銀行当座預金需要よりも日本銀行当座預金供給が下回る状況で行われる。

第10章１節で説明したとおり通常の経済状況下ではこれらのオペレーションを通して、日本銀行はコール市場の無担保コールレート・オーバーナイト物の金利水準を誘導することができる。オペレーションは様々な金融商品を用いて行われている。資金吸収オペレーションの例としては、手形売出オペレーションがある。これは満期が３カ月以内に到来する手形であって、日本銀行が振出人、受取人、支払人を兼ねるものを、日本銀行が金融機関に売却することによって、資金吸収を行うものである。資金供給オペレーションの例としては、共通担保資金供給オペレーションがある。このオペレーションでは、日本銀行があらかじめ信用力が十分にあると認めた金融商品（例えば国債）を担保に資金供給がなされる。2006年に共通担保資金供給オペレーションが導入された当初は、資金供給期間が１日から１年までの金利入札方式だったが、2009年12月には固定金利方式が導入されたほか、2016年９月には最長の資金供給期間が10年に延長されている。手形売出オペレーションや共通担保資金供給オペレーションには満期があるので、資金吸収・供給は一時的なものである。これに対し、近年よく用いられる国庫短期証券買い切りオペレーション、国債買い切りオペレーションは、債券を買い切る形で資金供給がなされるので、資金供給の効果は永続的である。それ以外に、コマーシャルペーパー、社債、ETF、REIT も買い入れ対象になっている。近年創設され、利用金額が多いオペレーションの詳細は第24章 Web 付録（補論２）にまとめてある。

金融市場調節方針を達成するにあたって、市場金利を誘導目標近辺の水準に誘導するためにオペレーションを補完する手段があれば便利である。(2)、(3)ではそうした目的のために用いられる常設の手段を説明する。

（２） 補完当座預金制度

第10章１節で説明したオペレーションによって日本銀行がコール市場の無担保コールレート・オーバーナイト物の金利水準を誘導できる、という状況は、金利がプラスで、超過準備が少額で利息が付かないことを前提にしていた。

2008年９月に世界金融危機が発生した後に、短期金融市場の緊張が高まったことや、同年10月の株価急落等を受けて、外国銀行、地方銀行、第二地方銀行、証券会社等を中心に手元資金を厚めに確保する動きが広がり、日本銀行当座預金への需要が高まった。そこで日本銀行は、2008年10月31日に無担保コールレート・オーバーナイト物誘導目標を0.5%から0.3%に引き下げた。これに加えて年末、年度末の金融市場の逼迫を避けるために、日本銀行は法定準備預金額を超える大規模な日本銀行当座預金の供給を行おうとした。法定準備預金額を超える大規模な日本銀行当座預金の供給をすれば、金融機関は利息が付かない超過準備をコール市場で運用しようとするので、無担保コールレート・オーバーナイト物が誘導目標の0.3%より大きく低下し、誘導目標を維持できない可能性が高い。

そこで、日本銀行は**補完当座預金制度**を創設し、超過準備に対して、誘導目標を0.2%下回る0.1%の利率によって利息を付ける（付利する、と言う）ことを2008年11月から2009年３月までの臨時措置として導入して、無担保コールレート・オーバーナイト物の下限を設定しようとした。なぜなら、金融機関からすると、コール市場で0.1%以下の取引で運用するよりも、日本銀行に超過準備として預ければ確実に0.1%の利息が稼げるので、特段の事情がなければ補完当座預金制度対象金融機関はコール市場（オーバーナイト物）で0.1%以下の金利では取引を行わないと予想されたからである。

その後2008年12月19日に、日本銀行は無担保コールレート・オーバーナイト物の誘導目標と補完当座預金制度の付利金利をともに0.1%とした。法定準備預金額を上回る大量の資金供給を行い、超過準備への付利によって付利金利水準以下に無担保コールレート・オーバーナイト物が低下することを防ぐ（フロアを作る）という金融調節のやり方はフロア・システムと言われている。フロア・システムの下では、誘導目標の水準を付利金利水準と一致させることで、誘導目標の金利水準を維持しながら、金融機関の旺盛な資金需要にこたえて大量の日本銀行当座預金の供給を行うことができる。

補完当座預金制度は期限延長を繰り返していたが、2016年１月のマイナス金利政策（詳細は第26章２節参照）導入以後、日本銀行当座預金の付利水準は、プラス、ゼロ、マイナスの三つの階層に分けられた（詳細は第24章 Web 付録（補論３）を参照）。

第一の階層は、基礎残高と言われ、従来どおり＋0.1%の付利が適用される。

第二の階層は、マクロ加算残高と言われ、ゼロ%の付利が適用される。

第三の階層は、政策金利残高と言われ、▲0.1％の付利が適用される。

その後、2021年３月には、**貸出促進付利制度**が導入された。この制度は、日本銀行が金融機関の貸出を促進する観点から行っている各種資金供給に金融機関が応じた結果増加した日本銀行当座預金残高の三つのカテゴリーに応じて、0.2％、0.1％、０％の金利をインセンティブとして付与する制度である。

以上の制度変更により、2022年１月現在では、日本銀行の当座預金にはプラス、ゼロ、マイナスの金利が付けられているが、マイナス金利適用残高は補完当座預金制度残高のごく一部にすぎない。2021年12月16日～2022年１月15日の積み期間中の日本銀行当座預金の平均残高は539兆円で、準備預金制度適用先の準備預金残高合計が478兆円（法定準備預金額12兆円、超過準備額466兆円）である。補完当座預金制度適用先の準備預金残高合計は517兆円で、うちプラスの付利残高が206兆円、ゼロの付利残高が284兆円、マイナスの付利残高が27兆円である。

（３）補完貸付制度

1997年に日本で発生した金融危機以後は、日本銀行がオペレーションで市場に大量の日本銀行当座預金を供給したとしても、信用不安のうわさなどが立ち、コール市場で他の金融機関から高金利でないと資金調達ができない金融機関が見られるようになった。この問題に対処する制度が**補完貸付制度**である。補完貸付制度とは、日本銀行が金融機関等の借入申込みを受け、差し入れられた担保の範囲内で、原則として**基準貸付利率**により翌営業日を返済期限として受動的に実行する貸付けのことで、2001年２月28日に創設された。[2)] 補完貸付制度があれば、基準貸付利率以上の高い金利でないとコール市場で取引に応じてもらえない金融機関でも、担保があれば日本銀行から資金調達ができるの

2）基準貸付利率は、かつて公定歩合と呼ばれていた金利である。金利規制下での日本銀行の金融調節は、オペレーションではなく、金融機関への貸出で行われていた。その際の基準金利が公定歩合だったが、金融自由化が進んで、無担保コールレート・オーバーナイト物などが基準金利となったことから、名称も変更され新しい役割を担っている。公定歩合による貸出は日本銀行が随時決定していたが、補完貸付制度は銀行の求めに応じて日本銀行が実行する貸出なので、性質が異なる。

で、コール市場では基準貸付利率以上の金利での取引は起こらなくなることが期待される。もっとも、担保不足に追い込まれた金融機関はこの制度を利用することはできない。

Key Word　物価の安定、物価安定目標、予想されていないインフレ・デフレ、事前実質利子率、事後実質利子率、政策委員会、金融政策決定会合、金融市場調節方針、金融政策の自主性、金融政策の説明責任、公開市場操作、補完当座預金制度、補完貸付制度、貸出促進付利制度、基準貸付利率

24章まとめ――金融政策の目標と手段

❶日本銀行法では、「物価の安定を図ることを通じて国民経済の健全な発展に資すること」を金融政策運営の理念としている。

❷予想されていないインフレ・デフレは資金の貸し手・借り手、労働者と企業の間に予想されない所得分配の不公平を引き起こす。

❸デフレは、長い目で見て労働者間の不公平が拡大することや、経済全般の名目金利をゼロ以下にして取引を行うことには限界があると予想されることから、同じ水準のインフレよりも悪影響が大きい。

❹金融政策の方針は、政策委員会が金融政策決定会合で決定している。

❺日本銀行は、金融政策の方針決定に関して自主性と説明責任を負う。

❻日本銀行政策委員会は物価安定目標を達成するために、金融市場調節方針を決める。金融市場調節方針を達成するために行われる金融取引が金融調節である。日本銀行が金融調節の目的で民間金融機関に向けて行う国債の売買や資金の貸付といった取引を、総称してオペレーション（公開市場操作）と言う。

❼金融市場調節方針を達成するにあたって、市場金利を誘導目標近辺の水準に誘導するためにオペレーションを補完する手段があれば便利である。補完貸付制度は、担保があれば日本銀行が受動的に資金供給を行う仕組みであり、その適用金利である基準貸付利率以上の金利によるコール市場での取引を抑制する効果がある。補完当座預金制度による超過準備への付利には、大量の超過準備がある下で、コール市場金利の下限を作る効果がある。

【参考文献】

小林照義『金融政策』（第２版）、中央経済社、４～６章、12章、2020年
塩路悦朗『やさしいマクロ経済学』日経文庫、４章、2019年
島村高嘉・中島真志『金融読本』（第31版）、東洋経済新報社、11章、2020年
東短リサーチ株式会社編『東京マネー・マーケット』（第８版）、有斐閣、１章、2019年
日本銀行金融研究所「日本銀行の機能と業務」１章、５章
http://www.imes.boj.or.jp/japanese/pf.html
福田慎一『金融論――市場と経済政策の有効性』（新版）、有斐閣、11章、13章、2020年

25章 金融政策の効果

本章では金融政策の効果について説明する。

金融政策運営の目標である物価の安定を達成するために、日本銀行政策委員会は金融政策決定会合で金融市場調節方針を決定する。この意思決定の際に、政策委員会では多くの経済指標を参照しているが、特に重要なのは以下の二つの指標である。

まず、日本銀行が物価の安定に対して2013年１月に定めた物価安定目標は、消費者物価指数前年比２％である。次に、日本銀行が国民経済の健全な発展に関して注目している指標の例は、日本経済の規模を計測する実質 GDP（第20章１節を参照）と、日本経済の基礎体力の推定値である潜在 GDP との差を取った GDP ギャップの二つである。

伝統的な金融政策の考え方によれば、金融市場調節方針が無担保コールレート・オーバーナイト物に関する誘導目標を与えている場合には、日本銀行は金融調節によって無担保コールレート・オーバーナイト物へ影響を与え、その国債利回り、株価、社債金利、銀行貸出金利、為替レート等への波及を通して実質 GDP と物価に影響を与え、消費者物価指数前年比を２％に、GDP ギャップをゼロ％に接近させるようにする。

日本銀行が金融調節を行って物価の安定を図る際には、無担保コールレート・オーバーナイト物をどのような水準に定めればよいのだろうか？　この問いは非常に難しく、一般的な答えはないが、政策金利水準の参照値として有益なテイラー・ルールと呼ばれる経験則がある。

テイラー・ルールは、政策金利がプラスであることを前提にして考えられた政策金利誘導の参照値であった。ところが、1999年以後、無担保コールレート・オーバーナイト物金利の水準が低く、日本銀行はこれを大幅に引き下げて金融緩和をすることができない状況にある。本章の最後ではそうした中で、蓄積された新たな金融政策運営に関する知見の考え方を説明し、政策運営の歴史と実践上の問題点については、第26章で説明する。

1．金融政策の実務的な目標

日本銀行法は、「物価の安定を図ることを通じて国民経済の健全な発展に資すること」を金融政策運営の理念としている。「物価の安定」に関する実務的な目標は、2013年１月以後、日本銀行は消費者物価指数で前年比２％のインフレ率を実現することを物価安定目標だとしている。[1)]「国民経済の健全な発展」に関する実務的な数値目標は2022年１月現在のところないが、持続的な経済成長を中長期的に達成すること、そのためには、経済成長率を日本経済の実力相応に保つようにすること、というのが一つの解釈である。この目標は、GDP ギャップをなるべくゼロに接近させることという目標であるとも解釈できるので、以下では GDP ギャップについて説明する。

2．GDP ギャップ

GDP ギャップは、実質 GDP の潜在 GDP からの乖離幅を％表示した統計であり、以下のように定義される。

$$\text{GDPギャップ（\%）} = 100 \times \frac{\text{実質GDP} - \text{潜在GDP}}{\text{潜在GDP}}$$

ここで、**潜在 GDP** とは、日本経済に備わっている資本や労働力を効率的に投入した時に実現可能な実質 GDP のことであり、日本経済の基礎体力に相当する実質 GDP と考えられる。GDP ギャップの推計は内閣府や日本銀行が行っている。

GDP ギャップがマイナスならば、経済の基礎体力で供給可能な量（潜在

1）日本銀行「金融政策運営の枠組みのもとでの『物価安定の目標』について」2013年１月22日。
https://www.boj.or.jp/announcements/release_2013/k130122b.pdf（2021年８月26日アクセス）

GDP）に対して需要（実質 GDP）が不足しており、資本が余って工場の稼働率が低下している、あるいは労働者が余剰になって失業者が出ているなど、景気が低迷している可能性が高い。GDP ギャップがプラスならば、工場はフル稼働しており、労働者は残業するなど、景気が過熱している可能性が高い。

以下に説明するように、中央銀行は、金融調節を通して実質 GDP（需要）に働きかけることで、GDP ギャップをなるべくゼロに接近させようとする。潜在 GDP は技術水準や労働力の質といった供給側の要因で決まり、金融政策の直接的な影響が及びにくいため、金融政策が働きかける対象は実質 GDP になる。

図表 25-1 は日本銀行が推計した GDP ギャップ（日本銀行は需給ギャップと呼んでいる）と、消費者物価指数（CPI）前年比（四半期データに換算した指数の前年同期比）を示している。ここで、CPI の1991年以後のデータには総務省が発表している消費税調整済指数を用いた。この指数を用いると、1997年 4 月（3 %→ 5 %）、2014年 4 月（5 %→ 8 %）、2019年10月（8 %→10%）の消費税率引上げの CPI 前年比への影響を除くことができる。消費税率引上げによる物価上昇は中央銀行が調整すべきインフレ率上昇ではないと考えられるので、政策に関する議論をする場合はこの指数を用いることが適切である。なお、1989年 4 月の消費税導入（税率 3 %）の影響に関する調整済指数は現時点では存在しない。

図表 25-1 からは、日本の金融危機が深刻だった1998年第 1 四半期以後、2016年第 3 四半期までの約20年間のうちかなりの期間で日本の GDP ギャップはマイナスであったことがわかる。GDP ギャップがプラスだったのは、2000年の第 3 四半期から第 4 四半期、2005年第 4 四半期から2008年第 3 四半期、2013年第 4 四半期から2014年第 1 四半期だけである。2016年第 4 四半期から久々に GDP ギャップがプラスに転じたが、2020年第 2 四半期以後は新型コロナウイルス感染症の影響で GDP ギャップは大幅なマイナスに転じている。また、CPI 前年比上昇率は、GDP ギャップが上昇する時には上昇、GDP ギャップが下落する時には下落する傾向があることがわかる。インフレ率と GDP ギャップ、そして金融政策・金融調節との関係はどのように理解したらよいかについては、次節で整理する。

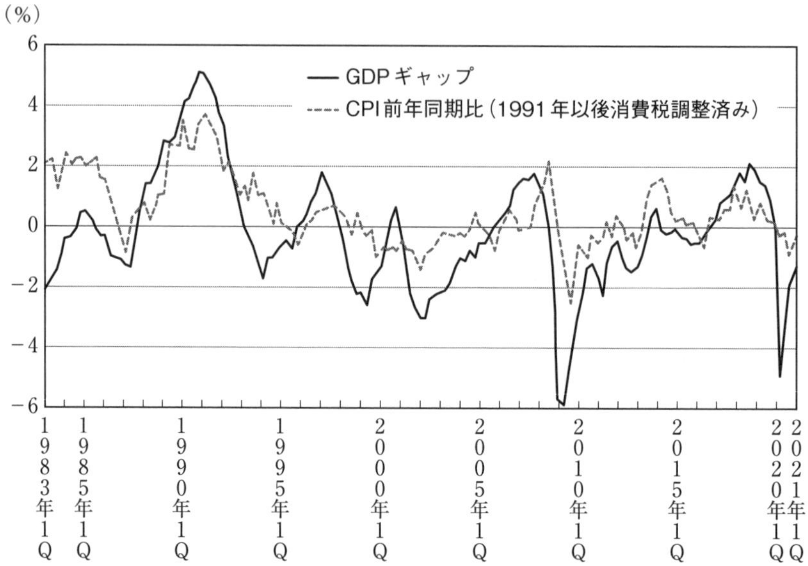

図表25-1　GDPギャップと消費者物価指数前年比：1983年第1四半期～2021年第1四半期

（出所）　日本銀行「需給ギャップと潜在成長率」2021年7月5日
https://www.boj.or.jp/research/research_data/gap/index.htm/（2021年8月11日アクセス）
総務省「2020年基準消費者物価指数」
https://www.e-stat.go.jp/stat-search/file-download?statInfId=000032103951&fileKind=1
（2021年8月6日アクセス）

3．金融政策・金融調節が経済に与える影響

金融政策・金融調節が経済に与える影響は以下のとおりである。

金融政策決定会合において当面の金融政策の運営方針が決定されるが、そこで金融市場調節方針が変更され、コール市場の無担保コールレート・オーバーナイト物の誘導目標の水準が変更されたとする。この変更に従い、金融調節を担当している日本銀行金融市場局の担当者は、無担保コールレート・オーバーナイト物を新しい誘導目標の水準に接近させるように金融調節を行う。金融調節の結果、実際の無担保コールレート・オーバーナイト物の金利が日本銀行の金融調節方針に沿うように変化するが、その影響は国債の利回りをはじめとする長期金利に及ぶ。なぜなら、第16章5節で説明したように、期待理論が成立するならば、長期金利はその残存期間に対応する将来のオーバーナイト物金利の予想値の平均と等しいからである。もしも、将来の経済情勢に関する予想が不確実であれば、長期金利はその残存期間に対応する将来のオーバーナイト物金利の予想値の平均とプレミアムの合計と等しいからである。ここで、プレミアムは、将来のインフレに関する予想、潜在GDP成長率への予想などに依存して変化する。

上記の関係によれば、金融政策決定会合で日本銀行が無担保コールレート・オーバーナイト物の誘導目標を変更することを決定すれば、長めの金利の代表である国債利回りもある程度は変動するであろう。日本銀行はこうした長めの金利への影響を通して、物価・景気を引き上げる政策（金融緩和政策）と、物価・景気を押し下げる政策（金融引締め政策）を実施する。

金融緩和政策とは、日本銀行がオペレーションによって短期金融市場の金利を低下させ、景気を上向かせるために行う金融政策のことを言う。短期金融市場の金利が低下すると、金融機関は低金利で資金調達できるようになる。そのため、企業や家計への銀行貸出金利が低下するほか、資本市場においても、社債金利も低下し、株価も上昇する。その結果、企業は運転資金や設備資金を調達しやすくなる。家計も住宅購入資金を借りやすくなる。こうして、経済活動がより活発となり、景気が上向く。

金融引締め政策とは、日本銀行がオペレーションを行って短期金融市場の金利を上昇させ、景気の過熱を抑えるために行われる政策のことを言う。短期金融市場の金利が上昇すると、金融機関は、以前より高い金利で資金調達することになり、企業や家計への銀行貸出金利を引き上げる。社債金利は上昇し、株価も下落する。その結果、企業・家計は、資金を借りにくくなり、経済活動が抑制されて、景気の過熱が抑えられる。

このような金融調節が実質GDPに波及する経路を、第20章1節で説明した実質GDPの構成別に整理すると以下のとおりである。まず、企業の設備投資に関しては銀行貸出金利・社債金利・株価への波及を通して影響が及ぶ。家計の住宅投資に関しては、住宅ローン金利への波及を通して影響が及ぶ。家計の消費に関しては、金利が高くなると貯蓄が増えて、現在の消費が減る、という効果が予想される（ただし、利子所得が十分に増える場合は、現在の消費が増える可能性もある）。さらに、輸出入への影響については、国内需要が変化することから輸入が変化するほか、第22章2節で説明したように金利の変化に伴って為替レートが変化し、輸出入の採算も変化することが予想される。このため、為替レートは金融政策の運営上の政策目標ではないが、重要な参考指標として位置づけられている。以上のような経路を通して、日本銀行の金融調節の結果、実質GDPに影響が及び、その結果GDPギャップも変化する。

GDPギャップの変化は、インフレ率にどのような影響を与えるのだろうか。近年のマクロ経済学で**ニューケインジアン・フィリップス曲線**と言われる理論モデルによれば、GDPギャップの変化は、翌期のインフレ率と、通常の経済状態で生じる原材料（例えば原油）価格上昇率と今期の原材料価格上昇率の差である今期の割増原材料価格上昇率とともに、今期のインフレ率に影響を与えることが知られている。

ニューケインジアン・フィリップス曲線とは、以下の関係である。

$$\pi_t-\bar{\pi}=a1\times G_t+a2\times(\pi_{t+1}-\bar{\pi})+a3\times h_t$$

ここで、左辺のπ_tは今期（以下、t期）のインフレ率、$\bar{\pi}$は日本銀行が望ましいと思うインフレ率である。右辺の$a1$、$a2$、$a3$は正の定数であり、G_tはGDPギャップ、h_tは通常の経済状態で生じる原材料価格上昇率と、今期の原材料価格上昇率の差である今期の割増原材料価格上昇率である。

ニューケインジアン・フィリップス曲線を見ると、経済の需給が均衡してGDPギャップG_tがゼロである経済では、割増原材料価格上昇率h_tもゼロならば、今期と来期のインフレ率は日本銀行が望ましいと思うインフレ率$\bar{\pi}$と一致する、つまり、物価の安定が実現されることを示している。したがって、GDPギャップを金融調節によってゼロに接近させることは、日本銀行によって制御不能な輸入原材料価格の上昇などが発生せず、割増原材料価格上昇率がゼロならば、物価の安定に貢献する、と解釈できる（ニューケインジアン・フィリップス曲線の導出の背景は第26章Web付録（補論）参照）。

以上の結果は、金融調節によってGDPギャップを変化させることができれば、今期のインフレ率にも影響を与えることができることを示唆している。ただし、以上の議論は理論的な整理であり、どの程度実際に日本銀行がGDP

ギャップやインフレ率に金融調節を通して影響を与えられるかは、研究者の意見が分かれるところである。

4．テイラー・ルール

これまで、日本銀行が金融調節を通してインフレ率とGDPギャップに影響を及ぼす理論的経路について説明してきた。それでは、どんな水準に無担保コールレート・オーバーナイト物を誘導したならば、日本銀行は２％の物価安定目標とゼロのGDPギャップを達成できるのだろうか？　この誘導目標の水準を決める、つまり、金融市場調節方針を決定することが日本銀行政策委員会の使命である。

この疑問に答えることは非常に難しいが、学術研究の積み重ねの結果、簡便な行動基準であるテイラー・ルールが導かれているので、以下に紹介する。

テイラー・ルールとは、米国スタンフォード大学の経済学者であるジョン・テイラーが1993年の論文で示した以下の経験則である。[2)]

米国の政策金利

＝均衡実質金利［２％］＋インフレ率＋0.5×（GDPギャップ）

＋0.5×（インフレ率－目標インフレ率［２％］）

テイラーは1980年代から1990年代前半の米国の政策金利の動きは、上記のような式でほぼ近似できると指摘した。テイラー・ルールに従うと、以下のような行動基準が得られる。

まず、GDPギャップがゼロ％で、インフレ率が２％であって（インフレ率－目標インフレ率［２％］）がゼロ％なら、均衡実質金利（２％、潜在GDPの成長率と考えてよい）とインフレ率２％との合計である４％へ政策金利を誘導する。

次に、GDPギャップがゼロ％ではなく、インフレ率が目標の２％から乖離している場合、例えば、インフレ率が３％で、GDPギャップが１％ならば、政策金利６％にすべきである。なぜなら、インフレ率３％とGDPギャップ１

2）Taylor, John B, "Discretion versus Policy Rules in Practice," *Carnegie-Rochester Conference Series on Public Policy*, Vol. 39, December 1993, pp.195-214.

％をテイラー・ルールに代入すると以下を得るからである。

政策金利

＝２％(均衡実質金利)＋３％(インフレ率)

＋0.5×(１％[GDP ギャップ])

＋0.5×(３％[インフレ率]－２％[目標インフレ率])

＝２％＋３％＋0.5×１％＋0.5×１％

＝６％

その後の実証研究で、テイラー・ルールは、米国だけでなく、各国中央銀行が誘導してきた政策金利の実績値を比較的よく近似することがわかってきた。さらに、その後の理論研究では、中央銀行がインフレ率を目標値で安定させ、GDP ギャップをなるべく小さくする、という意味で安定的な成長に貢献しようとする時には、テイラー・ルールは適切な政策金利水準を示す可能性があることが示された。この点について、テイラー・ルールは以下のように書き換えることができることに注意しよう。

政策金利

＝均衡実質金利＋1.5×インフレ率＋0.5×(GDP ギャップ)

－0.5×(目標インフレ率)

この式からは、インフレ率が１％上昇した場合は、政策金利を1.5％引き上げることが適切であることが示される。このように、政策金利をインフレ率の上昇するペースを上回るペースで引き上げることは、その後の研究でインフレ率を目標インフレ率に近い値で安定させる効果があることがわかっている(「テイラー原理」と言われている)。このような実証的・理論的な研究を踏まえて、テイラー・ルールは中央銀行の政策金利誘導の有益なガイドラインとして、学界と中央銀行の両方から受け入れられるようになった。例えば、日本に関する研究例である小田・永幡［2005］によると、1990年代半ばまで、テイラー・ルールから算出される政策金利の理論値は、現実の無担保コールレート・オーバーナイト物をよく近似している。

5．無担保コールレート・オーバーナイト物がゼロに接近した場合の政策運営の考え方

テイラー・ルールを日本経済に適用するうえでの問題点は、ルールが示唆する無担保コールレート・オーバーナイト物の水準が1990年代後半以後ではマイナスになってしまうことである。第24章3節で説明したとおり、現金が存在することを前提にすると、政策金利を大幅なマイナスにすることは困難である。この困難に直面した日本銀行は、1999年以後に世界に先駆けて新しい金融緩和の手法を生み出してきた。以下ではまずそうした手法の考え方を六つに整理する。政策運営の歴史と実践上の問題点は、第26章1～3節で説明する。

第一の考え方は、長い期間にわたって短期金利誘導目標をゼロにする、というものである。すなわち、無担保コールレート・オーバーナイト物を可能なかぎりゼロに接近させること、さらに、その措置がある程度の期間にわたって持続する、というメッセージを日本銀行が発することで金利水準の予想を長期間にわたり引き下げ、第16章5節で説明した期待理論の効果から長期金利を引き下げることで、経済を活性化する、というものである。実践例は1999年の日本のゼロ金利政策である。

第二の考え方は、短期金利誘導目標をマイナスにする、すなわち、無担保コールレート・オーバーナイト物をマイナスに引き下げることである。実践例は2012年以後の欧州諸国の中央銀行、2016年1月以後の日本銀行の採用したマイナス金利付き量的・質的金融緩和である。

第三の考え方は、短期金利だけでなく、長期金利にも誘導目標を設けてこれを統制することである。実践例は、1941年から1951年までの米国の政策と、日本銀行が2016年9月から採用している長短金利操作付き量的・質的金融緩和におけるイールドカーブ・コントロールである。

第四の考え方は、金融機関の法定準備預金額を大幅に上回る資金を金融市場に供給することである。必要以上の日本銀行当座預金を手にした金融機関が、企業への貸出にそれを振り向ければ、景気回復につながるかもしれない。あるいは、金融機関が手元に大量に日本銀行当座預金を持つことから、資金繰りの

懸念が払拭される効果があるかもしれない。実践例は、日本銀行が2001年から2006年に採用した量的緩和政策である。

第五の考え方は、日本銀行が国債などのような安全資産ではなく、リスクの高い金融資産を買い入れることである。例えば、民間銀行が保有している社債のうち信用リスクが低いものを日本銀行が買い入れると宣言すれば、金融機関は日本銀行へ社債を売却し、よりリスクの高い資産を購入できるだろう。社債の利回りは、国債の利子率にその会社の信用リスクに相当するプレミアムを加えたものである。国債買い入れオペレーションは、国債の利子率を引き下げる効果を持っている。ここで、社債を買い入れるオペレーションがあれば、社債発行体の信用リスクに関するプレミアムも引き下げることができ、社債による資金調達が円滑化すると考えられる。実践例は、日本銀行が現在行っているCP、社債、ETF、REITの買い入れなどである。このタイプの政策は、**信用緩和政策**と呼ばれており、日本銀行が2010年に採用した包括緩和政策や、諸外国の中央銀行がリーマン・ショック後や新型コロナウイルス感染症拡大による金融危機対応として採用した例がある。

第六の考え方は、物価安定目標へのコミットメントを通して、インフレ予想に働きかけることである。この政策が功を奏せば、事前実質利子率を引き下げることができると期待される。この考え方は、日本銀行の2013年以後の量的・質的金融緩和で採用されている。

Key Word　GDPギャップ、潜在GDP、金融緩和政策、金融引締め政策、ニューケインジアン・フィリップス曲線、テイラー・ルール、信用緩和政策

25章まとめ――金融政策の効果

❶日本銀行の金融政策は、消費者物価指数前年比上昇率２％の物価安定目標を実現することと、GDPギャップをなるべくゼロに接近させることを実務的な目標としていると解釈することが可能である。

❷金融政策の目標達成のために、無担保コールレート・オーバーナイト物を誘導目標として金融調節が行われることが多かった。

❸金融調節によって無担保コールレート・オーバーナイト物を変化させると、国債利回り、株価、社債金利、銀行貸出金利、為替レート等の変化へとその影響が波及し、実質 GDP が変化し、GDP ギャップが変化すると理論的に考えられる。

❹ニューケインジアン・フィリップス曲線によると、GDP ギャップの変化は、翌期のインフレ率と、通常の経済状態で生じる原材料価格上昇率と今期の原材料価格上昇率の差である今期の割増原材料価格上昇率とともに、今期のインフレ率に影響を与えることが知られている。したがって、金融調節によって無担保コールレート・オーバーナイト物を変化させ、GDP ギャップに変化をもたらすことができれば、今期のインフレ率にも変化をもたらすことができると理論的には考えられる。

❺日本銀行が２％の物価安定目標とゼロの GDP ギャップを達成するために、無担保コールレート・オーバーナイト物の誘導目標をどのように設定するかという点に関する簡便な行動基準としてテイラー・ルールが知られている。

❻1990年代後半以後の日本では、無担保コールレート・オーバーナイト物が低水準となり、追加的な金利引き下げによる金融緩和が難しくなった。

❼こうした状況に対処する金融緩和政策の考え方は六つある。第一の考え方は、無担保コールレート・オーバーナイト物を可能なかぎりゼロに接近させ、その措置がある程度の期間持続する、というメッセージを日本銀行が発すること。第二の考え方は、無担保コールレート・オーバーナイト物をマイナスに引き下げること。第三の考え方は、短期金利だけでなく、長期金利にも誘導目標を設けこれを統制すること。第四の考え方は、金融機関の法定準備預金額を大幅に上回る資金を金融市場に供給すること。第五の考え方は、リスクの高い金融資産を買い入れること。第六の考え方は、物価安定目標への強いコミットメントを通してインフレ予想に働きかけ、事前実質利子率を引き下げることである。

【参考文献】

池尾和人『現代の金融入門』（新版）、筑摩書房、３章、2010年

小田信之・永幡崇「金融政策ルールと中央銀行の政策運営」『日銀レビュー』2005年
http://www.boj.or.jp/research/wps_rev/rev_2005/rev05j13.htm/（2021年８月15日アクセス）

加藤涼・川本卓司「ニューケインジアン・フィリップス曲線：粘着価格モデルにお

けるインフレ率の決定メカニズム」『日銀レビュー』2005年
https://www.boj.or.jp/research/wps_rev/rev_2005/data/rev05j06.pdf（2021年10月２日アクセス）
小林照義『金融政策』（第２版）中央経済社、８章、11章、2020年
塩路悦朗『やさしいマクロ経済学』日経文庫、４章、６章、2019年
島村髙嘉・中島真志『金融読本』（第31版）、東洋経済新報社、11章、2020年

26章 1998年以降の日本の金融政策

本章では、現行の日本銀行法が施行された1998年４月以後の日本の金融政策の変遷について三つの時期に分けて解説し、今後の金融政策運営に関する論点を説明する。本章の概要をまとめると以下の３点のとおりである。

第一に、1998年４月以後のほとんどの時期で、日本では金融緩和政策が継続した。無担保コールレート・オーバーナイト物の水準が1990年代後半にはゼロに接近し、第25章３節で紹介した伝統的な金融調節によって金融緩和政策を実行することが困難になった日本銀行は、物価の安定を実現すべく、新たな金融緩和の手法を次々採用した。第25章５節で説明した無担保コールレート・オーバーナイト物がゼロに接近した場合の政策運営の考え方を実践した歴史は、図表 26-1 に要約してある。図表 26-1 からは、時代を追って、新たな政策運営の考え方が提案され、複数の考え方が併用されていることがわかる。

第二に、1998年以後日本銀行が達成すべき物価の安定に関する概念の具体化が進んだ。すなわち、2000年10月に発表された「家計や企業等のさまざまな経済主体が、物価の変動に煩わされることなく、消費や投資などの経済活動にかかる意思決定を行うことができる状況」という抽象的な物価の安定に関する概念から、消費者物価指数の前年比上昇率を用いて数値的に物価の安定に関する概念を具体化する努力が進んだ。2013年１月以後は、消費者物価指数前年比上昇率２％の物価安定目標が採用されている。

第三に、2022年１月現在、物価安定目標は達成されていない。2022年１月現在で採用されている長短金利操作付き量的・質的金融緩和は、2013年に採用された量的・質的金融緩和を改良し、長期にわたる金融緩和政策が金融機関経営に与える悪影響を回避しながら金融緩和を継続することを可能とする枠組みである。今後も日本銀行は物価安定目標の達成を目指して粘り強く金融緩和政策を持続すると予想される。

1．1998年から2013年の金融政策

（1） ゼロ金利政策

1999年2月、日本銀行は無担保コールレート・オーバーナイト物をできるだけ低めに推移するよう促すと発表し**ゼロ金利政策**を開始した。1999年4月にはデフレ懸念の払拭が展望できるような情勢となるまでゼロ金利政策を続けると発表した。ゼロ金利政策は図表26-1に整理した金融政策運営の(1)の考え方による。

(2)の発表は、**フォワードガイダンス**と言われるタイプの発表である。フォ

政策の実施期間	1999年〜2000年	2001年〜2006年	2010年〜2013年	2013年〜2016年	2016年	2016年〜
無担保コールレート・オーバーナイト物がゼロに接近した場合の政策運営の考え方	ゼロ金利	量的緩和	包括緩和	量的・質的金融緩和	マイナス金利付き量的・質的金融緩和	長短金利操作付き量的・質的金融緩和
(1)　長い期間短期金利誘導目標をゼロにする	○	○	○			
(2)　短期金利誘導目標をマイナスにする					○	○
(3)　長期金利に誘導目標を設けこれを統制する						○
(4)　金融機関の法定準備預金額を大幅に上回る資金を金融市場に供給する		○	○	○	○	○
(5)　リスクの高い資産を買い入れる			○	○	○	○
(6)　物価安定目標へのコミットメントを通して、インフレ予想に働きかける				○	○	○

図表26-1　無担保コールレート・オーバーナイト物がゼロに接近した場合の政策運営の考え方の実践の歴史

（出所）筆者作成

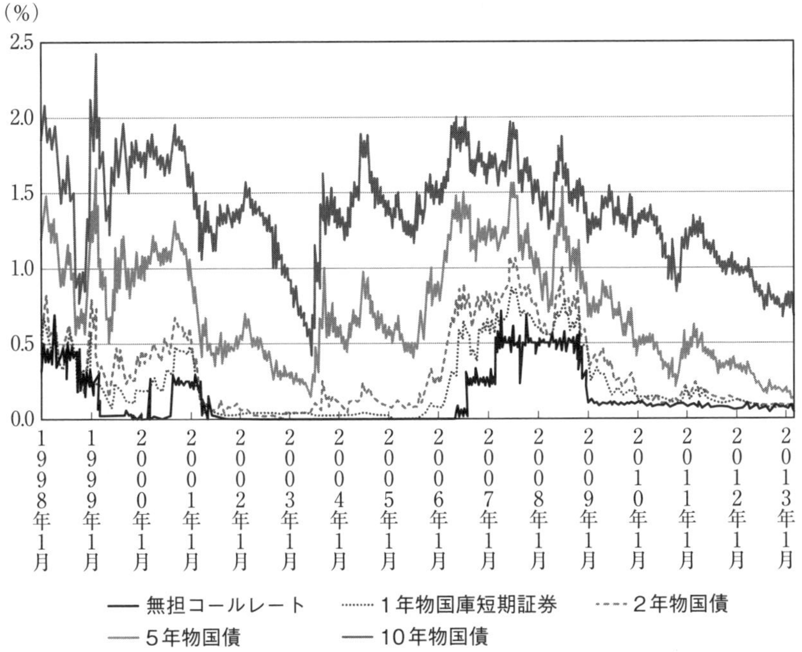

図表 26-2　金利動向：1998年 1 月～2013年 3 月

（出所）　財務省「国債金利情報」
https://www.mof.go.jp/jgbs/reference/interest_rate/index.htm
日本銀行「時系列データベース」、「無担保コールレート・オーバーナイト物日中平均」
https://www.boj.or.jp/statistics/market/short/mutan/index.htm/
（ともに2021年 8 月 8 日アクセス）

ワードとは将来のこと、ガイダンスとは指針のことである。この発表は、日本銀行が将来の無担保コールレート・オーバーナイト物の水準に関する指針をあらかじめ示すことによって、第16章 5 節で説明した期待理論を通じて金融市場参加者に長期金利の低下を予想させる意図があった。今日振り返って見ると、デフレ懸念の払拭の意味は明確ではない。ただし、1999年は前年秋の日本長期信用銀行の破綻など、重大な金融危機の記憶が生々しい時期であったため、当面の金融危機を脱出するまで短期金利は非常に低い、と市場参加者に思わせるには効果があったと思われる。

この点について図表 26-2 で長短金利の動向を見て確認すると、無担保コールレート・オーバーナイト物がゼロに接近した1999年 4 月以後、7 月ごろまでは、２年、５年、10年物の国債利回りが大きく低下していることがわかる。

日本銀行は2000年８月にデフレ懸念の払拭が展望できるような情勢に至ったものと考えられる、としてゼロ金利政策を解除し、無担保コールレート・オーバーナイト物を0.25％に引き上げた。政府は利上げに反対の立場を取り、金融政策決定会合における議決延期権を行使したが、日本銀行政策委員会はこれを多数決で否決した。ところが、日本銀行がこの決定をした時期は、2000年秋からの米国ITバブル崩壊に伴う急激な景気後退の直前にあたっており、政府の反対を押し切って利上げを行った日本銀行の政策運営に対して強い批判が起こった。そして、利上げから半年後の2001年２月には、日本銀行は再度金融緩和を行い、無担保コールレート・オーバーナイト物を0.15％に引き下げた。

この間、日本銀行の目指すべき物価の安定の意味の具体化や、数値目標の設定を求める声が高まった。そこで、2000年10月に日本銀行は「家計や企業等の様々な経済主体が、物価の変動に煩わされることなく、消費や投資などの経済活動にかかる意思決定を行うことができる状況」という物価の安定の定義を公表した。

（２）　量的緩和政策

2001年３月、日本銀行は無担保コールレート・オーバーナイト物に代えて、日本銀行当座預金残高を金融調節の指標にする量的緩和政策を発表した。**量的緩和政策**は、図表26-1に整理した金融政策運営の(4)の考え方に即している。量的緩和政策下では無担保コールレート・オーバーナイト物もゼロに接近したほか、下記に示すフォワードガイダンスも含まれていたので、(1)の考え方にも即している。具体的な内容は以下のとおりである。

まず、日本銀行当座預金の目標残高を、当時の法定準備預金額であるおよそ４兆円を大きく上回る５兆円に設定し、短期金融市場を大幅な資金余剰とした。

図表26-2を見ると、2001年４月以後は無担保コールレート・オーバーナイト物がほぼゼロであるほか、２年物、５年物、10年物の国債利回りもゼロ金利政策の時期に比べてより低下していることがわかる。

次に、日本銀行は量的緩和政策を消費者物価指数（除く生鮮食品）の前年比上昇率が安定的にゼロ％以上となるまで継続するというフォワードガイダンスを発表した。このフォワードガイダンスはゼロ金利政策時のものに比べると、消費者物価指数の前年比上昇率の数値を示しているという意味で具体的であり、より強力に市場参加者の政策に関する予想を制御できた可能性がある。しかし、フォワードガイダンスの解除が予想される時期になると、消費者物価指数の前年比がどの程度の幅と期間でゼロを上回れば量的緩和政策が解除されるのか、という点の解釈が複雑になり、日本銀行は数回にわたってフォワードガイダンスの意味を明確化する必要に迫られることとなった。

量的緩和政策は、日本銀行当座預金の目標残高を順次引き上げることで強化され、ピーク時には日本銀行当座預金の目標残高は30兆円～35兆円に達した。

量的緩和政策は2006年３月に消費者物価指数前年比上昇率が2000年基準指数でプラスとなったところで解除され、日本銀行は同年７月に無担保コールレート・オーバーナイト物の誘導目標を0.25％に引き上げた。[1)]2006年３月の量的緩和政策終了と同時に、中長期的な物価安定の理解が発表された。中長期的な物価安定の理解は、金融政策運営にあたり、中長期的に見て物価が安定していると各政策委員が理解する物価上昇率のことであり、消費者物価指数の前年比０％～２％程度で、中心値はおおむね１％の前後で分散しているとされた。

(3)　包括緩和政策

2008年９月15日に世界有数の投資銀行であったリーマン・ブラザーズ社が破綻したことをきっかけに、米国金融市場で金融危機が発生して大手金融機関が軒並み損失を計上し、世界に金融危機が広がっていった。当時の日本の銀行は金融危機とは無縁で安全だと考えられており、実際に日本では銀行倒産は起こらなかった。しかし、安全だと思われていたがゆえに、日本は欧米からの資金

1)　第20章 Web 付録（補論１）で紹介したように、「経済・物価情勢の展望（2006年10月)」の図表12(3)を見ると、量的緩和政策解除の根拠になった１月～３月の消費者物価指数前年比（2000年基準）はプラスになっているが、2006年８月から発表された2005年基準指数では１月～３月の消費者物価指数前年比がマイナスないし小幅のプラスであった。詳細は以下を参照。
https://www.boj.or.jp/mopo/outlook/data/gor0610.pdf（2021年10月16日アクセス）

逃避先となり、為替相場が円高になった。円高に加えて、主要輸出先だった米国の景気が急速に悪化したため日本の輸出は激減し、日本の鉱工業生産は米国・英国以上に低下したほか、株価も大暴落して日本は危機の震源地であった米国や、欧州諸国よりも大幅なマイナス経済成長に陥った。

こうした状況下、日本銀行は2008年９月には国内金融機関の米ドル調達を支えるために米国連邦準備制度（Fed）とのスワップ取り決めにより米ドル供給オペレーションを開始した。2008年10月と12月に無担保コールレート・オーバーナイト物の誘導目標を２回にわたって引き下げて0.1％とし、補完当座預金制度（詳細は第24章５節を参照）も導入して法定準備預金額を上回る大規模な資金供給を行ったが、2010年の欧州債務危機の発生などにより、円高は止まらなかった。

そこで2010年10月に導入された金融緩和策が、**包括緩和政策**である。包括緩和政策は、図表26-1に整理した金融政策運営の⑴、⑷、⑸の考え方が反映されており、以下三つの柱からなっている。

第一に、無担保コールレート・オーバーナイト物の誘導目標を０％～0.1％（実質ゼロ金利政策）とすることが定められた。

第二に、日本銀行は、中長期的な物価安定の理解に基づき、物価の安定が展望できる情勢になったと判断するまで、実質ゼロ金利政策を継続していくことが約束された。

第三に、日本銀行は、国債に加え、社債、コマーシャル・ペーパー（CP）、上場投資信託（ETF）および不動産投資信託（REIT）の買入れを開始した。買入れにより、３年物までの金利の直接的な押し下げを図り、各種のリスク・プレミアムを圧縮することが目指された。買入にあたって、総額35兆円の資産買入基金が設立され、35兆円のうち、固定金利方式・共通担保資金供給オペレーションが30兆円、資産買入が５兆円とされた。５兆円のうち、買入限度額は長期国債、国庫短期証券が3.5兆円程度（うち、長期国債1.5兆円程度）、CP等、社債等がそれぞれ0.5兆円程度、ETFが0.45兆円程度、REITが0.05兆円程度とされた。

2011年３月には東日本大震災が発生する。日本銀行は資産買入基金の資産買入額を東日本大震災の直後に５兆円増加（基金総額40兆円）させ、被災地金融機関を支援するための資金供給オペレーションを創設するが、その後も日本経済の回復は遅かった。資産買入額は2012年12月まで７回増額され、総額101兆円（うち資産買入76兆円）に達した。この間、2012年２月に日本銀行は中長期的な物価安定の目途が消費者物価指数の前年比上昇率で２％以下のプラスの領域にあると判断しており、当面は１％を目途とすることを発表し、物価安定の定義を明確化した。

包括緩和政策は、緩和的な金融環境を提供し、景気の下支えに寄与したものの、家計や企業に根付いたデフレ・マインドを転換するには至らなかった。こうした中、安倍晋三氏が2012年９月の自民党総裁選挙で総裁に選ばれ、2012年12月に首相（第二次安倍内閣）となった。安倍首相は**アベノミクス**の第一の矢として大胆な金融政策を主張し、日本銀行に物価安定目標の設定を迫った（第二の矢は機動的な財政政策、第三の矢は民間投資を喚起する成長戦略）。これに対して、日本銀行は2013年１月に物価安定目標を消費者物価指数の前年比上昇率２％と定め、これをできるだけ早期に実現すると約束した。これに加えて、安倍首相は黒田東彦アジア開発銀行総裁（当時）を2013年３月に日本銀行総裁に任命し、「too little, too late （遅きに失し、小出し）」と批判されてきた日本銀行の政策運営を抜本的に転換させるための人事を行った。

（4） 日本銀行の貸借対照表の推移

1998年から2013年までの日本銀行の貸借対照表の特徴は以下のとおりである。まず、負債を図表26-3で見ると、白棒の日本銀行当座預金残高は、1999年３月、2001年３月に６兆円、量的緩和政策期に30兆円～36兆円、2007年～2008年は12兆円～14兆円程度だったものが、包括緩和政策後は徐々に拡大し、2013年３月には資産買入基金設立の影響もあって58兆円となった。この間、灰色棒の発行銀行券残高は1999年３月の51兆円から2013年３月末の83兆円まで年平均3.5%増加した。斜線棒の売現先勘定は、日本銀行が国債を買い戻し条件付きで売却する資金吸収オペレーションである。黒棒の売出手形は、期間の長い資金供給オペレーションで一時的に過剰になった日本銀行当座預金を吸収する目的などで2008年まで積極的に利用されていたが、2008年に補完当座預金制度ができて以後2021年８月現在まで、残高はゼロである。

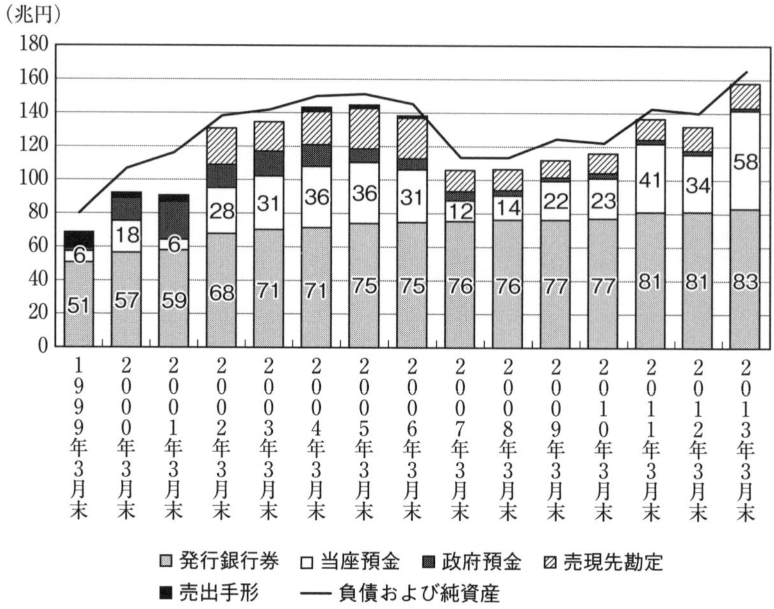

図表 26-3　日本銀行の主要負債：1999年 3 月末〜2013年 3 月末

（出所）　日本銀行「日本銀行勘定」
https://www.boj.or.jp/statistics/boj/other/ac/index.htm/（2021年 8 月 8 日アクセス）

次に、資産を図表 26-4 で見ると、2006年までは薄灰色棒の国債と白棒の買入手形が中心である。量的緩和政策の解除後スムーズに資産残高や国債残高が減った理由は、オペレーションの満期を緩和解除までに短くしていたことと、当時の買い入れ国債の残存年月が 3 年〜 4 年程度だったため、満期償還になる国債が多かったためである。2007年以後は国債と縦線棒の共通担保資金供給オペレーションにともなう貸出金が資産の主力である。2010年以後は、従来から行われていた銀行券残高範囲内の長期国債買い切りオペレーションに加えて、資産買入基金による国債の買入れ枠ができたため、国債保有残高が再び拡大している。共通担保資金供給オペレーションにともなう貸出金には、2010年12月以降は資産買入基金の運営として買入れた残高（当初30兆円、その後25兆円）を含む。

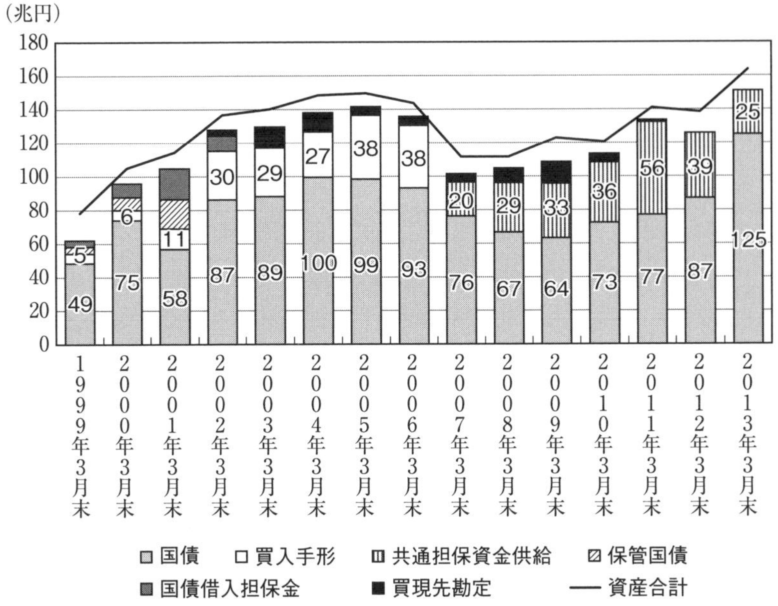

図表 26-4　日本銀行の主要資産：1999年３月末〜2013年３月末

（出所）　日本銀行「日本銀行勘定」

https://www.boj.or.jp/statistics/boj/other/ac/index.htm/（2021年８月８日アクセス）

2．量的・質的金融緩和――2013年４月から2016年９月の金融政策

（1）　量的・質的金融緩和

2013年４月４日、黒田東彦総裁をはじめとする日本銀行政策委員会は、**量的・質的金融緩和**の導入を決定した。量的・質的金融緩和は、図表 26-1 に整理した金融政策運営の(4)、(5)、(6)の考え方が反映されている。

まず、消費者物価指数の前年比上昇率２％の物価安定目標を、２年程度の期間を念頭に置いてできるだけ早期に実現することを決定した。なお、前年比上昇率２％という数字は、2014年４月、2015年10月に予定されていた消費税率の５％から８％、８％から10％への税率引上げの影響を除いたものである（この後、８％から10％への引上げを安倍首相は2014年11月に2017年４月からに延期し、2016年６月にさらに2019年10月からに延期している）。

次に、金融市場調節方針は、マネタリーベースが年間約60兆円～70兆円に相当するペースで増加するよう金融市場調節を行う、とされ、金融市場調節の操作対象を金利（無担保コールレート・オーバーナイト物）からマネタリーベース（日本銀行券発行高、貨幣流通高と日本銀行当座預金の合計）に変更した。

第三に、長期国債の保有残高が年間約50兆円に相当するペースで増加するよう買入れを行い、買い入れる長期国債の平均残存期間を、３年弱から国債発行残高の平均並みの７年程度に延長した。この買入額の拡大は、マネタリーベースを年間約60兆円～70兆円増やすために必要とされる額に相当している。

日本銀行は、こうした大胆な措置により、市場や経済主体の期待を抜本的に転換させる効果が期待できる、と主張した。政策変更の結果、2013年４月以後の日本銀行の長期国債保有残高とマネタリーベースは、急増した。2013年４月と2015年４月を比べると、マネタリーベース（月中平均残高）は150兆円から300兆円へと倍増し、長期国債保有残高は98兆円から221兆円、日本銀行当座預金残高は62兆円から206兆円へ拡大した。

量的・質的金融緩和が始まった2013年４月から2016年２月までは、図表26-5にあるように、無担保コールレート・オーバーナイト物は、補完当座預金の付利金利水準である0.1％近くで推移した。10年物国債の利回りは、当初こそインフレ予想の高まりから上昇するが、2015年４月にかけて低下した。

量的・質的金融緩和の実施後、消費者物価指数前年比上昇率（2014年４月の消費税率引上げの影響を除くベース、除く生鮮食品）は、2014年５月には1.4％、その後７月まで1.3％となり、2015年度中の物価安定目標２％の達成が視野に入ったかと思われた。ただし、この物価上昇の背景には、円安、東日本大震災による原子力発電所停止に伴う電力料金値上げなどの影響、2014年４月の消費税増税前の駆け込み消費などの影響もあった。2)

---

2)　当時の消費者物価指数前年比上昇率データは、2014年４月の展望レポートの図表14を参照。

https://www.boj.or.jp/mopo/outlook/gor1404b.pdf（2021年８月13日アクセス）

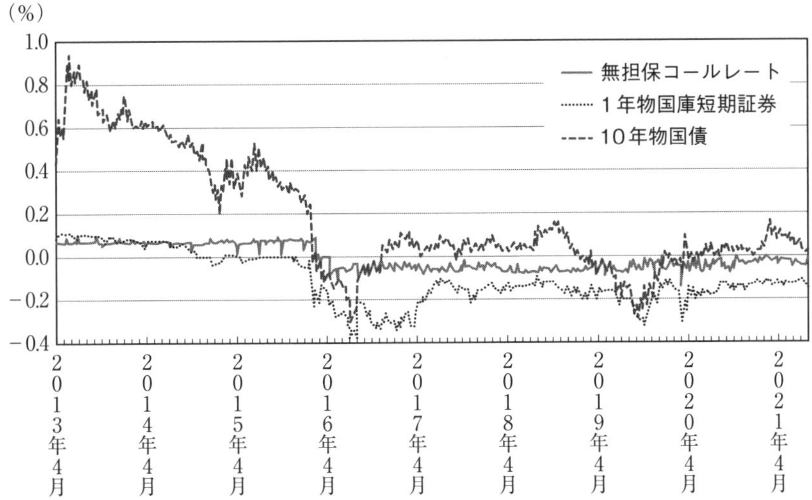

図表 26-5　金利動向：2013年４月～2021年７月

（出所）　財務省「国債金利情報」
https://www.mof.go.jp/jgbs/reference/interest_rate/index.htm
日本銀行「時系列データベース」、「無担保コールレート・オーバーナイト物日中平均」
https://www.boj.or.jp/statistics/market/short/mutan/index.htm/
（ともに2021年８月８日アクセス）

（２）　量的・質的金融緩和の拡大

ところが、2014年後半から原油価格が急激に下落しはじめ、消費税増税前の駆け込み消費の反動も予想外に大きいことが明らかになり、日本銀行は景気、物価の見通しを下方修正することが必要となってきた。そこで、日本銀行は2014年10月に量的・質的金融緩和を拡大した。

具体的には、金融市場調節方針のマネタリーベースの増加についての目標は年間約60兆円～70兆円から年間約80兆円に増額された。また、長期国債の保有残高が年間約50兆円ではなく、80兆円に相当するペースで増加するよう買入れを行うとし、買入れの平均残存期間も７年程度から７年～10年に延長した。この方針を実現すべく、月間８兆円～10兆円程度の国債買い入れを日本銀行が実施したため、財務省の新規国債発行額の９割を日本銀行が買い入れる事態となり、国債買い入れの上限が表面化した。

量的・質的金融緩和の拡大後も、エネルギー関連の財・サービス価格の下落が続き、消費者物価指数前年比上昇率（2014年４月の消費税率引上げの影響を除くベース、除く生鮮食品）は2014年度平均では、0.8％の上昇にとどまったため、消費者物価指数の前年比上昇率２％の物価安定目標を、２年程度の期間を念頭に置いてできるだけ早期に実現する、という約束は、期限である2015年３月までに果たされなかった。

日本銀行は物価安定目標達成の後ずれを認め、2015年４月の政策決定会合では消費者物価指数の前年比上昇率が２％程度に達する時期は2016年度前半ごろになる、との見通しを提示したが、2015年10月には達成の見通しを2016年度後半ごろとした。2015年12月には量的・質的金融緩和を補完するための諸措置が発表され、ETF買入枠の新規設定や買入れ国債の平均残存期間の７年〜12年への延長などが打ち出されたが、国債買入額の増額は見送られた。

（３）　マイナス金利付き量的・質的金融緩和

原油価格の一段の低下や新興国・資源国の先行き不透明感の高まりを受けて、2016年１月半ばから世界の金融市場が不安定化し、日本でも株安、円高が進行した。そこで、日本銀行は2016年１月29日に**マイナス金利付き量的・質的金融緩和**の導入を決定した。

マイナス金利付き量的・質的金融緩和政策には、図表26-1に整理した金融政策運営の⑵、⑷、⑸、⑹の考え方が反映されている。

具体的には、これまでの量的・質的金融緩和政策に加えて、補完当座預金制度の付利金利に三つの階層を導入した。第一の階層は量的・質的金融緩和のもとで各金融機関が積み上げた既往の残高（基礎残高）で、0.1％が適用される。第二の階層は、マクロ加算残高と言われ、ゼロ％が適用される。第二の階層は、①法定準備預金額に相当する残高、②金融機関が貸出支援基金および被災地金融機関支援オペレーションにより資金供給を受けている場合にはその残高に対応する金額、③日本銀行当座預金残高がマクロ的に増加することを勘案して、適宜のタイミングで加算されるマクロ加算額からなる。第三の階層は、**政策金利残高**で、▲0.1％を適用する。第三の階層は、各金融機関の日本銀行当座預金残高のうち、第一の階層と第二の階層の合計を上回る部分である。

マイナス金利政策のもとでも、第一の階層と第二の階層でプラスの付利金利とゼロの付利金利の適用が維持された背景には、日本銀行の金融機関の収益への配慮がうかがわれた。しかし、証券会社から即座に反発が起こる。証券会社のマネー・リザーブ・ファンド（MRF）は顧客が株式などの売却資金を一時的に置くなど、銀行の普通預金に相当する商品だが、この資金の一部が日本銀行当座預金に預けられていたため、マイナス金利政策の実施でMRFの元本割れリスクが高まった。そこで、日本銀行は３月15日の金融政策決定会合でMRFを受託する金融機関のMRF受託残高分を第二の階層に移動させる決定を行った。

実際にマイナス金利が適用された政策金利残高は当時およそ260兆円あった日本銀行当座預金残高のうちわずか20兆円から30兆円程度にとどまったが、マイナス金利政策の金利全般への影響は大きかった。図表26-5で見たように、無担保コールレート・オーバーナイト物の金利は－0.1％に接近した。長期金利に与える影響も大きく、２月16日に10年物国債と40年物国債の利回りは0.052％と1.248％だったが、７月上旬にはそれぞれ－0.3％、0.1％まで低下し、生命保険会社をはじめとする長期国債への機関投資家から不満が高まった。40年にもわたる長期の社債を低金利で発行して利益を得られるのはごく一部のインフラ系の事業会社だけである一方、金融機関や保険会社の株価が低下したことから、マイナス金利政策は総じて見れば金融システムに悪影響を与えるとの見方が広がった。こうした見方が広がるとともに、マイナス金利幅をさらに拡大することによる金融緩和の副作用への懸念が高まった。

その後、新興国経済の不調もあって、日本政府は大規模経済対策を導入したが、それとほぼ同じタイミングで日本銀行も2016年７月29日に追加緩和を行った。国債買入増額とマイナス金利幅の拡大がともに難しい状況下、日本銀行はETF買入額を当時の年間3.3兆円から６兆円に拡大するとともに、執行部にこれまでの量的・質的金融緩和の総括的な検証を命じる。総括的な検証の予告を受け、マイナス金利政策後退の期待が生まれ、10年物国債利回りは図表26-5にあるように７月末以後上昇に転じた。

3．長短金利操作付き量的・質的金融緩和――2016年9月以後の政策

（1）量的・質的金融緩和導入以降の経済・物価動向と政策効果についての総括的な検証（以下、総括的な検証）

2016年9月に発表された総括的な検証では、2％の物価安定目標が実現しなかった点について以下のように説明した。

第一に、2014年夏までは想定どおりに物価が上昇したが、2014年夏以降の原油価格の下落と消費税率の引上げ後の需要の弱さ、2015年夏以降の新興国経済の減速とそれを受けた世界的な金融市場の不安定化により、実際の物価上昇率が低下し、予想物価上昇率の上昇も止まった、と分析した。

第二に、実際の物価上昇率が低下したため予想物価上昇率の上昇も止まった背景については、日本の場合には、①「中央銀行の目標である2％にインフレ率は向かっていくだろう」という予想の要素（**フォワードルッキングな期待形成**）と、②「過去の物価状況が続くだろう」という予想の要素（**適合的な期待形成**）のうち、②が大きかったと説明したうえで、その結果2％の物価安定目標も達成できなかった、と総括した。

第三に、マイナス金利付き量的・質的金融緩和については、国債だけでなく、貸出・社債・CPなどの金利も大きく低下させた効果をまず指摘した。次に、預金金利の低下幅は小さい一方で、貸出金利が大きく低下していることから、金融機関収益が圧迫されたこと、保険や年金などの運用利回りの低下などの副作用も指摘した。さらに、1年～2年程度の金利低下の経済への効果は大きいが、長い年限ほど効果が薄れると説明した。

以上の総括的な検証を踏まえ、2016年9月に、長短金利操作付き量的・質的金融緩和が発表された。この政策は、図表26-1に整理した金融政策運営の⑵、⑶、⑷、⑸、⑹の考え方が反映されており、以下に説明する。

（2）長短金利操作付き量的・質的金融緩和

2016年9月21日に発表された**長短金利操作付き量的・質的金融緩和**には、二

つの要素がある。

第一に、金融市場調節によって長短金利の操作を行う**イールドカーブ・コントロール**である。金融市場調節方針は、短期金利については、日本銀行当座預金のうち政策金利残高に▲0.1％のマイナス金利を適用する、となった。長期金利については、10年物国債金利が概ね現状程度（ゼロ％程度）で推移するよう、長期国債の買入れを行う。買入れ額については、概ね現状程度の買入れペース（保有残高の増加額年間約80兆円）をめどとしつつ、金利操作方針を実現するよう運営する。買入れ対象については、引き続き幅広い銘柄とし、平均残存期間の定めは廃止することとなった。長期金利をゼロ％程度に安定させる手段を確保するため、日本銀行が指定する利回りによる国債買入れ（指値オペレーション）が導入されたほか、固定金利の資金供給オペレーションを行うことができる期間が１年から10年に延長された。

長期国債以外の資産の買入れについては、①ETF および REIT について、保有残高がそれぞれ年間約６兆円、年間約900億円に相当するペースで増加するよう買入れを行う、②CP 等、社債等について、それぞれ約2.2兆円、約3.2兆円の残高を維持するとされた。

金融市場調節方針からマネタリーベース残高の目標がなくなり、長期国債の買入額も目標からめどに格下げされたため、日本銀行は金融市場調節方針に反しないかぎり国債買入額を削減可能となり、国債買入れの限界を回避した。

第二に、**オーバーシュート型コミットメント**を導入した。すなわち、生鮮食品を除く消費者物価指数の前年比上昇率の実績値が安定的に２％を超えるまで、マネタリーベースの拡大方針を継続する、と日本銀行は約束した。２％以上のインフレ率も辞さない覚悟を示すことで、イールドカーブ・コントロールにより10年物国債金利が上昇することは緩和の後退ではなく、２％の物価安定目標達成への信認を高めることを意図したものである。これは、物価安定目標達成への信認を補完するという意味で、図表26-1に整理した金融政策運営の⑹の考え方だと整理できる。

日本銀行は、2016年９月以後、物価安定目標の性質を、できるだけ早期に達成する目標から、達成までには時間がかかる可能性もある中長期的な目標へと変更していく。2016年９月の公表文では、それ以前の経済・物価のリスク要因ではなく、経済・物価・金融情勢が点検項目とされており、マイナス金利政策の金融面への悪影響も配慮する姿勢がうかがえるようになった。

量的・質的金融緩和導入から５年が経過した2018年４月になっても２％の物価安定目標は達成されなかったが、安倍首相は５年間の任期を満了した黒田総裁を再任した。黒田総裁再任直後の2018年４月の金融政策決定会合では、それまで展望レポートに記載されてきた物価安定目標達成の時期が具体的な達成期限ではないことを明確にするために、時期に関する記述をとりやめることが決定された。図表26-5を見ると、10年物国債の金利は2016年11月以後はプラスに転じ、2018年７月までは0.1％程度を上限に推移しており、日本銀行は長期金利誘導目標の達成に成功していた。

（３） 長短金利操作付き量的・質的金融緩和の持続性を強化する措置

2022年１月現在、２％の物価安定目標は達成されておらず、長短金利操作付き量的・質的金融緩和政策は継続している。この間、金融緩和政策の持続性を高める措置が、物価上昇率が下振れした2018年７月、新型コロナウイルス感染症第一波到来の2020年３月～６月、第三波と第四波到来の間の2021年３月、第五波の最中の2021年７月～９月に取られた。これらの措置によって、金融緩和政策が金融機関経営に与える悪影響を回避する、という意味での金融緩和政策の持続性は高まりつつあり、今後も日本銀行は金融緩和政策を粘り強く継続すると予想される。主な措置の概要は以下のとおり。

第一に、10年物国債金利の誘導目標については、概ねゼロ％程度で±0.1％の幅から、2018年７月には経済・物価情勢等に応じて概ね±0.1％の幅から上下にその倍程度変動しうる、2021年３月には、上下に±0.25％程度と変更した。

第二に、ETFとREITの買入れ枠については、2018年７月には市場の状況に応じて上下に変動しうるものに変更されたほか、ETFの買入れ対象銘柄もマーケットを広くカバーしているTOPIXの買入れ枠が広がった。2020年３月には、新型コロナウイルス感染症対策で、ETFとREITの買入れ枠をそれぞれ年間約12兆円、年間約1,800億円に相当する残高増加ペースを上限に変更した。2021年３月には、この残高増加ペースの上限を新型コロナウイルス感染症収束後も継続することと、必要に応じて買入れを行うことが決定され、その決定以後のETF買入れ額が大幅に減少した。ETF買入れについては、2021年４月１日から指数の構成銘柄が最も多いTOPIXに連動するETFのみを買い入れることに変更された。

第三に、CP・社債等買入れ枠については、新型コロナウイルス感染症対策の一環で、2020年３月から合計２兆円増額され、CP等は約3.2兆円、社債等は約4.2兆円の残高を上限に買入れを2020年９月末まで継続した。その後上限は20兆円に増額され、2021年６月18日に上限の適用期限を2022年３月末へ延長したが、2021年12月17日に新型コロナウイルス感染症拡大前の水準へ買入れ残高を2022年３月末に戻すこととした。

第四に、補完当座預金制度残高のうち、マイナス金利が適用される階層の残高については、長短金利操作の実現に支障がない範囲で、現在の水準（平均して10兆円程度）から減少させると2018年７月に発表し、マイナス金利政策の負担軽減も開始した。

第五に、**政策金利のフォワードガイダンス**が2018年７月から導入された。2018年７月に導入された「日本銀行は、2019年10月に予定されている消費税率引上げの影響を含めた経済・物価の不確実性を踏まえ、当分の間、現在のきわめて低い長短金利の水準を維持することを想定している。」というフォワードガイダンスは、同日発表された長期金利の変動幅拡大、ETF買入額の変動幅導入という措置が金融緩和の後退だと受け取られる可能性を排除することを意図していた。その後、物価に下押し圧力がかかるごとに、以下のとおり文言は変更されている。

2019年４月：「日本銀行は、海外経済の動向や消費税率引上げの影響を含めた経済・物価の不確実性を踏まえ、当分の間、少なくとも2020年春ごろまで、現在のきわめて低い長短金利の水準を維持することを想定している。」

2019年10月：「物価安定の目標に向けたモメンタムが損なわれる惧れに注意が必要な間、現在の長短金利の水準、または、それを下回る水準で推移することを想定している。」

2020年３月：「当面、新型コロナウイルス感染症の影響を注視し、必要があれば、躊躇なく追加的な金融緩和措置を講じる。」との文言を追加。

第六に、新型コロナウイルス感染症拡大に伴って、2020年３月以後、以下の措置が実施された。①国債買入れや外貨供給オペレーションを含むいっそう潤沢な資金供給の実施、②企業等への資金繰り支援を目的にした新型コロナウイルス感染症対応資金繰り支援特別プログラムの導入（時限措置で、2021年６月18日に定めた期限は2022年３月末だったが、2021年12月17日に一部の期限を2022年９月末に延長）。[3)]

第七に、貸出促進付利制度が2021年３月に創設された（詳細は第24章５節参照）。これは、日本銀行が金融機関の貸出を促進する観点から行っている各種資金供給について、その残高に応じて一定の金利をインセンティブとして付与する制度であり、付与されるインセンティブは長短の政策金利に連動する（例えば、短期金利が引き下げられれば、インセンティブが上昇して金融機関の収益を補う）仕組みである。同制度の目的は、将来日本銀行が金利を引き下げた時に金融機関収益へ及ぼす影響を、当該金融機関の貸出の状況に応じて一定程度に和らげることで、将来の金利引き下げをスムーズに行えるようにすることである。

第八に、2021年９月に、気候変動対応を支援するための資金供給オペレーション（**気候変動対応オペレーション**）導入が決定され、2021年12月23日に第１回の資金供給がなされた。気候変動対応オペレーションは、2031年３月31日までの間、共通担保オペレーション対象先のうち、気候変動対応に資するための取り組みについて一定の開示を行っている先で、希望する金融機関を対象に、気候変動対応に関する国際原則・政府の指針に適合した投融資のバックファイナンスを行うものである。気候変動対応オペレーションは、気候変動問題が金融機関経営、ひいては金融システムの安定にも大きな影響を及ぼしうるため、気候関連金融リスクの把握や管理に関する金融機関の取り組みを積極的に後押ししていくことなどを通じて、わが国の金融システムの安定確保と金融

3）　新型コロナウイルス感染症対応資金繰り支援特別プログラムは、以下の三つからなる。①CP・社債等の買入れ、②新型コロナウイルス感染症対応金融支援特別オペレーション（資金供給の対象は担保として差入れられている民間債務）、③新たな資金供給手段（資金供給の対象は緊急経済対策における無利子・無担保融資を中心とする適格融資）。

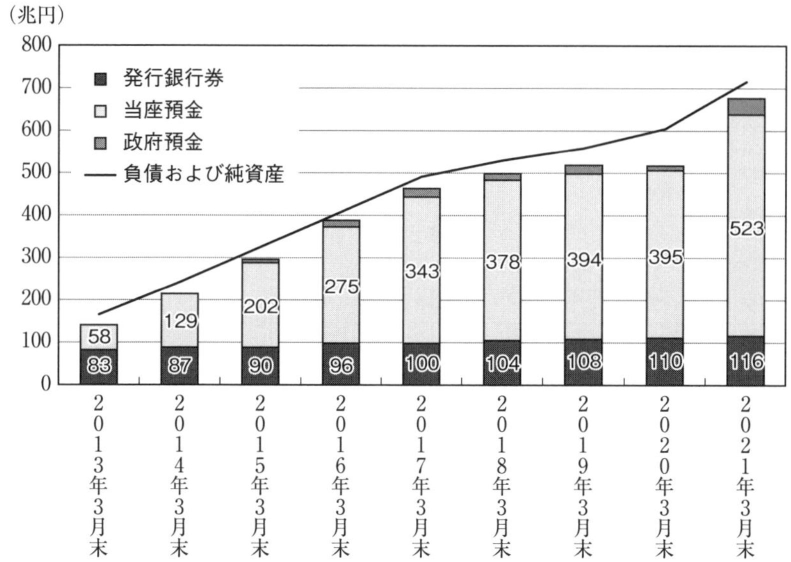

図表 26-6　日本銀行の主要負債：2013年３月末～2021年３月末
（出所）　日本銀行「日本銀行勘定」
https://www.boj.or.jp/statistics/boj/other/ac/index.htm/（2021年８月８日アクセス）

仲介機能の円滑な発揮を目指す目的で導入された。

（4）　日本銀行の貸借対照表の推移

2013年以後の政策の日本銀行の主要負債への影響を図表 26-6 で見ると、日本銀行当座預金残高の激増がまず指摘できる。量的・質的金融緩和期の国債買入れにより、日本銀行当座預金残高は2013年３月末の58兆円から2016年３月末には275兆円まで拡大する。2016年９月に金融市場調節方針からマネタリーベース残高の目標が削除された後は当座預金残高の増加はペースダウンし、2019年３月末から2020年３月末にかけては１兆円しか増加していない。しかし、新型コロナウイルス感染症対策の資金供給と国債買入れ措置により、2021年３月には再び前年から100兆円以上増加している。一方、2013年３月末から2021年３月末まで、発行銀行券残高は年率４％程度で増加している。

2013年以後の政策の日本銀行の主要資産への影響を図表 26-7 で見ると、国債保有残高が激増している。まず、量的・質的金融緩和による国債買入れによ

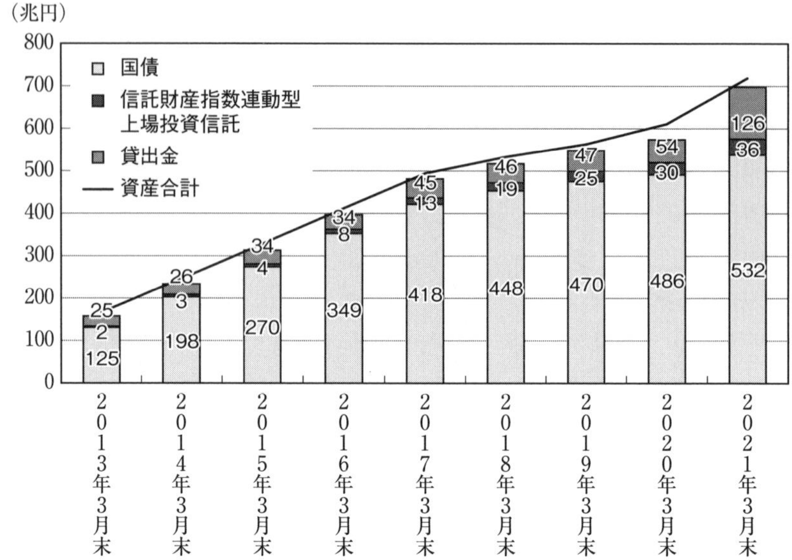

図表 26-7　日本銀行の主要資産：2013年３月末〜2021年３月末

（出所）　日本銀行「日本銀行勘定」
https://www.boj.or.jp/statistics/boj/other/ac/index.htm/（2021年８月８日アクセス）

り、国債保有残高は2013年３月末の125兆円から2016年３月末には349兆円まで拡大する。2016年９月に国債買入目標がめどに変更された後は国債保有残高の増加はペースダウンし、2018年から2020年にかけては１年間で20兆円程度しか増加していない。しかし、新型コロナウイルス感染症対策の措置により、2021年３月には再び前年から40兆円以上増加している。貸出金も、日本銀行が導入した各種貸出プログラムの影響で徐々に拡大し、2021年３月末には新型コロナウイルス感染症関係の貸出プログラムのため大幅に拡大している。

ETF（信託財産指数連動型上場投資信託）の残高は、2016年以後毎年６兆円程度拡大し、2021年には36兆円となり、第12章４節で説明したように株式流通市場への悪影響が指摘されるようになった。しかし、2021年３月にはETF買入れ枠について政策変更がなされ、2021年４月以後ETF買入の頻度が低下し、2021年１年間の買い入れ額は約8,700億円になった。

4．今後の政策運営の論点

2013年４月から実行された量的・質的金融緩和をはじめとする一連の金融緩和政策によって、2021年３月末現在、日本銀行の保有資産合計は715兆円（国債保有残高532兆円、貸出金126兆円、ETF36兆円）となり、2020年度の名目GDP（536兆円）の1.3倍にも達している。1999年３月末と2021年３月末を比較すると、日本銀行の当座預金残高は６兆円から523兆円へと87倍に拡大、発行銀行券は51兆円から116兆円へと倍増、マネタリーベースが61兆円から644兆円へと11倍に拡大、国債保有残高も49兆円から523兆円へと11倍に拡大した。[4)]

こうした日本銀行による莫大な資金供給にもかかわらず、2022年１月現在物価安定目標は達成されていない。しかし、2016年９月以後に導入された様々な措置により、金融機関経営に与える悪影響を回避しながら現在の金融緩和政策を継続することが可能になりつつあり、金融緩和政策の持続性は高まっていると思われる。今後の政策運営について考えられる論点は以下の４点である。

第一に、現在の政策の枠組みを前提として、今後のマネタリーベース拡大のための措置である。現時点では物価安定目標の達成は見通せず、オーバーシュート型コミットメントもあって、マネタリーベースの拡大方針は当分維持されるであろう。新型コロナウイルス感染症対策が一段落した後は、マネタリーベースの拡大のためにどのような対応がなされるのか？　拡大方針を減らなければよい、と理解し、2017年度～2019年度にかけてのように小幅の拡大を維持するのだろうか？

第二に、物価安定目標達成が視野に入った時点で、日本銀行のバランスシートの規模はどうあるべきだろうか？　仮に縮小する場合には、どの程度の規模まで、どんな手段で資産を売却すればよいだろうか？　ETF に関しては、巨額の残高を市場への悪影響無しに売却可能なのか、売却しない場合どのように

4）　マネタリーベースは、財務諸表の期末残高データと平仄を取るために「マネタリーベースと日本銀行の取引」の期末残高を利用した。
「マネタリーベースと日本銀行の取引」
https://www.boj.or.jp/statistics/boj/other/mbt/index.htm/（2021年８月18日アクセス）

管理するのか（対策例は平山［2021、4章］を参照）という問題がある。国債に関しては、評価損が実現してしまう売却を行わず、償還による残高の漸減を待つ場合には、利上げ期には付利金利の支払い金利が低金利の長期国債からの金利収入を上回り、日本銀行に損失が発生する可能性がある（詳細は深尾［2016］、戸村［2018］を参照）。日本銀行が将来損失を被った場合には、その損失は国庫納付金の減少という形で会計処理されるが、この会計処理を国会の議決を経ることなく税金を使うに等しい行為だと批判し、日本銀行の責任を追及する議論が起こるかもしれない。

第三に、日本銀行の気候変動問題への関与についてである。2022年1月時点では、気候変動対応オペレーションがどの程度の残高になるかは不明であるが、気候変動問題に関してプラスの影響がある産業を優遇する措置であることは間違いないので、中央銀行の中立性にかかわる問題として、日本銀行の使命の見直しに関する議論が生じるかもしれない。

第四に、物価安定目標の妥当性である。2022年1月18日に公表された2021年度～2023年度の政策委員の大勢見通しによると、生鮮食品を除く消費者物価指数上昇率対前年度比の2022年度、2023年度の見通しの中央値はともに1.1％であることから、10年かけても物価安定目標は達成できそうもない。この現状を踏まえると、目標に無理があるか、あるいは目標を達成するための手段が適切ではない可能性がある。

目標に無理があるとの考え方に立てば、物価安定目標を見直すべき、との議論になるであろう。物価安定目標の見直しの際には、それを達成する主体である中央銀行の政策運営の理念も問われるかもしれない。現在の日本銀行法には、過度の景気拡大への誘因を避け、物価の安定に専念するための自主性を持つ中央銀行制度が望ましい、という1990年代に国際標準となった政策思想が強く影響している。これが、再び望ましい政策運営の理念として受け入れられるか否かは現時点では見通しがたい。例えば、金融政策の波及経路を担保するうえでも金融システムの安定は重要であり、そうした意味では金融政策と金融システム安定化政策を切り離して考えることは困難になってきたと思われる。

目標を達成するための手段が適切ではないとの考え方に立てば、物価の安定を達成するには、他の政策に主たる役割をゆだね、中央銀行は金融市場の安定のような任務をより重視すべき、という議論になるだろう。2008年のリーマン・ショック以後、欧米諸国でも低インフレと金利がゼロに近い状況が頻繁に発生している。こうした状況下、伝統的な短期金利を誘導目標とした金融調節を通した金融緩和の余地が乏しい中で、中央銀行は財政政策を支えるため積極的な資金供給を行う事例が多い。こうした状態が常態化したと考えるならば、そもそも金融政策単独で物価安定目標を達成することは困難であるという議論になるかもしれない。

Key Word　ゼロ金利政策、フォワードガイダンス、量的緩和政策、包括緩和政策、アベノミクス、量的・質的金融緩和、マイナス金利付き量的・質的金融緩和、政策金利残高、フォワードルッキングな期待形成、適合的な期待形成、長短金利操作付き量的・質的金融緩和、イールドカーブ・コントロール、オーバーシュート型コミットメント、政策金利のフォワードガイダンス、気候変動対応オペレーション

26章まとめ――1998年以降の日本の金融政策

❶1998年以後採用された一連の金融緩和政策によって、日本銀行の資産・負債残高は劇的に拡大した。1999年３月末と2021年３月末を比較すると、日本銀行の当座預金残高は87倍に拡大、発行銀行券残高は倍増、マネタリーベースと国債保有残高はともに11倍に拡大している。

❷1999年以後日本銀行が考案した様々な金融緩和措置によって上記の莫大な資金供給が可能となった。しかし、2022年１月現在、消費者物価指数前年比上昇率２％の物価安定目標は達成されていない。

❸2016年９月に開始され、2022年１月時点で継続している長短金利操作付き量的・質的金融緩和のもとで、金融緩和の長期化による金融機関収益への副作用が目立つようになった。このため、日本銀行は誘導目標としている10年物国債金利の変動幅拡大を認めたほか、ETF や REIT の買入れ目標の弾力化を図った。

❹今後も、日本銀行は、長短金利操作付き量的・質的金融緩和を微調整しながら、物価安定目標達成に向けて、金融緩和を粘り強く継続すると予想される。

❺気候変動対応オペレーションが2021年12月から開始され、日本銀行の業務範

囲が一段と拡大した。

【参考文献】

小林照義『金融政策』（第２版）、中央経済社、９～11章、2020年

東短リサーチ株式会社編『東京マネー・マーケット』（第８版）、有斐閣、１章、2019年

戸村肇「量的緩和の出口と日銀損失の試算」『経済セミナー』705号、43-47ページ、2018年12月

平山賢一『日銀ETF問題――最大株主化の実態とその出口戦略』中央経済社、４章、2021年

深尾光洋「量的緩和、マイナス金利政策の財政コストと処理方法」RIETI Discussion Paper Series 16-J-032、2016年３月
https://www.rieti.go.jp/jp/publications/dp/16j032.pdf（2021年８月９日アクセス）

福田慎一『金融論――市場と経済政策の有効性』（新版）、有斐閣、15章、2020年

お　わ　り　に

本書で扱った内容の相互関係をまとめると、下の図表となる。

図表の上段第一列では、日本銀行が補完当座預金制度も活用しながら、金融調節によってコール市場の金利を統制している。現在のイールドカーブ・コントロールの仕組みでは、日本銀行は10年物長期国債の利回りも統制する。

このうち、コール市場における金利の変化は、金利裁定を通して、第二列にあるように、短期オープン市場、外国為替市場、預金・貸出市場や資本市場における金融商品の収益率や価格を、期待理論、配当割引モデル、金利平価説や購買力平価説が示唆するように変化させる。日本銀行のイールドカーブ・コントロールにより、10年物長期国債の利回りが安定していれば、株式や社債に投資家が要求する利回りや、リスク・プレミアムにも影響するであろう。預金・貸出市場では、銀行が信用創造機能を発揮しながら、金利変動に応じて貸出を増減させ、預金を受け入れる。これらの金融商品の価格の決まり方を理解する

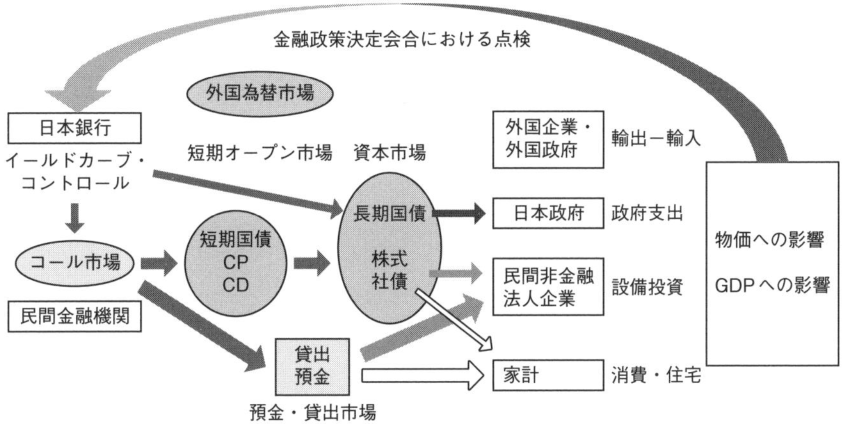

金融調節	金利裁定	期待理論	資金循環統計	GDP
	金利平価説	配当割引モデル	資本計画	国際収支
	購買力平価説	割引現在価値	分散投資	消費者物価
	収益率	複利計算		
		信用創造		

ためには、複利計算と割引現在価値の概念を理解する必要がある。

こうした金利、為替レート、資産価格の変化によって、第三列にあるように、外国企業・外国政府、日本政府、民間非金融法人企業、家計、などの行動が変化する。例えば、金利が上がれば資本計画の考え方が示唆するように、設備投資は減少するだろう。家計も分散投資の考え方が示唆するように、金融商品需要を変化させるであろうし、住宅投資も減少するだろう。企業、家計、政府の行動が変化することにより、これらの経済主体が保有する金融資産残高、金融負債残高が変化する様子は資金循環統計でとらえることができる。金利の上昇に伴って円高方向になれば、輸出が減って輸入が増えるかもしれない。このような海外経済との取引の全体像は、国際収支によって知ることができる。これらの実体経済の変化は、わが国の実質 GDP の変化につながり、GDP ギャップが変化することから、物価も変化していく。

2013年１月から、日本銀行は消費者物価指数前年比上昇率２％の物価安定目標を達成するように金融調節を行っている。GDP ギャップと物価の変化を観察した日本銀行は物価・経済・金融システムへの影響を金融政策決定会合で点検し、最上段の矢印にあるように、短期金利誘導水準と、長期国債金利の誘導水準を必要に応じて変化させるだろう。

このようにして、日本銀行の金融調節を起点に金融市場と実体経済に及んだ変化は、再び日本銀行の金融調節の方針を変化させる。これらのことから、金融市場と実体経済の間に相互依存関係が生まれていく。

図表の下段の箱には、本書で説明した概念のうち、上記の変化を理解するため有益なものの例をあげている。

以上のような金融論の基礎知識を身に付けることが本書の目的である。それが実現できていれば、例えば住宅ローンを組む時に、これから景気が良くなりそうだから金融政策は引き締め方向、したがって将来の金利は上がる方向である、といったことが予想できる。そんな時に銀行から変動金利借入れを推奨されたら、固定金利借入れのほうが有利ではないか、という予想がつくことになる。このように、一見すると地味な基礎知識の積み重ねが、読者の人生の中で役に立つ日が来れば、筆者としてはこれ以上に幸せなことはない。

参考書の解説

本書は、中央大学商学部スタンダード科目である「マネー＆ファイナンス入門」での筆者の講義録と、同科目を担当する同僚の講義資料に基づいている。

本書には、第一に具体例が豊富であること、第二に取り扱う分野が社会人の金融リテラシーを意識して選択されていること、第三に社会人の基礎知識として必要な高校数学の復習をしていること、という三つの特徴がある。

以下では、本書の執筆にあたって特に参照した書籍と本書の違いを、筆者の印象により説明しておく。いずれの書籍も良書であり、本書とは補完的であることは言うまでもない。

池尾和人『現代の金融入門』（新版）、筑摩書房、2010年

内田浩史『金融』有斐閣、2016年

福田慎一『金融論――市場と経済政策の有効性』（新版）、有斐閣、2020年

家森信善『金融論』（第２版）、中央経済社、2019年

島村髙嘉・中島真志『金融読本』（第31版）、東洋経済新報社、2020年

堀江康熙・有岡律子・森祐司『テキスト金融論』（第２版）、新世社、2021年

上記の６冊はカバーしている範囲に多少の違いはあるが、本書と同レベルの金融論の入門書である。池尾［2010］は理論的説明が主であるがゆえに古さを感じさせない名著である。それ以外は最近のものに限るが、内田［2016］には本書が扱っていない金融仲介の経済理論についても詳しい説明がある。福田［2020］は日本のバブル崩壊後の過剰債務問題に関する理論的説明や、金融危機に関する説明が詳しい。家森［2019］には金融における消費者保護制度や金融リテラシーの解説もある。島村・中島［2020］は、フィンテックや暗号資産など、タイムリーな知識を非常に頻繁な改訂を通して提供している。堀江他［2021］は１トピックにつき見開き２ページで簡潔に説明している。

本書の第2部は、以下の4冊を特に参考にした。

新井富雄・高橋文郎・芹田敏夫『コーポレート・ファイナンス　基礎と応用』中央経済社、2016年

大村敬一『ファイナンス論――入門から応用まで』有斐閣、2010年

ブリーリー、リチャード/スチュワート・マイヤーズ/フランクリン・アレン著、藤井眞理子・國枝繁樹監訳『コーポレートファイナンス』（第10版）、日経BP社、2014年

中島真志『入門 企業金融論――基礎から学ぶ資金調達の仕組み』東洋経済新報社、2015年

企業と家計の金融行動の理論的説明については大村［2010］が詳しい。ブリーリー他［2014］は企業金融関連の話題を幅広く扱っている米国MBAの定番テキストだが、分散投資の効果についての説明も詳しい。新井他［2016］、中島［2015］には企業金融に関する平易な解説がある。

本書の第3部、第4部は、以下の4冊を参考にした。

大村敬一『ファイナンス論――入門から応用まで』有斐閣、2010年

大村敬一・俊野雅司『証券論』有斐閣、13章、2014年

東短リサーチ株式会社編『東京マネー・マーケット』（第8版）、有斐閣、2019年

ブリーリー、リチャード/スチュワート・マイヤーズ/フランクリン・アレン著、藤井眞理子・國枝繁樹監訳『コーポレートファイナンス』（第10版）、日経BP社、2014年

債券価格、株価の理論は大村［2010］、債券市場、株式市場、デリバティブ市場の説明は大村・俊野［2014］が有益である。東短リサーチ株式会社編［2019］の2章以後の短期金融市場に関する詳細な説明も随時参照させていただいた。ブリーリー他［2014］は応用例が豊富で金融商品の使い方がよくわかる。

本書の第4部のうち、第20章～第22章は以下の3冊を参考にした。

橋本優子・小川英治・熊本方雄『国際金融論をつかむ』（新版）、有斐閣、

2019年

藤井英次『コア・テキスト　国際金融論』（第２版）、新世社、2013年

齊藤誠『父が息子に語るマクロ経済学』勁草書房、2014年

橋本他［2019］は国際金融論の基本的な論点を平易に幅広く解説している。藤井［2013］は、基礎理論からリーマン・ショック後の政策対応などもカバーした良書である。齊藤［2014］は、親子の対話を通してマクロ経済学が学べる良書である。本書で詳しく説明できなかった複利計算と対数関数の関係の説明や、GDP統計の説明といった論点については、同書をおおいに参考にさせていただいた。

本書の第23章以後の金融政策に関係する説明と、第10章では、以下の３冊を参考にした。

小林照義『金融政策』（第２版）、中央経済社、2020年

塩路悦朗『やさしいマクロ経済学』日経文庫、2019年

東短リサーチ株式会社編『東京マネー・マーケット』（第８版）、有斐閣、2019年

小林［2020］は金融政策の近年の運営手法の変遷にも目配りした平易で包括的な教科書である。塩路［2019］には本書で紹介したニューケインジアン・フィリップス曲線の説明がある。東短リサーチ株式会社編［2019］の１章には2013年以後の日本銀行の金融政策に関する非常に有益な説明がある。

第26章で紹介した日本銀行の政策の評価に関しては、研究者の間で意見の一致を見ていない。ご関心のある読者には、当事者による回想録をお読みになり、理解を深めることをお勧めする。そうした目的のためには、以下の書籍が有益であろう。

岩田規久男『日銀日記――五年間のデフレとの闘い』筑摩書房、2018年

白川方明『中央銀行――セントラルバンカーの経験した39年』東洋経済新報社、2018年

宮尾龍蔵『非伝統的金融政策――政策当事者としての視点』有斐閣、2016年

1998年以後の日本の金融政策に関する記録としては、以下が有益であろう。

西野智彦『ドキュメント　日銀漂流――試練と苦悩の四半世紀』岩波書店、2020年

最後に、本書では、会計学での用法と、近代経済学での用法が異なる専門用語（例えば、資本）が混乱なく読めるように説明することにも注意した。また、財務諸表を通した金融機関の経営状況の理解に必要となる最低限の会計学の知識も以下を参照し盛り込んだ。

桜井久勝『財務会計講義』（第22版）、中央経済社、2021年

索　　引

各章のキーワードを索引項目とした。
太字で示した数字は、説明が一番詳しいページである。

【カ行】

【サ行】

【タ行】

【ナ行】

【ハ行】

【マ行】

【著者紹介】

藤木　裕（ふじき　ひろし）

1964年東京都生まれ。1987年東京大学卒業、同年日本銀行入行。1993年シカゴ大学経済学部大学院修了（経済学Ph.D.）。京都大学経済研究所助教授、日本銀行企画局政策調査課長、金融研究所参事役などを経て、現在中央大学商学部教授。

［論文］ "Currency Demand, New Technology, and the Adoption of Electronic Money: Micro Evidence from Japan," (with Migiwa Tanaka), *Economics Letters*, 125(1), 2014, 5–8. "Incentive Efficient Risk Sharing in a Settlement Mechanism," (with Edward J. Green and Akira Yamazaki), *Journal of Economic Theory*, 142(1), 2008, 178–195. "Institutions of Foreign Exchange Settlement in a Two-Country Model," *Journal of Money, Credit and Banking*, 38(3), 2006, 697–719. "A Model of the Federal Reserve Act under the International Gold Standard System," *Journal of Monetary Economics*, 50(6), 2003, 1333–1350. "Fiscal Cost to Exit Quantitative Easing: The Case of Japan," (with Hajime Tomura), *Japan and the World Economy*, 42, 2017, 1–11. "Monetary Policy and Asset Price Booms: A Step Towards a Synthesis," (with Sohei Kaihatu, Takaaki Kurebayashi and Takushi Kurozumi), *International Finance*, 19(1), 2016, 23–41. "Disentangling the Effects of Multiple Treatments: Measuring the Net Economic lmpact of the 1995 Great Hansin-Awaji Earthquake," (with Cheng Hsiao) *Journal of Econometrics*, 186, 2015, 66–73.

［著書］ 『金融市場と中央銀行』東洋経済新報社、1998年。

入門テキスト　金融の基礎（第2版）

2022年4月28日発行

著　者――藤木　裕
発行者――駒橋憲一
発行所――東洋経済新報社
〒103-8345　東京都中央区日本橋本石町 1-2-1
電話＝東洋経済コールセンター　03(6386)1040
https://toyokeizai.net/

装　丁…………吉住郷司
DTP・印刷……東港出版印刷
製　本…………積信堂
編集担当………村瀬裕己

　Printed in Japan　ISBN 978-4-492-65493-4